ELLEN MacARTHUR

DU VENT
DANS LES RÊVES

Traduit de l'anglais par Jean-Philippe Chatrier
et Johan-Frédérik Hel Guedj
Édition revue et corrigée en juin 2003

XO
EDITIONS

Titre original : *Taking on the World*

© 2002 by Offshore Challenges.
© XO Éditions, Paris, 2002, pour la traduction française.
ISBN : 2-266-13396-9

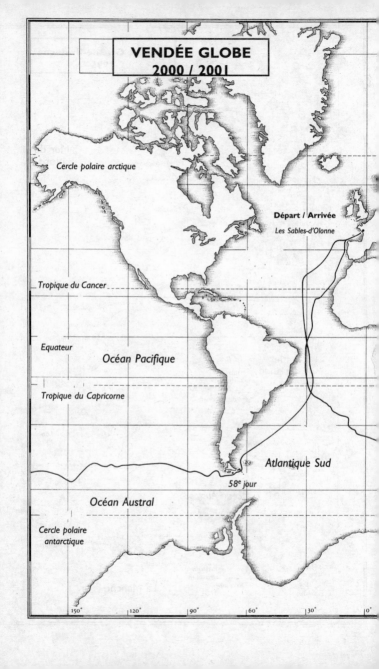

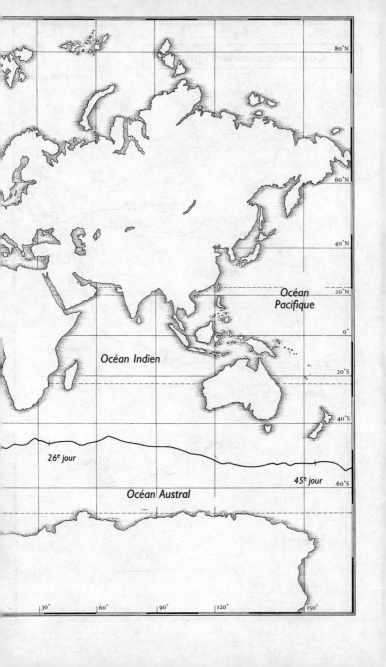

80°N

60°N

40°N

Océan
Pacifique   20°N

0°

Océan Indien   20°S

40°S

26ᵉ jour

45ᵉ jour   60°S

Océan Austral

|30° |60° |90° |120° |150°

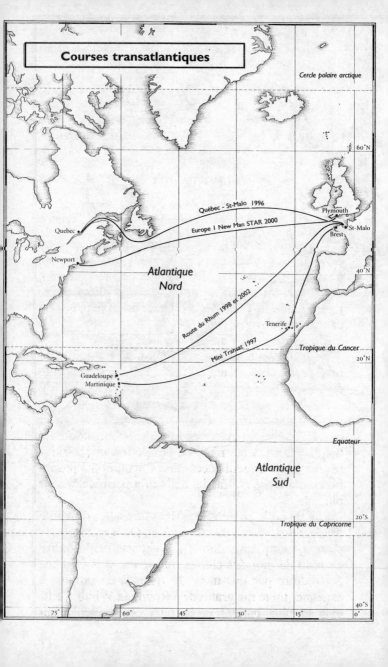

Introduction

J'ai toujours voulu écrire. Mais une fois au pied du mur, l'exercice s'est révélé plus dur que je ne l'avais imaginé. À six ans, j'ai remporté un concours d'écriture, et quand le journal local m'a interviewée, j'ai répondu : « Faites court. Deux ou trois pages de cahier, ça suffira. »

Un conseil que j'aurais dû suivre.

Pour une fille aussi active que moi, incapable de rester trois jours sans sortir, s'enfermer avec une échéance à respecter a constitué un véritable défi.

Si j'avais eu ce courage plus tôt, ce livre serait sorti l'hiver dernier, après le Vendée Globe. Mais je crois sincèrement que cette année supplémentaire l'a bonifié. 2001 a été riche en péripéties, et j'ai pu y revenir avec le recul nécessaire. Raconter ma propre histoire n'a pas été facile, mais m'a permis d'y voir plus clair.

J'ai travaillé en voiture et dans des salles d'attente d'aérogares, chez moi et à l'hôtel. On a exhumé des photos dont j'avais oublié l'existence, et j'ai puisé au fond de moi des choses que je me suis efforcée de traduire par des mots. Je tiens, à ce propos, à exprimer toute ma gratitude à Rowland White, l'éditeur le plus patient et le plus compréhensif du monde. Sans lui, ce livre aurait fait au moins deux volumes.

J'ai inclus dans cet ouvrage des extraits d'anciens livres de bord, des lettres et des e-mails — plus récents — expédiés depuis la mer. C'est sur sa méchante humeur que je rejette la responsabilité des erreurs de frappe et des fautes d'orthographe, que j'ai conservées telles quelles. Mon vocabulaire est celui des marins. Pour celles et ceux qui n'ont jamais navigué, j'ai inclus un petit glossaire…

Le plus douloureux, dans cette entreprise «littéraire», a été de devoir couper (de moitié !) et donc d'«oublier» tant de gens et tant d'épisodes. D'où la liste de remerciements — un peu longue — que j'ai tenu à ajouter à la fin du livre.

Mais cet ouvrage n'aurait jamais existé sans tous ceux, au fil des années, qui ont cru en moi et contribué de manière significative à mes succès. Jim, à Hamble ; Lindsey, à qui *Kingfisher* doit son pont magnifique ; BT[1], à qui je dois des années de dialogues avec la terre ferme et avec des millions d'auditeurs dans le monde ; ce jeune Français et sa bannière «*Thank you Ellen*» à l'arrivée du Vendée Globe… J'ai, la plupart du temps, navigué en solitaire, mais je n'ai jamais été seule. Je pense en particulier à Mark Turner et à l'équipe fabuleuse qui m'a entourée — les préparateurs, les attachés de presse… —, sans qui cette aventure aurait été infiniment plus courte, voire inexistante.

Et comment oublier Kingfisher Plc., mes sponsors ? Les remerciements systématiques qu'on adresse aux financiers peuvent parfois paraître fastidieux, mais dans mon cas, ils sont sincères. La course au large d'aujourd'hui n'existerait pas sans eux. Les gens de Kingfisher Plc. me soutiennent

1. British Telecom *(N.d.T.)*.

12

depuis 1998 ; depuis le jour où j'ai débarqué dans leurs bureaux avec des projets et de l'enthousiasme pour principales références. Cette année-là, c'était « ça passe ou ça casse ». Grâce à eux, c'est passé.

Gamine, dans un coin de la bibliothèque de l'école, je dévorais des livres qui ont été la source de tous mes rêves. L'un de mes préférés était *Le Tour du monde de Gypsy Moth*, de Sir Francis Chichester, publié en 1967. En retournant à la bibliothèque de mon ancienne école, il y a deux ans, je l'ai retrouvé. Sur la liste des emprunteurs, insérée sous la couverture, mon nom figurait toujours... plusieurs fois. Un autre le précédait, mais il n'y avait eu depuis aucun nouvel emprunteur.

Comme dans tout ce que je fais, je me suis donnée à fond dans ce livre. Il ne s'agit pas d'un manuel de navigation, ni d'un ouvrage sur le Vendée Globe, mais de la simple histoire de ma vie.

J'espère qu'elle vous touchera.

Dans le chapitre sur le Vendée Globe, les e-mails envoyés par Ellen commencent par la mention suivante : « ellenmacarthur.com/dayX ». Ces liens renvoient à un site Internet où l'on trouve un récit au jour le jour de la course, incluant les cartes météo, la position des bateaux, les photos et les textes exhaustifs des e-mails d'Ellen.

1er août 1995

Ma chère Ellen,

Ta mère me dit qu'après avoir lu le livre d'une jeune navigatrice, tu es à la fois admirative et désespérée à l'idée d'être incapable d'en faire autant. Laisse-moi te dire que si !

Personne n'a envie de lire un livre qui n'est que la pâle copie d'un autre. En revanche, les lecteurs seront curieux de partager l'expérience d'une adolescente s'aventurant pour la première fois de sa vie le long d'une côte inconnue d'elle, sur un bateau bricolé dans son jardin, et amenée à se faire des amis en cours de route. N'utilise pas les mots des autres. Je suis sûre qu'à ton âge, poussée par ta propre ambition, tout devait te sembler nouveau et différent. Tâche de restituer pour nous les émotions qui ont été les tiennes : la solitude, l'exaspération, la peur...

Le truc, c'est d'écrire. Écris, sans chercher à atteindre une quelconque perfection. Écris. Ensuite, laisse reposer un mois ou deux dans un tiroir, avant de te relire. Les imperfections, les passages mal rédigés ou ennuyeux... tout te sautera alors aux yeux. Mais d'abord, ÉCRIS !

Bonne chance.

Tendresses,

Nan.

Prologue

«Je n'y suis pas encore ! Je n'ai pas encore passé la ligne ! »

Répondant à mille questions à la fois, je m'exprime en français au téléphone satellite, tout en me répétant mentalement : «Ce n'est pas fini, tant que ce n'est pas fini. » Je SAIS que *Kingfisher* et moi n'avons pas encore terminé la course. Par pitié, laissez-moi me concentrer jusqu'à ce que j'aie passé la ligne !

Jusqu'à présent, la mer a été calme, mais le brouillard s'épaissit. J'ai peur de heurter quelque chose — ou quelqu'un — pendant les derniers milles de la course ! Il FAUT que je termine sans problème. La mer ne m'a que trop bien appris à quel point nous sommes peu de chose, quand nous lui confions notre destinée. Quoique, pour un bateau, la terre soit souvent plus dangereuse que l'océan. Et la terre est tout près. Le premier bateau d'assistance venu à ma rencontre est presque invisible, alors qu'il n'est qu'à quelques mètres devant moi.

Les derniers jours ont été stressants. Des problèmes avec l'étai[1] m'ont fait craindre de perdre le

---

1. Voir le glossaire.

mât. Pourtant, je n'étais pas pressée de terminer. Quelque chose me retenait au large, me donnait envie d'y rester éternellement.

J'interprète ce brouillard qui m'enveloppe et cette nuit qui tombe comme le signe que cette course ne doit jamais finir. Ou comme une invitation à franchir la ligne et à repartir discrètement, cachée dans la brume. J'évoque ma première transatlantique, et Les Sables-d'Olonne : ma première escale après l'Amérique. Seule sur le pont, la terre en vue pour la première fois, j'ai eu envie de repartir, imaginant que l'Océan n'aurait jamais de fin.

Cinq ans plus tard, j'éprouve le même sentiment.

Dans le brouillard, j'entends les bateaux qui m'entourent, mais je ne vois rien, au-delà de quelques mètres d'eau. La mer gonfle légèrement, la température fraîchit et le stress monte. Ma vitesse augmente et je recommence à m'angoisser pour le mât. Je me dépêche de prendre un ris [1] pour le soulager. La peur d'une collision dans l'obscurité, pendant que je suis occupée avec la voile, commence à m'envahir. Le bateau d'assistance a complètement disparu dans le brouillard, à présent. J'ai peur qu'il me perde. J'ai décéléré en réduisant la toile, ainsi je me sens rassurée. Après tout, les fins de course ne sont jamais faciles. Pourquoi le Vendée Globe ferait-il exception ?

Je descends dans la cabine pour vérifier au radar la distance qui me sépare encore de la terre, et constate que je fonce droit dessus ! Il est temps de virer de bord. En remontant, je distingue les premières lumières. Puis tout se passe très vite. En quelques secondes, les minuscules taches lumineuses se transforment en milliers de projecteurs. C'est Hollywood ! Mon petit univers silencieux, caché par le

1. Voir le glossaire.

16

brouillard, s'évapore dans la puissance des éclairages. Des bateaux de toutes tailles me foncent dessus. Des hélicos tourbillonnent au-dessus de ma tête, leurs projecteurs fouillant la surface de l'eau comme pour traquer un prisonnier évadé. Le bruit — celui des rotors, celui des radios — est assourdissant. Debout dans le cockpit [1], j'essaie de respirer calmement et de réaliser ce qui m'arrive. C'est à couper le souffle.

Tous ces bateaux autour de nous lèvent une mer confuse provoquant un roulis désordonné que je n'ai pas connu depuis des mois. De la radio sortent des voix françaises et anglaises, familières et inconnues. Il me semble reconnaître le nom du bateau sur lequel mes parents sont venus assister au départ de la course. Je sais — je sens — qu'ils sont tout près, mais je suis aveuglée par les projecteurs. Je dirige le mien sur les navires qui m'entourent, dans l'espoir d'apercevoir mes parents, mais je ne distingue que des inconnus qui me font des signes et des caméras braquées dans ma direction.

Dans un classeur imperméable, j'ai, comme tous les participants à la course, une photographie de la ligne d'arrivée, que je comptais utiliser pour me guider sur les derniers mètres. Mais tout est si différent de ce que j'avais imaginé… Même les phares du port, sur les digues, sont noyés dans ce flot de lumière.

Pendant que *Kingfisher* glisse vers la ligne d'arrivée, j'enchaîne les ultimes vérifications. Les projecteurs me dispensent d'utiliser ma torche. Debout près des haubans, j'essaie en vain d'apercevoir la bouée Nouch Sud, qui annonce la ligne. Je me replonge dans les cartes : il faut encore que je vire de bord.

1. Voir le glossaire.

Par radio, je demande aux bateaux d'assistance de prévenir les autres que je m'apprête à virer : qu'ils me laissent la place de manœuvrer. Ma radio portable est à plat : je descends une fois ou deux utiliser la VHF[1]. À l'intérieur, le silence me ferait presque croire que je suis seule dans ces eaux. J'essaie d'imaginer que je suis encore en pleine mer, en train de m'abriter de la tempête, mais je n'y arrive pas. Pendant quatre-vingt-dix jours et 26 000 milles, je n'ai pensé qu'à passer cette ligne… Maintenant qu'elle est à moins d'un mille, je donnerais n'importe quoi pour avoir 26 000 autres milles devant moi.

Sur le pont des bateaux qui m'entourent à présent, j'aperçois les visages familiers, souriant à travers leurs larmes d'émotion, d'amis que je n'ai pas vus depuis trois mois. Tout le monde compte les secondes…

Je serai heureuse de les revoir, et soulagée de franchir cette ligne avant que d'autres problèmes techniques ne surgissent. Mais j'ai encore du mal à me faire à l'idée que cette course va finir. Toute ma volonté est tendue vers cet instant depuis trois mois. Cette arrivée, je l'ai vécue des milliers de fois dans ma tête. Et soudain, j'ai l'intuition que, cette ligne franchie, plus rien, plus jamais, ne sera comme avant.

Tout s'accélère. Le semi-rigide de mon équipe technique est presque bord à bord. Devant, les lignes jaunes et noires de la bouée se précisent, sa lumière blanche clignotante se rapproche. Pendant un bref instant, le silence paraît total. J'y suis presque. J'inspecte *Kingfisher* du regard une dernière fois. Je me

---

1. *Very high frequency* — très haute fréquence. À bord d'un bateau, la VHF est un émetteur-récepteur à courte portée qui permet d'entrer en contact avec les autres navires (*N.d.T.*).

concentre sur la bouée… Une explosion assourdissante, soudain : celle du coup de fusil annonçant que mon bateau a franchi la ligne, ce 11 février 2001, à 20 h 36 et 40 secondes.

Mon cœur s'affole quand mon équipe m'aborde comme une bande de pirates. Les cornes de brume se mêlent aux hurlements d'enthousiasme, on m'étreint, me soulève… Ce sont mes premiers contacts humains depuis trois mois.

Chez moi, c'est le soulagement qui domine. Comme si le coup de feu avait ouvert une vanne, toute ma concentration s'évacue. Plus besoin de dormir par tranches de dix minutes. Plus besoin de vivre l'œil rivé sur les instruments. C'est fini. Vraiment fini. Sans la poussée d'adrénaline provoquée par l'intensité de ce moment, je m'écroulerais probablement sur place. On a réussi, *Kingfisher* et moi. Ensemble !

À mon bord, toute l'équipe s'active déjà. Juste avant d'entrer dans le port, j'essaie d'annoncer mon cap — 055 — mais ma voix est noyée dans le tumulte. Alain Gautier, membre de l'équipe de conception de *Kingfisher* et vétéran du Vendée Globe, me saisit aux épaules et plonge son regard dans le mien. Il a compris. Il me tend un genre de sac à dos d'où sortent des écouteurs permettant une liaison directe avec les studios TV. Pendant l'heure qui suit, tout en me concentrant sur les manœuvres d'entrée dans le port, je réponds en direct aux questions d'au moins deux télévisions. Alain me demande ce que cette course m'a appris sur moi-même. Est-ce que j'ai changé ? Je cherche des mots. Pour les autres : lui connaît déjà tout ça. J'ai vécu des moments extraordinaires, des dangers terribles… C'est incroyable, ce dont l'être humain est capable ! Pourtant, quels que soient les difficultés ou les périls, tout cela relève d'un choix de notre part. Nous restons des privilégiés.

Soudain, au moment où j'entre dans le port, la grand-voile s'affaisse. Je sursaute dans un réflexe, avant de prendre conscience que, pour la première fois depuis trois mois, *Kingfisher* est passé dans d'autres mains que les miennes. Je voudrais parler aux garçons qui viennent de prendre les commandes de mon bateau, participer à la manœuvre. Mais à l'approche des digues, les navires qui m'entourent deviennent innombrables. D'un bateau à l'autre, on pourrait pratiquement traverser le port à pied sec.

Partout, des gens m'acclament, me font des signes, crient mon nom. Dans la fumée des balises éclairantes, j'aperçois des familles entières, des gens de tous les âges, les pieds dans l'eau ou perchés sur les murets du port. Aux façades des immeubles, des grappes humaines s'accrochent à tous les balcons. Je n'ai jamais vu autant de sourires en même temps. Submergée, la «banane» d'une oreille à l'autre, glissant lentement dans le chenal, je voudrais pouvoir répondre d'un sourire à chacun...

On me tend une paire de feux de détresse, que j'allume en les cognant sur le pont. Leur chaleur est intense, leur fumée épaisse. Mais leur puissante lumière rouge me permet de voir un peu plus clair. «Merci, Ellen!» Des mots peinturlurés sur un rouleau de papier peint tenu à bout de bras par un gamin et sa mère. Le petit est sur la pointe des pieds. On agite partout des drapeaux, des écharpes, des torches et des feux de Bengale... C'est comme si chaque personne présente avait fait la course avec moi, comme si chacune avait sa part dans cet instant. J'ai l'impression de participer à une fête, pas d'en être l'instigatrice. Je souris, je me réjouis avec tous ces gens. En même temps qu'eux...

Passer, en si peu de temps, de la solitude absolue

à la foule quasi compacte… c'est presque trop. J'ai envie de faire des sauts de kangourou pour exprimer ma gratitude. La dernière fois que j'ai franchi les limites de ce port, c'était en sens inverse, au départ de la course. La tension nerveuse, la conscience aiguë de la situation, la concentration poussée au paroxysme… tout ça est encore imprimé dans mon cerveau. J'y croyais comme une folle, tout en étant parfaitement consciente des dangers à venir. Les vingt-quatre autres participants y croyaient, eux aussi. Et sur ces vingt-quatre, je réalise encore mal que je suis la deuxième à arriver au bout. En repensant à tout ce que nous avons traversé, *Kingfisher* et moi, un soudain élan de gratitude me fait tomber à genoux — mes feux de détresse toujours en main — et embrasser son pont glacé.

Les visages se précisent, derrière les flashes des caméras. Dans une petite embarcation se tient Michel Desjoyeaux, le Français vainqueur de la course, qui a franchi cette même ligne vingt-quatre heures plus tôt. J'avance jusqu'à l'étrave et enjambe le balcon avant pour me glisser sous le bout-dehors. Dans l'ombre de l'étrave, je ne vois que les yeux de Michel, qui vient à ma rencontre. Nous n'avons pas échangé un seul message pendant toute la course, mais nous avons partagé la même aventure. Il le sait comme moi. Il me serre brièvement dans ses bras, et disparaît.

Une autre surprise m'attend : des amis ont amené *Iduna* jusqu'ici, aux Sables-d'Olonne. *Iduna*, c'est mon premier « vrai » bateau, acheté en économisant pendant huit ans sur mes repas d'écolière. Trois ans qu'il est entreposé dans le jardin de mes parents. Ce geste me stupéfie et me bouleverse. Quand mon regard plonge, depuis le vaste pont de *Kingfisher*, sur les six petits mètres d'*Iduna*, je prends conscience d'un seul coup du chemin parcouru en trois ans.

Tout de suite après Michel, ce sont mes parents qui montent à bord de mon bateau pour la première fois. Je lis la joie et le soulagement sur leurs visages. Quand les bras de mon père se referment autour de moi, je mesure soudain à quel point mon absence a été longue. Ma mère m'embrasse sur le front… Je suis chez moi.

Au moment d'accoster, je me sens comme une adolescente s'apprêtant à passer un oral. Des centaines de journalistes pointent sur moi leurs micros et leurs objectifs.

L'instant d'après, je suis de nouveau complètement seule.

Je parle, sans pouvoir me concentrer sur ce que je dis. Ce que je vis est irréel. C'est vraiment moi, qui parle à tous ces gens ? Aux questions qui fusent, je réponds que la course, plus cette arrivée, « c'est trop ». On me tend un jéroboam de champagne. J'ai les genoux qui tremblent. Le monde entier doit être en train de me regarder, ce n'est pas le moment de ne pas réussir à l'ouvrir. Je secoue la bouteille et le bouchon saute, libérant un geyser au-dessus de la foule. C'est alors seulement que je réalise : je l'ai fait ! je suis arrivée deuxième du Vendée Globe ! Ou plutôt : on l'a fait ensemble, *Kingfisher* et moi, en quatre-vingt-quatorze jours. Je n'ai fait que tenir la barre. Nous avons travaillé ensemble, mais c'est lui, et lui seul, qui m'a conduite à bon port.

À la question : « Quel a été le meilleur moment — et le pire ? », je réponds que le meilleur moment est celui que je suis en train de vivre. Quant au pire, ce sera dans cinq minutes, quand il me faudra quitter mon bateau. Et c'est vrai que j'appréhende cette déchirure.

Mark Turner, sans qui je ne serais pas ici en ce

moment, s'approche de moi. Je lis dans son regard qu'il est temps de me séparer de *Kingfisher*. J'ai l'estomac noué. Je voudrais pouvoir remonter le temps, me retrouver là-bas, au large. Mais je dois me rendre à l'évidence : cette fois, c'est bien fini.

J'ai mal. Les larmes me montent aux yeux. Je sens à peine la main de Mark sur mon épaule. Je ne veux pas bouger d'ici. Mais mes jambes refusent de m'obéir et se dirigent malgré moi vers l'avant, pour me faire descendre à terre. Pourtant, tout en moi continue de refuser cette conclusion inévitable. Je ne suis pas prête !

J'échappe à Mark et repars en sens inverse, des larmes plein les yeux. Je n'entends plus le vacarme, je ne vois plus les flashes… Je ne PEUX PAS abandonner *Kingfisher* ! Je ne PEUX PAS lui tourner le dos et m'en aller comme ça… Pourtant, notre voyage est terminé et, au fond de moi, je sais déjà que rien ne sera plus jamais pareil.

Comme un automate, je me dirige vers le cockpit. Jamais je n'ai eu autant envie de disparaître. Face à l'étrave de mon bateau, les yeux fermés, j'appuie mon front contre la casquette de la cabine. J'ai besoin d'être seule avec lui. Je veux lui dire toute ma gratitude ; toute ma tristesse que notre aventure soit finie ; toute ma peine de devoir le quitter. Ces quelques minutes paraissent des heures, tant je suis focalisée sur ces pensées. L'épuisement a fait place à la tristesse. J'avais mal partout ; seul mon cœur souffre, à présent.

Ces trois derniers mois ont été si longs que j'ai l'impression d'avoir oublié ma vie d'avant. Maintenant, pour la première fois depuis que j'ai franchi la ligne, toutes mes émotions jaillissent en même temps, crues et douloureuses, impossibles à cacher. Je vais quitter mon meilleur ami et mon cœur se brise à cette idée.

Je sais, au fond de moi, qu'il était impossible de prendre mieux soin de ce bateau que je ne l'ai fait. Dans le tohu-bohu à nouveau perceptible, je ne peux que m'incliner et lui dire merci une dernière fois. Et le fait que je sois vivante, debout sur ce pont, est bien la preuve qu'il a pris soin de moi de la même manière.

Jusqu'à cet instant, cette fin de course n'était qu'un rêve noyé dans la foule, les cris, les lumières. Tout cela, à présent, est estompé par la douleur. Je serre les dents et m'arrache…

Mes derniers pas sur le pont de *Kingfisher* s'effaceront de ma mémoire. Mais en enjambant ses filières pour la première fois en plus de trois mois, j'ai le sentiment d'abandonner une grande part de moi-même. Je saute sur le quai sans lâcher les filières de mon bateau. J'appuie ma tête contre sa coque. Les yeux fermés, je la caresse. C'est frais et rassurant. Pendant quelques instants ultimes, le monde extérieur cesse d'exister.

Une voix me dit doucement : « Viens, Ellen. » Un bras m'entoure. Comme je m'écarte de *Kingfisher*, ma main glisse dessus une dernière fois.

Notre Vendée Globe est terminé.

1

J'ai toujours été du genre entêtée. Comme je refusais obstinément de naître, on a dû provoquer l'accouchement de ma mère, trois semaines après la date prévue.

J'ai eu la chance de grandir près d'un village nommé Whatstandwell, au cœur de la campagne du Derbyshire. Notre petit domaine s'est régulièrement développé, à mesure que mon père, pendant ses loisirs, le remplissait de clôtures et de cabanons édifiés de ses propres mains. Éloignée des routes, la maison n'était entourée que de fermes, de champs et de chemins vicinaux disparaissant dans les bois et entre les collines.

Les bruits de mon enfance, loin du tumulte de la circulation et des rumeurs de la foule, ont été dominés par le toussotement des tracteurs et le meuglement des vaches. Nos occupations d'enfants consistaient en des tâches aussi importantes que transformer une vieille tondeuse en charrette motorisée, ou construire une roussette avec le bois du gros sycomore. Toujours dehors, toujours un « chantier » en cours…

Maman, institutrice, avait pris un long congé maternité pour rester auprès de moi. Quand je suis devenue plus autonome, elle s'est remise à travailler comme préceptrice. Papa aussi était prof : une vocation qui, chez lui, remontait à l'enfance. Il enseignait le dessin technique et la technologie. Il avait la manie d'accumuler les outils et les vieilles pièces de machines. Ce bric-à-brac que d'autres auraient jeté, il l'entassait dans des remises, de formes et de tailles variées, que j'ai vu pousser en même temps que moi, un peu partout dans notre cour de ferme. Un petit champ jouxtait cette cour. Après que le fermier en a eu retiré son taureau, ce champ est devenu pour notre énergie débordante un lieu de défoulement supplémentaire.

Passionnée d'histoires d'espionnage et de récits de survie, je crapahutais, façon commando, dans l'herbe qui m'arrivait à la taille. Je revois encore les tiges onduler sous le vent pendant qu'allongée sur le dos, je regardais le ciel en imaginant que j'étais seule au monde, naufragée sur une île déserte…

Jamais en panne d'imagination, il m'arrivait de jouer des heures sur le sol de la cuisine avec du carton, des ciseaux et du ruban adhésif, en dialoguant avec moi-même. Je pouvais aussi rester indéfiniment suspendue au rebord d'une table… Tout, sauf rester immobile.

À trois ans, afin de redresser mes pieds, tournés vers l'intérieur, on m'a fait commencer la danse. J'ai tout de suite détesté ça. Sautiller dans une pièce, boudinée dans un collant, relevait plus, à mes yeux, d'une punition que d'un loisir. Je m'entends encore, un jour où ma mère m'y conduisait, lui lancer depuis la banquette arrière de la voiture : « Maman, j'aimerais mieux être morte que continuer la danse ! » Malgré mon très jeune âge, ma mère a compris que je n'étais pas faite pour les pointes et les tutus. Elle m'a fait néanmoins continuer le temps nécessaire pour me redresser les pieds, ce dont je la remercie aujourd'hui.

J'avais quatre ans quand est né mon petit frère, Fergus. On s'était inquiété du peu d'intérêt que je semblais porter à l'événement. Aussi, lorsque, au retour de la clinique, j'ai demandé à le porter, on a accédé à mon désir avec joie. Malheureusement, j'ai trébuché sur le seuil de la maison et lâché le bébé. Qui s'est mis à hurler, pendant que j'éclatais en sanglots, imitée par ma mère. Je n'étais visiblement pas faite non plus pour jouer à la poupée ! Quant à Ferg, je ne suis pas sûre qu'il m'ait jamais pardonnée…

Les villages du Derbyshire forment une série d'îlots relativement isolés du reste du monde. Notre vie se déroulait tout entière dans cet archipel, où vivaient tous les membres de la famille MacArthur, à de courtes distances à pied les uns des autres.

Nan, ma grand-mère maternelle, vivait seule. Gran et Grandpa, mes grands-parents paternels, vivaient avec Great-Granddad, le père de Gran. Gran vit toujours dans la maison où elle a élevé mon père et son frère, mon oncle Glyn. Là aussi, il y avait des cabanons et des champs, ainsi qu'une superbe vache orange, de race «Jersey», qui alimentait toute la famille en lait frais. Je me revois, assise sur le genou de Grandpa, lui-même installé sur le vieux tabouret à trois pieds, en train de traire la vache avant de la chevaucher dans les champs. Doux, patient, attaché à sa famille, Grandpa était tailleur de pierres. Son atelier, situé derrière sa maison, était rempli d'outils, de scies et d'outillages divers. J'y passais des heures, pendant qu'il travaillait, à tailler ou à jouer avec des morceaux de grès. Après quoi, dans la chaleur de sa cuisine, nous avions droit à un verre de jus d'orange accompagné de biscuits. La fête était complète quand Gran nous offrait une part de sa fabuleuse tourte aux œufs et aux saucisses. Tout ça se terminait généralement autour du fauteuil de

Great-Granddad, pour écouter avec lui les résultats du foot.

On jouait à cache-cache dans la cour, on faisait de l'escalade dans la grange, on y construisait des tanières… ou bien on partait en «expédition» dans le grenier. Quand le temps le permettait, Grandpa, qui était passionné de cricket, organisait une partie sur le ruban de gazon que Great-Granddad avait planté et roulé lui-même, des années plus tôt. Mon arrière-grand-père était un jardinier émérite qui prenait un soin méticuleux de ses légumes. Il était particulièrement fier de ses magnifiques petits pois, d'un vert éclatant. Entre la nature et lui existait une véritable complicité. J'ouvrais des yeux admiratifs quand son rouge-gorge apprivoisé venait se poser sur le manche de sa pelle. Je l'écoutais pendant des heures me parler de son ancienne vie à la mine, sans mesurer les dangers qu'il y avait courus. Il me parlait des canaris qu'on emmenait au fond pour avertir des coups de grisou. À quatre-vingt-treize ans, il connaissait encore le nom de chacun des poneys qui avaient travaillé dans les puits avec les hommes. Great-Granddad et moi étions incroyablement proches. Et nos quatre-vingt-cinq ans de différence n'enlevaient rien à notre complicité.

Il avait toujours dit qu'il ne voulait plus que les enfants le voient si jamais il tombait gravement malade ou se retrouvait diminué. C'est sans doute pourquoi, après son infarctus, il a disparu de notre vie. J'ignorais ce que pouvait être un infarctus. Mais quand ma mère m'a confié que Great-Granddad ne mangeait plus, j'étais convaincue que si on me laissait le voir, j'arriverais à le faire s'alimenter.

Sa mort a été le premier grand chagrin de mon existence.

Nan habitait de l'autre côté de la vallée, un petit cottage où maman et papa avaient vécu les premières années de leur mariage et Lewis, mon frère aîné, les premières années de sa vie. C'était avant notre maison à nous, celle où j'avais grandi et où grandirait Fergus.

Tous les souvenirs liés à Nan sont chers à mon cœur. Celui, par exemple, de nos longues promenades dans la campagne, quand elle portait son drôle de chapeau de laine couleur marmelade. Habitée depuis l'enfance par la soif d'apprendre, elle avait été récompensée par l'attribution d'une bourse universitaire. Mais son père, refusant de la laisser poursuivre ses études, l'avait obligée à travailler, sitôt qu'elle avait eu l'âge de le faire. Un véritable crève-cœur. Elle avait donc suivi une formation de sténodactylo et trouvé un emploi de secrétaire. À seize ans, elle faisait bouillir la marmite familiale. Plus tard, un nouveau coup du sort lui fit perdre son mari de très bonne heure, et elle dut travailler comme une forcenée pour faire vivre ma mère et mes tantes. Renonçant à ses propres rêves, Nan s'était tuée à la tâche pour que ses filles puissent aller à l'université…

Nous passions les vacances scolaires tous ensemble, avec maman et papa. Nous vivions dans une relative autarcie, mangeant les produits du potager que papa avait aménagé dans une partie du champ. Bricoleur, il s'occupait de tous les travaux de la maison. Mécanicien amateur, il réparait lui-même la voiture. Après avoir vendu la petite Fiat gagnée par maman dans un concours de cuisine, la famille s'offrit la caravane dans laquelle nous partions régulièrement en vacances.

En famille toujours, les promenades duraient des heures, par n'importe quel temps. On cueillait des myrtilles sur la lande en été, on se battait à coups de boule de neige sur les chemins de ferme en hiver, on jouait à cache-cache dans les gros rhododendrons… Papa nous apprenait à aiguiser nos canifs sur des cailloux.

Toujours aussi passionné de mécanique, papa nous entraînait chaque été au Crich Extravaganza[1], où nous emportions avec nous, dans la caravane, notre générateur Wolseley. Mon père adorait cette manifestation. Nous aussi, puisqu'elle nous donnait l'occasion de monter à bord de gigantesques locomotives à vapeur, alimentées au charbon, ou de sentir les pulsations des énormes générateurs à vapeur alimentant les lieux en électricité, dont les amis de mon père assuraient l'entretien et le fonctionnement. J'adorais la proximité des machines où je me couvrais de suie et de poussière de charbon. J'étais émerveillée par ces fabuleux monstres mécaniques qui se déplaçaient en sifflant et en vibrant de tous leurs pistons bien huilés. Papa passait des heures avec ses amis, à discuter batteuses et vieux outils, pendant que la fumée des engins s'élevait en colonnes dans le ciel bleu.

J'étais encore loin, très loin de la mer. Mais déjà, elle commençait à m'appeler.

1. Festival réunissant les passionnés de mécanique ancienne (N.d.T.).

2

En 1980, Lewis descendit sur la côte est pour naviguer sur *Cabaret*, le bateau de ma tante Thea. Je me sentais frustrée de ne pas être du voyage, et les explications de ma mère — « Tu n'as que quatre ans, tu es trop jeune » — ne me consolèrent en rien.

Après que nous eûmes accompagné Lew et Nan à la gare de Derby, maman tâcha de me consoler en m'emmenant au théâtre de la même ville assister à un spectacle de marionnettes intitulé *Button Moon*. Mais un malheureux spectacle comme celui-là ne pouvait en aucune manière remplacer la fabuleuse aventure à côté de laquelle j'étais en train de passer. Je broyai du noir sans discontinuer jusqu'au retour de Lewis, que je noyai sous un flot ininterrompu de questions. Il avait adoré chaque minute de son expédition, et son enthousiasme ne faisait qu'alimenter ma curiosité. Je voulais tout savoir, dans les moindres détails : le temps qu'il avait fait, le nombre de voiles que possédait *Cabaret*, à quoi ressemblait l'intérieur…

J'ai eu l'occasion de découvrir tout cela de mes propres yeux, moins d'un an plus tard, à Pâques, quand Nan et Lewis m'ont emmenée voir ce fameux bateau. Je me souviens à peine du voyage, tant j'étais surexcitée. Je ne pensais qu'à cet instant dont j'avais rêvé jour et nuit pendant six mois : celui où je poserais enfin les yeux sur *Cabaret*. On m'avait dit que nous allions à Paglesham. Ce nom ne me disait rien. Le front collé à la vitre de la voiture, les yeux écarquillés, je me contentais de guetter la mer… Le voyage a été interminable. Les immeubles ont fait place aux arbres, les arbres à des étendues infinies d'herbe épaisse et haute, recouvrant un estuaire marécageux qui semblait ne jamais devoir finir. Était-ce toujours aussi difficile d'arriver jusqu'à la mer ?…

J'ai découvert une rivière calme et boueuse, où flottaient des algues éparses. Accrochés aux rebords du canot pneumatique, Lewis et moi décortiquions du regard chaque embarcation visible, pendant que tante Thea s'efforçait de répondre à mes salves de questions. De mon côté, je faisais de mon mieux pour enregistrer toutes les réponses en même temps.

J'ai enfin vu *Cabaret*, accroché à ses amarres. C'était le plus beau bateau que j'aie jamais vu de ma vie ! À cet instant, je ne doutais pas qu'il soit capable de nous faire faire le tour du monde !

Avant même qu'on ait amarré l'annexe, je me suis jetée à l'abordage de la merveille. J'ai escaladé ses hauts bordés blancs, tenté de me glisser sous ses filières, à défaut de pouvoir les enjamber comme on doit le faire (ce que j'ignorais encore). Résultat, mon gilet de sauvetage s'est pris dans les câbles et je me suis retrouvée coincée, la tête sur le pont et les jambes au-dessus de l'eau.

Quand tout le monde a été à bord, tante Thea a débouclé les lourdes portes en bois de la cabine. Je me suis penchée à l'intérieur. Ça sentait le bois et l'huile de moteur, un peu comme dans le garage de papa. L'endroit m'accueillait à bras ouverts. J'étais chez moi.

J'ai passé ma première nuit à bord à écouter le

clapotis des vagues contre la coque et le chant des oiseaux, dans le lointain. À l'idée que, le lendemain, nous allions prendre la mer et que la grande aventure allait vraiment commencer, je n'ai pas pu fermer l'œil.

Quand la terre a disparu et qu'il n'y a plus eu que l'Océan pour tout horizon, j'ai éprouvé pour la première fois de ma vie la sensation d'être totalement libre. Pour un peu, j'aurais demandé à tante Thea si on pouvait rester au large pendant toutes les vacances.

J'étais accro.

À dater de ce jour, naviguer devint une obsession. Acheter un bateau aussi. J'ai passé les dix années suivantes à remplir patiemment une tirelire posée sur le radiateur de ma chambre. Au-dessus, j'avais collé au mur un tableau divisé en cent cases représentant une livre chacune. Chaque fois que j'avais économisé une livre, je déposais la somme dans la tirelire et cochais une case. Quand je parvenais à cent livres, je demandais fièrement à maman de les déposer sur un compte d'épargne à mon nom.

Je me plongeais pendant des heures dans le magazine *Practical Boat Owner*, auquel tante Thea était abonnée ; je réclamais par courrier les derniers catalogues des constructeurs et les classais par ordre de taille des bateaux correspondants. Je me suis mise à collectionner les ouvrages consacrés à la navigation, en commençant par ceux de la série *Hirondelles et Amazones*, d'Arthur Ransome. J'ai hérité ces derniers de maman et Nan, qui les avaient dévorés dans leur jeunesse.

Tous ces livres dégageaient un enivrant parfum d'aventure. Je m'imaginais voguant sur un lac, vers une île oubliée. Je rêvais de ce port mystérieux, je me voyais ramassant du bois pour mon feu de camp. J'explorais mentalement cette île, dans l'obscurité, une lampe-tempête à bout de bras ; je passais des nuits au mouillage dans une crique protégée, ou sous les arbres, au bord de l'eau…

Si mes condisciples de l'école primaire de Wirksworth (la ville la plus proche de chez nous) se souviennent encore de moi, c'est sans doute parce que, dans leur mémoire, je suis restée « la fille qui adorait les bateaux ». Celle qui dessinait des petits voiliers sur ses boîtes à crayons, ses gommes, ses cahiers… partout.

Je me suis fait trois bons amis, à l'école primaire : Ben, Sarah et Simon (ce dernier allait devenir mon petit ami, sept ans plus tard). J'étais du genre garçon manqué, préférant jouer avec un couteau et un morceau de bois plutôt qu'avec une poupée ou un nécessaire de maquillage.

Sarah était une solitaire qui venait d'une autre école, à Belper, vivait à l'autre bout de notre vallée et prenait le même car de ramassage scolaire. Moins portée que moi sur les activités de plein air, elle supportait avec courage mon obsession de la mer. Elle continue. À cette époque, elle « naviguait » interminablement avec moi dans la cour de l'école, entre les cercles et les carrés que nous dessinions par terre pour figurer des îles et des mouillages secrets. La pauvre !

J'avais huit ou neuf ans quand je me suis liée d'amitié avec Simon. Il venait de quitter Felixstowe, sur la côte du Suffolk, pour s'installer dans le Derbyshire, et il avait déjà navigué ! Cette passion commune a fait de nous des âmes sœurs dès notre première conversation, dont je me souviens encore.

Simon, Ben et moi faisions de l'escalade et de la descente en rappel. On jouait au commando, on partait en expédition et on construisait des cabanes au fond des bois. Ce n'est que bien plus tard, tout récemment, en fait, que j'ai mesuré ma chance d'avoir eu à ma disposition toute cette nature, et la vie d'aventures qu'elle m'offrait.

J'étais plutôt bonne élève, bien que passant chaque minute de liberté à dévorer des ouvrages de voile. Dans le car de ramassage ou dans un coin de la cour, pendant la récré, je couvrais un carnet à croquis de voilures et de superstructures sorties de mon imagination. Celle-ci ne connaissait pas de limites, mais une évidence s'imposait de jour en jour : pour que tous ces rêves se réalisent, il me fallait un bateau.

Le seul dont je disposais pour l'instant était *Cabaret*. Et encore : une semaine par an. Et ce n'était pas le *Britannia* ! Tante Thea l'avait acheté dans un état lamentable et l'avait retapé de ses mains. Mais à sept dessus — et plus tard, un chien ! —, on était quand même un peu à l'étroit.

Cabaret était entreposé dans un petit hangar, au bout d'un long chemin de terre. Le bâtiment était en vieilles planches noircies, et une enseigne fatiguée annonçait «J.W. SHUTTLEWOOD», tracé à la peinture blanche. C'était loin d'être une marina. Il n'y avait pas de pontons flottants, pas de luxueux vestiaires, juste quelques bouées d'amarrage, éparpillées le long des courbes de la rivière. Les rives étaient creusées de petites criques et de rigoles. Je passais des heures à contempler les replis formés par le courant autour des bouées, ou à rêver d'aventures à bord des rangées de canots entassés dans l'herbe du marécage.

Avec ses sept mètres, *Cabaret* n'avait rien d'imposant. Dans les sombres profondeurs de sa cabine luisait l'acajou verni de ses boiseries. Une cabine étroite, où deux personnes pouvaient à peine se croiser. En s'y penchant depuis le pont, on distinguait la minuscule cuisinière à deux feux, sur la gauche, et la table à cartes, à droite. Il y avait quatre couchettes : deux dans la cabine et deux, invisibles, sous le pont arrière. À l'avant, une porte donnait sur le volume de rangement triangulaire où l'on entassait les enfants avec l'ancre et les voiles. Je m'installais à bâbord, Fergus à tribord. Quant à Lewis, qui était à la fois le plus âgé et le plus grand, il avait droit à la couchette la plus longue, celle du milieu, au-dessus des toilettes.

Réveillée par l'envie de sa tasse de thé matinale, Nan était toujours la première debout. L'utilisation de la cuisinière de bord et de son réchaud à pétrole lui posait toujours quelques problèmes, et nous étions régulièrement réveillés par ses cris, quand les flammes léchaient le plafond de la cabine.

Les premières années, nos croisières se sont limitées aux cours d'eau de la côte est, ce qui nous a permis de découvrir des endroits comme Brightlingsea ou Walton-on-the-Naze, décor d'un des récits d'Arthur Ransome. Par la suite, d'aventureuses traversées de la mer du Nord nous ont conduits en Hollande, en France et en Belgique.

Lors de la première de ces traversées, sur le chemin du retour, Fergus et moi avons été autorisés à veiller pour apercevoir la bouée d'atterrissage qui annonçait la proximité des côtes anglaises. À la nuit tombée, nous avons assisté pour la première fois à un phénomène de phosphorescence : l'étrave de *Cabaret* fendant l'eau faisait bouillonner le plancton. D'innombrables petites étoiles étincelaient brièvement dans l'eau, avant de disparaître derrière nous. J'ai tenté d'emprisonner ce phénomène dans un pot de confiture. En vain. Pour la première fois, j'ai eu l'intuition que la beauté de la mer n'est pas transportable et ne peut se vivre qu'en direct. Par ailleurs, en constatant que l'océan pouvait, d'un voyage à l'autre, passer de la tempête au calme plat, j'ai commencé à entrevoir quelques-uns de ses multiples visages. Tout cela me fascinait et me donnait envie d'en apprendre davantage.

C'est dans le port de Dunkerque que j'ai navigué

seule pour la première fois, sur un petit dériveur que ma tante avait acheté pour être remorqué par *Cabaret*. Les sentiments que j'ai éprouvés alors — liberté, responsabilité, respect de la mer — n'ont pas varié. Chaque jour voyait grandir mon amour de l'océan. Sur les photos de cette époque, je porte systématiquement des bermudas, une casquette de marin bleu marine à visière et une petite longue-vue autour du cou. Je l'ai portée pendant des années, en hommage à celle, identique, décrite dans *Hirondelles et Amazones*.

Au retour, en mer du Nord, j'ai connu ma première tempête. *Cabaret* était secoué dans tous les sens, mais il émanait de lui une impression de robustesse qui me rassurait. Je n'ai jamais eu peur, mais j'ai tout de suite su que les circonstances imposaient la prudence, qu'il fallait s'accrocher et... ne pas oublier de crocheter son harnais à la ligne de vie.

Autre première grosse impression : la navigation de nuit. Nous avions souvent levé l'ancre au lever du soleil, pour la jeter à son coucher, mais naviguer entre le coucher et le lever du soleil était un autre genre d'aventure. Il y avait une forme d'obstination dans cette démarche qui donnait l'impression de pouvoir continuer indéfiniment. Soudain, je découvrais qu'il n'était plus obligatoire de s'arrêter, de jeter l'ancre au port chaque soir. Ces nouvelles perspectives m'enchantaient.

De retour dans nos eaux côtières, nous avons poussé au nord, puis au sud de notre port de l'Essex. La première année, nous avons sillonné les rivières Deben et Alde, au nord du pays. Le dériveur nous permettait à nous, les enfants, de nous faire la main.

Je rêvais plus que jamais de mon propre bateau. Aussi, profitant, l'année suivante, de notre voyage dans le Sud, sur la rivière Solent, ai-je décidé de prendre les choses en main et de faire la manche dans les rues pendant les régates de Cowes.

Dans les brumes du soir, installée sur le pont de *Cabaret*, au mouillage dans le port de Chichester, je m'entraînais à jouer des chansons de marins sur ma petite flûte en fer-blanc. En y repensant, je ne peux que faire des excuses tardives aux occupants de tous les bateaux ancrés près du nôtre ! Le pire, c'est qu'une fois à Cowes, je me suis dégonflée devant cet impressionnant rassemblement de spinnakers multicolores et d'équipages en tenues assorties. Tout le monde ici était tellement plus âgé que moi ! Tout le monde semblait faire partie d'un club où je n'entrerais jamais. Et pas le moindre enfant en vue avec une casquette de marin et une longue-vue autour du cou ! C'était vraiment un autre monde !

Lewis, qui lui aussi aimait naviguer, allait à Ogston Reservoir avec son école. Toujours en primaire, j'étais encore trop jeune pour participer. Mais j'accompagnais maman quand elle allait le chercher et, depuis la voiture, je dévorais les bateaux des yeux. Un jour, je suis arrivée à convaincre l'un des responsables de me laisser me joindre au groupe, ce qui m'a permis de naviguer sans devoir aller jusqu'à la mer.

J'apprenais beaucoup, mais je rêvais toujours de mon propre bateau. Je pensais à un petit dériveur en bois, mais tante Thea était convaincue qu'il me ferait plus d'usage en fibre de verre. L'ennui, c'est que c'était plus cher. Le «Blue Peter» de 2,5 m en fibre que j'avais déniché à une vente de bateaux d'occasion, non loin de chez nous, valait cinq cent trente-cinq livres. Mes économies se montaient à deux cents.

C'est alors que grand-mère Nan joua les chevaliers blancs. Elle n'ignorait rien de mon rêve, ni de mes efforts pour le réaliser. Sachant que Lewis, de son côté, économisait pour s'acheter un ordinateur, elle décida de faire cadeau de trois cents livres à chacun de ses trois petits-enfants. C'était une somme considérable — surtout multipliée par trois —, et qui représentait une partie importante de ses économies. Ce geste m'a bouleversée, et me bouleverse encore, quand j'y repense.

À la suite d'un long débat, j'ai décidé de baptiser mon bateau *Threep'ny Bit*[1], et j'en ai fixé à sa coque un exemplaire original, déniché au fond d'un placard. Je passais mes journées dans le jardin, à lui fabriquer un gréement, à lui construire un abri de toile, et à réfléchir au moyen de dormir à bord.

Ma chambre d'enfant était minuscule au point que je touchais pratiquement les deux murs en tendant les bras. Néanmoins, il n'était pas question que j'entrepose ailleurs les équipements de *Threep'ny Bit*. Quand les cordages, les rames et les voiles eurent recouvert le plancher, il ne m'est plus resté qu'à entasser le reste sur le lit. Vite lassée de devoir dégager celui-ci chaque soir pour dormir, j'ai profité de l'absence de mes parents pour le démonter et le déménager dans la grange. Je dormais désormais dans un sac de couchage, que je roulais chaque matin. Ma chambre semblait avoir doublé de volume !

Au mur, j'avais collé une grande carte — 1,5 m sur 1,5 m — représentant un lac à truites situé près de chez nous. J'étais allée l'étudier et je mourais d'impatience de me lancer sur ses eaux calmes. Les propriétaires du lieu m'ont fait un cadeau inestimable en me permettant d'y amarrer mon bateau. Quand il a fendu la surface pour la première fois, ses petites rames de bois ont grincé dans leurs anneaux et, sous sa coque, l'eau produisait un murmure d'ébullition.

Durant les mois suivants, j'ai passé d'innombrables heures — des heures de bonheur intense —

1. Les anciennes pièces de trois pennies, qui n'ont plus cours aujourd'hui *(N.d.T.)*.

à naviguer sur ce lac. *Threep'ny Bit* et moi, nous nous cachions dans les roseaux pour ne pas être vus des sauvages. Au moyen de ma petite longue-vue, j'observais les poules d'eau en imaginant que personne au monde n'aurait pu me trouver. J'accostais sur la petite île en choisissant avec soin les meilleurs points de mouillage et les endroits les plus secs pour y monter ma tente. J'avais étudié l'emplacement de mon feu de camp afin que les flammes soient invisibles aux yeux d'un éventuel ennemi, et déterminé à quel arbre accrocher ma lanterne, afin de guider le plus efficacement mes alliés jusqu'à moi. Certaines voies d'accès, derrière l'île, étaient remplies d'algues affleurant traîtreusement à la surface : de vrais pièges à rames. De quoi rester coincé jusqu'à l'arrivée des secours. Dans les bois, on tombait sur des traces de renards. D'énormes buissons de houx dissimulaient l'entrée de véritables palais, parfaitement secs, s'offrant à qui avait le courage d'affronter ces murailles d'épines. Le lac et son île mystérieuse emplissaient ma vie...

À l'approche de mon dixième anniversaire, on me jugea apte à suivre un stage d'entraînement à la régate à Rutland Water, un vaste lac artificiel d'au moins dix fois la taille d'Ogston. C'était loin de chez moi, mais dès que j'ai su qu'il était question de m'y envoyer, j'ai poussé à la roue de toutes mes forces. Ce stage, qui durait une semaine, était le cadeau que j'avais demandé pour mon anniversaire.

J'ai appris énormément pendant ces quelques jours, bien qu'étant l'une des plus jeunes participantes, et un peu trop petite pour le bateau-école. Le temps n'arrangeait rien, avec des vents de force 6 tous les jours sauf un. J'ai dû chavirer au moins dix fois pendant la première journée. Et j'arrivais dernière ou avant-dernière à chaque course, ce qui ne faisait qu'aggraver mon sentiment de frustration.

De plus, c'était la première fois que je me retrouvais seule loin de chez moi, et ma maison me manquait d'autant plus que j'avais du mal à m'intégrer à ces groupes de jeunes, tous membres de clubs de voile. Contrairement à eux, je ne possédais ni dériveur avec des voiles neuves ni équipement dernier cri. N'ayant pas de combinaison imperméable, je portais pour naviguer un anorak bleu marine et un survêtement que je mettais à sécher chaque soir sur le radiateur du dortoir. Je me trouvais au milieu d'une foule de gens mais, pour la première fois de ma vie, je me sentais seule.

J'ai pris la décision de ne plus jamais me retrouver dernière, quoi qu'il m'en coûte.

Peu de temps après, lors d'une course à Ogston, j'ai enfin franchi la ligne en tête, devant les marins du club. Le sentiment de fierté que j'ai éprouvé à cet instant m'a largement récompensée de tous mes efforts.

J'ai fait mes études secondaires dans un ancien établissement polyvalent de campagne qui comptait environ six cents élèves. L'esprit d'indépendance caractérisait l'école Anthony Gell, dont la moitié avait été modernisée, alors que l'autre n'avait pas changé depuis l'époque victorienne de sa fondation. Dans la partie ancienne, les salles de classe étaient très hautes de plafond, avec de vieux planchers vernis et des tableaux noirs d'origine. L'une d'elles possédait même deux magnifiques lustres anciens en forme de globe.

Le cœur de la moitié historique de l'école était sa vaste bibliothèque. Le secteur consacré à la navigation se trouvait dans un coin écarté, devant une fenêtre et près d'un radiateur. L'un de mes loisirs préférés, durant mon séjour en ces lieux, consistait à m'installer par terre, jambes croisées, appuyée au radiateur (surtout en hiver), et à dévorer un ouvrage consacré à la mer.

L'école se trouvait à Wirksworth, à un quart d'heure de route de chez nous. Wirksworth a été une ville minière spécialisée dans l'extraction du plomb, avant de se reconvertir dans le calcaire. Une industrie à son tour en perte de vitesse. On voit encore des carrières abandonnées, sous les viaducs à tapis roulants qui traversent la vallée, et les quatorze pubs, ainsi que les rangées de maisons en terrasses, continuent d'évoquer le passé de la ville.

C'est durant ma première année d'études secondaires que j'ai pris conscience du fait que les garçons et les filles avaient tendance à se séparer en groupes distincts. Je comprenais mal pourquoi Ben et ses copains se mettaient à m'exclure de leurs jeux. J'avais pourtant moi aussi ma planche à roulettes ; même au bras de fer, je leur tenais tête. Mais nos rapports changeaient. Et à onze ans, je n'en voyais pas la raison. Ben et moi étions toujours amis, mais c'était soudain comme si ma présence le mettait mal à l'aise vis-à-vis de sa bande.

En dehors de l'école, heureusement, tout restait comme avant ; Ben et moi poursuivions nos explorations. Mais un véritable bouleversement s'est produit dans ma vie quand une camarade de classe m'a appelée pour m'annoncer qu'une portée de chiots allaient être piqués si on ne les adoptait pas de toute urgence. À treize ans, je ne comprenais pas pourquoi. L'amour que j'avais toujours eu pour les chiens de berger s'est réveillé soudain en moi et je me suis sentie investie d'une mission. Après de longues heures de discussion pied à pied avec maman et papa, des coups de téléphone échangés en pleine nuit, des promesses et des larmes, Mac, une chienne croisée de border colley et de je ne sais quelle autre race, s'est installée dans ma vie.

Chaque soir, au retour de l'école, j'enfilais mes vieilles frusques, et Mac et moi partions en expédition à travers champs. En fin de semaine, nous disparaissions parfois la journée entière pour des explorations qui nous entraînaient souvent à des kilomètres de la maison. Ben avait lui aussi un chien, Ruby, qui s'entendait comme un frère avec Mac. Tous les quatre, nous allions à la pêche, ou construire des cabanes dans les bois.

Mac est devenue rapidement un membre à part entière de la famille, s'intégrant admirablement à notre ménagerie domestique. Je passais des heures à aider papa à s'occuper des poulets, ainsi que des poussins que nous gardions à l'abri et au chaud dans une boîte en carton, jusqu'à ce qu'ils soient capables d'affronter la vie à l'extérieur. J'avais aussi un copain nommé Paddy, un superbe canard blanc qui me suivait partout. Né d'un œuf couvé artificiellement, il me considérait comme son plus proche parent. Je l'emmenais prendre des leçons de natation sur le lac, quand j'allais naviguer avec *Threep'ny Bit*.

Mac n'a pas tardé à prendre goût à la voile et à nous accompagner, en été, à bord de *Cabaret*. Résultat : nous étions désormais huit à bord ! Ce premier été, ma copine Sarah s'est ajoutée à notre groupe, le temps d'une croisière de quelques jours autour de Walton-on-the-Naze. C'était la première fois qu'on me donnait ma chance de jouer les skippers et d'être chargée du bateau et de ses passagers. Cette responsabilité m'enthousiasmait, et le bonheur visible de Sarah me remplissait de joie. Au moins, à ses yeux, ma passion pour la mer et les bateaux prenait enfin un sens.

3

J'avais quatorze ans quand l'école a organisé une semaine de « découverte du monde du travail ». Chacun avait le choix de son orientation, et j'avais déjà ma petite idée. Quelques mois plus tôt, lors d'un salon des métiers, j'avais bavardé avec Simon Reeve, un vétérinaire du coin. L'amour qu'il avait de sa profession était contagieux. Quant à moi, ayant grandi au milieu des animaux, je savais que je serais toujours parfaitement à l'aise en leur compagnie.

Après un petit délai d'attente, la clinique vétérinaire dont Simon était l'un des associés m'a acceptée comme assistante stagiaire. Je travaillais au bloc opératoire, j'accompagnais Simon ou l'un des autres « vétos » du cabinet en tournée dans les fermes de la région… J'étais ravie. Du coup, j'ai décidé de faire plus tard des études vétérinaires. Comme j'étais loin de faire des étincelles en classe, j'ai continué les stages à la clinique, espérant que cette expérience compterait, le moment venu, et compenserait d'inévitables lacunes scolaires.

Un jour, Simon a déposé devant moi une poche en plastique en me demandant d'en examiner le contenu. Il s'agissait d'une espèce de boule de longs poils évoquant un gros cochon d'Inde. Sauf que «ça» n'avait ni tête, ni pattes, ni queue. C'était juste une «chose» qu'une vache avait mise bas en même temps que son veau. Mon job de la matinée consistait à la disséquer, à la préparer et à l'enfermer dans une jarre de conservation.

Le même jour, j'accompagnai Simon à Chesterfield, où il allait s'acheter une voiture neuve. Sans y penser, j'ai laissé la «chose» sur la banquette arrière de sa vieille auto, que le garagiste a emmenée pour l'examiner et l'estimer.

Le temps que je réalise mon étourderie, il était trop tard : le concessionnaire revenait, vert pâle. Et le fait d'apprendre que Simon était vétérinaire ne l'a guère aidé à se remettre du choc.

Vers la même époque, Simon s'est découvert une passion pour les ULM. Plus tard, alors que j'avais quitté la maison familiale depuis longtemps, il devait réaliser en «ultra-léger motorisé» un vol Grande-Bretagne-Australie.

Peut-être l'eau du Derbyshire contient-elle le virus de l'aventure...

Je partageais toujours mes loisirs entre la lecture de livres consacrés à la mer, la conception de nouveaux équipements pour voiliers et les ventes dans les fermes, où j'accompagnais mon père. Ces ventes étaient toujours amusantes et pleines d'imprévus. Papa, dont le visage barbu était célèbre dans la région, ne passait jamais à côté d'une bonne affaire. Résultat : sur le chemin du retour, notre remorque débordait toujours d'acquisitions aussi improbables qu'une vieille grille à foin, ou huit cents mètres de câble électrique. Comme Lewis l'a remarqué un jour : «Y a plein de choses qui entrent dans cette maison, mais pas beaucoup qui en sortent !»

Je connaissais bien les autres fermiers habitués de ces ventes aux enchères, et j'avais appris à les respecter. Ces ventes avaient lieu parce que des fermes avaient fait faillite, ce qui donnait une certaine tristesse à l'événement. Je prenais conscience de la valeur du temps et de l'effort. Il avait parfois fallu des générations pour accumuler ces choses qui disparaissaient en quelques minutes. En voyant s'envoler aussi rapidement tout ce qui avait le moindre prix, je comprenais à quel point certaines personnes peuvent travailler dur. Ces gens étaient liés par quelque chose qui se passait de mots. Un seul regard leur suffisait à exprimer le respect, ou l'empathie. Plus tard, dans le monde de la navigation en solitaire, je devais découvrir à mon tour cette forme de compréhension et de solidarité.

Gamine, je vivais mal le fait d'être une fille. J'avais l'impression que les garçons s'amusaient davantage. Je n'étais pas faite pour jouer à la poupée ou pour échanger des potins sur les fiancés des unes et des autres. Quant aux vêtements… Il suffisait de me voir, chaussée de vieilles bottes, vêtue de plusieurs couches de chemises usagées, un couteau dépassant de la poche arrière de mon jean, pour comprendre qu'ils ne constituaient pas ma priorité. Je ne pensais qu'à me lancer dans des aventures constructives qui me semblaient bien plus dignes d'être vécues.

À l'école, je ne m'intégrais jamais tout à fait dans tel ou tel groupe. Il m'arrivait d'être attirée par un garçon, mais le sexe opposé ne m'obsédait pas particulièrement. Cela dit, je me souviens de mon premier baiser : à quinze ans, près d'une cabine téléphonique, pendant une soirée chez Ben, à Matlock.

Le manque de confiance en moi m'empêchait de montrer mes sentiments, par crainte des réactions. En fait, je voyais mal la différence entre « copine » et « petite amie ». Ce qui est sûr, c'est qu'il me paraissait indispensable d'être d'abord amis, avant d'aller plus loin. Un point de vue que la plupart de mes camarades des deux sexes ne semblaient pas partager.

Il y avait un garçon, arrivé chez nous d'une école de Leicester, qui me plaisait bien, sans que je trouve jamais le courage de le lui faire comprendre. Un jour, en cours de dessin, un de ses nouveaux copains, qui était dans ma classe, m'a lancé en passant à côté de moi : « P...tain, ce que t'es moche ! » Inutile de dire que cela m'a rendue encore moins démonstrative !

De temps à autre, à l'occasion d'un événement quelconque, je me laissais entraîner au pub de Matlock. Peu douée pour entamer la conversation, je ne m'y amusais pas beaucoup. Je ne buvais jamais rien et m'installais généralement dans un coin avec un magazine de voile. Non par grossièreté ou agressivité, mais par autodéfense. Du coup, je me sentais plus à l'aise. Et puis, au moins, avec un magazine, je passais des heures à m'instruire, au lieu de bavarder dans le vide.

En y repensant, les autres devaient se demander en quoi était faite cette sauvage qui semblait ne s'intéresser à rien. Aujourd'hui, évidemment, ils comprendraient. Mais à l'époque, ils devaient me prendre pour une bête curieuse.

Je n'étais pas malheureuse, à l'école. J'étais plus observatrice que participante, voilà tout. Hélas, une certaine tristesse ambiante, à la maison, n'allait pas m'aider à m'épanouir.

Je l'ai dit : papa avait toujours voulu être enseignant. Il avait longtemps adoré son métier, mais, au fil des années, la routine scolaire s'était mise à lui peser. Il avait été nommé professeur principal, et cette charge de responsabilités supplémentaires le mettait dans un état de stress permanent.

L'enseignement traversait une crise : on réduisait les budgets, certaines écoles fermaient, d'autres se regroupaient en une seule... et les professeurs du Derbyshire devaient, en fin de contrat, se porter candidats à leur propre poste. Les lendemains n'étaient plus aussi sûrs. Il y avait de la colère dans les yeux de mon père. En rentrant, tard le soir, il semblait toujours sur le point d'exploser. Et quand cela arrivait, c'était à moi qu'il s'en prenait, sans doute parce que j'étais la seule à ne pas me réfugier dans ma chambre. Un jour où — exceptionnellement — j'étais allée à son école assister à un spectacle monté par les élèves, j'ai été frappée de le voir, avec ses collègues, plus positif et enthousiaste qu'il n'avait été avec nous depuis longtemps. Pourquoi n'était-il plus comme ça à la maison ? Je me suis sentie responsable et mon angoisse, à l'heure où il rentrait, s'en est trouvée accentuée. Parfois, après l'un de ses éclats, je courais me cacher au bout du champ, je grimpais dans un arbre et, les yeux rougis par les larmes, je fixais la lumière de la cuisine en espérant que papa viendrait à ma recherche. Tout cela était injuste, mais plus encore, incompréhensible. Je n'aurais jamais pu détester mon père, mais, chaque année, je priais pour que les choses s'arrangent.

Malgré tout, nous allions toujours ensemble aux ventes dans les fermes. À ces moments-là, je retrouvais mon « vrai » père, tel que je l'aimais. Renouant avec notre vieille complicité, nous discutions mécanique, nous estimions la valeur d'un vieux tracteur...

Si j'avais des raisons d'espérer que l'humeur générale de mon père s'améliorerait, la mort de mon grand-père, en revanche, a été un chagrin irrémédiable. Je me revois, allant chez lui avant l'enterrement. Savoir qu'il était là me déconcertait. J'étais partagée entre la volonté de lui dire un dernier adieu et l'angoisse à l'idée de contempler un mort pour la première fois. J'avais peur de mes propres réactions. La douleur de toute la famille, retenant ses larmes, m'a mise encore plus mal à l'aise. Depuis l'entrée de la chambre où se trouvait le corps, j'ai aperçu une partie de son visage, ses yeux fermés, sa peau anormalement blanche. Dans la pièce, les gens — et l'air lui-même — étaient d'une immobilité minérale. Comme si personne n'était entré ici depuis des années.

Dans un brutal accès de claustrophobie, j'ai eu soudain envie de m'enfuir, d'échapper aux regards de tous ces gens. Je me suis précipitée pour me réfugier dans la cuisine avant de sortir en courant de la maison. Je sentais les regards peser sur moi, mais en ouvrant la petite grille séparant le jardin de la cour, où je savais pouvoir me cacher, j'ai enfin éprouvé un sentiment de sécurité. Pendant un moment, le temps s'est écoulé au ralenti. J'ai pénétré dans l'atelier de Grandpa, rempli de ses pierres, de ses outils, de ses travaux en cours. Comme toujours, le sol et les fenêtres étaient recouverts de sciure. Les machines étaient prêtes à démarrer. Son tablier noir et ses gants, accrochés au mur, n'attendaient que lui. Soudain, j'ai pris pleinement conscience que Grandpa n'entrerait plus jamais ici. Je me suis sentie vide, le souffle coupé, et les larmes se sont mises à couler le long de mes joues. Pour la première fois de mon existence, j'éprouvais le terrible manque créé par la disparition d'un proche : à la place de quelqu'un qui avait été auprès de moi chaque jour de ma vie, il n'y avait plus qu'une insupportable absence.

Il serait sans doute hasardeux d'établir un rapport entre les deux choses… Toujours est-il qu'à cette époque de chagrins familiaux a correspondu chez moi une passion grandissante pour les bateaux dotés de cabines minuscules. Peut-être était-ce un désir d'indépendance qui m'attirait vers ces bateaux d'un abord facile, prometteurs de confort et d'évasion. Je me suis mise à étudier tous ceux du marché, à la recherche du bateau idéal. Je tâchais pourtant de rester lucide : mes économies ne dépassaient pas neuf cents livres, auxquelles s'ajoutaient les quatre cent soixante-quinze livres que j'avais tirées de la vente de *Threep'ny Bit*. Lequel avait tenu toutes ses promesses, ainsi que tante Thea me l'avait prédit.

En achetant *Threep'ny Bit*, j'avais déjà conscience que l'achat d'un « vrai » bateau demanderait infiniment plus que le contenu — même accumulé pendant des années — des enveloppes reçues à Noël et à mon anniversaire. En accédant à l'enseignement secondaire, j'étais passée à la vitesse supérieure en économisant la presque totalité de l'argent destiné à mes repas. Le matin, avant de quitter la maison, je chipais dans le placard de la cuisine deux tranches de pain, une banane ou une tomate, et je ramassais dans le jardin quelques pommes, prunes ou poires, avant d'attraper le car de ramassage scolaire. Je mangeais les fruits en guise de petit déjeuner, la banane et le pain pour le repas de midi. En hiver, je remplaçais les fruits par une portion de purée-haricots blancs à huit pence, couverte de sauce à la viande — gratuite. Les jours de fête, je m'offrais une pomme de terre « en robe des champs » accompagnée de flageolets : vingt-quatre pence le tout.

Ce régime dura jusqu'à la fin de mes études. Mais chaque soir, j'empilais religieusement les pièces sur ma tirelire, et j'avais régulièrement la satisfaction de cocher sur ma feuille une case représentant une livre.

J'avais de plus en plus de mal à me concentrer sur mes examens, qui pourtant approchaient dangereusement. Assise devant la fenêtre de ma chambre, mes livres ouverts devant moi, je fixais le Crich Stand Memorial qui clignotait comme un phare, à l'autre bout de la vallée. De plus, l'arrivée chez nous d'un invité n'a pas arrangé mes révisions. Robert était le fils d'une amie norvégienne de ma mère. Comme il était passionné de bateaux, lui aussi, on organisa à son intention une expédition familiale aux journées nationales du bateau d'occasion. J'ai prétexté le besoin d'une pause dans mes révisions pour demander à faire partie du voyage. En vérité, il aurait fallu être très fort pour m'empêcher de venir.

En déambulant dans un chantier naval, j'ai remarqué un homme qui semblait s'intéresser au même genre de bateaux que nous. Papa a entamé la conversation et découvert qu'il en avait un à vendre. Qui plus est, *Kestrel* était exactement le bateau de mes rêves ! Il est arrivé chez nous quelques jours plus tard, remorqué par notre vieille Peugeot. Je l'ai installé dans un coin du champ, sous une bâche, et ai essayé de l'oublier jusqu'à ce que soient terminés mes examens de fin d'études.

Dès le lendemain, *Kestrel* et moi devenions inséparables. Je passais mon temps à fouiller la grange à la recherche de vieux morceaux d'acajou, que je taillais et ponçais pour l'embellir.

J'ai passé deux étés consécutifs à aménager *Kestrel*, lui construisant une table à cartes, lui installant une pompe de cale qui vidait aussi l'évier. J'ai appris à travailler la fibre de verre et la résine, ce qui m'a valu d'être en permanence couverte d'éclats de verre et de polyester. La totalité de mes vêtements étaient imprégnés de matériaux divers. Mes bricolages emplissaient le garage de papa, ce qui le rendait fou. Quant à moi, j'étais folle de joie. J'apprenais la construction navale sur le tas, sans l'aide de personne. Et ça marchait !

Les merveilleux étés passés à naviguer sur *Kes-*

trel — capitaine de mon propre bateau pour la première fois ! — m'ont donné envie d'aller plus loin
dans ma passion et de vivre autant que possible la
mer au quotidien. À la fin de ma première croisière
d'une semaine sur *Kestrel*, le bateau rangé dans son
hangar, il ne restait plus, à la nuit tombante, qu'à
faire nos adieux à Thea et à reprendre la route. À
cet instant, mes yeux se sont remplis de larmes. À la
fois pour cacher mon émotion et pour la comprendre, je me suis enfuie en courant le long de la
digue bordant la rivière. Je voulais rester là pour
toujours. Que les bruits de l'autoroute ne rempla-
cent jamais les cris des mouettes. Personne au
monde, j'en étais sûre, ne pouvait comprendre ce
que je ressentais. Immobile, séchant mes larmes, je
contemplais les petites bouées rouges et vertes cli-
gnotant au loin. Respirant profondément, j'ai tâché
de me calmer, et de me consoler : je serais de retour
avant longtemps.

Me voyant assumer de vraies responsabilités pour
la première fois, maman et papa ont mesuré toute
l'importance que la navigation avait prise dans ma
vie, et en ont conclu qu'un séjour dans une école de
voile me permettrait d'acquérir de réelles qualifications dans ce domaine. Je ne les remercierai jamais
assez d'avoir pris cette décision. D'autant que
j'avais investi mon dernier sou dans *Kestrel* et qu'à
seize ans, coincée en terminale, j'allais avoir les plus
grandes difficultés à réussir mes examens.

J'ai cherché dans les revues spécialisées une école
de voile pas trop éloignée de chez nous. J'en ai
contacté plusieurs, sans qu'aucune d'elles ne s'impose en particulier. Heureusement, le destin a décidé
pour moi — et a bien décidé — en me faisant tomber, au téléphone, sur un certain David King.
L'homme était chaleureux et, de toute évidence,
connaissait son affaire.

J'ai fait le voyage de Hull avec le sentiment de foncer vers l'inconnu. J'étais malade de trac en montant pour la première fois à bord d'*Alert*, le yacht de David King.

— Alors, fit-il en me serrant la main, voyons un peu ce qui nous arrive !

David était un homme de taille moyenne, aux mains puissantes, dont le bon sourire éclairait le visage buriné. Je ne savais pas encore, à cet instant, que nous allions devenir les meilleurs amis du monde. Et que d'avoir choisi son école allait bouleverser ma vie.

David avait débuté sa carrière de marin dans la marine marchande des années soixante-dix, quatre-vingt. Il avait sillonné le monde et avait même été le « pacha » d'un cargo avant de prendre la décision de se consacrer à la voile. Je le noyais sous un flot de questions ininterrompues et buvais chaque mot qui tombait de ses lèvres. Il avait le don de faire partager son immense savoir. Il est vrai que pour la première fois de ma vie, on m'enseignait ce qui me passionnait le plus au monde.

Les autres membres de l'équipage d'*Alert* étaient eux aussi des types formidables. Naviguer avec des garçons aussi chaleureux, bourrés d'humour, qui me ressemblaient comme des frères, me donnait le sentiment d'avoir atteint une sorte de plénitude absolue.

La semaine s'est terminée — m'a-t-il semblé — avant d'avoir commencé. Je ne tenais plus en place : j'avais trouvé l'endroit où tous mes rêves se réalisaient, l'endroit — sur les eaux brunes et peu attrayantes de la Humber — où j'étais la fille la plus heureuse du monde.

Au moment du départ, j'ai vu papa et maman discuter avec David des événements de la semaine. Quelque chose a dû me distraire à cet instant précis, car ce n'est que tout récemment — c'est-à-dire des années après — que papa m'a répété ce que David lui avait dit, ce jour-là : « Je ne sais pas ce que votre fille va faire de sa vie, mais une chose est sûre : elle ira loin, et sur l'eau. »

J'aime croire que ces quelques mots contribuèrent à préparer mes parents à ce qui allait suivre.

4

Ma rencontre avec David m'avait gonflée à bloc. À peine rentrés chez nous, nous repartions pour Paglesham avec *Kestrel*. Toutes ces heures passées dans le bus de l'école à dessiner des gréements, toutes ces journées à travailler dans la grange… tout cela allait enfin payer.

Nous avons mis *Kestrel* à l'eau et formé un convoi avec *Cabaret*. Le moindre espace, à l'intérieur du bateau, était utilisé ; on stockait les vivres jusque sous les couchettes. Maman et moi dormions à bord, et j'étais heureuse de partager ces moments d'intimité avec elle, loin du stress des examens.

La parenthèse, hélas, s'est vite refermée. Fin août, les cours reprenaient. Et avec l'automne sont arrivés les examens «blancs», si déterminants pour les admissions universitaires. Étrangement, on exigeait des postulants aux études vétérinaires des moyennes plus élevées que celles des futurs médecins. Je passais des nuits, allongée par terre dans ma chambre, entourée de livres et de classeurs, à essayer de mémoriser des photosynthèses et des structures moléculaires. Mais je savais déjà que ce combat était perdu d'avance : les ouvrages maritimes et les coupures de magazines nautiques scotchées aux murs me faisaient constamment de l'œil.

Pendant des mois, mon stage sur la Humber a continué d'occuper mes rêves et chacune de mes pensées. Cette courte semaine m'avait rendue plus sereine et plus confiante. Les encouragements de David m'avaient transformée.

Plus consciente que jamais de la valeur de chaque minute, je ne cessais d'élaborer de nouveaux projets. Mettant à profit le moindre moment de liberté, dans le bus de l'école ou après les cours, j'imaginais toutes sortes de situations destinées à me mettre à l'épreuve.

Je connaissais par cœur chaque cours de l'école de voile avant même d'y retourner, en octobre, pour trois week-ends de classes théoriques. Estimant que j'avais le niveau suffisant pour passer directement à la partie terrestre du stage de chef de bord, David me fit sauter les étapes habituelles : Équipier qualifié et Navigation côtière.

À l'approche de l'hiver, la marina de Hull était un endroit plutôt sinistre. L'école de voile avait ses quartiers dans l'ancienne maison de l'éclusier, près de l'écluse elle-même. À l'est et à l'ouest, les docks et les terminaux pétroliers s'alignaient sur des kilomètres. La ville entière semblait vivre au rythme de l'activité portuaire. David m'en avait expliqué le moindre rouage, et je passais tous mes loisirs, le front collé à la vitre, à m'imprégner de chaque détail de ce paysage.

L'enthousiasme au travail dont tous les élèves faisaient preuve rendait l'ambiance très différente de celle de l'école. Mais l'angoisse me gagnait. Tout en moi aspirait à rester ici pour en apprendre le plus possible, mais mes examens scolaires m'attendaient dans le Derbyshire. Et tous mes efforts pour concilier les deux ne débouchaient que sur un douloureux déchirement.

Durant les semaines précédant Noël, rentrant de l'école à la nuit (qui tombait de bonne heure), je me lançais avec Mac dans des courses folles. Elle me tournait autour pendant que je la poursuivais, et nous finissions généralement par terre toutes les deux. Je riais, mais ces rires se changeaient trop souvent en pleurs. J'étais épuisée, en proie à un dilemme auquel je ne voyais pas d'issue, passant en un instant de la joie aux larmes. Allongée sur le sol, je larmoyais en regardant la petite lumière de la cuisine ; j'aurais aussi bien pu être sur la Lune, tant je me sentais loin de chez moi. Plus rien n'avait de sens, dans cette obscurité où je ne faisais que me cogner à des murs invisibles.

J'étais prise entre le jour — mes week-ends d'apprentissage maritime à Hull — et la nuit — mes examens qui approchaient. C'est pourquoi, le stage de Hull à peine terminé, je me suis jetée sur une place qui venait de se libérer dans un cours de radio VHF, en novembre.

Mais devant moi, il n'y avait toujours pas d'autre avenir que celui des examens scolaires et de la fac. Et j'avais beau « ramer » de toutes mes forces pour rester dans le coup, quelque chose, tout au fond de moi, savait parfaitement que cette voie-là n'était pas la mienne. Pourtant, à ce stade, il n'était même pas envisageable d'en choisir une autre. Pour ne rien arranger, grand-mère Nan s'était remise à ses chères études, que la vie l'avait obligée à abandonner. « Il n'est jamais trop tard », disait-elle. Après être retournée sur les bancs de l'école (la mienne, en plus !), elle préparait à l'université de Derby un diplôme de langues européennes ! Inutile de dire que si elle était capable de passer des examens à près de quatre-vingts ans, c'était le minimum qu'on pouvait attendre de moi !

Je ne m'attendais pas à décrocher des couronnes de lauriers, mais j'ai reçu quand même un choc quand, au vu de mes résultats, on m'a suggéré de renoncer à me présenter à l'école vétérinaire. Mes notes n'étaient pourtant pas catastrophiques à ce point-là ! Et mes trois années d'expérience sur le tas, à la clinique de Simon, compensaient certainement mes lacunes théoriques…

Néanmoins, j'ai suivi le conseil qu'on me donnait et renoncé à me présenter. Mais, piquée au vif, j'ai décidé d'atteindre coûte que coûte le niveau exigé, quitte à perdre une année et à me représenter à la rentrée suivante. Puisque le monde entier me prenait pour une incapable, j'allais prouver au monde qu'il se trompait. Je me suis mise à travailler comme une folle, nuit après nuit, plongée jusqu'à trois heures du matin dans mes cours de biologie.

Des années après, je me souviens parfaitement de l'instant, à la bibliothèque, où j'ai su que j'étais malade. J'ai pris brutalement conscience que quelque chose en moi s'était détraqué, et que les ganglions de mon cou s'étaient mis à enfler.

Assise par terre dans le salon, j'en ai parlé à ma mère. Je ne me sentais pas encore trop malade, mais je savais que quelque chose de grave se préparait. J'aurais du mal à expliquer pourquoi j'en étais aussi sûre. Ce dont je me souviens, c'est que j'étais moins inquiète que préoccupée par ce que la maladie allait me faire rater.

Le lendemain, j'étais clouée au lit avec une mononucléose infectieuse qui faisait grimper ma température de minute en minute. J'ai gardé la chambre un mois. Les maux de tête succédaient aux suées. Arrachée au sommeil par la sensation d'être prise au piège dans mes draps collants, je comptais les minutes et les heures au bout desquelles le jour allait enfin se lever.

Tenant à peine debout, je m'accrochais à la rampe de l'escalier pour atteindre les toilettes, au premier étage, et pour redescendre. Jamais je n'avais été malade à ce point-là. Maman était formidable. Elle travaillait à temps partiel comme préceptrice, et revenait tous les midis pour me faire avaler un morceau de pain et un potage maison.

Quand elle repartait, je m'allongeais sur le canapé de la petite pièce du fond, où il faisait plus frais, et passais des heures, perdue dans mes pensées, à regarder par la fenêtre. Toute mon attention était focalisée sur le grand eucalyptus, devant la maison, sur ses feuilles vert pastel dansant sur la fraîcheur azurée du ciel. Certaines journées m'ont forcément paru très longues, mais, curieusement, je ne me rappelle pas m'être ennuyée pendant cette période. Tout en contemplant le paysage extérieur, je ne pensais qu'à une chose : récupérer le plus vite possible, pour pouvoir préparer mes examens de fin d'année.

Pendant ma maladie, la télévision a retransmis les images de la Whitbread[1]. Les participants à cette grande course autour du monde s'affrontent à bord de voiliers high-tech de vingt mètres. La course se déroule par étapes, et chaque équipage comprend une douzaine de membres. Jusque-là, la course en équipage n'avait jamais vraiment été ma tasse de thé. Pour moi, la Whitbread représentait ce que la voile avait de plus « macho » et j'avais du mal à m'identifier à ces marins chez qui — à la télé, en tout cas — on ne ressentait pas de véritable amour de la mer. Malgré cela, j'ai vite été « accro » au spectacle — d'autant qu'à cette époque, les courses de voiliers

---

1. Devenue depuis la Volvo Ocean Race (N.d.T.).

étaient encore rares sur le petit écran. Et par la même occasion, j'ai découvert un aspect non négligeable de ce sport : le sponsoring. Les retransmissions avaient lieu chaque nuit à deux heures du matin. Je les enregistrais avec le magnétoscope emprunté à Nan, partie pour un séjour universitaire de six mois en Allemagne.

Les séquences d'ouverture étaient à couper le souffle. Le montage serré, la puissance des images, le dynamisme de la bande-son… tout cela me mettait littéralement en transe. En regardant ces hommes évoluer sur l'océan, je n'avais plus qu'une envie : les imiter.

Ironiquement, cette mononucléose infectieuse a été une expérience très positive, car elle m'a obligée à prendre le temps de réfléchir à mon avenir. Elle m'a fait réaliser, avec une nouvelle acuité, la fragilité de notre condition, et l'urgence qu'il y a de vivre sa vie. J'ai compris que le meilleur moyen d'assassiner nos rêves, c'est de les remettre au lendemain.

Soudain, c'était d'une évidence aveuglante : il y AVAIT une autre issue ! En un éclair, l'angoisse des examens a disparu. Le monde était là, à portée de main, et je savais à présent, sans l'ombre d'un doute, que j'étais prête à l'affronter. Mon envie de guérir était telle, désormais, que ma maladie elle-même a changé de nature. La frustration a fait place à l'espoir. Un espoir qui m'a aidée à me remettre d'autant plus vite que — c'était maintenant une certitude — la mer m'attendait.

Peu de temps avant ma guérison définitive, j'ai passé une dernière nuit de cauchemar. Délirante de fièvre, je me suis traînée jusqu'à la salle de bains et effondrée dans la baignoire vide. Sa fraîcheur a un peu apaisé ma fièvre. J'ignore depuis combien de temps j'étais là quand maman m'a découverte. Elle m'a fait prendre un bain frais et a passé le reste de la nuit auprès de moi.

Deux jours plus tard, j'allais mieux. J'ai enfilé un jean noir et un vieux pull « emprunté » à mon père. En compagnie de Simon, mon petit ami, je suis sortie pour la première fois depuis un mois. Un air frais et vif m'a empli les poumons. Le soleil matinal m'a fait un peu mal aux yeux.

Marchant le long de notre allée, empruntant ensuite le chemin vicinal voisin, je me sentais pleine d'une vitalité nouvelle. Mes jambes étaient un peu molles, mais cette sensation a disparu quand je suis revenue en courant vers la maison. Le monde s'offrait à moi, j'étais éperdue de reconnaissance envers la vie qui, j'en étais certaine, s'apprêtait à tenir toutes ses promesses. J'allais faire de la navigation mon métier. Je savais désormais où j'allais, et ça… ça n'avait pas de prix.

Au début de ma convalescence, maman a emmené Fergus voir Nan, en Allemagne, et j'ai réussi à convaincre papa d'aller rendre visite à des amis à Grimsby, en face de Hull, sur l'autre rive du Humber. L'école de voile avait été sans cesse présente à mon esprit, depuis mon dernier séjour, et ces pensées avaient sans aucun doute eu leur part dans ma guérison. J'ai passé la journée à aider à préparer les bateaux de l'école pour la saison nautique.

C'était une de ces journées glaciales typiques du nord de l'Angleterre, avec un vent froid qui succédait à une dépression neigeuse. Par-dessus l'épaule de David, je regardais l'énorme masse grise du cargo fluvial transporteur d'automobiles avancer dans l'estuaire. Le silence s'était fait autour de nous. Je voyais les petites lumières du navire évoluant avec précaution entre les bouées du chenal. Je croyais deviner les marques du propulseur d'étrave, sur les flancs de la coque, et j'ai essayé d'apercevoir la passerelle. Une minuscule silhouette, en bleu de chauffe orange, se déplaçait près des quartiers de l'équipage… Je me suis surprise à sourire toute seule.

L'appel de la mer avait été pour moi le plus efficace des médicaments. Une nouvelle vie m'y attendait. Et j'étais impatiente qu'elle commence enfin.

J'avais passé une grande partie de mes quatre semaines de lit à lire des magazines de voile. La fièvre rendait l'exercice difficile ; je n'arrivais à me concentrer que sur de courts passages. Au dos d'une de ces revues, j'étais tombée sur une annonce passée par *Nationwide Boat Sales* — les spécialistes du bateau neuf et d'occasion par qui j'avais acheté *Kestrel* —, proposant à la vente un Corribee 21. J'étais d'autant plus excitée qu'à mes yeux le Corribee était un formidable voilier, une sorte de grand yacht en miniature ; en tout cas un vrai bateau de mer. Son prix était raisonnable, mais, hélas, très au-dessus de mes moyens. J'en avais tellement rêvé pendant ma maladie que le moins que je pouvais faire, à présent, était d'aller le voir.

Après cette première rencontre, j'ai écrit ce qui suit dans le journal intime que je tenais de temps à autre : « Son tableau arrière tourné vers moi, il n'était qu'un tas miteux. Son gouvernail était de guingois et un de ses haubans pendouillait lamentablement à côté de son mât. Sur ses bordés fatigués et rougeâtres, le mot "Poole" était pratiquement effacé. »

Ça a été le coup de foudre.

Si je suis tombée amoureuse de ce bateau au premier regard, je crois que c'est d'abord parce qu'il donnait le sentiment que plus personne ne l'aimait. Mais aussi parce qu'il dégageait l'impression de force de ceux qui ont réellement accompli quelque chose. Ses hublots étaient solides, son haubanage, massif et en acier inoxydable, aurait tenu le coup sur un bateau de deux fois sa taille. Ce petit Corribee dont le rouge s'écaillait n'était pas de ceux qui se dérobent devant l'adversité, mais un vrai petit dur à cuire.

Je suis retournée le voir avec Simon, malgré le peu d'enthousiasme de celui-ci à l'idée de faire deux heures de car. Je n'avais pas encore pleinement récupéré, et la froidure humide me glaçait jusqu'aux os. Pour me réchauffer, je sautillais sur place comme une possédée. Devinant mon impatience, le chauffeur du car a stoppé entre deux arrêts, devant l'entrée de la foire aux bateaux.

Mon premier geste, en me retrouvant devant le petit bateau rouge, a été de toucher sa coque pour m'assurer qu'il était bien réel. Profitant de ce qu'il n'y avait personne dans le coin, nous avons emprunté une échelle qui traînait et nous sommes montés à bord. La neige qui le recouvrait, salie par les émanations de la voie ferrée voisine, le rendait encore plus miteux. À la main, j'ai entrepris d'évacuer toute cette neige. Aussitôt, ce que j'avais soupçonné s'est confirmé.

Le pont avait gravement souffert de ce que l'on appelle un phénomène d'osmose. Autrement dit, l'eau de mer s'était infiltrée sous la couche extérieure de résine. C'est récupérable, mais très long et très difficile. Dans la cabine, ça sentait le bois en train de pourrir. Les fonds étaient plein d'eau et les planchers de la cabine flottaient à la surface de l'eau. Les couchettes étaient disposées de part et d'autre de la cabine, juste au-dessous du capot, et disparaissaient sous le cockpit. Plus à l'avant se trouvaient les plans de travail : la table à cartes à tribord, le réchaud à bâbord. Les équipements électroniques se réduisaient à deux lampes et à un antique tableau électrique en acier recouvert de peinture grise. Le contact répété des doigts aurait dû faire briller les interrupteurs, qui étaient en cuivre, mais la corrosion et la saleté les avaient noircis. La cabine elle-même était minuscule, mais parfaite.

L'examen complet du bateau une fois terminé, nous sommes allés nous renseigner sur son prix : 1 900 livres, sans la remorque. Comme monnaie d'échange, je n'avais que *Kestrel*. La situation n'était pas à mon avantage, mais j'étais décidée à discuter ferme.

Dans la chaleur du bureau de vente, qui nous mettait le feu aux joues, le responsable était installé derrière une grande table, sous la fenêtre. J'ai entamé les négociations avec pour objectif d'obtenir l'échange pur et simple entre *Kestrel* et le Corribee. Mes arguments étaient les suivants : d'abord, le Corribee était invendable — personne ne voudrait d'un bateau à deux couchettes, avec une quille fixe, alors que nous étions si loin de la mer. *Kestrel*, en revanche, était le bateau idéal, et je savais que sa valeur marchande était supérieure à celle du vieux Corribee, bien que ce dernier soit plus grand. Au moment où les négociations tournaient à mon avantage, j'ai pris la décision stratégique de me retirer du jeu en disant que je reviendrais. Simon n'en revenait pas de voir sa petite amie faire preuve d'une ténacité de pit-bull. Mais je me sentais investie d'une mission à laquelle aucune force au monde n'allait me faire renoncer. Loin d'être découragée, je sentais ma détermination grandir. Papa et maman, avec qui je discutai longuement de la question, semblèrent partager mon enthousiasme. Papa s'inquiétait bien un peu des futurs problèmes de lancement et de gardiennage, mais nous avons fini par trouver des solutions réalistes. Mes parents, en fait, comprenaient que, pour moi, ces histoires de bateaux étaient en train de devenir infiniment plus qu'un simple passe-temps.

Certaine qu'elle partagerait mon enthousiasme, j'ai appelé tante Thea. Une demi-heure plus tard, j'étais effondrée : Thea pensait que je faisais une énorme bêtise, et me l'avait dit sans détour. D'après elle, cet achat allait me rendre bien trop dépendante de mes parents ; par ailleurs, elle ne me croyait pas encore capable de naviguer seule sur un bateau comme celui-là. Sans doute ne réalisait-elle pas que ma récente maladie — je ne l'avais pas revue depuis — avait modifié ma vision des choses. J'étais triste, et je le suis toujours, de n'avoir pas pu lui faire partager ma passion pour ce bateau.

Maman m'a ramenée en voiture au chantier naval, afin de poursuivre les négociations. Papa avait préféré me laisser me débrouiller seule ; j'en étais heureuse. Après m'être assurée que le bateau n'avait pas été vendu, je suis retournée voir mon interlocuteur, décidée cette fois à ne pas quitter son bureau sans être arrivée à mes fins. Vingt minutes plus tard, l'affaire était conclue. Sans même avoir vu *Kestrel*, mon vendeur avait donné son accord, ajoutant même au lot un moteur et un foc.

Il m'a fallu trois mois pour trouver un nom à mon petit bateau rouge. Comme je comptais lui offrir une nouvelle vie et une jeunesse qui n'aurait pas de fin, j'ai fini par le baptiser du nom de la déesse scandinave qui détenait les pommes de la jeunesse éternelle : *Iduna*.

Je retournais naviguer à Hull presque chaque week-end, et ces week-ends se prolongeaient de plus en plus. Au moment de ma guérison, les cours étaient terminés mais l'échéance des examens était toujours là. J'étais donc censée passer la totalité de mon temps à réviser. Mais l'appel de la mer était le plus fort. Je me présenterais aux examens, mais je vivais déjà au-delà.

Régulièrement, Maureen, la femme de David King, m'appelait de Hull pour m'annoncer qu'une place était vacante à l'un des cours et que je pouvais le prendre en route, moyennant une participation modeste. Je sautais toujours sur l'occasion, ramassant mes affaires à la volée et quittant la maison, intercalant à chaque fois que c'était possible un cours de navigation entre deux examens. Il m'est arrivé une fois, à la fin d'une semaine de voile, de me retrouver avec un examen le lendemain après-midi à Wirksworth. Nous avions navigué toute la nuit qui suivait notre dernier mouillage, et j'en avais adoré chaque minute. Le voyage de retour avait toujours des allures de cauchemar ; mais ce jour-là, après avoir pris des trains et des cars, je suis arrivée à la salle d'examen quelques secondes à peine avant la fermeture des portes. D'habitude, dans ces circonstances, j'avais le trac. Cette fois-ci, je me suis sentie franchement absente.

Pendant mes premiers mois d'allers-retours entre Hull et chez moi, on m'a proposé de naviguer sur un bateau nommé *Panic Major*. Dave, qui connaissait son propriétaire, Robert Nickerson, m'avait obtenu cette invitation. Tout ce que je savais, c'était que *Panic Major* était un « yacht de course de Classe 1, un 60 pieds Open ». J'ignorais ce que cela signifiait, mais ces termes suffisaient à me faire battre le cœur.

Quand j'y ai posé le pied pour la première fois, mon excitation a viré à l'euphorie. Le pont de *Panic Major* couvrait le bateau d'un seul tenant ; des cordages impressionnants couraient dans tous les sens. Le bateau, à la fois large et sophistiqué, avait un mât puissant, deux fois plus haut que tous ceux des bateaux de la marina. De plus, il avait une histoire : non seulement il avait vu les Açores plusieurs fois, mais en outre, il avait participé à une course française en solitaire sans escale autour du monde, appelée le Vendée Globe. J'étais éperdue d'admiration.

Ma timidité devant l'équipage s'est envolée quand j'ai fait la connaissance de Robert. Plus grand que nature, il était doté d'un sens de l'humour à se rouler par terre ou à sauter par-dessus bord. Il n'était pas issu d'un clan de marins ; il avait grandi dans la propriété familiale et son apprentissage de la mer avait consisté à traîner sur les quais, jusqu'à ce que quelqu'un lui propose de monter à bord. C'était un homme d'action, qui avait fait son chemin en construisant et en modifiant des bateaux. Il naviguait le plus souvent coiffé d'une casquette plate et vêtu d'une salopette imperméable orange vif, plutôt que d'un ciré de yachtman. Il avait les moyens de s'offrir les équipements les plus luxueux, mais il préférait rester lui-même.

Peu de temps après notre première sortie, Robert m'a proposé de travailler pour lui. Inutile de dire que je l'aurais fait pour rien. Il avait construit *Panic Major* de ses propres mains, et j'adorais parler de son bateau avec lui. Son enthousiasme contagieux faisait de lui un merveilleux professeur.

Les week-ends prolongés se sont transformés en semaines, et j'ai fini par ne plus retourner chez moi que tous les quinze jours. J'évoquais avec passion devant ma famille les moindres épisodes de ma vie à Hull, depuis les exercices de sauvetage en hélicoptères de la RAF jusqu'au menu du déjeuner, lors de notre mouillage au large de Hawkins Point. Quand j'avais terminé mes comptes rendus, je sortais voir *Iduna* et faisais des tas de projets le concernant.

Chaque week-end, je retrouvais Robert à la marina. Quand nous ne sortions pas en mer avec *Panic Major*, nous faisions la liste des choses à réparer ou à modifier. J'ai appris à faire des épissures et à me servir d'outils dont j'ignorais jusqu'à l'existence. Je me suis familiarisée avec le matériel électronique et l'utilisation d'équipements particuliers. Avec Robert, je démontais la bôme et j'apprenais à effectuer les réparations dans les meilleures conditions, en mer ou au port. Qu'il me fasse découvrir un nouveau mastic pour les joints étanches ou me donne des conseils en matière de vitesse, tout me passionnait.

Un soir, après une course en équipage à Bridlington, nous avons jeté l'ancre devant le port, bu une bière en vitesse et souhaité bonne nuit au reste de l'équipage. Aux premières lueurs du jour, j'étais debout, réveillée par le clapotis sous ma couchette. Faisant quelques pas pieds nus sur le pont, j'ai entendu Robert s'éveiller. Un moment plus tard, il faisait son apparition. Le temps de prendre un rapide petit déjeuner, il m'a annoncé : « Je vais me recoucher. À toi de ramener le bateau. »

J'aurais voulu voir mon visage à cet instant-là. Quelle mouche avait bien pu piquer cet homme de cinquante-cinq ans, propriétaire de ce merveilleux pur-sang des mers, pour qu'il décide de confier à une gamine à peine sortie de l'école ce joyau auquel il tenait plus qu'à la prunelle de ses yeux ? Sous le choc, je suis montée sur le pont reprendre mes esprits.

Il m'a fallu un bon quart d'heure rien que pour envoyer la grand-voile, mais j'ai serré les dents et mené la tâche jusqu'au bout. Sachant qu'il fallait huit personnes pour porter cette grand-voile, la hisser toute seule jusqu'en haut du mât n'était pas une mince affaire. Mais je serais morte plutôt que de renoncer. Si un homme seul avait barré ce bateau autour de la planète, je pouvais bien lui faire faire les 110 kilomètres qui nous séparaient de Hull ! J'étais comme un moteur en sur-régime. Mais une fois l'ancre levée et la grand-voile déployée, quand le bateau a eu pris son essor, j'ai retrouvé mon calme. J'ai branché le pilote automatique et me suis mise à tout vérifier. Depuis l'avant, où j'étais allée m'assurer qu'aucun casier de pêche ne se trouvait devant nous, j'ai regardé vers l'arrière en direction du cockpit. Pour la première fois de ma vie, je n'y ai vu personne. J'aurais aussi bien pu être seule sur ce bateau. La sensation était exaltante.

Je débordais de fierté en entrant dans l'écluse à la tombée du soir. J'étais la reine du monde. À me voir, on aurait pu croire que je venais de traverser l'Atlantique. J'étais — je suis toujours — éperdue de reconnaissance envers Robert de m'avoir donné cette chance. Avec le recul, j'ai compris qu'il savait parfaitement ce qu'il faisait. Mais je ne serais pas étonnée qu'il n'ait pas fermé l'œil de toute la traversée.

Chaque jour passé à Hull, j'apprenais davantage. Mais tous ces progrès ont eu une triste incidence sur ma vie privée : Simon et moi, nous nous sommes quittés d'un commun accord. Ma soif d'apprendre était insatiable. Je passais de plus en plus de temps avec David et ses élèves, suivant tous les cours possibles pour compléter ma formation. J'appris mon métier de monitrice et à naviguer par fortes marées. Nous descendions jusqu'à Skegness ou Spurn Point, où nous jetions l'ancre avant de gagner la terre dans le canot pneumatique. Nous allions à Grimsby et nous nous amarrions au vieux quai de pêche numéro trois, contre son dernier chalutier. J'adorais Grimsby. Parfois, nous nous promenions le soir sur ses docks, contemplant les énormes étraves de ses navires et de ses bateaux de pêche, alignés sur les cales de halage pour être remis en état. De vieilles photos montraient ces mêmes quais remplis de bateaux. On avait peine à imaginer l'ambiance qui devait régner ici, quelques décennies plus tôt. À présent, les navires n'étaient plus qu'une poignée, témoignant tristement d'une prospérité évanouie.

Au début de la saison, j'ai assisté à quelques cours d'instruction théorique, avant de commencer — modestement — à enseigner moi-même. Une grande première, pour quelqu'un qui sortait à peine de l'école ! Mais le choc était peut-être plus grand encore pour les adultes de « ma » classe, qui se retrouvaient face à un prof de dix-sept ans ! J'étais bien sûr morte de trac. Heureusement qu'ici, tout le monde était là pour apprendre…

Non contente d'enseigner ici et de travailler à bord d'*Alert*, je me suis mise à camper dans la salle de radio. J'étais réveillée par les avertisseurs de brume des jetées et des bouées. Je souriais de bonheur en écoutant leurs sombres mugissements guider les navires jusqu'à leur poste d'amarrage, sur les bords de la rivière. Je me sentais proche de la mer au point de la respirer.

L'une des plus importantes boîtes de nuit de Hull se trouvait à quelques mètres à peine derrière l'école. Ses premières clientes, que je croisais régulièrement le soir en rentrant tranquillement le long des quais pavés, me faisaient toujours un peu l'effet de bêtes curieuses, avec leurs minijupes et leurs ventres nus. Il faisait généralement frisquet, à Hull, et les vents gémissants de la mer du Nord mordaient sèchement. Pourtant, enveloppée dans mes cirés, j'avais parfois l'impression que c'était moi qui étais trop habillée. Des regrets ? Pas vraiment. Et puis, l'état des rues et des porches d'immeubles, le matin, avait de quoi vous dégoûter par avance des virées en boîte. Le soir, plus l'heure avançait, plus les pulsations sourdes de la techno faisaient trembler les murs de mon « camping » improvisé. Ce qui, dans l'état de fatigue où j'étais, ne m'empêchait pas de dormir, écroulée dans mon sac de couchage.

J'ai continué pendant tout l'été à participer à des courses et à travailler avec Robert sur *Panic Major*, tout en préparant la partie pratique de mon diplôme de navigatrice. Après une courte parenthèse, passée à naviguer avec Thea sur *Cabaret*, je suis retournée à Hull. Pour pouvoir me présenter à l'examen, je devais impérativement compter au moins 2 500 milles de navigation. Ce qui, à l'époque, me semblait énorme. «Tu n'as simplement qu'à naviguer, Ellen, m'avait dit Dave en constatant ma nervosité. Et ça, tu sais le faire, non ? » Il avait raison. Une fois que j'ai eu réussi à me détendre, l'examen s'est déroulé sans problème et je l'ai passé avec succès. Je venais, me semblait-il, de franchir une étape énorme. Pourtant, ce n'était que la première.

J'ai décidé de ramener *Iduna* du Derbyshire jusqu'à Hull. Dave et moi estimions que j'avais les moyens financiers d'offrir à mon bateau l'abri de l'un des hangars, assez longtemps pour effectuer les gros travaux dans les meilleures conditions.

Une fois *Iduna* installé à Hull, j'ai pu m'attaquer aux réparations les plus importantes. Voir pour la première fois mon bateau tout près de l'eau me stimulait et augmentait mon ardeur au travail. J'y passais chaque minute de mon temps libre. Histoire de me mettre en train avant d'affronter les énormes travaux que nécessitait son état, j'ai commencé par la coque, sous la ligne de flottaison. Après avoir travaillé d'arrache-pied à «soigner» l'osmose de la carène, j'ai découvert que celle du pont était encore bien plus critique. Dans tous les endroits où l'eau de pluie s'était accumulée, l'osmose avait carrément dégénéré en pourriture, sous la couche de peinture grise. Des années d'exposition à tous les vents et à toutes les intempéries avaient causé des dommages terribles. J'ai entrepris de rendre *Iduna* plus apte à affronter la mer, en lui construisant un capot plus petit, en fibre de verre, et en élargissant ses évacuations de cockpit. Armée d'outils prêtés par David, je me suis attelée à la tâche avec un optimisme que rien ne pouvait entamer. C'était un travail épuisant, mais j'étais folle de joie de pouvoir m'y consacrer. Souvent, après avoir enseigné toute la journée, je sautais dans ma tenue de chantier et passais la soirée à travailler sur *Iduna*. J'étais en permanence couverte de résine, de peinture, et d'une poussière de fibre de verre qui m'irritait la peau et que l'humidité ambiante incrustait dans mes jeans et mes pulls. Chaque jour, après m'être récuré les bras au nettoyant industriel, j'étais obligée de déboucher l'évier. Mais à aucun moment je n'ai cessé d'être surexcitée comme une gamine à la veille des grandes vacances : le bonheur était pour demain !

En commençant à travailler sur *Iduna*, ma seule ambition était de le rendre capable de naviguer. Pour être honnête, j'ignorais, en l'achetant, ce que j'allais en faire. J'avais vaguement pensé à le barrer jusqu'en Norvège… mais une fois à Hull, j'ai mesuré toute la difficulté de cette entreprise, dans la mesure où elle avait peu de chances d'éveiller l'intérêt d'un sponsor. De toute façon, mon premier souci était de remettre *Iduna* « sur pied ». C'était le bateau de mes rêves, et je voulais que ce rêve soit parfait. Mais après tout ce travail, je me suis retrouvée fauchée une fois de plus, et incapable de payer plus longtemps le loyer du hangar. Dave m'a sauvé la mise une nouvelle fois en persuadant un de ses voisins et amis de me laisser entreposer *Iduna* dans son champ. Chaque fois que je le pouvais, je m'installais chez Maureen pour travailler sur mon bateau.

Un jour, avec des airs mystérieux, Maureen m'a demandé une photo de moi. À force de la « cuisiner », j'ai fini par lui faire avouer qu'elle avait posé ma candidature pour le prix du Jeune Marin de l'année. Je suis restée bouche bée en apprenant que j'avais déjà remporté le titre régional. Mais je n'étais pas au bout de mes surprises : je faisais partie des trois « nominés » pour le titre, qui serait décerné au salon nautique de Londres. La générosité de Maureen et David n'avait pas fini de faire des miracles.

En rentrant à la maison pour Noël, je ne pensais déjà qu'aux préparatifs de mon départ pour la cérémonie de Londres, début janvier. Dave, Maureen, maman, papa et tante Thea m'accompagnaient. Thea, qui s'était démis une vertèbre quelques jours plus tôt, avait du mal à se déplacer. Nous ne savions pas encore que ce n'était que le début, pour elle, de longues années de souffrances. Quoi qu'il en soit, elle se montra courageuse et j'étais heureuse qu'elle soit là.

Le grand jour a commencé de bonne heure, par le tournage de quelques images destinées à être projetées le soir, suivi d'une séance photo près de la rivière Serpentine, qui traverse Hyde Park. Je venais d'apprendre que j'avais gagné. Mon émotion a atteint des sommets quand on m'a demandé de poser avec Sir Robin Knox-Johnston, le premier homme à avoir réussi un tour du monde sans escale ! Son exploit de 1970 — 313 jours de mer ! — lui avait inspiré un livre, *A World of My Own* [1], dont je chérissais l'exemplaire en ma possession. Cette année-là, Sir Robin venait d'ajouter à son palmarès un deuxième « Yachtman de l'année », pour avoir battu le record du trophée Jules Verne, une course autour du monde sans escale, et sans limite, ni de taille de bateau ni d'équipiers. Son coskipper, à bord de son catamaran *Enza*, était le regretté Sir Peter Blake, autre figure de légende.

1. *La Course du Monde* (Arthaud, 1971).

J'étais émerveillée de découvrir en la personne de Sir Robin un homme d'une telle chaleur et d'une telle simplicité. Mais j'avais peine à croire que j'étais réellement en train de lui parler. Je n'avais jamais rêvé d'un moment pareil, sans doute parce que je n'avais jamais tenté de gagner le moindre prix. Les photographes nous ont tendu des bateaux miniatures pour la pose et, de fil en aiguille, nous ont demandé de nous déchausser et d'entrer dans l'eau de la rivière. En plein mois de janvier ! Dans l'ivresse du moment, j'aurais fait tout ce qu'on me demandait, mais Robin a refusé. D'un « non » poli, mais ferme. Ce grand homme venait de m'apprendre deux choses essentielles. Un : il faut savoir où sont les limites de ce qu'on est prêt à faire. Deux : quel que soit notre désir de faire plaisir, on a toujours le droit de dire « non ».

La cérémonie elle-même a mis mes nerfs à rude épreuve. À l'annonce de ma catégorie, j'ai cru que les battements de mon cœur dominaient la musique. En voyant, sur l'écran géant, défiler les autres nominés, tous auteurs de performances remarquables en régates de dériveurs et en compétitions internationales, je n'ai pu m'empêcher de penser que chacun d'eux m'était d'une supériorité écrasante. Quand les mots « Et le lauréat du Jeune Marin de l'année est... Ellen MacArthur ! » ont empli l'immense amphithéâtre, j'ai cru que j'allais m'écrouler sur place et ne jamais arriver jusqu'à la scène. La suite s'est déroulée en un éclair, pendant lequel j'ai fait de mon mieux pour sourire aux flashes. En slalomant entre les tables pour regagner la nôtre, mon trophée serré sur ma poitrine, un seul mot m'emplissait la tête : « MERCI ! » Le plus grand « merci ! » dont une fille de dix-huit ans pouvait être capable.

En février, j'étais de retour à Hull quand maman m'a appelée pour m'annoncer que j'avais reçu un courrier de Musto, une grande marque de vêtements de mer. Je lui ai demandé de me le lire et l'ai écoutée, debout dans une cabine téléphonique glaciale. La lettre était signée Keith Musto, l'un des fondateurs de l'entreprise. Il voulait me voir. Dans un état second, j'ai regagné en courant l'école de voile. Il fallait que je prenne le temps de réfléchir.

Jusqu'alors, le seul projet que j'avais été capable de concevoir était un aller-retour en Norvège. La beauté de ce pays me fascinait. Chez Robert, j'avais passé des heures à étudier le moindre relief de ses côtes. Mais je n'ignorais pas qu'une telle expédition serait difficile sans un sponsor. Ne serait-ce que pour me fournir les équipements de sécurité. J'ai écrit à Keith Musto pour lui dire que je serais ravie de le rencontrer, et que je descendrais dans l'Essex pour lui parler de mes projets. L'ennui, c'est que je n'avais pas la moindre idée de ce que pourraient bien être les projets en question.

J'avais deux fers au feu : décrocher mes qualifications de la Royal Yachting Association en continuant ma formation chez David, et élaborer des plans pour *Iduna*. Mon rendez-vous avec Keith Musto approchait, et je n'avais toujours rien à lui présenter.

Tout en enseignant désormais presque à plein temps, je me préparais à l'étape suivante de mon parcours : le grade d'instructeur de chefs de bord. Cette nouvelle qualification, qui me permettrait de former des navigateurs lors de stages en situation, s'obtenait après une semaine d'épreuves en mer se déroulant sur la côte sud. Entre deux cours, je multipliais donc les sorties avec *Alert*. Ce nouvel examen m'inquiétait à double titre : c'était l'épreuve pratique la plus difficile de tout le cursus de la voile ; de plus, elle se déroulait sur le Solent, où je n'avais navigué qu'une fois, étant enfant. Bref, ce n'était pas gagné.

L'école de David avait la particularité de former aussi bien des plaisanciers que des professionnels de la navigation commerciale. Parmi mes élèves, il y avait donc à la fois des skippers du dimanche et des hommes qui travaillaient sur les péniches et les caboteurs de la région. Ces hommes-là étaient un peu des héros, à mes yeux. J'avais vu les péniches et les remorqueurs sillonner les rivières par tous les temps. Ceux qui les manœuvraient semblaient minuscules, sur ces monstres de taille et de puissance. J'avais toujours été curieuse de les rencontrer.

Je me revois, dansant d'un pied sur l'autre à l'heure d'affronter une nouvelle classe. Tant que mes nouveaux élèves et moi n'avions pas appris à nous connaître, j'étais vis-à-vis d'eux d'une timidité maladive. Au point que je n'osais même pas manifester ma présence. Quelqu'un finissait par demander : « Alors, il est où, le prof ? » D'une voix hésitante, je répondais : « Euh, en fait, c'est moi. » Ce qui, évidemment, me valait quelques regards dubitatifs. Pourtant, je ne me sentais pas si « gamine », et encore moins incompétente. J'étais simplement une jeune femme légèrement introvertie, face à des travailleurs venus à reculons, parce que de nouvelles réglementations les obligeaient à suivre des stages de remise à niveau.

Pendant les pauses thé ou cigarettes, je les écoutais avec bonheur raconter des histoires remontant à des générations, transmises par leurs pères et leurs grands-pères, qui travaillaient déjà sur la rivière. La vie de ces hommes n'était pas de tout repos. Leurs journées étaient longues et difficiles, soumises au rythme de la marée qu'il fallait suivre quand elle était propice, de jour comme de nuit, été comme hiver. J'étais parfaitement consciente d'avoir affaire à des marins expérimentés dans leur spécialité, qu'ils avaient apprise la plupart du temps en commençant comme apprentis.

À Hull, j'ai eu la chance de rencontrer des gens dont la disponibilité et la formidable générosité m'ont apporté plus que je ne saurais le dire. David m'a appris le calme et la patience. Le respect que j'avais pour lui s'est vite doublé d'une grande amitié, et il est devenu la première personne avec qui j'ai pu partager à fond ma passion pour les bateaux, la mer et la voile. Grâce à l'enseignement, j'ai également eu la chance de rencontrer John Duckett, qui préparait son diplôme de navigateur. John m'a aidée d'une manière inestimable dans mon travail sur *Iduna*. Lui aussi est devenu un véritable ami, qui m'offrait des *fish and chips* et m'aidait à transporter mon matériel dans la camionnette de son père. Plus encore, il a été pour moi un exemple. Des années auparavant, un grave accident de voiture l'avait plongé dans un coma profond dont personne ne savait s'il sortirait un jour. Quand il en était sorti, au bout de deux mois, les médecins pensaient qu'il ne remarcherait plus jamais. Il avait pourtant recouvré l'usage de ses jambes, grâce à des années d'un courage sans faille. C'était un bonheur de l'avoir comme élève. Il incarnait à mes yeux l'acharnement, la gaieté… et c'était le roi des emmerdeurs.

Don Hayes, un autre de mes élèves, m'a laissé un souvenir très fort. Patron de son propre cabinet d'ingénieur consultant, il venait à Hull préparer son brevet de skipper pour des sorties à la journée. Notre complicité a été immédiate. Son humour et son envie d'apprendre donnaient du peps à toute la classe. Don et moi discutions beaucoup d'*Iduna* et de mes projets, toujours en gestation. Au bout de quelques semaines, il m'est apparu clairement que nous étions en train de devenir plus que des amis. À la fin d'un week-end de cours, nous avons marché sous la pluie jusqu'à sa voiture. Au moment d'y monter pour s'en aller, il m'a proposé de partir avec lui pour Spurn Point, que j'avais souvent évoqué en classe.

Durant les mois qui ont suivi, nous avons passé ensemble de nombreuses et merveilleuses soirées. Avant de connaître Don, j'aurais pu compter sur les doigts d'une main les fois où j'étais allée au restaurant. Faire mon choix dans un menu était pour moi une épreuve quasi insurmontable. Je ne comprenais même pas le sens d'expressions telles que « carré d'agneau » ! Quant aux prix… les yeux m'en sortaient de la tête ! Moi qui m'étais toujours nourrie de ce qui me tombait sous la main, moi pour qui la nourriture n'était rien de plus qu'un carburant, je débarquais sur une autre planète.

Don m'a également ouvert les yeux sur le monde du business. Prenant comme exemple l'agence de relations publiques qu'il utilisait pour promouvoir son entreprise, il m'a initiée aux secrets du marketing. Tout cela était entièrement nouveau pour moi, et j'ai commencé à envisager mes projets d'avenir sous un angle différent. Don m'établit un plan marketing en prenant en compte mes points forts et mes faiblesses. Ce plan, qui comprenait des sections comme « Projets, Contrats, Conférences, Interventions… » — et tout ce qui pouvait me venir à l'esprit —, est vite devenu pour moi une sorte de carte de l'avenir. Quand je pense, avec le recul, que je n'avais encore rien accompli de significatif en tant que navigatrice, je me dis que ce plan marketing était véritablement prémonitoire.

C'est une nuit du mois de mars, chez moi, dans le Derbyshire, que l'inspiration m'a visitée. Je me tortillais dans mon sac de couchage pour voir quel temps il faisait dehors. Je regardais les coupures de journaux sur le mur de ma chambre. Au milieu de ce bric-à-brac se trouvait une série de cartes établies par l'Amirauté britannique. En regardant celle de la Grande-Bretagne, l'IDÉE m'a frappée comme une illumination. En fait, j'avais l'impression qu'elle avait toujours été là, mais qu'elle venait seulement de m'apparaître. Le tour de la Grande-Bretagne ! C'était d'une évidence aveuglante. Je savais désormais avec certitude quelle serait ma prochaine étape.

L'idée tombait d'autant plus à pic que mon rendez-vous chez Musto était pour très bientôt. Je ne savais pas comment il se déroulerait, mais, au moins, je n'irais pas les mains vides. Don m'ayant présentée à Graham Percy, son spécialiste du marketing, nous avons décidé d'aller tous les trois chez Musto. Don soutiendrait mon projet par l'intermédiaire de Graham et ferait tout pour me mettre en valeur.

Chez Musto, tout respirait l'élégance et le professionnalisme. Après quelques minutes d'attente — passées à me ronger les sangs —, nous avons été accueillis, non seulement par Keith Musto, mais par un véritable comité. Brian Pilcher, le responsable des relations publiques de l'entreprise, nous a introduits dans la salle de réunion. Après une entrée en matière amicale, Keith m'a demandé quels étaient mes projets. «Un tour de Grande-Bretagne en solitaire», ai-je répliqué comme si j'y travaillais depuis des années. Et j'ai promis de leur faire parvenir un plan détaillé du projet avant la fin de la semaine.

Nos interlocuteurs se sont révélés sincèrement enthousiasmés. Keith, lui-même brillant skipper, m'a montré un tableau représentant les postes de chacun et la répartition des tâches à bord de son bateau. J'ai découvert non sans fierté que j'avais beaucoup en commun avec ces gens, qui travaillaient main dans la main avec les plus grands professionnels de la voile. Brian était un sacré personnage, à l'opposé de Keith, qui était un compétiteur acharné mais un homme discret et modeste.

Brian m'a semblé au premier abord un peu *too much* — je n'avais pas l'habitude de fréquenter des gens aussi démonstratifs. Au début, j'ai été légèrement désarçonnée par l'agressivité avec laquelle il m'a expliqué que, selon lui, le skipper est le « moteur » d'un bateau et qu'en tant que tel, il doit faire l'objet de soins tout particuliers. S'il a froid et qu'il est trempé, il se fatigue plus vite, ce qui risque d'être dangereux, surtout si cet état se prolonge. Il doit impérativement être efficacement protégé contre le mauvais temps. Des années après, je l'entends encore. Et je l'approuve à cent pour cent. Entre-temps, nous sommes devenus de grands amis.

Sur le chemin du retour à Hull, la conversation a été animée. J'ai passé les nuits et les jours suivants, plongée dans l'*Almanach*, à étudier la profondeur des fonds selon les marées, les équipements de chaque port — pouvait-on ou non s'y réapprovisionner en eau ? en carburant ? en nourriture ? — et l'abri qu'ils offraient contre le mauvais temps. J'ai relevé les numéros de téléphone des clubs nautiques et des postes de secours, calculé la distance exacte entre chaque escale. Puis j'ai divisé mon périple en cinq grandes étapes, divisant chacune de celles-ci en petits sauts de puce. J'ai décidé de faire le tour de la grande île dans le sens inverse des aiguilles d'une montre, afin d'avoir les vents dominants dans le dos sur toute la dernière partie de mon parcours, plutôt que d'avoir à l'affronter de face. Toute cette mise au point représentait un travail énorme, mais, dans mon état de surexcitation, il n'était pas question que je n'en vienne pas à bout.

Deux jours et demi plus tard, j'ai expédié chez Musto le résultat de mes cogitations. Le 10 avril, je recevais leur réponse.

La lettre, signée par Brian Pilcher, confirmait l'accord de Musto de me sponsoriser. Brian avait

même été au-delà de ses attributions en me dénichant un sponsor pour les pilotes automatiques, et en
se faisant confirmer par mes assureurs que le projet
entrait bien dans le cadre de la « couverture » d'*Iduna*.
De plus, il serait sans doute en mesure de me fournir un petit moteur d'appoint et des informations
météo. Je nageais dans le bonheur, mais ce bonheur
s'est assombri légèrement quand j'ai lu les deux
conditions que Musto mettait à sa participation :
d'abord, une inspection approfondie de mon bateau ;
ensuite, l'obligation pour moi de parcourir au moins
trois cents milles sans escale à bord d'*Iduna*. J'étais
sous le choc, car je ressentais cette double exigence
comme un manque de confiance en moi et en mes
capacités.

Pas un instant, je n'avais envisagé un parcours
non-stop aussi long. J'avais volontairement limité
mes étapes à soixante milles maximum, de manière
à pouvoir les boucler en une douzaine d'heures si la
météo était clémente, et en une vingtaine en cas de
mauvais temps. J'avais de bonnes raisons à cela. Il
me paraissait dangereux de dormir en mer sur un
aussi petit bateau, si près des côtes. D'abord à cause
du danger que représente le trafic commercial,
intense en mer du Nord, mais plus encore parce que,
contrairement à ce que l'on croit souvent, les récifs
et les rochers sont un bien plus grand péril pour un
bateau que les tempêtes.

Après m'en être ouverte à Dave, j'ai écrit une
longue lettre à Brian pour lui faire part de mes sentiments. À mon sens, si je devais passer quatre jours
sans dormir en mer du Nord, ce ne pouvait être
qu'un dernier recours. Certainement pas une forme
d'entraînement. Je lui promettais néanmoins de
mettre *Iduna* à l'épreuve du gros temps avant d'entreprendre mon expédition, afin d'être sûre qu'il
tiendrait le coup.

J'étais certaine d'avoir raison. Et il me semblait que si, dans nos rapports, nous jouions cartes sur table, notre projet commun ne pourrait qu'en bénéficier. Brian finit par se rallier à mes vues, ce qui nous permit d'aller de l'avant.

En premier lieu, il fallait que je ramène *Iduna* à la marina de Hull, où j'aurais au moins de l'électricité et de la lumière pour travailler dessus. Après de longues discussions, les responsables me permirent d'utiliser gratuitement un de leurs hangars et une de leurs places au ponton. En échange, ils me demandèrent simplement d'arborer pendant mon voyage un autocollant de la marina de Hull. Ce que j'acceptai avec plaisir et fierté.

Dès janvier, je me suis mise à travailler pratiquement vingt-quatre heures sur vingt-quatre à la mise en condition d'*Iduna*. Je ne me suis arrêtée que pour effectuer une ou deux sorties sur *Alert*, et pour passer mon brevet d'instructeur, sur le Solent, en avril.

En arrivant à la marina de Hamble, la première chose que je fis fut d'aller jeter un œil au bateau sur lequel j'allais passer ma semaine de tests. Il s'appelait *Hakuna Matata* — « pas de problème », en swahili. J'aurais aimé pouvoir en dire autant. Je suis montée à bord et ai entrepris l'inspection du plus petit placard, du moindre capot étanche. Je voulais tout savoir de ce bateau : où se trouvaient les vannes de la coque, comment couper le gaz de la cuisinière, où était niché l'extincteur… pour ne parler que des équipements intérieurs.

Ma plus grande angoisse était d'être jugée par une sorte d'étranger, quelqu'un qui ne « parlerait pas la même langue ». Mais quand, ce même soir, mon examinateur a fait son apparition, toutes mes craintes se sont évanouies. Avec ses épis grisonnants, son vieux caban et sa pipe vissée au coin du bec, sa vivacité d'esprit qui n'avait d'égale que son humour, John

Goode était un homme merveilleusement attachant. Loin d'être un doux rêveur, c'était plutôt le genre à appeler un chat un chat. Pendant ces quelques jours, l'angoisse de l'examen est revenue parfois me saisir à l'improviste, mais, dans l'ensemble, j'ai réussi à oublier qu'on me jugeait et je me suis persuadée que j'étais tout bonnement en train de naviguer. Comme d'habitude.

Le jeudi, John a changé de bateau et a été remplacé par James Stevens. James était l'entraîneur national de la Royal Yachting Association. C'était intimidant, mais le temps s'était amélioré et je pouvais enfin envoyer le spinnaker. D'autre part, James n'est resté qu'une journée — la dernière — et je trouvais rafraîchissant de faire de nouveaux exercices en présence d'un nouveau juge.

Quand tout a été terminé, après que les candidats ont eu ramené leurs bateaux à la marina, John et James ont convoqué chacun d'eux pour faire son bilan de la semaine. Le trac m'a reprise à l'idée que j'étais beaucoup plus jeune et beaucoup moins expérimentée que les autres, ce que je m'étais efforcée de cacher. Quand mon tour est arrivé, j'avais le cœur qui battait la chamade en entrant dans le bureau. James et John m'ont félicitée, mais n'ont pas tourné autour du pot : j'avais de sérieux points faibles. Le peu de milles que j'avais au compteur, d'abord ; ensuite, le fait que mon expérience de navigatrice était géographiquement limitée. Je m'attendais à ce qu'ils m'annoncent avec ménagements que je n'étais pas prête pour cette qualification. Après tout, si, à dix-huit ans, on me trouvait parfois un peu jeune pour mon brevet de chef de bord, on pouvait à juste titre considérer que j'étais beaucoup trop jeune pour celui d'instructrice.

Le verdict, quand il est enfin tombé, m'a fait sauter de joie : on me remettrait mon brevet d'instructrice à mon arrivée à Southampton, à la fin de mon tour de Grande-Bretagne.

J'ai dormi dans le train pendant la presque totalité du retour.

J'avais six semaines devant moi, à Hull, pour préparer *Iduna*. Il restait beaucoup à faire : réviser tout le circuit électrique, trouver un assortiment complet de pièces de rechange… entre autres. Dans la panique générale, heureusement, Dave, Don et John Duckett m'ont apporté une aide précieuse.

Le 1er juin, j'étais à bord longtemps avant le lever du soleil, terminant le raccordement du pilote automatique de rechange. Sur le quai, parmi les gens qui commençaient à se rassembler, se trouvaient maman, papa, Fergus, Lewis… et Mac. Lew traversait une période difficile. À la fac, ses résultats étaient décevants, et il hésitait entre refaire une tentative l'année suivante pour obtenir son diplôme, ou décrocher et chercher un emploi. En tout cas, j'étais heureuse qu'il soit là. Ma copine Sarah était venue également, ainsi que Don, Graham Percy, et quelques collaborateurs de Don. Il y avait naturellement Dave et Maureen, sans oublier Steve et Shamus, qui m'avaient donné un sérieux coup de main sur *Iduna*.

J'ai enfilé mon ciré et fait le tour de mon clan de supporters. Il n'y a eu aucune mélancolie dans les quelques mots que j'ai échangés avec mes parents. Avec Mac, ce fut plus dur : impossible de lui expliquer que j'allais revenir. Tout ce qu'elle comprenait, c'était que je partais.

J'ai serré Lew dans mes bras et il m'a simplement dit : « Ça va être du gâteau. » Ce furent les dernières paroles que j'entendis avant mon départ.

Le voyage allait être long. Mais je savais que tous ceux à qui je venais de dire au revoir seraient avec moi par la pensée, ce dont je leur étais reconnaissante. Une fois en route, j'ai eu brièvement envie d'arrêter le temps et de revenir en arrière pour revivre ces dernières minutes. Après les écluses, filant sur la rivière, j'ai regardé par-dessus mon épaule et j'ai aperçu Mac, les pattes sur la digue, qui essayait de me suivre des yeux. À ce moment-là seulement, une grosse larme a coulé sur ma joue pour la première fois de la journée. Je me suis retournée, face à la mer. Cette fois, j'étais partie.

J'avais l'impression d'avoir laissé sur le quai la totalité de ma vie, depuis ma naissance jusqu'à ce jour. Quant à l'avenir, il était là-bas, devant, et nul ne savait de quoi il était fait. Entre les deux, il y avait *Iduna* et moi, attendant ensemble que le passé achève de disparaître derrière l'horizon. Le moment que j'étais en train de vivre était le plus important de tout ce que j'avais vécu jusque-là. Le plus déterminant aussi…

J'avais passé un an, tout juste, à Hull.

5

Le premier jour de mer, après ma sortie de l'embouchure de la Humber, le vent était faible et je n'avançais pas. Entre le ciel gris pâle et ces eaux brunes si familières, le silence n'était troublé que par le clapotis de l'eau contre la coque. À contrecœur, j'ai mis le moteur en route environ une heure après avoir quitté le quai. Il fallait absolument que j'accélère un peu, pour ne pas rater la marée à Bridlington. J'avançais donc en pétaradant. Faire de la voile sans vent est insupportablement frustrant. Je ne me plaignais pas d'avoir avec moi cette force d'appoint, mais l'habituelle sensation de sérénité me manquait. À la tombée du soir, le vent s'est levé un peu et j'ai enfin pu couper le diesel et retrouver le bouillonnement de l'eau sous la coque. Installée dans le cockpit, j'en ai profité pour sortir mon magnétophone :

Il est 21 h 15, le soleil se couche, j'avance toutes voiles dehors à environ 3,5 nœuds. C'est la première fois depuis des jours que je navigue sans moteur pendant une durée prolongée. Fabuleuse sensation de calme. Vent de force 2 à 3 : pile ce que j'espérais. Je me sens si euphorique que pour un peu, je sauterais dans le dinghy pour faire le tour du bateau, histoire de le contempler «de l'extérieur»! *Iduna* doit être beau à voir, en ce moment.

Je suis arrivée en vue de Bridlington vers minuit. J'ai décidé de jeter l'ancre pour la nuit, afin de pouvoir me reposer au lieu d'attendre la marée de quatre heures. J'étais épuisée, mais heureuse de m'activer sur le pont avec la petite lampe à pétrole offerte par Thea. Les lumières de Bridlington parvenaient jusqu'à moi. Je suis descendue dans la cabine remplir mon journal de bord, sous le petit néon surplombant la table à cartes.

Au matin, je suis repartie en longeant la côte. L'étape suivante, jusqu'à Hartlepool, s'annonçait plus longue que la première, d'autant que le vent était retombé. Du coup, je me suis rabattue sur le port le plus proche, Scarborough. J'ai été chaleureusement accueillie par Tony, le gardien du port qui habitait le bâtiment du phare, sur le quai. On m'a invitée au yacht-club à partager une tourte aux petits pois avec les membres. Toute cette gentillesse préfigurait celle que j'allais rencontrer tout au long de mon voyage.

J'ai continué ma route, le lendemain, sous des falaises émergeant mystérieusement d'un brouillard que la brise n'arrivait pas à chasser. Il s'est levé pourtant, quand un vent plus frais s'est mis à souffler du sud. J'ai préparé mes sandwiches en admirant au passage Robin Hood's Bay, une adorable poignée de maisons, nichées au fond d'un loch. J'avais sorti le génois, et la silhouette orange d'*Iduna* avançait entre deux voiles. Pour la première fois, j'entendais le murmure de l'eau contre ses flancs. Depuis la plage avant, j'ai regardé notre sillage, au milieu duquel s'agitait le petit pavillon rouge. Écosse, nous voilà!

C'est à Hartlepool que les choses se sont gâtées.

La météo n'avait fait que se dégrader pendant le trajet et la tempête m'a clouée dans le port pendant quinze jours. La mer et le vent, déchaînés, semblaient ne jamais devoir se calmer. Le hasard a voulu que dans ce même port soit amarré *TS Royalist*, le magnifique voilier à gréement carré, navire-école des cadets de la Royal Navy. Il était là pour une remise en état qui était presque terminée. On m'a invitée à bord pour le thé.

C'était un navire superbe, plein de cuivres rutilants et de boiseries travaillées par les intempéries. Il n'était guère plus vieux que moi, mais il constituait quand même un témoignage émouvant de la marine d'autrefois. J'ai pris ma collation dans le carré des officiers, à l'arrière. On m'a tout de suite mise à l'aise et, pendant les deux semaines suivantes, j'ai passé sur ce vaisseau des moments formidables. On m'a invitée à participer à une sortie en mer en tant que second maître d'équipage. Pendant que le navire affrontait les vagues monumentales, j'étais fascinée par le travail de l'équipe, précis comme une horloge suisse. Je suis montée dans le gréement avec les jeunes cadets. Le vent sifflait dans les cordages et les mâts se balançaient lourdement, chaque fois que la proue plongeait. La moindre tâche était effectuée avec une efficacité impressionnante par des cadets faisant preuve d'une remarquable faculté d'adaptation. Je me suis fait au passage de solides amitiés.

La visite que Don me fit à Hartlepool fut moins gaie. Je sentais que nos aspirations mutuelles ne pourraient que nous séparer à plus ou moins brève échéance. Peut-être aussi me sentais-je un peu enfermée dans notre relation, depuis que j'avais eu le temps d'y réfléchir. C'est pourquoi il m'a semblé préférable d'y mettre un terme avant qu'elle ne connaisse une fin pénible. Mes derniers jours à Hartlepool ont été teintés d'un voile de tristesse.

TS Royalist a accompagné de deux coups de corne de brume ma première tentative de sortie du port. Tentative malheureuse. La mer, trop grosse, ballottait *Iduna* dans tous les sens. Même le moteur n'y pouvait rien. J'ai dû me résoudre à remettre mon départ au lendemain.

C'est avec un immense soulagement que j'ai finalement réussi à reprendre ma route vers le nord, le jour suivant. Le chatoiement de l'eau, le coucher de soleil sur les plaines du Yorkshire glissant doucement vers la mer… tout était d'une beauté à couper le souffle. Jamais de ma vie je n'avais eu autant le loisir d'admirer les paysages qui m'entouraient. J'ai profité des derniers rayons du soleil pour reprendre mon journal de bord :

Des macareux m'ont frôlé à un mètre ! Poursuivi ma route au nord avant d'entrer au moteur dans la rade d'Eyemouth et d'y jeter l'ancre dans cinq mètres d'eau, trois heures avant la marée basse de 12 h 15. Couchée. Levée pour la météo de 14 h 05 — pas terrible. Eyemouth et sa baie sont magnifiques. Mon pouce s'est infecté ; je l'ai tamponné avec du désinfectant et j'ai vidé le pus avant de le bander. Sympa ! Quitté Eyemouth à 17 heures, à la voile ! Peu de vent, mais j'étais décidée à naviguer à la voile. Le calme, ici, est trop grand pour le troubler par un bruit de moteur.
Failli rater St Abbs ! J'ai affalé la voilure et suis entrée au moteur — en prenant note des indications de guidage. Quand l'entrée s'est ouverte, j'ai aperçu un type, à côté du poste de secours. Il m'a indiqué le chemin à suivre et nous avons bavardé. C'est un ancien marin, reconverti dans le bâtiment.
St Abbs est un port merveilleusement calme et

chaleureux. Je suis heureuse de m'y être arrêtée. Une anguille s'est nourrie des algues de ma quille et j'aperçois des étoiles de mer sur le fond sablonneux. À cause d'un rocher, je n'ai pas trouvé tout de suite mon point de mouillage, mais tout le monde s'est montré très coopératif. Installée dans le soleil couchant, j'écris ces lignes à 19 h 48.

En repartant, j'ai dépassé le Firth of Forth, cette grande embouchure qui surplombe Édimbourg. C'était une journée magnifique, ce qui m'a permis d'admirer la rocailleuse île de May. Une fois au nord du Firth, j'ai passé la nuit à Anstruther. Comme il était déjà tard et que je ne me sentais pas le courage d'éplucher des légumes pour ma cocotte-minute, je suis descendue m'acheter une portion de *fish and chips*, que j'ai engloutie voracement en regardant les bateaux de pêche.

Était-ce les *fish and chips* ? Toujours est-il que de violentes crampes d'estomac m'ont empêchée de fermer l'œil de la nuit. Au lever du jour, ça allait mieux, mais j'avais des heures de sommeil en retard. Un moment plus tard, j'avais oublié mes douleurs de la nuit et j'ai largué les amarres, direction Arbroath, ma prochaine escale. J'avais la journée pour y parvenir. Même si le vent ne se levait pas, je devais y arriver à la voile.

Soudain, dans la chaleur de l'après-midi, plus un souffle de vent. Pour ne rien arranger, mes douleurs stomacales sont réapparues, pires que jamais. J'étais incapable de me plier, et ma souffrance se doublait d'une angoisse terrible à l'idée que j'étais peut-être en train de faire une appendicite aiguë. Arbroath n'était plus qu'à trois kilomètres, mais la marée trop basse m'empêchait d'entrer au port. Il fallait attendre le soir. J'ai pris la décision de pousser jusqu'à Montrose, le seul port de la région dans lequel je pouvais pénétrer. Portée par la marée, j'y serais en quelques heures. Malheureusement, mes douleurs n'ont fait qu'empirer pendant le trajet. J'ai essayé d'appeler chez moi, pour prévenir de mon état. Pas de réponse. J'ai réussi à joindre mon père, à son école, mais il ne pouvait pas grand-chose pour moi. Pourtant, sa voix où perçait un mélange d'inquiétude et d'impuissance m'a fait du bien. La terre était toute proche, mais j'avais l'impression d'être en pleine mer. Tâchant de rassembler mes esprits, j'ai appelé Graham pour lui faire part de la situation.

En approchant de Montrose, j'ai contacté le contrôle portuaire pour m'assurer que j'étais attendue et qu'on avait de quoi me soigner. « Pas de problème ! m'a répondu quelqu'un. On va venir à votre rencontre. » Montrose n'était qu'un petit port de pêche, peu adapté aux voiliers. Mais il s'est avéré que j'avais fait le bon choix.

Au moment d'entrer dans le port, je me suis traînée dans la cabine, jusqu'à la radio VHF, afin de vérifier auprès des autorités portuaires qu'aucun navire n'allait croiser ma route. Passant d'une fréquence à l'autre, j'ai sursauté en découvrant qu'il y avait un gros bateau, tout près de moi ! Mais en regardant par la fenêtre, j'ai vu avec soulagement qu'il s'agissait du bateau pilote *Southesk*, venu à ma rencontre.

Il m'a escortée le long de l'embouchure, où d'énormes navires s'alignaient le long des quais en béton. Un homme assez petit est apparu sur le pont du *Southesk* et m'a indiqué un emplacement où m'amarrer. Je souffrais le martyre. La douleur me transperçait au moindre mouvement et les ultimes manœuvres d'amarrage m'ont semblé interminables. L'homme que je venais de voir était le capitaine du port, Harry ; il m'a conduite à l'infirmerie.

Le temps d'y arriver, j'avais un peu moins mal. Le médecin m'a assuré que je ne faisais pas d'appendicite aiguë, et que la douleur s'en irait toute seule. Comme je me sentais un peu mieux, Harry m'a ramenée sur *Iduna*, où je me suis écroulée en tas sur ma couchette, épuisée et trempée de sueur.

Après avoir vainement essayé de dormir, j'ai de nouveau appelé chez moi. Maman avait pris la décision de venir me rejoindre à Montrose. J'en ai été heureuse, quoique ennuyée à l'idée qu'elle fasse le voyage pour rien. Mais la perspective de revoir un visage familier après un mois d'absence m'a réconfortée.

La première partie de la nuit s'est bien passée. Mais à peine les volatiles marins avaient-ils poussé leurs derniers cris avant de s'endormir, à peine le bruit de la circulation s'était-il calmé, que de violentes douleurs m'ont poignardée à nouveau. J'étais sur ma couchette, en train d'écrire, et la cabine d'*Iduna*, que j'avais toujours trouvée rassurante, me rendait soudain claustrophobe. J'aurais voulu me rouler en boule et hurler, mais je n'avais pas la place, ne pouvant ramener qu'une jambe à la fois contre ma poitrine. Dans cette position inconfortable, j'ai passé la nuit à gémir, en me répétant les mots du médecin : ce n'était pas une appendicite aiguë ; la douleur allait s'en aller. Mais elle ne s'en allait pas. Un début de soulagement n'est arrivé que quand j'ai été réveillée par le roulis, provoqué par les premiers passages sur la rivière.

Au matin, Harry est venu prendre de mes nouvelles. J'ai répondu que j'avais passé une nuit épouvantable, mais que j'allais un peu mieux. Apprenant que ma mère arriverait par le train de trois heures, il a offert d'aller la chercher à la gare, et m'a tendu une clé donnant accès à la cabane des dockers. Ces derniers lui avaient demandé de me donner un passe, pour que je puisse utiliser les toilettes, accéder au lavabo ou me faire bouillir de l'eau.

Les douleurs s'étant calmées, j'ai dormi toute la matinée. À midi, j'allais mieux et je me sentais en état d'accompagner Harry à la gare. Ce fut un vrai bonheur de voir maman descendre du train, et un soulagement partagé en tombant dans les bras l'une de l'autre. Harry nous a ramenées jusqu'à *Iduna*. Enfermée dans la cabine avec maman, je lui ai fait le récit complet de mon aventure. La nuit suivante, j'ai été de nouveau malade, pliée en deux sur ma couchette, pendant que ma mère essayait de dormir sur celle que j'avais bricolée à son intention au centre de la cabine. Décidément, c'était à croire que cette fichue douleur ne se déciderait jamais à s'en aller «toute seule». À quatre heures du matin, maman est partie à la recherche de secours, pendant que je recommençais à me tortiller, avec en prime une fièvre de cheval. Le veilleur de nuit nous a conduites dans sa camionnette jusqu'à l'infirmerie où le médecin, malgré toute sa bonne volonté, a été incapable de parvenir à un diagnostic. Il m'a donné un calmant et nous avons repris le chemin des docks. Par chance, le médicament en question a semblé faire un certain effet et, le lendemain, je me suis sentie à nouveau mieux.

Maman ne pouvait pas se permettre de s'absenter trop longtemps de la maison, où tant de gens dépendaient d'elle. Nan, d'abord, que des ennuis de santé avaient forcée à écourter son séjour d'études en Allemagne, et que maman devait maintenant accompagner pratiquement partout. Ce devait être pénible pour Nan, à la fois de devoir abandonner ses chères études, et d'être soudain si dépendante. Tante Thea habitait chez nous, elle aussi. Des problèmes de dos l'avaient obligée à subir des injections de calmants dans la moelle épinière. Malheureusement, elle avait fait une réaction nerveuse qui l'avait laissée à moitié paralysée. Double charge pour maman. Sans compter Gran, dont la santé était préoccupante, et Lewis, toujours en proie aux incertitudes sur son avenir. Bref, la situation à la maison n'était pas de tout repos. Maman, toujours aussi courageuse, assumant tout pour tout le monde, une fois de plus, ne se plaignait pas. Mais je comprenais à demi-mot que cette somme de responsabilités était écrasante. Du coup, je m'en voulais d'en rajouter, tout en espérant que son voyage forcé jusqu'à Montrose constituerait une brève parenthèse dans sa morosité quotidienne. Et que sa visite lui ferait un dixième du bien qu'elle m'avait fait à moi. Elle m'a proposé de rentrer avec elle à la maison et d'y rester jusqu'à ce que je sois définitivement guérie. C'était tentant, mais j'ai refusé, craignant de compromettre la réussite de mon expédition, si je rentrais chez moi. Après ces deux semaines d'immobilisation déprimantes à Hartlepool, la météo était redevenue favorable et j'étais décidée à en profiter. Maman est donc repartie seule, le lendemain.

En marchant toutes les deux vers la gare, nous sommes passées devant la cabane des dockers. Elle était fermée, mais j'avais toujours la clé au fond de ma poche. J'ai poussé la porte et j'ai eu l'impression de pénétrer dans un refuge abandonné depuis des lustres. Quelques sièges fatigués, de couleur sombre, étaient disposés çà et là ; de rares coulées de soleil tombaient des carreaux noircis par l'échappement des chariots de levage et des camions. Des photos peu flatteuses de créatures dénudées étaient punaisées aux murs, et une grosse bouilloire électrique, des gobelets et des cuillers s'entassaient au fond, dans un coin. Je me mis à sourire sans raison. Peut-être parce que je me sentais chez moi, dans cet endroit ; peut-être aussi parce que j'étais contente d'avoir été acceptée dans le petit monde fermé des dockers. « Mon Dieu ! On peut dire que ça leur fait de l'usage, ici ! » commenta maman en s'installant avec moi pour d'ultimes confidences, autour d'une tasse de thé.

Nos adieux ont été plus difficiles qu'à Hull, maintenant que l'une et l'autre savions mieux à quoi je me mesurais. D'un autre côté, tous ces obstacles ne faisaient que renforcer ma détermination. Cette nuit-là, la cabine d'*Iduna* m'a paru étrangement vide. Mais je me suis consolée en pensant que demain, l'aventure reprendrait.

Lundi 26 juin.

Levée à 8 h 10. Passé la matinée à réparer l'éolienne, à donner des coups de téléphone, à me laver… et à établir mon plan de navigation — déterminer mon prochain cap. Me suis profondément entaillé le pouce sur le disque d'aluminium. Tant pis. Déjeuner sandwiches. À 13 heures, suis allée me réapprovisionner en eau dans les réserves de *Southesk*. Le jet, trop puissant, a fait éclater mon petit réservoir. Mes cales à moitié noyées. De l'eau partout, même dans le coffre à batteries. Par chance, j'ai réussi à réparer le réservoir, qui avait cédé à l'ouverture. Besoin de pastilles purificatrices d'eau. Suis allée en acheter en ville. Hors de prix. Me suis rabattue sur la pharmacie. Le produit qu'ils m'ont donné devrait faire l'affaire. Retour au bateau, rendu la clé de la cabane, et levé l'ancre, car *Southesk* était sur le point de partir. Toujours en jean et t-shirt, lancé le moteur et en route. Grands signes d'adieu. En sortant du port, appelé le centre de contrôle de Montrose. Les ai remerciés pour leur hospitalité et leur aide, dit que je reviendrais. Réponse : «*Iduna*, ici centre de contrôle portuaire. Pas de problème. Revenez quand vous voulez. » Génial !

Le vent s'est levé peu après mon départ. Assise dans le cockpit avec une tasse de thé, je voyais le brouillard avancer dans ma direction. Au-dessus de la couche brumeuse, le ciel était clair. Quand tout a viré au gris, la mer s'est mise à miroiter comme de l'argent. J'ai collé à la côte autant que possible afin d'éviter d'éventuels navires marchands, devenus invisibles dans le brouillard. Pour me faire repérer par les cargos, j'ai hissé au mât mon réflecteur radar et tendu l'oreille au moindre bruit de moteur. Je louvoyais si près des falaises qu'elles surgissaient du brouillard, m'écrasant de toute leur masse, pendant qu'à leur pied les vagues écumantes éclataient sur les rochers.

J'ai appelé le garde-côte pour lui signaler ma position et le prévenir que je longeais la côte en plein brouillard. Qu'il avertisse le plus de bateaux possible de ma présence. Mais il y avait quelqu'un d'autre sur la ligne : une vedette rapide de secours en mer, identifiée sous le code : MRI 38. Elle m'a contactée directement et m'a annoncé son intention de tester sur moi une nouvelle technologie. J'ai accepté de coopérer, une fois certaine qu'il ne s'agissait pas de me secourir. Leur nouveau système devait pouvoir localiser un bateau par le seul moyen d'un signal radio. J'ai poursuivi ma route le long des côtes.

Journal de bord :

La vedette a émergé du brouillard et ses occupants m'ont demandé si je les entendais. J'ai répondu : « Cinq sur cinq. » Mais ils parlaient du moteur. J'ai dit : « Attendez une minute » et j'ai sorti la tête par le capot de descente. Ils étaient là, à tribord. Ils sont restés dans le coin, tandis que j'essayais de manœuvrer à la voile. À 20 h 30 environ, mis mon moteur en marche et navigué moitié à la voile, moitié au moteur, réduisant la toile progressivement. Dernière demi-heure au moteur. Beaucoup de mer. Me suis encore coupé le doigt ! Du sang partout. Essayé de ne pas en mettre sur les voiles. Vagues se fracassant sur les rochers, frôlée par des aigles de mer. Assez sinistre. Suivi MRI 38 jusque dans le port de Stonehaven. Mouillage.

Le skipper de MRI 38 est venu me voir pendant que je m'amarrais. Il s'appelait Hamish McDonald et était le gérant de l'entreprise qui avait construit le bateau sur lequel il était venu à ma rencontre.

J'avais faim. Le marchand de *fish and chips* du coin étant fermé, Hamish m'a emmenée chez lui, sur les hauteurs de la ville. Sa famille m'a accueillie chaleureusement et sa femme m'a fait des œufs au bacon pour le thé. La conversation s'est prolongée et c'est après minuit que Hamish m'a raccompagnée jusqu'à *Iduna*. Je me suis couchée aussitôt, un sourire béat sur les lèvres.

Le lendemain matin, Hamish m'a apporté les prévisions météo et m'a proposé d'envoyer un de ses techniciens jeter un œil à mon moteur hors-bord, qui me causait quelques soucis. Il m'a tendu un livre dont il était l'auteur. Sur la page de garde, il avait écrit :

Règles de vie :

Sois en paix avec la nature,
Sois en paix avec ton lieu de travail,
Sois en paix avec tes outils de travail,
Sois consciente de tes capacités — travaille jusqu'à tes limites.

Tous mes vœux t'accompagnent, Ellen, que tous tes rêves se réalisent.

H. M., le 27 06 95

Mon moteur sitôt réparé par les bons soins du technicien, j'ai largué les amarres, un peu mélancolique de quitter mes nouveaux amis.

Quelques minutes plus tard, les dauphins ont fait leur apparition. À ma connaissance, aucune autre créature vivante ne possède à ce degré le pouvoir de vous donner le sourire. J'avais la « banane ». C'était la première fois de ma vie que je voyais des dauphins en liberté, et j'éclatais de rire chaque fois qu'ils frôlaient *Iduna*. J'avançais lentement ; les dauphins faisaient des bonds devant ma proue, plongeaient sous ma coque, réapparaissaient, la tête tournée vers moi, me regardant. Je n'avais qu'à tendre le bras pour les toucher. Je ne pouvais pas m'empêcher de penser que c'était pour ça que j'étais là. Si mon voyage devait s'arrêter demain, j'aurais au moins vu l'essentiel de ce que j'étais venue chercher.

Les étapes suivantes se sont déroulées sans histoire. J'alternais voile et moteur. Après une escale à Peterhead, je suis repartie à l'aube et j'ai fait le tour du cap, jusqu'à un minuscule village de pêcheurs du nom de Whitehills. J'avais un sérieux retard sur mon planning, ce qui commençait à m'inquiéter. J'avais bien avancé, mais j'avais parcouru moins de 400 milles, sur un parcours total qui en comptait 1 900. Malgré mes deux semaines à Hartlepool et mes trois jours à Montrose, j'aurais dû approcher du nord de l'Écosse, à l'heure qu'il était. Deux options se présentaient à moi. Celle de mon plan de route original, d'abord, qui prévoyait de doubler le cap Wrath, entre l'Écosse et les Orcades. Mais je doutais à présent que ce soit possible. Le temps s'était maintenu au beau fixe depuis Hartlepool, mais il y avait peu de chances que ça continue indéfiniment. Il fallait que j'avance. Si j'étais prise dans les bourrasques du Nord, je n'étais même pas sûre d'arriver jusqu'à un port. *Iduna* est un tout petit bateau et, par très gros temps, son moteur hors-bord ne suffirait pas à me tirer d'affaire. Comme j'avais pu le constater lors de ma première — et vaine — tentative pour quitter Hartlepool, l'hélice sortait de l'eau à chaque grosse vague, ce qui rendait le moteur pour ainsi dire inutile. Cet inconvénient m'avait préoccupée dès le début. C'est pourquoi, à contrecœur, j'ai opté pour la sécurité en choisissant la seconde option. Celle-ci consistait à faire l'impasse sur le cap nord de l'Écosse et à couper par le canal Calédonien, reliant Inverness à Fort William. Cette décision, personne ne pouvait la prendre à ma place. Je m'en voulais de l'avoir fait, mais je savais que c'était le bon choix. Le seul qui me permettrait de réussir.

Whitehills, le 29 juin.

Le capitaine du port m'a vivement remerciée d'être venue acquitter la taxe portuaire. Après avoir encaissé mes six livres, il m'a demandé si j'aimais le poisson et m'a offert quatre églefins frais. Il a voulu savoir si j'étais capable de les vider. Comme je n'en doutais pas, j'ai répondu « pas de problème ». J'ai quitté son bureau, ravie. J'ai petit-déjeuné d'un porridge que j'avais préparé au port, avant mon départ, puis j'ai entrepris de nettoyer et de découper mes poissons en filets. Très amusant. J'ai commencé par leur enlever la tête et la queue, dont les mouettes se sont régalées. Séparer le poisson de son arête, ensuite, s'est révélé plus facile que je ne l'aurais cru. Je me suis retrouvée avec huit filets et j'en ai fait frire un sur-le-champ. Délicieux. Trois yachts sont passés, filant vers le large. Dans le brouillard qui recouvrait l'horizon, ils avaient l'air de glisser sur du verre. On aurait dit des vaisseaux fantômes.

À ma prochaine étape, Lossiemouth, Graham m'avait organisé un rendez-vous avec des gars de la Royal Air Force, basés tout près de là. On m'a fait visiter la base et on m'a entraînée jusqu'au pub, où j'ai bavardé avec les pilotes d'hélicoptère du sauvetage en mer. J'ai regagné mon bord, à moitié ivre, peu avant minuit. Il y avait longtemps que je ne m'étais pas offert une virée nocturne.

J'étais malgré tout debout de bonne heure le lendemain. La météo prévoyait des vents plutôt violents, mais sur le conseil du capitaine du port — certain que j'arriverais à Inverness à temps pour franchir les écluses du canal Calédonien —, je décidai de tenter le coup. Il me souhaita bonne chance.

« Yacht *Iduna*, yacht *Iduna*, yacht *Iduna*, ici RAF 32, est-ce que vous nous recevez ? — terminé. » Le temps de dire oui, un hélicoptère Sea King vrombissait au-dessus de ma tête. Nous avons échangé quelques phrases par radio, pendant qu'il décrivait des cercles autour du bateau. Les pilotes m'ont dit qu'ils étaient heureux de voir que tout allait bien, que j'avais l'air O.K., vue de là-haut. Ils ont tourné encore un peu, puis ils sont passés au-dessus de moi dans un vacarme assourdissant mais bref, avant de disparaître. Cool !

Je me suis amarrée par une soirée calme devant les écluses du canal Calédonien. Après avoir fermé *Iduna*, j'ai filé au supermarché, dont je savais qu'il était proche des quais. En revenant, j'ai eu la surprise de voir un autre mât, juste derrière le mien. Mon bateau avait beau être petit, il paraissait immense à côté de celui-là, une sorte de nain des mers, à peine plus gros qu'un petit dériveur. Et le plus beau, c'est qu'il était venu de Suède ! Son capitaine, un certain Sebastian, était un grand type débraillé qui portait un bonnet d'aviateur en cuir par temps froid. Il avait construit lui-même son bateau, *Arrandir*, dans sa chambre, et avait dû enlever une fenêtre pour l'en sortir une fois terminé. Nous sommes partis d'Inverness ensemble, le lendemain matin, pour naviguer bord à bord jusqu'à Fort William, avant que nos routes se séparent. La beauté du canal Calédonien dépassait tout ce que j'avais imaginé. Il m'a fallu une semaine pour en voir le bout, et chaque minute a été un moment de bonheur.

8 juillet.
Je commence à prendre conscience du fait que je suis en train d'apprivoiser la solitude. Je ne suis plus angoissée d'être loin de chez moi, loin de tout visage familier. *Iduna* et moi, nous nous tenons compagnie ; ensemble, nous sommes capables de tout affronter. Mon bateau, c'est mon chez-moi. Ici, j'ai tout ce dont j'ai besoin, et même davantage. J'ai beaucoup de chance.
Jeté l'ancre dans la baie de Kentallen, un endroit magique. L'eau du thé est en train de chauffer. Le silence est absolu. Au menu : panse de brebis farcie[1] aux légumes. J'essaierai peut-être ensuite de faire un gâteau dans l'autocuiseur, pour plus tard. Ça vaut le coup d'essayer, même si ça se transforme en pudding à la crème. Après tout, c'est mon anniversaire, aujourd'hui !

---

1. Célèbre spécialité écossaise *(N.d.T.)*.

6

J'ai atteint Oban deux jours plus tard, après un voyage merveilleux entre Port Appin et l'embouchure du loch Linnhe. Je me sentais dans la peau d'une héroïne de *Hirondelles et Amazones*, explorant des grottes cachées et des criques secrètes. J'ai jeté l'ancre de l'autre côté de la baie, près d'une ravissante petite île du nom de Kerrara. J'avais décidé de m'offrir une coupure et de prendre le train pour Édimbourg, où *Royalist* allait participer au plus grand événement nautique de son calendrier annuel, la Course des grands voiliers. Pratiquement tous les grands bateaux à voiles carrées y seraient, venus de milliers de kilomètres à la ronde. Je voulais absolument assister à leur départ.

À bord de *Royalist*, c'était la grande forme. Le feu d'artifice de couleurs et le vacarme ambiant offraient un contraste saisissant avec le silence et la solitude auxquels j'étais habituée sur *Iduna*. Les voiliers se livraient à des batailles de ballons remplis d'eau, en entrant dans le port sous des milliers de regards. Barry Mattey, l'officier supérieur des cadets, m'a offert un poste de skipper. L'idée de prendre officiellement part à toute cette organisation était tentante, après les moments si enthousiasmants que j'avais passés sur ce bateau. Des stages avaient lieu, plus tard dans l'année, sur d'autres navires de cadets, moins grands que celui-là, et je devais commencer à penser à ce que je ferais après mon tour de Grande-Bretagne. Quelque chose en moi me poussait à prendre la mer avec tous ces amis que j'étais si heureuse de revoir. Mais mon « sens du devoir » m'a vite rappelée à l'expédition en cours. Depuis Oban, je devais rallier Southampton, pour le salon nautique.

J'ai quitté Kerrara et emprunté le magnifique canal Crinan avant de mettre le cap sur Adrishaig, Largs et Troon.

26 juillet.
10 h 55. Les sensations que j'éprouve en ce moment sont indescriptibles. C'est comme si *Iduna* était vivant et qu'il cherchait par tous les moyens à me faire plaisir. Nous sommes en symbiose parfaite ! Il survole avec grâce les vagues, qu'il coupe en deux, ne laissant derrière lui, pour toute trace de son passage, qu'une petite encoche liquide. Le ciel nous a enfin envoyé des vents favorables.

En me dirigeant vers Peel, sur l'île de Man, j'ai perdu la terre de vue pour la première fois depuis le début du voyage. Loin de m'angoisser, je me suis sentie plus libre que jamais. Rien ne pouvait nous arrêter, *Iduna* et moi. Pour un peu, j'aurais continué vers le sud et traversé l'Atlantique ! La journée était superbe, je filais à pleine vitesse, et la girouette, le pilote automatique, fonctionnant toute seule, semblait nous diriger. J'éclatais de rire quand les vagues m'éclaboussaient la figure.

Mais à deux heures de Peel, les choses ont changé du tout au tout. Le vent soufflait de derrière l'île de

Man, ce qui aplanissait les vagues, comme je l'avais espéré. Mais soudain, il a changé de direction et est devenu plus violent. J'ai viré de bord, pour empêcher *Iduna* d'être dépalé par les vagues, et tenter de reprendre le contrôle de la situation. Mais tout, à présent, jouait contre moi. Les rafales, dévalant les collines de l'île et soufflant vers le large, m'éloignaient de Peel. Je me sentais vulnérable, mais je savais qu'il fallait que je m'accroche. Les vagues sont devenues immenses, au point que j'ai cru, un moment, que j'allais devoir virer de bord et aller me réfugier en Irlande. J'ai mis le moteur en marche, espérant qu'il m'aiderait à gagner le port, mais il ne fonctionnait que sur un bord, l'hélice sortant de l'eau sur l'autre. J'ai coupé le moteur pour le redémarrer en virant de bord, mais, à chaque plongée après une vague, l'hélice, soudain privée de la résistance de l'eau, se mettait à hurler douloureusement.

Pour *Iduna* et moi, ça a été non seulement une rude épreuve — qui a duré deux heures —, mais un test qui m'a beaucoup appris.

27 juillet.

Iduna et moi, nous nous appartenons. Il m'offre un chez-moi et un abri ; je lui offre des objectifs et des aventures. Je suis fière d'être la partenaire d'un aussi merveilleux bateau. Comment son ancien propriétaire a-t-il pu l'abandonner ainsi ? Il ne demande qu'à donner satisfaction, pour peu qu'on lui en fournisse l'occasion. Il m'a portée par mer calme et par gros temps, sans jamais renoncer. Il m'a mise à l'épreuve, mais nous avons tenu le coup.

Avec une exaltation croissante, j'approchais de l'île d'Anglesey et me préparais à longer le détroit de Menai. Il s'agissait d'arriver sans encombre à

Port Dinorwic, où m'attendaient ma copine Sarah et ses parents. Les miens nous rejoindraient le lendemain.

Si heureuse que je puisse être de retrouver Sarah, j'étais dans mon expédition et j'avais du mal à être totalement disponible. Dommage que je n'aie pas réussi à me décontracter davantage…

Ça a été un peu la même chose, le lendemain, à l'arrivée de maman, papa, Ferg et Mac. J'aurais voulu les faire entrer dans mon petit monde, mais j'avais la tête ailleurs. Obnubilée par mon voyage, je n'étais pas moi-même. C'était d'autant plus regrettable que mon père, qui venait de prendre sa retraite d'enseignant, était plus détendu qu'il ne l'avait été depuis des années. J'étais fatiguée, obsédée par les erreurs que je risquais de commettre dans les prochains jours. Je ne pensais qu'à m'assurer du bon état d'*Iduna*. La réussite de mon expédition me mobilisait entièrement. Pour ma famille, c'étaient des vacances. Moi, j'étais toujours en plein travail. J'ai fait de louables efforts pour être souriante et détendue, mais sans succès.

Au bout de vingt-quatre heures à Port Dinorwic, j'ai décidé de repartir vers ma prochaine escale : Aberdaron Bay, recommandée par Graham qui y passait toutes ses vacances. Mes parents étaient équipés pour le camping : je les retrouverais là-bas.

En vue d'Aberdaron Bay, un changement de vent m'a obligée à louvoyer pendant deux heures pour atteindre la plage, et des eaux suffisamment peu profondes pour pouvoir y jeter l'ancre. Une vraie bagarre avec le vent qui, venu des collines et des falaises, tournoyait dans la baie, alternant calme et violence, et me laissait à la merci des courants. Ceux-ci soulevaient des vagues courtes et pointues, difficiles à gérer.

Papa devait venir à ma rencontre dans mon canot

pneumatique, qu'il avait apporté de Port Dinorwic, mais avec ces vagues, et dans l'obscurité, il y renonça. Quant à moi, louvoyant quasiment à l'aveuglette dans la baie, je ne distinguais que le sommet des falaises, côté au vent, et l'écume sombre des vagues se brisant sur les rochers, à l'autre bout de la plage. Mouiller ici n'allait pas être de tout repos. J'avançais prudemment vers la plage, l'œil rivé au sondeur. J'avais du mal à contrôler *Iduna*, et ces manœuvres d'approche mobilisaient toute ma concentration. Ce fut même difficile de préparer l'ancre. Quand, après l'avoir laissée tomber dans l'eau, je l'ai sentie mordre le fond, j'ai poussé un soupir de soulagement.

Malheureusement, elle a refusé de crocher plus longtemps : le vent m'entraînait hors de la baie. J'ai remonté l'ancre, pendant que le bateau roulait d'un bord sur l'autre. La bourrasque soufflait de plus en plus fort, et le froid pénétrait mes vêtements trempés. Je ne pensais plus qu'à une chose : m'assurer un mouillage protégé pour la nuit, me sécher, et attendre le lever du jour.

Vers la rive, j'ai distingué le faisceau minuscule d'une lampe-torche, qui se confondait avec les lumières du village. Soudain, j'ai réalisé, consternée, qu'il s'agissait de mon père et de Ferg, en train de ramer dans ma direction.

Ma première réaction a été de laisser retomber l'ancre que je venais de soulever, pour tenter de ralentir ma dérive. Mais rien n'y a fait : je m'éloignais inexorablement du canot et de ses passagers. J'ai mis mon moteur en marche, mais son hélice tournait dans le vide une fois sur deux. Ballottée dans la nuit, je ne pouvais qu'observer et me ronger les sangs.

J'étais morte de peur pour eux. Je ne comprenais pas ce qui leur avait pris de se mettre à l'eau dans des conditions pareilles. De plus, le vent venait de la côte et ils allaient avoir du mal à rentrer. Je savais qu'ils venaient me chercher, mais il n'était pas question que j'abandonne *Iduna* cette nuit-là. J'étais à la fois émue par ce qu'ils étaient en train de faire, et furieuse de leur imprudence. Ils ont finalement réussi à parvenir jusqu'à moi. Je leur ai tendu la main. Papa s'est agrippé au rebord d'*Iduna* et j'ai découvert avec stupeur qu'il était toujours en short, que le dinghy était rempli d'eau et que ni lui ni mon frère ne portaient de gilet de sauvetage. J'ai explosé :

— Qu'est-ce que vous foutez ici, tous les deux ?

— On a vu ton signal, alors on est venus.

— Je n'ai pas envoyé de signal ! ai-je crié. C'est trop dangereux, ici, il faut que je bouge, que je jette l'ancre ailleurs ! Je reste ici, cette nuit ! Revenez demain matin. Mais appelez-moi d'abord par radio !

— O.K.

Après avoir encore un peu couiné contre les flancs d'*Iduna*, le petit dinghy s'est éloigné, et le clapotis de ses rames s'est perdu dans le bruit des vagues.

— Faites-moi signe quand vous serez sur la plage ! ai-je crié dans la nuit.

Dans un état second, j'ai suivi des yeux la minuscule embarcation, tout au long de son retour vers la rive, qui m'a semblé durer des heures. Enfin, il y a eu un flash lumineux, derrière lequel j'ai distingué deux silhouettes, debout sur le sable. Ouf !

J'ai levé l'ancre une fois de plus, et avancé le long de la plage, à la recherche d'un fond sur lequel m'accrocher plus solidement. À la deuxième tentative, l'ancre s'est enfin stabilisée. J'ai éteint mes feux de route et allumé ma petite lampe à pétrole, que j'ai fixée à l'avant du bateau. Je suis descendue dans la cabine me débarrasser de mes vêtements trempés, et en chercher des secs, que j'ai enfilés avant de me coucher. Un vrai bonheur ! Mais malgré la fatigue, impossible de trouver le sommeil. Les câbles électriques ne cessaient de cogner à l'intérieur du mât, sous l'effet du roulis. De plus, je craignais qu'à la prochaine marée, dans quelques heures, l'ancre ne chasse une nouvelle fois. J'avais peur d'être éveillée par le bruit de la fibre de verre de la coque en train de se fracasser sur les rochers de l'île. Je ne cessais de penser à papa et à Fergie, dans leur canot pneumatique, et de me répéter qu'ils étaient sains et saufs. Il s'avéra qu'*Iduna* et moi étions parfaitement en sécurité, malgré l'inconfort de notre situation. J'avais juste été un peu secouée par l'épisode du dinghy.

J'ai fini par m'endormir, mais l'aube m'a réveillée. Je me suis précipitée sur le pont, qui était couvert de rosée. Le temps s'était dégagé et le ciel avait encore des nuances orangées. Assise sur le pont, ma veste sur les épaules, j'ai vu les tentes dressées à flanc de colline et j'ai reconnu la nôtre, petite et de couleur jaune, avec la voiture garée à côté. Les événements de la nuit paraissaient déjà loin.

Le soir, j'ai dîné avec les autres — auxquels s'étaient joints Graham et sa femme Betty — sur la plage, et regagné mon bord au coucher du soleil. Ça n'avait pas été facile de les voir, tous, en plein milieu de mon expédition, mais les quitter était encore plus dur. Sur la photo que Graham a prise de tout le groupe, sur la plage, maman me regarde avec une inquiétude visible, bien qu'elle essaie de la cacher.

Après avoir dépassé les superbes côtes du Pembrokeshire, je me suis reposée cinq jours à Fishguard, sous l'aile protectrice de John et Margaret, des amis de Dave. J'ai dormi dans un lit pour la première fois depuis des mois, et passé des heures, avec John, à évoquer son grand-père, qui avait navigué sur les anciens clippers. J'en ai profité pour étudier, sur les cartes, les alentours de l'ancien port de pêche de Solva, ma prochaine escale. L'entrée était délicate et, à marée basse, *Iduna* se retrouverait à sec, posé sur sa quille, appuyé contre le quai.

Sortant d'une mer cahoteuse, j'ai amarré *Iduna* dans le port de Solva et retrouvé pour dîner Tony Rees, de l'Association des propriétaires de bateaux de Solva, et sa femme Joy. Mais j'étais inquiète pour *Iduna* ; je voulais être là quand il se poserait sur le fond. Tony et Joy m'ont reconduite au port. Une demi-heure plus tard, la quille de mon bateau a touché le fond. Une fois son mât attaché au quai pour l'empêcher de basculer, je me suis sentie rassurée. En pantalon de jogging et en t-shirt, je me suis installée dans ma couchette, écoutant l'eau glisser le long de la quille avec la marée qui se retirait. Mais très vite, l'inclinaison du bateau m'a fait craindre qu'il soit en train de glisser le long de la paroi. Je me suis levée avec précaution, pour que mon poids ne précipite pas sa chute, et ai grimpé sur le quai.

La quille du bateau s'en éloignait inexorablement. En conséquence de quoi, tout le poids d'*Iduna* allait bientôt reposer sur ses haubans, ce qui provoquerait des dégâts terribles. Je me suis mise à courir comme une folle à la recherche d'une pièce de bois à caler entre le mur et le bateau, pour le maintenir droit, mais n'en trouvai pas. Je suis retournée au bateau en courant, malgré les entailles que le macadam irrégulier du port me faisait aux pieds. Déjà, les haubans touchaient le quai. Pour les en éloigner, je me suis appuyée au mât de toutes mes forces…

J'ai essayé de réfléchir calmement. Le positif, c'était que le bateau avait cessé de glisser et que le gréement était sauvé. Le négatif, c'était que j'étais coincée dans cette position, et que je ne pouvais pas bouger. Soudain, je me suis souvenue que j'avais mon portable sur moi. J'ai fouillé mes poches d'une main en priant pour ne pas le laisser tomber : je n'aurais pas pu me baisser pour le ramasser. L'écran s'est allumé… pas de réseau ! J'ai composé quand même le numéro des Rees, sans succès. Il était plus de minuit et il faisait de plus en plus froid.

J'ai tenté de m'asseoir. Impossible : mon bras n'atteignait plus le mât. Il n'y avait plus qu'une chose à faire : rester comme ça jusqu'à six heures, heure à laquelle la marée aurait remis mon bateau à flot. Pour passer le temps, j'ai compté les étoiles, chanté des chansons, frustrée d'avoir oublié des textes de Kylie Minogue que j'avais pourtant écoutée des centaines de fois. Soudain, je me suis mise à rire nerveusement en prenant conscience de l'absurdité de ma situation : j'étais debout en pleine nuit sur un quai désert, en t-shirt et pantalon de jogging, en train de geler sur place, chantant des chansons dont j'essayais vainement de me rappeler les paroles, et tout ça en soutenant à bout de bras le mât d'un bateau !

Cela dit, les choses me sont parues de moins en moins comiques à mesure que le temps s'écoulait. J'ai refait une tentative avec mon portable. Surprise : j'attrapai un petit bout de réseau en l'éloignant de moi le plus possible. J'ai composé le numéro, mais le réseau s'est perdu quand j'ai approché l'appareil de mon oreille. J'ai rappelé plusieurs fois. Si Tony ou Joy se décidaient à répondre, il faudrait que je hurle en continuant de tenir le portable à bout de bras. Le système a enfin fonctionné vers quatre heures du matin. Quelques minutes plus tard, les phares de leur voiture perçaient l'obscurité. Tony a pris le relais et soutenu le mât, pendant que je repartais à la recherche d'un objet pour caler le bateau. Quand ça a été fait, Tony et Joy m'ont enveloppée dans des couvertures et m'ont ramenée chez eux, où je me suis enfin écroulée dans le sommeil.

Graham avait déjà annoncé officiellement mon prochain rendez-vous. La télé devait réaliser un reportage sur Robin Knox-Johnston reliant Plymouth à Bristol sur son célèbre voilier *Suhaili*. On m'avait proposé de participer et j'avais bien sûr accepté avec enthousiasme. J'avais encore quatre semaines devant moi avant le salon nautique de Southampton. Être à Plymouth à la fin du mois semblait faisable. Après Solva, j'ai vite avancé. Le temps d'une escale à Milford Haven, j'ai fait mon plus important saut de puce depuis le départ en traversant le British Channel, jusqu'à Padstow.

Le début de cette traversée est passé très vite. Je surveillais sans cesse mon cap, à cause du trafic important dans le secteur. L'azur du ciel a évolué peu à peu vers une palette de délicates couleurs pastel. L'eau était lisse comme du verre, troublée seulement par le sillage d'*Iduna*, puis par un couple de dauphins. Assise sur le toit de la cabine, je me suis mise à chanter à tue-tête. Cette nuit-là, la mer phosphorescente a braqué un projecteur sur chaque poisson qui filait près de moi, comme étonné de ma vitesse. La vague d'étrave, semblait illuminée de l'intérieur. J'ai éteint un moment toutes mes lumières pour profiter du spectacle.

Le lendemain, à Padstow, j'ai été éveillée par des voix et des allées et venues, des cris d'enfants, des aboiements de chiens. J'ai émergé de ma cabine pour constater que ce petit port tranquille était devenu une station balnéaire ultra-fréquentée. Le yacht auprès duquel j'étais amarrée a bougé un peu, et une tête hirsute est sortie de l'écoutille. Le jeune marin m'a demandé avec un sourire d'où je venais et quand je repartais.

— Demain matin, ai-je répondu, pendant qu'il sautait dans son canot.

— Vous voulez venir dîner à bord ?

— Merci, avec plaisir ! ai-je lancé alors qu'il ramait vers le quai.

J'ai profité d'un moment de calme, au soleil, pour faire un petit retour en arrière. Ma mononucléose infectieuse, qui remontait à dix-huit mois, semblait à des années-lumière. J'avais peine à croire à quel point ma vie avait changé. J'avais réussi à faire ce que j'avais toujours rêvé, et croisé la route d'une foule de gens merveilleux. Je me suis mise à penser à Thea, qui souffrait toujours horriblement des suites de sa réaction nerveuse. Je l'avais appelée de temps à autre, pour lui raconter mes aventures… Mais elle aurait dû être ici, à naviguer sur *Cabaret*, comme elle l'avait fait pendant quinze ans. Je compatissais d'autant plus que je savais d'expérience à quel point c'était insupportable d'être immobilisée, jour après jour, en se sentant inutile et bonne à rien.

Un bruit de rames m'a arrachée à mes pensées : mon nouvel ami revenait. Il m'a invitée à son bord. Dans la pénombre de la cabine, je n'ai d'abord distingué que des poêles, des casseroles, des livres et un tapis pelucheux couvrant partiellement le sol. C'était à l'avant du bateau que se trouvait son contenu le plus précieux, objet de soins contrastant fortement avec le laisser-aller de la cabine principale : deux robustes plants de cannabis, révélés dans toute leur splendeur par les rayons du soleil couchant.

En nous régalant de plats chinois « à emporter » et en vidant des canettes de bière, sous la petite lampe à huile éclairant la chaleureuse cabine, nous avons parlé de nos rêves de voir le monde. Dans une décontraction totale, nous avons hurlé de rire jusqu'aux petites heures de l'aube.

20 août. Saint-Yves.

Pas la grande forme en me levant ce matin. Sans doute à cause de ma mauvaise nuit et de mon peu de sommeil. Il est 9 h 22 et il y a vingt minutes que je me débats avec mon matériel de pêche, dans l'espoir d'attraper quelques maquereaux. Le roulis du bateau devrait les attirer. Peu de succès, mais j'aurai au moins essayé. La météo est merdique et la visibilité exécrable : à peine un mille nautique. Je ne verrai pas grand-chose de Land's End. Continué à pêcher et à planifier la suite des événements. Je ne demande que deux choses : un truc à grignoter et une marée favorable.

Land's End s'est révélé moins spectaculaire que je ne l'aurais cru, mais en apercevant le phare de Longships, j'ai quand même eu la sensation exaltante d'avoir accompli une sorte d'exploit. Depuis l'Écosse, je m'étais battue bec et ongles pour achever mon tour de cette grande île… et ça y était ! Enfin, presque. Je filais maintenant vers l'est, et c'était la dernière ligne droite avant l'ultime grand virage.

C'est avec un sentiment de triomphe que j'ai jeté l'ancre à Plymouth, au soir du 22. En entrant dans le port, j'étais plus fière que si j'avais été le pacha du *Cutty Sark* ! J'ai été douchée un moment plus tard en apprenant que mon voyage avec Robin Knox-Johnston à bord de *Suhaili* était tombé à l'eau en même temps que le reportage TV. Cette soirée, passée sur ma couchette avec un gobelet de chocolat chaud, en écoutant la pluie qui commençait à tomber, est encore très présente à ma mémoire. Je m'étais fait une telle joie de cette première « vraie » rencontre avec Robin, après celle, trop rapide, des oscars de la voile, que son annulation soudaine m'avait donné un sérieux coup de bambou. Et la météo, qui prévoyait des coups de vent pendant les prochains jours, n'était pas faite pour me remonter le moral. J'aurais besoin d'un miracle pour que les conditions me permettent de repartir. Mon agenda m'a rappelé que dans deux jours, c'était l'anniversaire de Nan. Je me suis endormie en réfléchissant à ce que je pourrais bien lui envoyer.

Le lendemain matin, j'ai entrepris de confectionner moi-même un cadeau d'anniversaire pour Nan. J'ai dessiné une carte de la Grande-Bretagne, en peignant la mer autour, et inscrit « Nan, 80 ans » près d'un petit drapeau figurant Plymouth. J'ai complété le tout par des dessins représentant mes aventures écossaises, les dauphins et les tempêtes de la côte est. J'ai terminé en écrivant : « Désolée de ne pouvoir être près de toi. »

À l'instant où je rédigeais ces mots, j'ai soudain pensé : « Mais si, je peux ! » Je pouvais parfaitement sauter dans un train et aller passer une journée à la maison ! Tout excitée, j'ai appelé maman pour lui demander ce que tout le monde avait prévu de faire, le lendemain, mais sans lui dire que je projetais de venir. Décidée à les rejoindre, j'ai demandé à Sarah de venir me prendre à la gare et de me conduire au pub où se tiendrait le repas d'anniversaire.

À mon arrivée à Plymouth, deux bateaux couverts de logos avaient tout de suite attiré mon attention : c'étaient des vingt-deux mètres construits pour le BT Global Challenge, une course en équipage initiée par Sir Chay Blyth que son tour du monde contre les vents et les courants avait rendu célèbre. La course, depuis, suit la même route. J'avais lu qu'une certaine Samantha Brewster, qui avait participé à la dernière course, s'apprêtait à mener un de ces bateaux autour du monde, mais cette fois en solitaire. Son bateau était l'un des deux coursiers amarrés au même ponton que moi, à trente mètres à peine. Après tout le travail que j'avais fait pour préparer *Iduna* à mon propre voyage, je comprenais un peu la fébrilité qui régnait sur le quai.

Je savais par Brian que Musto équipait Samantha. Il avait dû lui parler de moi, car elle est venue bavarder dans l'après-midi. Elle était petite mais costaude, avec un sourire débordant de vitalité. Une femme pragmatique avant tout. Son bateau, qu'elle m'a fait visiter, était impressionnant.

Installée dans mon propre cockpit au soleil couchant, un gobelet de thé à la main, je ne pouvais détacher mon regard du bateau de Samantha. Ni cesser de penser à l'énormité de ce qu'elle allait entreprendre.

Depuis la gare de Matlock, Sarah m'a conduite au pub. Aucun signe de notre voiture familiale ! Ce n'était même pas la peine d'entrer : de toute évidence, je m'étais trompée d'adresse. Sarah m'a déposée chez moi. La maison était vide. Soudain, j'ai entendu un bruit de moteur et j'ai grimpé à toute vitesse jusqu'à ma chambre. De ma fenêtre, j'ai vu toute la famille descendre de voiture. D'un seul coup, je me suis sentie gênée. J'ai entendu ma mère entrer dans sa chambre, et je l'ai suivie. À l'autre bout de la pièce, elle fouillait dans une commode. Entendant un pas derrière elle, elle s'est retournée… et pendant une seconde, j'ai cru qu'elle allait s'évanouir.

— Ellen ! a-t-elle crié.

J'ai fait le tour du lit en courant pour me jeter dans ses bras. Quant à Nan, elle a eu le souffle coupé en me voyant apparaître. Je ne regrettais pas d'avoir fait le voyage.

Le lendemain, de retour à bord d'*Iduna*, j'ai repris mon journal pour une courte annotation :

25. 8. 95
13 h 28. De retour dans mon monde à moi !

Le mauvais temps m'a bloquée encore trois jours à Plymouth. Chaque matin, j'évaluais mes possibilités de départ en fonction de la météo. Mais celle-ci refusait de me donner ma chance, et je rongeais mon frein. D'où mon euphorie, quand j'ai pu enfin lever l'ancre.

17 heures. Je file à plus de 6,5 nœuds. Je fais la course avec un autre bateau ! Me suis assise tout à l'avant. GÉNIAL ! J'adore *Iduna* ! J'AI VÉCU LES 7 MINUTES LES PLUS FABULEUSES DE MA VIE ! — *IDUNA* EST REPARTI ! ! !

Salcombe, Dartmouth, Brixham… Chaque étape a été un moment de bonheur. Le Island Cruising Club m'a prise sous son aile à Salcombe ; on m'a accueillie dans les châteaux de l'embouchure de la Dart, et j'ai taillé une longue bavette, par radio, avec les gardes-côtes de Brixham. À chacun de mes départs et à chacune de mes arrivées dans un port, je communiquais mon plan de route, et les autorités locales avaient fini par en déduire que je faisais le tour de la Grande-Bretagne. Un garde-côte m'a même demandé de lui envoyer une carte postale de Weymouth.

L'étape au cours de laquelle j'ai traversé la baie de Lyme, en direction de Weymouth, a été la plus longue de la côte sud. Elle faisait à peine soixante milles, mais pour un Corribee de 6,30 m, c'était une véritable traversée. Pour corser la difficulté, il me fallait contourner Portland Bill, une longue avancée de terre se terminant par un promontoire. Portland Bill est connu pour ses redoutables brisants, et ses terribles creux, par grand vent. De tous les conseils que j'avais reçus pour aborder ce point critique, j'en avais surtout retenu un : « Contourne-le en le collant de si près que tu pourrais toucher les rochers avec une gaffe. » J'avais hâte d'y être.

J'ai contourné Portland Bill sans encombre et atteint Weymouth. À partir de là, tout s'est déroulé en accéléré. Une courte escale à Poole, pour quelques heures de sommeil, et un départ matinal pour Southampton.

Le temps d'une brève halte, par un après-midi de crachin, j'ai amarré *Iduna* au quai d'Ocean Village. J'étais en train de ranger ma cabine quand un bruit de moteur qui approchait m'a fait sortir la tête de la descente. C'était l'autre bateau du BT Global Challenger, celui qui était amarré à côté de celui de Sam à Plymouth. Il s'est immobilisé le long du quai, et l'une des cinq ou six personnes qui se trouvaient à bord est venue me dire que si je voulais passer prendre une tasse de thé, dans l'après-midi, je serais la bienvenue.

Un peu nerveuse, j'ai grimpé à bord quelques heures plus tard. J'étais mal à l'aise. Chacun de mes pas résonnait en écho et je me suis sentie un peu bête, ne sachant si je devais rester ou m'en aller.

— Y a quelqu'un ? ai-je crié.

Pas de réponse.

Me souvenant du bateau de Sam, je me suis timidement aventurée jusqu'à la cabine, sous le cockpit, et j'ai renouvelé ma question. Toujours pas de réponse.

Je rebroussais chemin comme une voleuse quand un grognement de géant endormi m'a stoppée net. Un homme, vêtu d'une combinaison isolante peu flatteuse, a surgi d'une petite porte, juste en face de moi.

J'avais tiré Merfyn Owen d'un profond sommeil. Mais comme c'était lui qui m'avait invitée, il a insisté pour que je reste. Il m'a suggéré de mettre l'eau à bouillir pendant qu'il s'habillait. Cinq minutes plus tard, au moment où la bouilloire sifflait, un homme neuf faisait son apparition.

Immense et bien bâti, Merv possédait une épaisse toison noire et bouclée, ainsi que le rire le plus tonitruant que j'aie jamais entendu. C'était un géant, mais un bon géant, du style cœur sur la main. Tout de suite, nous nous sommes entendus comme larrons en foire. Il était à Southampton avec le BT Global Challenge pour se familiariser avec l'ambiance : l'année prochaine, à la même époque, il mènerait l'un des voiliers participant à la course autour du monde.

Comme moi, Merv avait grandi à la campagne. Mais lui n'avait commencé à naviguer qu'à dix-huit ans. J'ai évoqué Hull, *Panic Major* et Robert. Merv le connaissait. Il m'a parlé des endroits où il était allé et des bateaux sur lesquels il avait navigué, depuis les courses transatlantiques sur des 60 pieds Open , jusqu'à son boulot de membre de l'équipe à terre sur la BOC, une course en solitaire autour du monde avec escales. Il avait même navigué sur des multicoques de 60 et 80 pieds (18 et 24 mètres) le long des côtes françaises et autour de l'Europe. Je buvais ses paroles. Merv dessinait maintenant des bateaux. L'une de ses créations était justement dans le port ; il m'a proposé d'y jeter un œil.

Maverick était un bateau incroyable ! Avec son pont très large et sa coque aux couleurs funky, on aurait dit un gros dériveur. Il n'avait pas de roof, juste une minuscule trappe débouchant sur un espace où se trouvaient un petit réchaud à gaz et quatre couchettes faites d'un treillis de plastique tendu sur un cadre d'aluminium. Nous sommes descendus nous abriter de la pluie. Merv s'est vautré en arrière sur l'une des couchettes, où il ne tenait même pas assis ; je me suis accroupie sur les marches, ravie. Merv m'a expliqué que le design si particulier de *Maverick* avait été étudié pour la Mini-Transat, une course transatlantique en solitaire où s'alignent des voiliers ultra-performants, pas plus grands qu'*Iduna*. Fascinée, j'ai recommencé à faire des projets d'avenir. Il y avait longtemps qu'une simple conversation ne m'avait pas ouvert autant de perspectives.

Le salon nautique a démarré sur les chapeaux de roues. Sans me laisser le temps de souffler, Brian Pilcher m'a présentée à la totalité de ses relations (c'est du moins l'impression que j'ai eue). Après m'être arrêtée à de nombreux stands et chez plusieurs équipes télé, j'ai déjeuné avec Brian et Graham Percy. Je leur ai raconté la moindre péripétie de mon expédition, et ils m'ont organisé d'innombrables interviews radio, télé et presse spécialisée.

La RYA tint parole et me remit officiellement mon brevet d'instructrice au Royal Southampton Yacht Club, où je retrouvai — en terrain familier, cette fois — James Stevens et John Goode. J'étais fière d'avoir été à la hauteur de leurs exigences, en accumulant tous ces milles à bord d'*Iduna*.

À Southampton, j'ai renoué également avec les cadets, qui m'ont proposé de participer à une sortie d'une semaine au départ de Gosport, sur un de leurs petits voiliers, tout de suite après la fin du salon. J'ai hésité, car ma priorité du moment était de terminer mon tour de Grande-Bretagne. D'un autre côté, cette croisière déboucherait sûrement sur un tas d'autres projets intéressants. Et j'avais vécu des heures si exaltantes à bord de *Royalist* que j'aurais été folle de refuser.

Au bout de huit jours à Southampton, je ne tenais plus en place. Je n'avais qu'une semaine pour avancer le plus possible vers l'est, avant de rejoindre les cadets à Gosport. Je suis donc repartie avant la fin du salon nautique, cap sur le soleil levant.

23 septembre.
19 h 24. Entrée dans le port de Chichester. Magnifique ! Superbe coucher de soleil ! Ciel rouge, silence absolu. *Iduna* glisse au milieu de toute cette sérénité, comme immobile.

28 septembre.
Quitté la marina de Northney à 5 h 30. Me suis échouée à la sortie de Chichester. Sensation merdique. Réussi heureusement à me dégager. Il y avait une balise à tribord, mais une marée descendante. J'écris ces lignes au large. Passée à Newhaven : dix livres la nuit ! Pas donné. Les falaises de Brighton ont l'air coiffées de rouille. Dépassé un navire à l'ancre. Me suis coincé le pouce en déconnectant le Navik[1]. Looe Channel dégueulasse (13 h 17 maintenant). Épuisée. N'arrête pas de penser à la Mini-Transat, à Merv et à *Maverick*...

Après une parenthèse de cinq jours à naviguer avec les cadets, le reste du voyage est passé très vite. J'étais si obnubilée par mon objectif — arriver à mon point de départ — que j'ai fait mes dernières escales presque sans m'en rendre compte. Je devais me présenter à l'embouchure de la Humber dans un créneau horaire précis. Vu la rapidité des courants de cette rivière et la puissance de ses marées, une simple erreur d'une demi-heure m'ôterait toute chance d'arriver à la marina. Je m'en approcherais, mais si la marée s'inversait avant que j'aie franchi les écluses, je serais repoussée au large.

1. Régulateur d'allure (*N.d.T.*).

La dernière nuit a été longue, brumeuse et difficile. Par chance, le brouillard s'est dissipé progressivement et j'ai été soulagée de voir réapparaître les feux des bateaux. À 2 h 57, les voix familières de VTS Humber, dans ma radio, m'ont fait éclater de rire : j'étais chez moi.

À l'aube du 12 octobre, une lumière quasiment magique, d'abord voilée d'une légère brume, s'est levée peu à peu, mettant partout des reflets argentés, comme si une couverture de lune nous était tombée dessus. *Iduna* se comportait parfaitement, bien gîté et filant à bonne vitesse dans les eaux boueuses de la Humber, qu'il retrouvait enfin. J'identifiais au passage des silhouettes familières : l'énorme bouée de Tetney, la tour du port de Grimsby, les structures du port pétrolier d'Immingham… Chaque bouée clignotait à mon passage, ce qui me permettait de lire son nom. On fêtait mon retour en silence.

Tout le monde était là pour m'accueillir. Mes amis de Hull, ma famille… même Nan. Il y avait des caméras et des journalistes. Robert avait apporté une bouteille de champagne. Et je n'oublierai jamais le sourire de fierté de Nan, quand elle est venue m'embrasser. Ma propre réaction, en retrouvant mes parents, m'a un peu surprise. J'étais à la fois heureuse… et déçue, comme si le charme avait été rompu. J'avais anticipé avec bonheur le moment où je pourrais enfin raconter mon aventure à tout le monde, mais maintenant qu'elle était terminée, je me sentais comme… absente.

C'est avec tristesse que j'ai vu mes parents repartir au soir de ce jour de fête. Maman m'avait demandé si je comptais rentrer chez nous, mais je devais rester à Hull. Dans quarante-huit heures, j'allais encore une fois rejoindre les cadets. *Royalist* était à Dundee, d'où nous allions mettre le cap au sud vers Great Yarmouth, pour une équipée de deux semaines.

Au coucher du soleil, j'ai quitté l'école de voile pour aller retrouver *Iduna*. Sagement amarré au quai, il dégageait une impression de sérénité, avec son réflecteur radar toujours accroché au gréement, sa barre de flèche de tribord légèrement inclinée sous la charge…

J'ai caressé le toit humide de sa cabine.

— C'est fini, mon grand… Merci.

Ce soir-là, j'ai pris une tasse de thé au bar de la marina, avant de rejoindre la nouvelle équipe de David pour son stage du week-end. J'y étais chez moi. Mais quelque chose avait changé. J'étais toujours la même, mais je voyais plus loin. Mon voyage avait élargi mes horizons, et m'avait donné envie d'en voir d'autres. Je pensais à Merv, à la Mini-Transat, aux cadets de la Marine et à leur formidable travail. Je n'avais pas encore décidé quelle route j'allais suivre, mais une chose était déjà certaine : je serais très malheureuse si j'étais condamnée à fréquenter ce même bar tous les jours pendant les trente prochaines années.

Ce voyage m'avait fait grandir. En l'entreprenant, je n'avais qu'une idée : me donner à fond pour réussir ce périple qui me ramènerait à la marina de Hull. J'avais vu des endroits extraordinaires, collectionné des souvenirs impérissables, et surtout rencontré des gens dont la générosité et l'ouverture d'esprit n'avaient cessé de m'émerveiller. Mais une force incoercible, au fond de moi, me poussait à ne pas rester au même endroit plus longtemps que nécessaire, même si des gens formidables m'y invitaient. J'avais subi les affres de la frustration quand l'absence de vent me faisait faire du surplace et que je devais recourir au moteur. Je m'étais obligée à prendre des décisions que je n'avais jamais prises auparavant. J'étais seule responsable de moi-même et de chaque mouvement de mon bateau. Je savais à présent qu'on ne se sort jamais d'une situation par l'opération du Saint-Esprit, et que la seule recette consiste à garder son calme, à donner son maximum et à y croire de toutes ses forces. C'est le genre d'expérience qu'on ne connaîtra jamais en restant tranquillement chez soi. Non seulement on est seule à prendre des décisions dont dépend notre sécurité — « Je fonce ? J'attends ? » — mais ces décisions ne sont jamais incontestables à cent pour cent ; sauf, bien sûr, rétrospectivement.

En réécoutant les enregistrements que j'ai faits durant ce voyage, je perçois le stress dans ma voix. Avec le recul, je comprends pourquoi. L'opposition entre les moments d'exaltation et les périodes de déprime est saisissante. J'entends ma colère et mon désespoir, quand les choses ne se déroulent pas comme prévu, quand je suis trempée jusqu'aux os, quand je dois barrer moi-même parce que les pilotes automatiques fonctionnent mal… À dix-huit ans, on a toujours tendance à se défausser sur quelqu'un ou quelque chose. J'ai appris pendant ce voyage que ce « quelqu'un d'autre » n'existe pas, que tout peut arriver, et que rien n'est jamais totalement prévisible. Le travail préparatoire, s'il diminue les risques, ne supprime jamais tous les problèmes, puisqu'on évolue dans l'imprévisible, et que c'est l'imprévisible, justement, qu'il faut apprendre à gérer avec pragmatisme et flexibilité. Autrement dit : s'adapter en permanence.

Je percevais mes changements d'humeur, mais aussi mes constantes. Je savais maintenant à quel point nos plans préétablis sont soumis aux caprices du sort, et j'avais appris à les modifier avec philosophie. Le bon et le mauvais sont inséparables. Le secret consiste à profiter du bon, mais à ne pas se laisser abattre par le mauvais.

7

À Dundee, je me suis sentie chez moi dès l'instant où j'ai posé le pied sur le pont de *Royalist*. Dans le magnifique lever de soleil, les petits nuages faisaient des dessins sur le ciel orangé, et les autres bateaux ont semblé minuscules quand notre grand navire les a frôlés, glissant majestueusement sur une mer d'huile. Quant à moi, je partageais la responsabilité des cadets avec les autres membres de l'équipage.

J'ai eu la satisfaction de les voir s'affirmer, pendant cette semaine en mer. Atterrés, le premier jour, par la corvée de patates, ils s'en acquittaient en chantant et en rigolant à la fin du stage. Plus encore que par l'esprit de communauté qui se créait, j'étais impressionnée par la prise de conscience, de la part de chacun, de l'importance de sa contribution individuelle.

À la fin de la première semaine, une nouvelle classe de cadets a remplacé la précédente. Mais c'est surtout la météo qui a changé. Entre Hartlepool et Lowestoft, des vents de sud-est beaucoup plus violents que prévus — jusqu'à force 9 — se sont mis à souffler. La mer du Nord est relativement peu profonde, ce qui donne rapidement des vagues courtes et raides. *Royalist* était secoué dans tous les sens. Chaque fois qu'il plongeait dans une vague, des paquets de mer inondaient le pont. Il fallait en permanence s'assurer que les gamins qui n'étaient pas de quart étaient solidement arrimés, quand ils jaillissaient des ponts inférieurs pour aller vomir contre le bastingage. Dans de telles conditions, impossible de naviguer vent debout. Même au moteur, nous avancions difficilement, atteignant une vitesse d'à peine quelques nœuds avant que la nuit ne pose sur nous une couche de nuages noirs si bas que nos mâts semblaient y laisser des rayures. Je n'avais encore jamais connu de mer aussi mauvaise, et j'étais fascinée par sa sauvagerie, par ces sommets écumants qui venaient s'écraser, l'un après l'autre, près du hublot de ma couchette. Sous chaque montagne liquide, je regardais le monde s'engloutir…

L'alarme d'incendie m'a brusquement arrachée à un mauvais sommeil et m'a envoyée dans les veines une poussée d'adrénaline. Sautant de mon lit, ma veste de quart dans une main, l'extincteur dans l'autre, je me suis ruée sur le pont. Les gamins sortaient de partout, sanglés dans leurs gilets de sauvetage, et se dirigeaient calmement vers leurs postes de rassemblement. Chez certains, l'angoisse se lisait sous le teint verdâtre dû au mal de mer. Fort heureusement, il s'est très vite avéré qu'il n'y avait pas d'incendie, mais que le moteur bâbord, en surchauffe, dégageait de la fumée et une épaisse vapeur. On l'a coupé, mais, sans lui, nous allions avoir du mal à atteindre notre destination. On a jeté l'ancre par mesure de sécurité, le temps de faire l'inventaire des dégâts et d'effectuer les réparations.

David, le mécanicien, a dû attendre plusieurs heures que le moteur refroidisse, avant de s'y attaquer. Ça n'allait pas être une mince affaire, et il a accepté sans manières mon offre de lui donner un

125

coup de main. L'ancre de *Royalist* dérapait sur le fond, et nous dérivions lentement vers un champ d'exploitation de gaz sous-marin, tout proche. Nous sommes heureusement parvenus à stabiliser le bateau, le temps d'effectuer nos réparations.

David et moi sommes descendus dans la salle des machines. En ouvrant la porte étanche, une chaleur d'enfer nous est arrivée en pleine figure. J'ai rempli une dernière fois mes poumons d'air frais avant de plonger dans la fournaise qui empestait le diesel. Le moindre craquement, le plus petit gémissement émanant des structures du navire, était amplifié, accentuant encore notre sentiment d'urgence. Le problème venait du rotor de la pompe à eau destinée à refroidir le moteur. Cette pompe, vu la configuration des machines, était malheureusement difficile d'accès. Couchée sur le moteur, j'ai tendu le bras pour essayer d'atteindre le capot du rotor, pendant que David se glissait par en dessous pour arriver jusqu'aux boulons. La chaleur était à peine supportable. Je changeais de position toutes les quelques secondes, pour éviter de me brûler, pendant que les balancements du navire me faisaient glisser d'avant en arrière. J'ai la chance de n'avoir jamais souffert du mal de mer. Parce que là... Le visage dégoulinant de sueur, nous avons mis une heure à réparer. Après quoi, David a remis précautionneusement le moteur en marche. De retour sur le pont, notre soulagement a été de courte durée. Il fallait encore remonter l'ancre, et vite : nous approchions dangereusement des limites de la zone interdite, autour d'une des plates-formes de forage de Rough. La remontée de l'ancre n'a pas été une partie de plaisir : les moteurs hydrauliques n'activaient le treuil qu'à chaque descente de vague, quand l'étrave retombait dans le creux. *Royalist* avait du mal à escalader la vague suivante, et à chaque fois des paquets de mer balayaient le pont et s'abattaient sur nous.

Lorsque enfin l'ancre est sortie de l'eau, elle a remonté par la même occasion un vieux câble électrique qu'elle avait accroché au fond. Faisant preuve d'habileté et de beaucoup d'expérience, Paul, le skipper, a réussi à faire basculer l'ancre en utilisant les mouvements du navire, et à nous débarrasser du câble. Libérée, la proue de *Royalist* est remontée comme un canard en plastique lâché au fond d'une baignoire, et le grand voilier a pu remettre le cap sur Lowestoft en survolant les vagues, au lieu de plonger dedans.

Mon voyage s'est terminé à Lowestoft. Du port, j'ai appelé chez moi. Lewis m'a dit que maman et papa étaient sortis et m'a suggéré de rappeler plus tard. N'ayant pas le temps de m'attarder, je n'en ai pas su davantage.

Dans l'après-midi, j'ai rappelé du train qui me ramenait vers le sud. J'étais impatiente de raconter à mes parents mes aventures à bord de *Royalist*, mais mon enthousiasme s'est évaporé quand j'ai entendu la voix blanche de ma mère.

— Qu'est-ce qui se passe, maman ?

— C'est ton père. Il a eu un accident. Mais ne t'inquiète pas : on pense que ça ira. D'ailleurs, il est ici.

Elle m'a raconté que pendant le week-end, papa avait proposé de couper les branches mortes des arbres du parking de l'école. Pendant qu'il s'activait avec sa tronçonneuse, une branche lui était tombée dessus, l'avait frappé en pleine poitrine, et l'avait projeté hors de l'arbre. Il était tombé dans les cailloux après une chute d'au moins sept mètres. Quelqu'un avait volé à son secours, mais papa s'était relevé en affirmant que tout allait très bien, merci, qu'il avait juste été un peu secoué, mais qu'il n'avait besoin de rien. C'était typique de lui, ça ! Je reconnaissais bien là mon père, qui avait reçu des marteaux sur la tête et avait traversé des plafonds. Mais cette fois, il n'avait pas l'air si indemne qu'il voulait bien le dire et on avait quand même appelé une ambulance. À l'hôpital, après lui avoir fait passer une radio sans découvrir autre chose que des contusions, on l'avait renvoyé chez lui. Mais il était incapable de marcher et avait littéralement rampé jusque dans la voiture, quand maman était venue le chercher. Ce même soir, l'oncle Glyn, qui était le généraliste du coin, n'avait pas tardé à s'apercevoir que papa avait perdu une partie de sa sensibilité, dans tout le bas de son corps.

Retour à l'hôpital et nouvelle radio. À la première, on n'avait pas vu qu'il avait une vertèbre écrasée. Cette fois, son état a été jugé suffisamment grave pour qu'on l'envoie sans délai au service des lésions vertébrales de Sheffield, où il a passé plusieurs mois, sanglé sur un lit, le dos totalement immobilisé. Lui toujours si actif, si débordant d'énergie… Le découvrir ainsi, pâle, dépendant, souffrant le martyre sur un lit d'hôpital, fut pour moi un véritable choc.

Il ne nous a jamais laissé voir sa colère, mais cette épreuve a dû être terrible pour lui, qui bricolait à l'extérieur absolument tous les jours. Les arbres qu'il voyait par la fenêtre de sa chambre m'ont rappelé l'eucalyptus du jardin, qui m'avait réconfortée pendant ma maladie. J'étais contente qu'il puisse voir des arbres, lui aussi.

1995 a été une année épouvantable. Un poids qui a reposé tout entier sur les épaules de maman. Elle qui est la douceur et la droiture incarnées, qui possède des réserves de patience infinies, a semblé cette année-là porter le monde sur ses épaules. Et je

culpabilisais de ne pas l'aider plus que je ne le faisais. Elle s'occupait de mon père, qui n'était pas sorti
des suites de son accident, et de Lewis, qui avait
quitté l'université et se débattait toujours avec son
avenir, avec la pression supplémentaire causée par
l'état de papa. De plus, la maladie de Nan, qui l'avait
obligée à interrompre son stage d'études en Allemagne, s'était avérée être une forme de cancer
fibreux des poumons, lequel avait déclenché une
légère pneumonie. Maman lui apportait chaque jour
ses repas. Et comme si cela n'était pas assez, il lui
fallait en outre veiller sur Thea, qui était venue s'installer à la maison et occupait mon ancienne chambre.
Si maman n'est pas devenue folle, pendant ces longs
mois, c'est probablement grâce aux bouffées d'oxygène que constituaient les promenades avec Mac. Je
lui ai proposé de rester pour l'aider, mais elle n'a rien
voulu savoir, affirmant qu'elle se débrouillait très
bien toute seule et insistant pour que je fasse passer
mon avenir en priorité. Je suis donc repartie vers la
mer et les bateaux, mais cette décision, pas facile à
prendre, me culpabilise encore quand j'y repense.

À cette époque, j'étais prise dans un véritable
tourbillon. Je voyageais d'un bout du pays à l'autre,
je passais chaque jour des heures à répondre à mon
courrier, à écrire à tous les gens que j'avais rencontrés pendant mon voyage, et à ceux qui m'avaient
donné les moyens de le faire. Mi-novembre, quinze
jours après ma croisière sur *Royalist*, j'ai reçu une
lettre de Barry Mattey, le commandant des cadets,
qui m'offrait un poste de skipper sur un petit bateau.
C'était tentant et j'ai pris rendez-vous avec lui juste
avant Noël. Par ailleurs, un certain nombre de yacht-
clubs me proposaient de venir faire des conférences
sur mon expédition avec *Iduna*. Et — cerise sur le
gâteau — le Salon nautique international de Londres
m'offrait une place dans le bassin !

Une fois de plus, Brian Pilcher m'a aidée à y voir clair durant les semaines suivantes. Il m'a appris aussi bien à ne pas me brader qu'à rédiger correctement mes lettres. Pour parler de mes aventures ou me rendre à un rendez-vous, j'étais prête à traverser le pays à mes frais, mais Brian m'a fait prendre conscience du fait que je représentais une certaine valeur commerciale, ce qui a changé beaucoup de choses. En effet, je ne possédais pas la moindre réserve financière. Ramener *Iduna* jusque dans le Derbyshire m'avait coûté mes derniers sous, et je ne survivais que grâce à ce qui restait de l'argent que j'avais touché pour mes premiers travaux de peinture, sur le bateau de Merv, *Global Teamwork*, entre autres.

En décembre, j'ai rencontré Barry Mattey. D'un côté, il y avait toute l'affection que j'avais pour les cadets et mon envie de travailler avec eux. De l'autre, mon obsession de la Mini-Transat et des courses en solitaire. Je venais de lire dans le *Yachting World* un article sur la Mini, que je savais pratiquement par cœur. Le choix était cornélien.

À Portsmouth, juste avant mon rendez-vous, on m'a montré le bateau dont on me proposait de devenir le skipper, un Morgan Giles 43 baptisé *Petrel*. Dans le hangar, il paraissait d'une très grande hauteur. Une fois à bord, j'ai constaté qu'il était en pleine réfection. Pour pouvoir accéder à sa structure et s'occuper du moteur les aménagements intérieurs avaient été démontés. Mais même dans cet état, il était magnifique.

J'ai accepté la proposition de Barry, après avoir négocié une semaine de congé par mois afin de me consacrer à mes autres projets. Dans ces conditions, ça devait pouvoir fonctionner. J'ai rédigé une lettre d'acceptation. Il était convenu que je commence fin janvier.

Papa n'a pas passé Noël avec nous. Normalement, il traînait toujours dans la cuisine avec maman, quand il n'arpentait pas les champs à la recherche de gui et de houx à accrocher dans les chambres. Il adore Noël, et nous a communiqué à tous le virus.

Le grand jour, Thea a réussi à descendre au salon, où ses douleurs l'ont obligée à rester allongée par terre, sur le dos. Mac, Ferg et Lew, que l'absence de papa semblait avoir mûri, étaient là aussi. Nan nous a rejoints. Dans la soirée, nous sommes allés voir papa, à Sheffield. Maman était plus souriante et plus courageuse que jamais, et je m'en voulais de devoir bientôt l'abandonner une nouvelle fois, pour rejoindre les cadets dans le Sud.

Noël est passé trop vite. Il était temps pour moi de descendre à Londres me préparer pour le Salon nautique. Cet événement était capital pour moi, dans la mesure où j'y rencontrerais certainement des gens susceptibles de faire avancer ma carrière de façon déterminante.

Tous les jours, pendant le Salon, je m'installais sur le pont d'*Iduna* pour bavarder avec des amateurs de passage, quand je ne me rendais pas à une réception organisée par un de mes sponsors. Je passais beaucoup de temps avec Brian, qui se délectait des péripéties de mon tour de Grande-Bretagne et ne cessait d'en parler avec enthousiasme à tout le monde.

J'avais invité maman au Salon, histoire de lui changer un peu les idées. Un après-midi où je l'avais laissée seule un moment sur mon bateau, elle m'a tendu à mon retour la carte de visite qu'un certain Mark Turner lui avait donnée à mon intention. Intriguée, je suis allée le rejoindre sur son stand, mais il s'était absenté. Cette relation commençait mal. J'ignorais encore qu'elle allait changer le cours de ma vie.

Nous nous sommes enfin rencontrés le lendemain. Mark était un homme d'une trentaine d'années, au physique d'athlète, qui travaillait pour un fabricant d'accastillage de pont du nom de Spinlock. Il avait entendu parler de mon tour de Grande-Bretagne en solitaire et désirait m'entretenir de cette fameuse Mini-Transat dont j'avais parlé avec Merv. Mark, qui parlait couramment le français, avait apporté sa contribution à l'article du *Yachting World* qui m'avait tellement marquée. Il avait confié au magazine que l'idée de participer lui-même à cette course le tentait. Une fois la chose imprimée, il s'était senti obligé de relever le défi. Il prendrait donc le départ de l'édition 97. Nous nous sommes séparés en nous promettant de nous revoir, si je décidais à mon tour de me lancer dans l'aventure.

Jusqu'à la fin du Salon, j'ai été torturée par un dilemme qui, je le savais, me mettrait à plus ou moins brève échéance face à un choix douloureux. Il devenait clair que les responsabilités que j'avais acceptées avec les cadets allaient devenir incompatibles avec mes futurs projets. J'avais pourtant un tas de bonnes raisons de ne pas abandonner, et de m'installer à Gosport à bord d'*Iduna*. Mais le matin d'après ma rencontre avec Mark, une sorte de choc m'avait tirée du sommeil. Une fois de plus, j'avais éprouvé au fond de moi cette sensation impérieuse, caractéristique, dont la signification ne faisait aucun doute : je devais choisir la course.

Mon expérience récente m'avait appris que la mer exige cent pour cent de nous-mêmes, quoi qu'on fasse. Ni mon job de skipper avec les cadets ni la course ne souffriraient que je ne m'y investisse pas totalement. J'avais besoin d'un conseil avisé : une fois de plus, je me suis tournée vers Brian.

Il m'a aidée à y voir plus clair. Pour lui, c'était évident : le job avec les cadets m'offrait, certes, une chance de faire une chose qui me plaisait, mais je ne devais en aucun cas prendre le risque de me lancer dans une entreprise où je ne m'investirais pas corps et âme.

Ensemble, nous avons rédigé à l'intention de Barry Mattey une lettre dans laquelle je lui expliquais que, pendant le Salon nautique, de nouvelles options m'avaient conduite à prendre une décision :

> Ces options me permettront de mettre un pied dans le milieu de la course transocéanique en équipage réduit, laquelle représente la finalité de mes objectifs à long terme… Il serait inopportun pour moi d'instruire des cadets sans être totalement dévouée à cette tâche.

J'ai terminé en disant que se présentait à moi « une véritable chance de réaliser des rêves qui, depuis des années, avaient nourri ma passion de la voile ».

J'espérais de tout mon cœur que Barry comprendrait.

Quatre jours plus tard, maman m'a appelée pour me dire que j'avais reçu une lettre de Gosport et m'a proposé de me la lire au téléphone. Morte d'angoisse, j'ai accepté. Barry commençait par me dire qu'il avait éprouvé des sentiments contradictoires en lisant ma lettre. Il se disait déçu que je renonce à travailler avec les cadets, mais écrivait ensuite : « Toutefois, je suis heureux de ce qui vous arrive. Si des ouvertures se présentent à vous dans votre domaine de prédilection, saisissez-les. »

C'était comme si on m'avait enlevé un poids de cent kilos de la poitrine. On n'aurait pas pu me répondre de manière plus sensible et plus encourageante. Barry terminait sa lettre en me demandant de ne surtout pas hésiter à le lui faire savoir, si d'aventure mes nouveaux projets ne prenaient pas la tournure espérée.

Après le Salon, les choses ont évolué très vite. Je devais absolument m'installer sur la côte sud, le seul endroit où je pourrais me former à la course. J'avais tout à apprendre. J'en étais d'autant plus consciente depuis ma brève expérience de la course sur *Panic Major*, au départ de Hull. J'ai décidé de baser *Iduna* sur la rivière Hamble, d'où j'étais sortie pour passer mon brevet d'instructrice. Brian m'a aidée une nouvelle fois en trouvant une marina qui hébergerait gratuitement *Iduna* sur une remorque pendant plusieurs mois. Une nouvelle aventure commençait.

Depuis ma rencontre avec Mark, au Salon nautique, je ne cessais de faire des projets. Début février, je suis allée le retrouver sur l'île de Wight. Il est apparu sur le pas de la porte de son bureau, en jeans et maillot de rugby. Il m'a accueillie d'un sourire, mais semblait avoir la tête ailleurs. J'ai grimpé derrière lui un escalier en colimaçon.

— J'ai un truc à finir, m'a-t-il dit, ça ne te dérange pas de m'attendre un moment ?

— Pas de problème.

J'ai sorti l'ordinateur portable de Nan, sur lequel j'avais rédigé mes notes, et me suis installée pour travailler à un autre bureau, dans un coin de la pièce. J'ai parcouru les documents et calendriers que j'avais établis pour les prochains mois, dans le cadre de mon projet de Mini-Transat. Presque tout était encore dans la colonne des choses « à faire ». Mais il s'agissait cette fois d'affronter l'Océan, de faire la course d'une rive à l'autre de l'Atlantique. Je ne l'avais encore jamais traversé, et il me fallait absolument accumuler de l'expérience. J'avais établi un programme de deux pages, comprenant quatorze propositions à l'intention de Mark. Mais elles ne contenaient pas grand-chose de concret.

11. Mon handicap, c'est que j'ai besoin, non seulement de naviguer, mais de gagner ma vie. Le sponsoring n'est donc pas un détail que je peux me permettre de négliger. Je serais très heureuse d'appartenir à une entreprise. Pensez-vous que je pourrais faire une mascotte acceptable ?

Je n'étais qu'une boule d'énergie, désireuse d'avancer par tous les moyens. Cette impatience se traduisait, chaque fois que j'écrivais, par une accumulation de points de suspension.

14. Dernière chose : il faut absolument que nous naviguions tous les deux ! Ne serait-ce qu'au cas où on ne s'entendrait pas.

Levant la tête, j'ai regardé par la fenêtre et la vue m'a coupé le souffle. Mon regard portait au-delà de la rivière, jusqu'au bras de mer du Solent, où je voyais clignoter les feux du balisage. J'entendais le ferry des Red Furnels s'amarrer quelques centaines de mètres plus bas, sur la rivière. Mark, totalement coupé du monde, continuait de taper sur son clavier comme si sa vie en dépendait. Quelqu'un aurait pu entrer, faire tomber un objet lourd sur son bureau, il ne l'aurait même pas remarqué. Je n'ai jamais connu personne qui soit à ce point à l'aise avec l'informatique. Mark gérait simultanément une foule de projets, tant professionnels que personnels, comme en témoignait la collection d'affiches — qu'il me montra plus tard — des courses auxquelles il avait participé. Dire qu'il vivait dans son bureau n'était pas une image : un futon, roulé dans un coin, et un sac de couchage plié dans une armoire prouvaient qu'il y passait souvent la nuit. Tout, chez lui, trahissait à la fois la puissance de travail et l'ardeur à l'ouvrage.

Bien que pour le moment occupé à un travail de bureau, on devinait l'homme qui venait de poser le pied à terre. Son impressionnant CV comprenait une participation à la Whitbread, course autour du monde, en 1989-1990. J'ai appris qu'après avoir fréquenté l'université d'Exeter, il s'était engagé dans la Royal Navy, qu'il y avait passé six ans et l'avait quittée parce qu'il avait fini par s'y sentir comme un rouage insignifiant dans une gigantesque machine. En 1994, il avait pris part à la Course en double autour des îles Britanniques sur *Maverick*, dont Merv venait tout juste d'achever la construction. Ils avaient eu des problèmes et ne s'étaient pas très bien classés. Une chose, en tout cas, était sûre : j'avais en face de moi quelqu'un qui poursuivait les mêmes objectifs que moi : la course transocéanique en solitaire ou en double.

Expliquer avec précision ce qui donne toute sa saveur à ce genre de course n'est pas évident. Les coureurs en solo ou en double ne sont généralement pas les meilleurs spécialistes de tel ou tel poste, mais doivent tout connaître d'un bateau et de son comportement, et posséder des capacités d'adaptation quasi illimitées. Contrairement aux régates entre deux bouées, dans un estuaire, la course en solo ou à deux exige une énergie et une endurance soutenues sur de longues durées. Il s'agit moins, ici, de briller que de tenir, tout en se maintenant au plus haut niveau. Il existe par-dessus tout une sorte de pacte d'interdépendance entre les skippers, ainsi qu'entre les skippers et la mer.

Pour Mark, la course en solo était une nouveauté et la perspective de la Mini-Transat le rendait nerveux, malgré son enthousiasme. Ensemble, nous avons évoqué le Mini-Fastnet, la Trans-Gascogne de l'année suivante… bref, tout le catalogue passé, présent et à venir des autres courses réservées aux mêmes bateaux. La Mini est une course riche en satisfactions, mais qui ne pardonne pas. Elle se résume à une dure réalité : traverser des milliers de milles d'Océan, seul sur un bateau véritablement minuscule. Le danger est réel et il est inutile de se le cacher : pratiquement chacune de ces courses a coûté la vie à l'un de ses participants.

Après une pause repas chinois « à emporter », nous avons continué à travailler jusqu'à deux heures du matin. Mark m'a raccompagnée dans sa vieille Ford Fiesta jusqu'à ma chambre d'hôte. Le bref aperçu que je venais d'avoir de sa vie avait été riche d'enseignements.

Papa avait quitté l'hôpital et il était de retour chez nous, mais il était loin d'être guéri. Il se déplaçait avec précaution et ne marchait que très difficilement. Ses jambes étaient douloureuses et enflées par l'immobilité prolongée, mais le plus dur était pour lui de ne pas savoir quand — ou si — il en recouvrerait totalement l'usage. Tout le monde était heureux qu'il soit rentré à la maison, mais on souffrait pour lui en lisant dans son regard la frustration de ne plus pouvoir faire tout ce qu'il faisait auparavant. Pourtant, il continuait à se battre et conservait une attitude positive. Je crois aussi que mes parents ressentaient fortement l'imminence de mon départ de la maison. Ils avaient compris que la mer serait mon métier et s'étaient faits à l'idée que je n'irais sans doute jamais à l'université.

Le grand jour de mon déménagement dans le Sud est arrivé mi-mars. J'ai rassemblé mes affaires, mon vélo, et tout ce que je comptais emmener avec moi à bord d'*Iduna*. Nous avions prévu de descendre en voiture dans la soirée et de passer la journée suivante à procéder à mon installation, avant que maman ne reparte pour le Derbyshire le lendemain.

Arrivées tardivement à notre *bed and breakfast* situé près de la Hamble, nous sommes montées directement à notre chambre. Là, nous avons bavardé, ri, évoqué des souvenirs, partagé notre soulagement du retour de papa. J'ai parlé avec maman de ses soucis. Autour d'une tasse de thé, elle a évoqué tour à tour Nan, Gran et Lewis. Ce dernier envisageait à présent d'aller s'installer dans le Sud avec sa petite amie ; c'était bon de le savoir dans cet état d'esprit si positif, après la déprime qui avait suivi son départ de la fac. Les choses étaient moins gaies, hélas, du côté de Nan et de Gran, toutes deux très malades. Gran avait terriblement maigri, et son état était devenu critique pendant le séjour de mon père à l'hôpital. On venait de découvrir qu'elle souffrait d'un problème de thyroïde ; au moins, on savait maintenant comment la soigner. Nan, en revanche, nous inquiétait terriblement. Seul point positif : le spécialiste qu'elle avait consulté à la Clinique du Poumon lui avait suggéré de retourner à la fac, terminer son cursus. Je crois bien qu'il s'agissait d'une manière « douce » de nous faire comprendre qu'elle ne guérirait pas. Nan, elle, était folle de joie : elle avait de nouveau un but dans l'existence. Dès septembre, elle serait de retour sur les bancs de l'université. Maman se réjouissait pour elle, mais je voyais bien que la perspective de devoir emmener et ramener Nan à la fac chaque jour ne l'enchantait guère. Mais telle que je la connaissais, elle continuerait de se dévouer pour les autres jusqu'à son dernier souffle.

Ça n'a pas été facile de trouver une marina où amarrer *Iduna*. Les anneaux de mouillage étaient rares et chers. Mais mon bateau ne pouvait pas rester éternellement sur la remorque qui avait servi à le ramener du Salon nautique. À chaque marina, les loyers étaient plus élevés qu'à la précédente. Le soir tombait quand, sans enthousiasme, nous sommes repartis en voiture vers la dernière marina de la liste, la plus chère à ce qu'on m'avait dit. C'était l'endroit chic par excellence. Le hangar était rempli de bateaux de course et de yachts — certains gigantesques. Ici, j'avais sûrement plus de chances qu'ailleurs de rencontrer des gens avec lesquels je pourrais régater, mais les deux mille malheureuses livres que j'avais économisées devaient à peine couvrir le prix d'une place au ponton. Après être passée devant le bureau de courtage, le bar et les bureaux, j'étais définitivement convaincue que cet endroit n'était pas pour moi. Mais juste après un panneau indiquant « Hamble Yacht Services », l'impression de froideur clinique que j'avais eue jusque-là s'est volatilisée d'un coup. Sous d'énormes hangars, le long d'un autre ponton, c'était une vraie ruche ! Un chantier naval en pleine effervescence ! Les bateaux, suspendus sur des sangles, entassés absolument partout, étaient si nombreux qu'on ne voyait même pas l'autre bout du chantier. Cette fois, l'endroit me plaisait.

Le bureau se trouvait dans une petite baraque de chantier, près de la passerelle menant au ponton. J'ai frappé à la porte entrouverte.

— Entrez ! a lancé une voix.

L'instant d'après, un grand sourire m'accueillait.

— Qu'est-ce que je peux faire pour toi, ma mignonne ?

J'ai expliqué que je cherchais un mouillage à l'année. L'homme m'a répondu que ça serait mille livres.

Je l'aurais embrassé ! Je ne savais pas encore que Jim allait devenir l'un des rares amis que je me ferais sur la côte sud.

Nous sommes retournées sur *Iduna*, chargées de quelques courses de première nécessité faites à Southampton. Les averses s'étaient succédé et il faisait presque nuit. Après avoir déchargé la voiture et transporté le tout à bord, j'ai brutalement réalisé que maman était sur le point de repartir. Dans la pénombre, le chantier naval était gris, humide et désert à l'exception de nous deux, debout sur le quai entre le bateau et la voiture. Le vent s'est mis à siffler dans la forêt de mâts au moment où je serrais maman dans mes bras. Sa portière a claqué. Quand ses feux de position ont disparu dans la nuit, j'ai éclaté en sanglots.

J'ai grimpé à bord d'*Iduna* et me suis efforcée de penser à autre chose en rangeant dans la cabine ce qui traînait encore. Tout était humide et j'étais épuisée. Quand l'unique lampe-torche sur laquelle j'ai pu mettre la main a commencé à faiblir, je me suis dit qu'il était temps de dormir. Ma couchette étant recouverte d'une montagne d'équipements impossibles à déplacer, je me suis allongée aussi confortablement que possible par terre, contre l'hélice du moteur hors-bord, et j'ai utilisé mon sac de couchage en guise d'édredon. Couchée sur mes affaires, à l'écoute des bruits inconnus de mon nouveau chez-moi, je me sentais plus seule que jamais. « Ma fille, il faut que tu tires le meilleur parti possible de tout ça », me suis-je soufflé à moi-même avant de fermer les yeux.

Mes premières semaines à Hamble ont été difficiles. Tout en prenant progressivement mes marques, j'essayais d'entrevoir ce qu'allait être ma vie dans le Sud. J'étais atterrée par le peu de gens que je rencontrais. À Hull, des inconnus venaient vers moi, se présentaient et m'interrogeaient sur mes activités. À Hamble, jamais. Les seuls visages familiers étaient ceux des ouvriers du chantier ; et de Jim, bien sûr, toujours prêt à discuter le bout de gras. Je me rendais bien compte que mon petit six mètres pouilleux, couvert d'autocollants, ne payait pas de mine à côté de cette collection de superbes bateaux de course flambant neufs. Je ne me sentais pas à ma place. Tout le monde, ici, avait l'air d'appartenir à tel bateau ou à tel équipage, et c'est le genre de « club » où l'on ne pénètre pas facilement.

Après avoir vu le soleil se coucher sur la rivière, n'ayant personne avec qui passer mes soirées, je marchais souvent jusqu'à l'extrémité des pontons, où je m'installais pour regarder clignoter les feux du balisage et couler l'eau autour des bateaux. Il m'arrivait même de me tenir en équilibre sur les mains ou de faire la roue, près des passerelles en bois. C'était un vrai bonheur de pouvoir m'étirer ainsi, après toutes ces heures pliée en quatre, à m'activer dans la minuscule cabine d'*Iduna*. Mais cette liberté disparaissait chaque week-end, quand la foule des skippers du dimanche envahissait le port, et que leurs voitures de luxe embouteillaient les rues. Ça commençait tôt le matin. Des hordes de navigateurs pressés défilaient devant *Iduna*, pendant que j'écrivais ou que je lisais, assise dans le cockpit. J'espérais toujours que quelqu'un viendrait me dire qu'il leur manquait un équipier et me proposer de le remplacer. Cela ne s'est jamais produit. En milieu de matinée, les bateaux étaient tous partis en mer et les quais étaient de nouveau déserts ; jusqu'en fin d'après-midi, quand les bateaux revenaient et que leurs équipages se jetaient à l'assaut des bars. Les soirées de fin de semaine étaient déprimantes : Hamble était pleine d'une animation dont j'étais exclue. Le soir où j'ai enfin trouvé le courage d'entrer dans l'un des pubs fréquentés par les équipages, je me suis sentie comme un poisson hors de l'eau.

Le rouge aux joues, je me suis frayé un chemin jusqu'au bar, au milieu des conversations roulant sur les exploits du jour. J'ai commandé une bière et l'ai bue lentement, le nez dans mon verre. Ça se bousculait autour de moi, mais j'avais l'impression de n'être qu'une observatrice extérieure. Je regrettais d'être venue. Le meilleur moment de la soirée a été quand un des types du chantier, venu chercher des boissons au bar, m'a reconnue et a échangé quelques mots avec moi avant d'aller retrouver ses copains. J'ai vidé mon verre et suis partie, remerciant le ciel pour ce bref contact humain.

Des semaines ont passé encore avant que je sois enfin invitée à faire partie d'un équipage, pour une régate. La course en question avait été organisée par Ashley Perrin, qu'on m'avait décrit comme «une femme qui a la même détermination que toi», et que j'avais contactée après le dernier Salon nautique. Elle projetait à l'époque de participer en 1997 à la course en duo autour des îles Britanniques, et nous étions restées en contact. Nous nous étions finalement rencontrées au Royal Ocean Racing Club, et j'avoue que son assurance m'avait un peu déstabilisée. Elle avait un an de moins que moi, mais semblait très adulte pour son âge. Et contrairement à moi, que l'élégance un peu empesée de l'endroit intimidait, elle était au Yacht Club aussi à l'aise que chez elle.

N'étant pas habituée à ne remplir qu'une seule et unique fonction sur un bateau, j'ai eu un peu de mal avec cette première course. Chacun jouait son rôle avec des gestes parfaitement huilés, comme s'il n'avait fait que ça toute sa vie. La moindre manœuvre ressemblait à un exercice militaire : chaque membre d'équipage en exécutait sa partie comme un automate, et les ordres criés renforçaient l'impression d'être dans l'armée. La voile, à mes yeux, ce n'était pas ça. Pour moi, naviguer consistait à marcher au bon sens et au feeling, en faisant appel à toute la présence d'esprit dont j'étais capable ; à ressentir sans cesse le vent, la marée, la vitesse du bateau et mille autres choses en même temps, pour pouvoir improviser en permanence. Ce qui se passait ici n'avait rien à voir. Nous avions chacun un rôle précis à remplir, sans possibilité d'en sortir, et ça n'était pas fait pour moi.

Jour après jour, j'établissais sur mon ordinateur de nouvelles propositions à l'intention de futurs sponsors, tout en rédigeant une *newsletter* pour donner de mes nouvelles à ceux — sans doute nombreux — qui devaient me croire morte et enterrée. Je savais que si ma situation financière devenait par trop critique, je pourrais toujours trouver un boulot de monitrice. Mais ce ne serait qu'en tout dernier recours. Pour avoir un jour ma chance de participer à une vraie course, il fallait que je m'accroche, que je contacte toujours plus de sponsors, et que j'accumule de l'expérience par tous les moyens. Ainsi, je serais fin prête à saisir au vol la première opportunité qui se présenterait.

Peu de temps après mon retour sur *Iduna*, dans les jours qui ont suivi ma première course trans-Manche jusqu'au Havre, j'ai reçu de Merv un coup de fil dont les suites allaient être déterminantes pour l'année 1996. Merv, qui se trouvait depuis un moment à Hamble, où il préparait son équipe pour le BT Global Challenge, avait souvent agrémenté mon maigre ordinaire avec les restes des provisions de ses sorties du week-end. Cette fois, il allait m'aider d'une manière bien plus… consistante. Il m'avait pistonnée pour un emploi de « préparateur [1] » sur un 60 pieds Open affrété par son ami Alan Wynne-Thomas. J'ai

1. En français dans le texte *(N.d.T.)*.

demandé ce que c'était qu'un « préparateur » et il m'a expliqué qu'il s'agissait d'un mot français désignant ceux qui préparent les bateaux de course. Merv voulait s'assurer que le job m'intéressait. Celui-ci consisterait à préparer le bateau à Plymouth pour l'Europe 1 STAR, la transat en solitaire britannique[1], à seconder ensuite son skipper Alan Wynne-Thomas pendant la traversée de retour des États-Unis, et à préparer enfin le bateau pour son objectif ultime : le Vendée Globe. Je me retenais pour ne pas hurler de joie dans l'appareil. Je n'avais même pas osé rêver de naviguer sur un bateau comme celui-là ! Avoir le droit de m'en approcher était déjà un cadeau du ciel.

Je suis arrivée à Plymouth une semaine plus tard, le 1er juin 1996, un an jour pour jour après mon départ pour mon tour de Grande-Bretagne. J'ai exploré le voilier, illuminé par le soleil, sans y trouver son skipper. Laissant mon sac dans le cockpit, j'ai suivi le conseil de Merv et suis allée chercher Alan au bar.

Petit et trappu, Alan avait le visage travaillé par les embruns, les cheveux châtains et bouclés, une étincelle de malice dans l'œil et un sourire contagieux. Son jean et sa chemise de bûcheron rouge et noire étaient une tenue assez inhabituelle pour un marin. Il m'a plu tout de suite. Lui et sa bande d'amis étaient en train de rigoler autour d'un verre. Je me suis jointe à eux. Une fois seul avec moi, Alan m'a expliqué son programme concernant le bateau, qu'il venait de baptiser *Elan Sifo*. Je l'ai bombardé de questions personnelles. La voile en solo était une seconde nature chez lui et, à cinquante ans passés, c'était un navigateur blanchi sous le harnais. Il avait traversé l'Atlantique sur à peu près tout ce qui flottait, depuis son voilier de treize mètres, *Jemima*

1. Ex-OSTAR remportée deux fois par Éric Tabarly.

Nicolas, jusqu'à un trimaran de la même taille. Mais surtout, il avait déjà participé au Vendée Globe... encore que sa dernière tentative ait bien failli tourner au désastre.

Nous avons passé le reste de la journée à bord, à travailler tout en bavardant. Puis Alan est reparti pour un dernier séjour chez lui en Écosse, avant le départ de la course. Il m'avait chargée, pendant son absence, de m'occuper des voiles à réparer ou à remplacer, de nettoyer le bateau, de vérifier les cordages et de réparer quelques équipements électroniques. Quand la tâche dépassait mes compétences, je demandais conseil autour de moi. J'apprenais tout en travaillant et j'adorais ça. J'avais en permanence à l'esprit qu'Alan allait traverser l'Atlantique sur ce bateau, et que tout devait être parfait.

Alan est revenu à temps pour participer aux ultimes préparatifs. Enfin, le bateau est allé prendre sa place auprès des autres participants à la course. Devant mes yeux s'étendait une marina remplie de ce qui se faisait de plus perfectionné, de plus technologiquement pointu en matière de voiliers de course. De quoi rêver. Chacun de ces bateaux allait se lancer à l'assaut de l'Atlantique Nord, avec une seule personne à bord. En amarrant *Elan Sifo* au milieu d'eux, je n'avais qu'une envie : courir d'un bout à l'autre de la marina, pour les admirer tous.

À Plymouth, tout contribuait à me montrer la route qui serait la mienne. Cette marina remplie de 60 pieds Open monocoques et de multicoques futuristes, bien sûr, mais surtout les gens qui m'entouraient. Ma voie était tracée. J'étais déjà au cœur de ce monde où je me sentais — enfin ! — chez moi. Et je ne pouvais rêver mieux que de travailler pour Alan, qui m'emmenait à toutes les réceptions organisées par le yacht-club pour les équipes et me présentait aux autres skippers et préparateurs. J'ai fait ainsi la connaissance d'Yves Parlier, le skipper du fabuleux *Aquitaine Innovations*, et de Vittorio Mallingri, qui avait participé au même Vendée Globe qu'Alan. Lors de notre brève rencontre, Vittorio m'a donné les coordonnées de son frère en me disant que si je voulais participer avec lui à la Québec-Saint-Malo du mois d'août, je n'avais qu'à l'appeler.

La course en solitaire était un tout petit monde, où régnait une chaleur humaine qui m'enchantait. L'esprit de compétition, pourtant rude, n'empêchait pas la fraternité entre les skippers et les équipages. La solidarité allait jusqu'à se prêter des outils entre adversaires. Dans cette merveilleuse ambiance, le seul bémol — me concernant — était la faiblesse de mon français, qui me rendait parfois la communication difficile, dans ce sport que les Français dominaient. Au moins, je n'avais pas de problème linguistique avec Gerry Rouffs, un skipper canadien francophone qui, comme Alan, allait participer au Vendée Globe quelques mois plus tard. Avec lui aussi, je me suis sentie tout de suite à l'aise. Malgré les problèmes de langue et les différences de culture, malgré mon inexpérience, j'avais déjà l'impression de faire partie de ce monde fabuleux.

Le jour du départ, j'étais plus nerveuse qu'Alan. Pendant qu'il allait prendre sa dernière douche au club-house, j'ai vérifié et contre-vérifié absolument tout, sur le bateau ; j'ai testé une nouvelle fois les équipements électroniques ; j'ai allumé le petit générateur, histoire de charger la batterie encore un peu… Je ne pouvais pas me permettre la moindre erreur : Allan allait passer deux semaines sur ce bateau, pendant lesquelles il affronterait aussi bien la tempête que les icebergs ou le calme plat. J'ai vérifié les réserves d'eau et de vivres, les pièces de rechange, le carburant. C'était maintenant ou jamais. Après, il serait trop tard.

146

J'avais invité maman et papa à descendre assister au départ de la course, pour leur donner une idée de ce qu'avait été mon travail de ces dernières semaines. Papa était encore un peu fragile sur ses jambes, mais il avait retrouvé une certaine autonomie. C'était son premier vrai déplacement depuis son accident. Alan avait demandé à des amis à lui d'accueillir mes parents sur leur catamaran, un bateau un peu plus stable que les autres. Ils m'avaient vue à l'œuvre à Hull, ainsi qu'à bord d'*Iduna*, mais cette fois, c'était différent : je voulais leur montrer le monde qui serait désormais le mien — du moins, je le souhaitais. Le temps était superbe et la lumière mettait magnifiquement le spectacle en valeur. J'espérais qu'en regardant Alan prendre le départ, ils seraient aussi fiers que je l'étais.

Le remorqueur nous a sortis de la marina. Alan semblait détendu. Quelques acclamations ont salué notre départ du quai. Après la première digue, nous avons envoyé le génois. Notre remorqueur nous a quittés pour aller s'occuper de son client suivant, pendant que nous avancions doucement vers le large. Le silence nous a enveloppés, troublé seulement par la rumeur lointaine de la foule, restée sur le quai.

Je n'ai eu que le temps, avant le coup de feu annonçant les dix dernières minutes précédant le départ, d'embrasser Alan et de sauter dans un canot pneumatique d'accompagnement. La tension était palpable, de même que la pression que tous ces marins allaient subir pendant les semaines à venir. Pourtant, je n'avais qu'un désir au monde : prendre un jour ce même départ, moi aussi.

Un nouveau coup de feu a donné le signal, et ils se sont élancés.

8

De retour à bord d'*Iduna*, j'ai suivi la course d'Alan à chaque fois que je le pouvais, grâce aux retransmissions du Royal Western Yacht Club. Quinze jours plus tard, je le rejoignais à Boston pour le voyage de retour. C'était la première fois que je mettais les pieds aux États-Unis, et j'avais mal calculé mon coup. L'avion s'était posé à vingt heures, mais Newport était à deux heures de route, et je n'avais pas mon permis de conduire. En plus, j'avais trouvé le moyen de débarquer le 4 juillet, le jour de l'*Independence Day*! Je me suis traitée de tous les noms en passant la douane et l'immigration, mais j'ai eu la chance d'attraper un bus de nuit pour Newport.

Alan s'était classé dixième de sa catégorie, après une course très dure. Dix-huit jours, dix-huit heures et quatorze secondes s'étaient écoulés depuis le coup de feu du départ, quand je l'avais regardé s'éloigner de Plymouth.

Nos trois jours en Amérique sont passés très vite. Une fois refait le plein de nourriture au supermarché du coin, il nous restait encore un peu de temps pour nous détendre. J'espérais retrouver Vittorio et parler avec son frère de ses projets de courses, mais je n'ai pas réussi à les joindre. Tant pis. Je rappellerais une fois rentrée. De toute façon, il fallait d'abord que je fasse mes preuves sur la traversée du retour.

Nous sommes repartis le 8 juillet, le jour de mon anniversaire. Avant de lever l'ancre, Alan m'a emmenée dans un bar de High Street, non loin de l'endroit où nous étions amarrés. J'avais vingt ans, c'est-à-dire un an de moins que l'âge légal pour consommer de l'alcool aux États-Unis, mais nous nous sommes bien amusés tout de même.

Nous avons largué les amarres à cinq heures. Le ciel était brumeux, et il y avait une certaine inquiétude dans l'air. Un ouragan se formait, très loin dans le Sud, mais comme la météo nous donnait cinq jours d'avance sur lui, nous avons décidé de partir quand même et de le prendre de vitesse. J'avais un peu le trac à la perspective de cette traversée, mais je n'étais pas vraiment inquiète. Avec Alan, je me sentais bien et en sécurité. Dans le brouillard, en partant, nous n'avons pas vu grand-chose du port ou de la côte, si ce n'est les rochers les plus avancés. Si tout allait bien, la prochaine terre en vue serait le port français des Sables-d'Olonne. Une fois au large, depuis l'avant, j'ai regardé Alan, à l'autre bout de l'immense pont d'*Elan Sifo* : il allait être mon seul et unique contact humain pendant les deux prochaines semaines. Nous étions partis ! C'était le plus beau cadeau d'anniversaire qu'on pouvait me faire.

Entre les conseils et la pratique, j'ai beaucoup appris pendant ce voyage. Le troisième jour, j'ai dû grimper au sommet du mât pour récupérer la drisse de grand-voile. C'était la première fois que j'escaladais un mât de cette taille ailleurs qu'à l'abri d'un port, mais la mer était relativement calme, et j'étais ravie de l'occasion de me faire hisser par Alan. Je suis redescendue épuisée par les efforts que j'avais faits pour maintenir mon équilibre et ceux, encore plus grands, pour descendre la drisse.

Un jour, la totalité des instruments, y compris le pilote automatique, a cessé de fonctionner. Résultat : quelqu'un devait tenir la barre en permanence. À tour de rôle, nous avons cherché l'origine de la panne. J'ai fini par découvrir qu'un bout d'antenne s'était détaché et avait provoqué un court-circuit dans le système de pilotage. C'était facile à réparer, mais prouvait bien à quel point un incident mineur peut être à l'origine d'un problème beaucoup plus grave. Si la même chose était arrivée à Alan pendant sa course, c'était fini pour lui : personne ne peut tenir la barre pendant plus de quarante-huit heures sans le moindre repos.

Entre Alan et moi, la complicité a été merveilleuse. Il nous arrivait de partir dans des fous rires incontrôlables. Il avait une manière irrésistible de raconter des histoires drôles : on ne pouvait qu'éclater de rire quand son visage s'illuminait soudain d'un sourire énorme et qu'il arrivait à peine à articuler la chute. Je l'interrogeais sans fin et il me parlait pendant des heures de ses aventures. Lors de sa dernière participation au Vendée Globe, en 1992-1993, alors qu'il était en cinquième position, dans les mers du Sud, les vents s'étaient soudain mis à souffler en tempête, et une vague monstrueuse avait soulevé et roulé son bateau. Alan, qui dormait dans sa couchette, avait été projeté sur le sol de sa cabine, dans une mare d'eau venue des fonds inondés. C'est son début de noyade qui l'avait réveillé, en pleine asphyxie. Il ne savait pas encore qu'il s'était cassé six côtes et que l'une d'elles lui avait crevé le poumon. Un autre que lui aurait achevé de se noyer. Pas Alan, qui avait passé des heures à tenter de retrouver assez de forces pour recoudre ses voiles déchirées. Il avait passé des semaines à lutter, entre la vie et la mort, avant de parvenir en Tasmanie — où les médecins n'ont jamais compris comment il avait survécu à une pareille épreuve. Personne ne l'a jamais su. Lui-même n'en était pas très sûr. Ce que j'admirais chez lui, plus encore que son incroyable volonté, c'était qu'après avoir traversé un tel enfer, il avait non seulement repris le dessus, mais conservé l'envie de prendre la mer. Quelle chance, pour ma première traversée transatlantique, d'avoir un maître tel que lui !

Une semaine après notre départ, nous avons été pris dans la queue de l'ouragan Bertha, remonté depuis la Floride en direction de Newport. C'était ma première tempête en mer, et je ne suis pas près d'oublier le spectacle du ciel bleu, disparaissant à toute vitesse sous une épaisse couche de nuages noirs. La mer est passée du bleu clair au gris foncé, et la soirée a perdu sa tiède luminosité sous le front dépressionnaire qui avançait vers nous. J'étais inquiète, mais rassurée par l'attitude d'Alan, à la fois sur le qui-vive et détendu, et qui réussissait une fois de plus à me faire sourire.

La tempête a mis deux jours à se calmer. J'étais à la fois hallucinée par la dimension et la puissance des vagues, et fascinée par la facilité avec laquelle *Elan Sifo* les négociait, pratiquement sans erreur, même sous pilote automatique. Régulièrement, le bateau retombait lourdement de l'autre côté d'une vague, avec un choc qui le faisait trembler sur toute la longueur de ses dix-huit mètres. Quant à moi, j'avais l'impression de franchir un palier supplémentaire dans mon apprentissage. La situation exigeait de garder la tête froide, mais je ne pouvais m'empêcher de m'amuser comme une folle. Je tenais la barre pendant des heures, pendant que nous filions à toute vitesse, taillant notre route au milieu des vagues. En regardant aujourd'hui notre livre de bord, je constate qu'entre la hauteur des crêtes et les vents de quarante nœuds, nous avons atteint la vitesse de 19,54 nœuds ! Mon record personnel. Les minuscules triangles de toile que nous avions gardés suffisaient à nous maintenir à ce rythme. Alan était contrarié par la tempête et lassé des chocs répétés. Moi, en revanche, j'attendais avec impatience mes trois heures de quart, et me délectais à l'idée de relever le défi. Une nuit où je tenais la barre, j'ai compris soudain à quel point Alan devait être fatigué : il venait de faire à trois reprises, seul et en situation de course, ce que je faisais pour la première fois. Je me suis sentie particulièrement responsable.

J'étais de quart le matin où les côtes françaises se sont dessinées à l'horizon. J'avais beau savoir que ce moment était inéluctable, je m'étais prise à rêver qu'il n'arriverait jamais. En apercevant, à travers une légère brume, les cheminées des Sables-d'Olonne, je n'ai pu me défendre d'un sentiment de tristesse. Je ne voulais pas que ça finisse. Je m'étais même imaginé que, sans rien dire à Alan, je ferais demi-tour pour repartir dans l'autre sens. Notre voyage avait duré deux semaines, dans des conditions parfois difficiles, mais j'en avais adoré chaque seconde. En traversant l'Atlantique « pour de vrai », j'avais fait ce pour quoi j'étais née.

Avant qu'Alan ne reparte pour l'Écosse le lendemain à l'aube, nous avons passé ensemble une courte soirée d'adieu, à méditer sur ce que nous venions de vivre. Par une nuit calme, sous un ciel dégagé, nous avons passé un moment à bavarder dans le cockpit avant de gagner nos couchettes. J'aurais voulu trouver les mots pour dire à Alan tout ce que ce voyage avait représenté pour moi. Au moment de nous lever pour aller dormir, il s'est tourné vers moi et m'a prise dans ses bras.

— Merci, ma petite, tu as fait un boulot formidable !

— Merci à toi, ai-je répondu, ça a été fabuleux.

J'ai caché dans l'obscurité mes larmes d'émotion. Pas un mot de plus n'était nécessaire. Je savais que si une personne au monde comprenait ce que je ressentais à cet instant, c'était Alan.

9

Après la fin de notre traversée, j'ai passé quelques jours aux Sables-d'Olonne. Cette ville, d'où part et où se termine le Vendée Globe, est un haut lieu de la course en solitaire. Pour les gens comme moi, elle possède une véritable aura. C'est peut-être cette magie qui me poussait, chaque matin à l'aube, à traverser en courant la plage déserte pour me jeter à l'eau en sous-vêtements. J'étais folle de joie d'être là, la vie était belle... et peut-être, quelque part, savais-je déjà que, quatre ans plus tard, je serais là pour prendre à mon tour le départ du Vendée Globe.

En attendant, il fallait que j'appelle le frère de Vittorio. La transat Québec-Saint-Malo était dans deux semaines, et j'avais intérêt à m'en occuper rapidement.

Mais je devais commencer par trouver le moyen de financer mon billet d'avion pour le Canada. Une occasion s'est présentée après que j'ai retrouvé Merv, en pleins préparatifs pour le départ du BT Global Challenge, à Ocean Village. Mes peintures de la flotte étaient très appréciées des équipages du BT, et Mike Golding m'en avait commandé une grande. J'en ai tiré pile ce qu'il me fallait. En moins de deux, j'étais dans un avion qui me ramenait de l'autre côté de l'Atlantique, avec une seule chose en tête : la course qui allait commencer.

Pendant le vol, je me suis plongée longuement dans les cartes des magazines de bord, pour étudier notre route. Je savais que le départ avait lieu sur le Saint-Laurent, mais je n'avais pas réalisé deux choses. Un : nous aurions mille kilomètres à parcourir sur le fleuve avant d'atteindre son embouchure ; deux : ce ne serait qu'après avoir fait plus d'un tiers du voyage que nous dépasserions la pointe sud-est de Terre-Neuve. Le chemin le plus court entre Québec et la Manche passe en fait par le nord de Terre-Neuve. Nous, nous resterions au sud. Mais ce voyage-ci n'aurait rien à voir avec celui que je venais de faire avec Alan, car nous allions croiser la route des icebergs.

Quelle idiote j'avais été de ne pas profiter de ma transat avec Alan pour travailler mon français ! J'avais réussi à prendre le bon bus à ma descente d'avion, mais les noms des stations, que le chauffeur m'indiquait, ne me disaient absolument rien. Je me suis contentée de répéter : « Bateau !... Bateau de course !... » L'homme m'a gratifiée d'un signe de tête, comme s'il comprenait — ce qui n'était pas évident —, et après des heures de trajet, il m'a soudain fait signe de descendre. J'ai obéi, mais il n'y avait rien d'autre que de la terre ferme en vue. J'ai repensé à toutes nos vacances familiales, organisées avec une précision militaire... J'étais la honte de la famille. J'avais débarqué dans un pays où je n'avais jamais mis les pieds de ma vie, sans même une adresse en poche ! En plus, je n'avais pas passé plus de cinq minutes avec le skipper en compagnie duquel je comptais m'embarquer ; et pour couronner le tout, je n'avais pas la moindre idée de qui d'autre se trouverait à bord.

La logique commandait de suivre la déclivité du terrain, ce que j'ai fait. Après une bonne heure de marche, c'est avec soulagement que j'ai atteint la marina. Épuisée et angoissée, heureuse néanmoins d'être arrivée avant la nuit, j'ai exploré les quais bourdonnants d'activité, à la recherche de *Anicaflash*, le bateau de Vittorio Mallingri.

Vittorio avait construit *Anicaflash* avec son père, en vue de participer au même Vendée Globe qu'Alan. Des problèmes de gouvernail l'avaient empêché de finir la course, et il avait trouvé le moyen d'aller se réfugier quatre mille kilomètres plus loin, à Tahiti ! Du Vittorio tout craché ! Il était grand et mince, avec des cheveux noirs et bouclés, des yeux de loup et un sourire qui ne s'effaçait pratiquement jamais. Son frère Enrico, dit « Toto », lui ressemblait, en plus petit, plus massif. Mais lui était plutôt un homme d'affaires, moins sauvage et beaucoup plus organisé. Claudio était un athlète d'un mètre quatre-vingts, bâti comme un gladiateur, mais chaleureux et doux comme un agneau, qui projetait de faire la Mini-Transat l'année suivante. De cet équipage d'Italiens, c'était lui qui parlait le moins anglais. Je l'ai d'autant plus regretté que j'aurais volontiers bavardé avec lui à propos de la Mini. Andrea était un expert en hydrodynamique qui avait travaillé sur plusieurs types de quille ; il se situait dans la même moyenne d'âge que les autres, mais il était plus renfermé, plus distant, et je m'en méfiais un peu. Le dernier de la liste était Giulio, petit mais plein de charisme, revenu de loin après un accident de planche à voile qui l'avait laissé pratiquement paralysé. Vittorio m'a expliqué qu'on fonctionnerait sur le principe de deux quarts de trois personnes. Le premier quart, outre lui-même, comprendrait Giulio et moi-même ; l'autre quart se composerait de Toto, Andrea et Claudio. Impatiente de partir, je me suis mise à explorer les rangements et à examiner les équipements, sous l'œil goguenard du reste de l'équipage.

Les journées de préparatifs, à Québec, ont été dominées par des préoccupations alimentaires. Dans les coffres d'*Anicaflash*, on a entassé du café, des fruits, du salami, du bacon, des œufs, des tomates, de l'ail… et bien sûr, des pâtes. Une vraie révélation, pour moi qui considérais un sandwich au ketchup comme un festin, et qui avait toujours pensé que la course exigeait qu'on ne se nourrisse que de « carburants » déshydratés, aussi légers que possible, sans se préoccuper de satisfactions gastronomiques.

Le soir précédant le départ, nous étions tous installés autour du cockpit, canette de bière en main. Il faisait bon, et nos visages luisaient doucement dans la lueur venue de l'écoutille. J'étais heureuse, sereine, en paix avec moi-même, au milieu de ces garçons qui faisaient tout pour m'intégrer à leur groupe. Un peu plus tard, jetant un œil autour de moi du fond de mon sac de couchage, j'ai eu le pressentiment que ces prochaines semaines allaient m'apporter de solides amitiés.

Une fois absorbée la pression du départ, la magnificence du paysage que nous traversions a commencé de nous apparaître. Je n'avais jamais rien vu de pareil. Sur les rives luxuriantes du fleuve, qui s'élargissait graduellement, de petits villages aperçus de loin en loin se transformaient à la nuit en grappes de lucioles. Le premier jour, un certain nombres d'erreurs nous ont fait prendre pas mal de retard sur les autres concurrents et ont entamé notre moral. Mais peu à peu, chacun y allant de sa plaisanterie, nous avons repris le dessus et commencé à fonctionner comme une véritable équipe. Le lendemain matin, nous étions en tête des monocoques et — quoique brièvement — nous sommes presque revenus à la hauteur des bateaux de tête. C'était rassurant d'être de nouveau dans la partie. En situation de course, l'ambiance était différente de tout ce que j'avais connu. Un de nos adversaires était resté en vue depuis le départ, et nous poussions le bateau en permanence, de toute notre énergie mais en évitant l'excès : un exercice de corde raide épuisant, à la longue. Avec Alan, sur *Elan Sifo*, nous étions presque tout le temps sur pilote automatique ; la barre, c'était pour le plaisir. Ici, tenir la barre signifiait être en recherche de vitesse permanente, ce qui impliquait pour chacun d'y passer des périodes de deux ou trois heures, durant son quart.

Le troisième jour, nous sommes sortis de l'estuaire du Saint-Laurent. C'est avec tristesse que j'ai vu s'éloigner les montagnes, dans toute leur beauté, mais avec joie que je me suis préparée à affronter de nouveau l'Atlantique. Les jours suivants, doublant la pointe sud de Terre-Neuve, nous n'étions pas encore dans les grands fonds. C'est durant les prochaines quarante-huit heures que nous allions traverser les Grands Bancs et longer le cap Flamand, un secteur légendairement redoutable en cas de mauvais temps.

14 août 96 (quatrième jour).

Vittorio a préparé le petit déjeuner : œufs au bacon et toasts.

Drôle de journée. Toto mal en point. Passé la journée au lit avec ce qui ressemble à un début de grippe. Poussées de fièvre et mal de dos pendant la nuit. Il a peut-être attrapé quelque chose dans l'eau, à Québec, en réparant la quille. Requins dans la soirée — j'en ai vu deux. Soirée calme. Notre horizon réduit au coucher du soleil par l'apparition du fameux brouillard de Terre-Neuve. Visibilité réduite à quatre cents mètres environ.

Un bateau a surgi du brouillard, assez près de nous. Vents légers, nombreux changements de voiles. Rien mangé depuis le petit déjeuner :

apprécié d'autant plus la salade mixte préparée par Giulio. Couchée à 20 heures, juste après le soleil. Vittorio m'a parlé des mers du Sud. Passionnant, mais je demande à voir par moi-même.

Les quarts étaient épuisants. Comme Giulio ne barrait pas et que Vittorio et lui passaient beaucoup de temps en bas, à communiquer par radio et à faire des calculs de navigation, il m'arrivait de tenir la barre quatre heures d'affilée. À la fin de mon quart, je m'écroulais régulièrement, sur ma couchette ou carrément par terre. Mais en comprenant que barrer deux, trois ou quatre heures de suite allait faire partie de ma routine, j'ai relevé le défi avec un certain plaisir.

Après avoir si longuement et si attentivement étudié les cartes qu'il avait les Grands Bancs imprimés sur le front, Vittorio est enfin remonté sur le pont. Je lui ai passé immédiatement la barre et ai foncé à l'arrière du bateau pour satisfaire un besoin naturel, pressant depuis deux bonnes heures !

J'ai découvert avec émerveillement la faune marine de l'Atlantique Nord. Après l'embouchure du Saint-Laurent, nous avions croisé les bélugas au look albinos, et les baleines-pilotes, un peu plus au large. Mais à présent, c'étaient des portées de jusqu'à cinquante dauphins qui filaient à nos côtés, et ce par tous les temps. Au large de Terre-Neuve, j'ai vu plusieurs requins affleurer silencieusement à la surface de l'eau. Fascinée par cette faune, guettant le moindre mouvement sur les vagues, je ne cessais de m'émerveiller de la présence de nombreuses espèces, jusque dans les eaux plus froides, loin de toute terre. Même les mouettes continuaient à danser leur ballet autour de nous, la pointe de leurs ailes rasant la crête des vagues. J'ai beaucoup écrit à propos de la faune, pendant cette traversée, pour tenter de traduire la forte impression qu'elle m'avait faite.

Les dauphins m'ont accompagnée pendant plus d'une heure, ce matin, pendant que je barrais. À la fin, ils étaient au moins cinquante, venus de partout. Une vingtaine d'entre eux nageaient sous la coque, pendant que les autres restaient à côté. Ils sautaient par-dessus le sommet des vagues, et replongeaient dans le creux de la vague suivante. Giulio a pris des photos (moi, je n'avais pas les mains libres). Quand les dauphins sortaient la tête de l'eau, ils nous regardaient avec l'air de dire : « Salut, les gars ! Ça fait un bout de temps qu'on n'a vu personne, par ici. On va vous tenir compagnie un moment ! » Depuis l'arrière du bateau, je voyais leurs corps métalliques briller dans la lumière blanche du soleil qui se levait devant nous. Encore une journée grise, mais belle, en perspective.

La cabine, qui n'était déjà pas d'un confort excessif, est devenue encore plus inconfortable après qu'un ballast contenant deux tonnes d'eau s'est mis à fuir. Le jet puissant a inondé rapidement l'intérieur du bateau, où toutes nos affaires se sont retrouvées en train de flotter. Comme Claudio et Vittorio travaillaient à reboucher la fuite avec de la résine et que j'étais épuisée par le manque de sommeil, j'ai profité de ce que la brise était légère et le pont sec pour y installer mon sac de couchage. J'avais à peine dormi trois heures en trois jours, et je ne savais même pas pourquoi. D'une manière générale, j'arrive à dormir dans n'importe quelles conditions. Mais ici, c'était une bataille que je livrais. J'ai finalement glissé dans le sommeil, pendant que le vent frais de l'après-midi me caressait le visage.

— Ellen ! Hé, Ellen ! Iceberg !

J'ai bondi sur mes jambes et foncé côté sous le vent, pour pouvoir regarder sous la bôme. Je m'attendais à un gros glaçon, mais c'était une véritable montagne de glace, avec trois pics dont deux de la taille d'un immeuble, qui se dressait devant moi ! Le froid qui en émanait nous donnait la sensation d'avoir pénétré dans un congélateur. Inutile de faire une photo : mon appareil jetable ne restituerait jamais l'aspect grandiose du spectacle. À la place, j'ai fait du café pour tout le monde, pendant que les garçons se photographiaient mutuellement avec l'iceberg en toile de fond. Claudio et Vittorio étaient finalement venus à bout de la fuite, et j'ai pu rapatrier mon sac de couchage en bas.

Au réveil, mauvaise nouvelle : nous étions en panne de gaz, et les bonbonnes de dépannage avaient les mauvais adaptateurs. La perspective de terminer le voyage sans une tasse de thé était déjà dure, mais à l'idée de devoir désormais manger tous les jours des pâtes froides, je regrettais amèrement de ne pas avoir emporté quelques-unes des galettes d'avoine de maman. La leçon a été profitable, en tout cas, car depuis, je n'ai jamais pris la mer sans emporter une boîte de ces délices maison.

Un fax de la météo nous a donné des soucis beaucoup plus graves : une grosse tempête se dirigeait vers nous. Pour corser l'affaire, la réparation du ballast n'avait pas tenu, ce qui nous a obligé à vider à nouveau la cabine inondée et — beaucoup plus embêtant — à naviguer désormais sans système de ballasts. Il nous était déjà arrivé, sur *Anicaflash*, de devoir nous passer de ballasts. Mais en pleine tempête, privés de ce lest qui nous aidait à passer les vagues en puissance, nous serions mal. Cette même nuit, les nuages se sont épaissis et le vent s'est levé.

Harnachée de tout l'équipement de sécurité possible, j'ai pris la barre aux premières lueurs de l'aube. C'est tout juste si on voyait mes yeux. Tout de suite, j'ai constaté que la barre était plus dure. Nous avions beaucoup de toile et, écrasé par les rafales, le bateau cherchait instinctivement — comme tous les bateaux le font en pareil cas — à se remettre face au vent. Je devais faire des efforts terribles pour maintenir le cap. Mes bras me faisaient mal et de violentes douleurs me traversaient les coudes. Tout ce que je pouvais faire pour me soulager, c'était garder les bras tendus en poussant avec mes jambes. C'était de la voile « extrême ». C'était douloureux, mais j'étais dans mon élément. Pour la première fois de ma vie, je naviguais à plus de vingt nœuds, et aucune sensation au monde ne peut rivaliser avec celle-là.

Vers une heure du matin, il y a eu tout à coup un craquement sinistre. La vitesse a chuté aussitôt et la barre a cessé de répondre. N'osant pas quitter mon poste, j'ai appelé Vittorio. La drisse du spinnaker venait de céder, et nous avions soudain une voile de trente mètres de long et de 300 mètres carrés qui traînait dans l'eau.

En un instant, tout le monde a été sur le pont pour ramener la voile à bord, mètre par mètre, par-dessus les filières. Il fallait aussi enlever la drisse du spinnaker et Vittorio n'a pas eu d'autre choix que de grimper au mât pour en glisser une autre dans la poulie. Toujours à la barre, j'essayais désespérément de conserver une trajectoire « béton », mais les vagues faisaient rouler le bateau et je savais qu'en haut du mât, ce roulis se répercuterait dans des proportions épouvantables. Je mourais de peur à l'idée de provoquer un mouvement brusque du bateau, qui risquait de faire tomber Vittorio. Le danger était d'autant plus grand qu'il devait grimper les derniers mètres sans être attaché pour atteindre la drisse défectueuse — la plus haute.

Cette nuit-là, j'ai compris mieux que jamais à quel point nous dépendions les uns des autres, et à quel point tout reposait sur la confiance mutuelle. À bord d'*Iduna*, je n'étais responsable que de moi-même, mais à présent, la sécurité des autres me préoccupait infiniment plus. Certes, la situation du moment — la vie de Vittorio qui ne tenait qu'à un fil — amplifiait dramatiquement cet état de fait, mais que l'on tienne la barre ou que l'on prenne des décisions tactiques, on le fait toujours pour les autres, y compris ceux qui sont tranquillement en train de dormir en bas. Je sentais plus que jamais tout le poids de mes responsabilités.

Cette nuit n'avait été qu'un avant-goût de la suite, car le temps s'est gâté de plus en plus. Par ailleurs, les quarts ne raccourcissaient pas, loin de là, et je commençais vraiment à fatiguer. Le système de barre d'*Anicaflash* était pour le moins «basique» : le bateau avait d'abord été conçu pour fonctionner avec une barre à roue classique, puis modifié pour recevoir une barre franche. Celle-ci était longue, mais pratiquement inaccessible car trop proche du pont, c'est pourquoi nous devions utiliser une rallonge. Pire : la position du barreur, assis sur une chaise en plastique sans pieds, posée directement sur le pont, était inconfortable au possible. Comme j'étais trop légère et que mes jambes étaient trop courtes, je me retrouvais toujours en train de glisser au plus mauvais moment. Du coup, j'avais pris l'habitude de barrer à genoux, calée contre le rebord d'un capot. Dans cette position, non seulement l'eau qui envahissait le pont remontait dans les jambes de mon pantalon, mais au bout de vingt minutes, la circulation coupée au niveau des genoux, j'avais les pieds totalement engourdis. À la fin de mes quarts, j'étais régulièrement trempée des coudes jusqu'aux pieds. Et je subissais dix bonnes minutes de « fourmis » dans les jambes avant d'en retrouver complètement l'usage.

« Il va y avoir des super-grosses vagues ; quand l'avant retombera, essaie de ne pas plonger, mais de partir en biais. Et accroche-toi ! » Sur ces mots, Vittorio m'a passé la barre et il est allé se planquer dans la cabine. Les vagues étaient devenues immenses. Elles étaient longues, et particulièrement abruptes. En regardant derrière moi, j'avais l'impression d'être au pied d'une montagne, mais noire, avec un sommet plus clair. Les déferlantes aussi devenaient plus grosses, dévalant parfois jusque dans le sillage d'*Anicaflash*. Dans les soixante premières secondes de mon tour de barre, j'avais surfé, puis ralenti, et l'eau glacée m'avait trempée jusqu'aux coudes. À chaque mouvement que je faisais, je sentais l'eau s'insinuer dans mon ciré. Très vite, j'ai eu les pieds engourdis, moins à cause du froid que parce que j'étais assise dessus. Difficile, néanmoins, de bouger un tant soit peu pour me soulager : cela reviendrait, pendant ce court instant, à ne plus être prête à cent pour cent à réagir sur le gouvernail. Quand les crampes s'y mettent, c'est douloureux, mais la barre est plus importante. Le vent s'est un peu calmé, précédant de peu une grosse averse. Les étoiles ont disparu, et les feux de route, en haut du mât, ont illuminé le rideau de pluie. À travers l'effet légèrement déformant de la vitre en perspex, j'apercevais la silhouette de

Vittorio, éclairée par la lumière de la cabine comme par une bougie. Contrairement à moi, protégée au maximum, il ne portait qu'un pull jaune. Je me suis sentie d'autant plus exposée — un peu comme quelqu'un qui, par une nuit froide et pluvieuse, regarde par la fenêtre d'un pub !

Jamais je n'avais tant souffert de commotions diverses sans pouvoir me reposer ou me détendre. À force d'être poussé dans ses retranchements, mon corps commençait à se révolter. Ma jambe et mon coude me faisaient terriblement mal, ce qui, avec les secousses du bateau, me rendait plus difficile encore l'évolution dans la cabine. J'en étais à me nourrir en calant mes pieds sur les bords du plan de travail de la cuisine et en appuyant ma tête contre le plafond. Mais même dans cette position, j'avais mal. En mer, on soumet son corps à des tests permanents, à tel point que, quand on vient d'empêcher de justesse le bateau de chavirer, on remercie Dieu, tout en s'étonnant d'avoir accompli cet exploit physique. J'avais régulièrement la certitude d'avoir atteint mes dernières limites ; et quelques secondes plus tard, parce que la situation l'exigeait, je trouvais encore en moi de quoi les repousser. Le vent, qui soufflait maintenant à cinquante-cinq nœuds — le pic d'une tempête de force 10 —, arrachait à l'horizontale l'écume de la crête des vagues.

Assise sur la couchette côté au vent, les pieds glacés, dans des vêtements thermiques trempés. Giu a mis de la musique, mais elle est régulièrement couverte par le fracas des vagues. L'écume m'a enduit le visage de sel, qui me fait le même effet que du sable. Nous venons de croiser un cargo. On n'a vu ses lumières que cinq secondes par minute, environ, ce qui donne une idée de l'état de la mer. Le simple fait d'évoluer dans la cabine me fait mal. Autant vouloir se déplacer dans un wagon de grand huit.

6 h 14. Je viens d'être envoyée au tapis !
J'étais dans la couchette, côté au vent. Nous étions gîtés à plus de 90 degrés. Dans la fenêtre, le bleu de la mer a remplacé celui du ciel. L'arbre d'hélice a traversé la cabine avant de cogner le toit. Un arbre de trois mètres de long, cinq centimètres de diamètre, avec une hélice en bronze au bout. Cet arbre est fixé au fond du bateau, à bâbord, au sec pour ne pas nous ralentir en course. On a vraiment dû se coucher complètement. Quand on bascule sur le flanc des très grosses vagues, on peut gîter au-delà de 90 degrés, sans que le mât n'entre dans l'eau. Il faut que je m'en assure auprès de Toto, mais je ne crois pas que le nôtre ait touché la mer.
Les panneaux solaires, qui se trouvaient sous les coussins de ma couchette, se sont envolés. Giu a reçu mes bottes de caoutchouc, et tous les légumes restants ont disparu sous les canalisations de tribord. Le fax-météo et le panneau électrique, pourtant situés assez haut, à tribord, sont trempés par l'eau des fonds. Ça, on aurait pu s'en passer. Je vais refaire une tentative pour dormir un peu.

La tempête commençait à se calmer quand j'ai pris mon quart et me suis attachée à ma place, à la barre. Je remplaçais Toto, qui était encore assis derrière moi, en train d'enlever ses gants pour me les passer. Soudain, une rafale monstrueuse nous a fait perdre le contrôle du bateau.
J'ai tiré de toutes mes forces la rallonge de la

barre vers moi. Les pieds calés sur un rebord, la poignée contre ma poitrine, j'ai hurlé : « Toto ! » Il était déjà en train d'essayer d'attraper la rallonge. Nous venions à peine de réussir à l'immobiliser, quand elle s'est arrachée. Cette fois, le bateau était vraiment incontrôlable ! Plongeant comme un seul homme sur la barre, nous avons tiré dessus de toutes nos forces, Toto et moi, pour nous ramener vent arrière. Le bateau s'est redressé un peu et a bondi vers l'avant, dans la mer démontée. L'écume jaillissait de l'étrave et de la crête des vagues comme la neige en plein blizzard. C'était le bateau le patron, à présent ; nous étions devenus impuissants, en face de son énorme surface de voiles. Nous allions empanner [1], sans rien pouvoir faire pour l'empêcher. Vitt remonta sur le pont, une expression angoissée sur le visage. Comme au ralenti, *Anicaflash* s'est couché. La bôme a traversé le pont dans un fracas qui a semblé donner le départ de la suite.

Soudain, tout s'est accéléré.

Avant même que nous ayons pu atteindre la barre, Toto et moi, une montagne d'eau a surgi, prête à s'abattre sur nous. Le bateau était déjà incliné à 90 degrés et le pont, à la verticale, n'était plus qu'une paroi fragile que la masse liquide allait frapper de plein fouet. J'ai glissé comme sur un toboggan, jusqu'à ce que mes pieds se bloquent contre le cale-pieds du bastingage : un appui minuscule, d'où la vague allait m'expulser. Avant même d'être arrivée au bout de ma course, j'ai empoigné les filins du chariot de l'écoute de grand-voile.

J'ai serré aussi fort que je le pouvais, maintenant ma prise aussi haut que possible… La vague m'a

---

1. Passer de l'autre côté de l'axe du vent quand on navigue vent arrière. Manœuvre ou situation très dangereuses quand elle n'est pas contrôlée *(N.d.T.)*.

frappée de toute sa puissance et m'a arrachée du pont pour me projeter au cœur d'un siphon. J'ai serré les filins encore plus fort. Totalement immergée, j'étouffais.

Cherchant désespérément de l'air, je me suis hissée de toute la force de mes bras le long du cordage de l'écoute. J'ignorais à quel degré le bateau avait chaviré, et si même la direction que je prenais conduisait à l'air libre. À force de m'acharner, je suis parvenue pourtant à sortir la tête de l'eau et à refaire le plein d'oxygène. Et Toto ? En passant de l'eau de mer à la lumière du jour, j'ai aperçu sa silhouette rouge, accrochée au balcon arrière. Merci, mon Dieu !

Il avait de l'eau jusqu'à la taille, mais nous faisait signe qu'il était O.K. Il avait valdingué sur trois mètres de pont avant d'atterrir contre le balcon arrière. Comme il ne pouvait pas regagner le cockpit — le pont était à la verticale —, il s'est glissé dans la trappe des toilettes, qui se trouvait juste au-dessus du niveau de l'eau, et nous a rejoints en passant par la coque. Je me suis hissée par-dessus le rebord du cockpit. Une douleur violente me fusillait le genou, mais c'était le cadet de mes soucis. Mon corps et ma tête ont fonctionné comme une horloge quand j'ai aidé Vitt à rouler le génois, non sans mal : il était presque entièrement immergé. Une fois la voile roulée sur son étai et le bateau remis du bon côté du vent, le pilote automatique nous a aidés à retrouver notre cap. Quand les choses se sont un peu calmées, Toto et moi nous sommes attelés, dans le jour finissant, à refixer la rallonge de la barre, pendant que celle-ci ruait et ballottait en tout sens. Toto m'a confié que si son dos n'avait pas heurté le balcon arrière, il passait par-dessus bord. J'en étais malade. C'était la première fois que j'étais confrontée à la mer dans toute sa puissance, et à ses dangers mortels.

La chaise en plastique pendait à l'extérieur du bateau, au bout de son câble d'attache, et cognait contre les chandeliers [1] comme un gobelet de carton livré au vent.

Le lendemain matin, évoquant de nouveau avec Toto cet épisode dramatique, j'ai mesuré à quel point il l'avait échappé belle : quand il avait touché le balcon arrière, m'a-t-il dit, la pression de l'eau sur son corps était telle que… « un peu plus, et… » Il s'est signé. Un frisson glacé m'a parcourue et je suis restée un moment hébétée, en pensant à la tragédie que nous avions frôlée.

À l'approche des côtes françaises, les constructions se sont peu à peu dessinées et le soleil peignait les rochers, les arbres et les toits d'une lumière douce. Les maisons, construites sur les avancées rocheuses, étaient souvent hautes et étroites, avec des toits pointus et des jardins aux murs de pierre, débordant d'une sombre végétation. Nous avons croisé un ou deux voiliers de plaisance et, juste par le travers des digues extérieurs, le ferry *Seacat Émeraude Line* est sorti du port de Saint-Malo. Comme pour saluer notre traversée, il a ralenti et a donné un long coup de sirène. À cet instant, nous avons vraiment eu la sensation d'avoir accompli quelque chose. Sur l'aileron de passerelle du ferry, j'ai vu le capitaine nous faire un grand signe, que je lui ai rendu. Je n'avais pas besoin de voir son visage de près pour savoir que ce salut était sincère.

J'avais vu juste en pressentant, au départ de ce voyage, que j'y nouerais des amitiés solides. Quinze jours plus tard, nous avions appris à nous connaître et… à nous aimer. La mer nous avait rapprochés ; ce que nous venions de vivre ensemble avait tissé entre

1. Tubes en inox verticaux qui soutiennent les filières *(N.d.T.)*.

nous des liens qui, en d'autres circonstances, se seraient créés en dix ans, voire jamais. Cette aventure si difficile nous avait laissé à chacun quelque chose de rare — une courte mais exceptionnelle parenthèse de vie que nous allions chérir jusqu'à la fin de nos jours.

10

J'ai appelé Merv. Il était à moins d'un mois de son départ et la fièvre montait à Southampton. Il m'a appris une mauvaise nouvelle : pendant que j'étais en mer, Alan lui avait annoncé qu'il annulait sa participation au Vendée Globe, faute de pouvoir boucler son budget. J'ai mesuré au passage, et pour la première fois à ce degré, l'importance cruciale du sponsoring dans notre métier.

Au téléphone, je percevais la déception dans la voix d'Alan. Je savais ce que cette course avait représenté pour lui et je compatissais d'autant plus que, sortant de ma propre course, je ne savais que trop bien tout ce qu'il allait rater. Malheureusement, il n'y avait rien que je puisse dire ou faire pour l'aider.

De retour en Angleterre, j'ai foncé droit au Salon nautique de Southampton et jeté mes bagages sur le *Global Teamwork* de Merv, avant d'aller à sa recherche. Je venais de vivre les moments les plus extraordinaires de ma vie et il fallait absolument que j'en parle avec quelqu'un. Merv, débordé et sous la pression de son compte à rebours, n'avait pas une minute à lui, mais il a trouvé quand même le temps de m'écouter et de me raconter les dernières nouvelles. En voyant son équipe entasser les vivres à bord, j'avais déjà envie de repartir.

Dans les allées du Salon, j'ai repéré l'architecte naval Nigel Irens, qu'Alan m'avait présenté à Plymouth. J'avais peur qu'il ne me reconnaisse pas, mais il m'a fait des grands signes dès qu'il m'a aperçue. Grand, doté d'une nature généreuse et d'un sourire chaleureux, Nigel m'a emmenée voir les bateaux qu'il exposait. De vraies merveilles, dont les longues coques noires et effilées arboraient des ponts de bois crème et des cale-pieds en teck. Nigel dessinait des bateaux et naviguait depuis toujours. Il avait remporté des courses, en 1983, à bord de ses créations. C'était un puriste qui aimait aussi bien les voiliers de course contemporains les plus performants que les vieux yachts historiques. J'ai appris qu'au même âge que moi — mais trente ans plus tôt —, il avait lui aussi vécu sur le Hamble, à bord d'un bateau de six mètres. À dater de cette rencontre au Salon nautique, Nigel, qui est un des types les plus adorables au monde, est devenu un ami.

Quand je suis retournée sur *Iduna*, à Hamble, je ne voyais plus de la même façon les hordes de yachtmen du dimanche. Je n'éprouvais plus si désespérément le besoin d'être intégrée à leurs groupes ; je n'étais plus seule, ni exclue : j'avais maintenant des amis, avec qui je partageais ma passion. N'empêche que Merv, dont le départ était imminent, allait me manquer. Il a trouvé le temps, au milieu de ses ultimes préparatifs, de me faire faire le tour des autres bateaux pour m'aider à vendre mes toiles. On m'en commanda une vingtaine, certains clients oublièrent de me payer, mais j'avais gagné de quoi survivre jusqu'au début de l'hiver.

Le départ de Merv a laissé un grand vide. Je m'étais habituée à sa présence et, dans ce milieu où les amitiés étaient rares, la sienne m'était précieuse. Ma mélancolie s'est dissipée néanmoins quand Alan m'a appelée pour me proposer d'aller aux Sables-d'Olonne, assister au départ du Vendée. Je n'ai pas hésité une seconde.

Tout en évoquant une nouvelle fois notre transat, avec Alan, j'étais totalement mobilisée par la course qui allait commencer. Pour lui, ça devait être dur. Mais j'étais contente qu'il soit là car j'étais sûre que, dans le cas contraire, il l'aurait regretté un jour ou l'autre.

La ville grouillait de monde, par cette grise journée de novembre. Jouant des coudes pour arriver aux pontons, la première chose que j'ai vue fut le mât d'*Elan Sifo*. Il avait été affrété par une certaine Catherine Chabaud, inscrite tardivement après le forfait d'Alan, et rebaptisé *Whirlpool*. La tension, qui n'avait rien à voir avec ce que j'avais connu à Québec, m'a fait véritablement prendre conscience de ce qui attendait les participants. Il ne s'agissait pas d'une croisière autour du monde, mais d'une course, ce qui rendrait plus dure encore une épreuve déjà redoutable.

J'ai arpenté les pontons, fascinée, m'arrêtant devant chaque bateau, me hissant sur la pointe des pieds pour apercevoir l'intérieur des cabines, détaillant le moindre bout de gréement, pour connaître l'univers de chacun des skippers. J'adressais un sourire à ceux que je connaissais, je bavardais avec ceux qui avaient le temps. Le côté « kolossal » de l'événement me donnait le vertige. La foule était énorme. Les gens demandaient des autographes aux skippers les plus connus, faisaient entre eux des commentaires sur les bateaux, touchaient comme un objet sacré la coque de ces navires qui allaient relever ce défi à peine imaginable : une course sans escales autour de la planète. J'ai bavardé brièvement avec mon compatriote Pete Goss, skipper d'un 50 pieds dernier cri. Il était à la fois fatigué et fou de bonheur d'avoir réussi, contre toute attente, à s'aligner au départ de cette épreuve. Gerry Rouffs était là aussi, ainsi que Tony Bullimore et Yves Parlier, avec son vaisseau futuriste *Aquitaine*. Le simple fait d'être ici en spectatrice était déjà un enchantement.

Je ne fis que croiser Mark Turner, qui représentait *Spinlock*, mais cela suffit à me rappeler la question essentielle : qu'allais-je faire ensuite ?

Le départ, auquel j'ai assisté le lendemain depuis les fenêtres d'un appartement donnant sur le port, a été un moment d'émotion intense. Mon cœur battait la chamade avant même le coup de feu libérateur. Alan, qui avait le don de gérer avec philosophie les instants les plus pénibles, conservait un masque impassible. Quand les bateaux se sont éloignés vers l'horizon, j'ai eu soudain envie de m'isoler. Le front collé à la vitre, j'ai fixé ces voiles minuscules, perdues dans tout ce gris. Il FALLAIT que je participe, dans quatre ans ! Il FALLAIT que je prenne ce départ, moi aussi, coûte que coûte ! Je n'aurais pas encore su dire avec précision ce qui m'attirait à ce point dans le Vendée Globe, mais ce jour-là, devant ma fenêtre, face à l'immensité glacée de l'Océan, je savais que c'était le but ultime.

De retour chez moi, j'ai discuté avec Nigel de mes projets d'avenir. Passant l'essentiel de son temps en France, il savait parfaitement quelles courses étaient susceptibles de m'intéresser. La Mini-Transat s'imposait en priorité, mais il fallait que je me trouve un sponsor. Cet hiver-là, Nigel fut pour moi un soutien inestimable. Il m'emmena même à Disneyland Paris, assister avec lui à une conférence autour d'un nouveau projet, sobrement appelé « The Race ». Le concept était nouveau en matière de compétition, puisqu'il était question d'ouvrir cette course autour du monde à toutes les catégories de bateaux, sans distinction de taille, et à toutes les configurations d'équipages. Autour de moi, je reconnaissais des stars de la voile que je n'avais jamais vues ailleurs que dans les magazines. Il s'est avéré que Nigel était intime avec la plupart d'entre elles, et j'ai fait leur connaissance comme si c'était la chose la plus naturelle du monde. Des années plus tard, je me suis demandé ce que ces gens avaient bien pu penser quand on leur avait présenté cette gamine de vingt ans — quinze de moins, en moyenne, que toutes les personnes présentes. Mais Nigel me donnait confiance en moi.

En fin de journée, un homme qui s'était présenté sous le nom de Hugh Morrison nous a demandé si nous avions des projets pour le dîner. Comme il était en relations avec Disneyland, il suivait l'organisation du projet « The Race ». Je suis restée silencieuse au début du dîner, mais sitôt que Hugh m'a interrogée, les vannes se sont ouvertes et je me suis mise à parler avec enthousiasme d'*Iduna*, de mes traversées de l'Atlantique, et surtout de mes projets de Mini-Transat. En fait, les projets en question s'étaient confirmés dans mon esprit pendant cette conversation — qui allait changer le cours de ma vie.

De retour sur la côte sud de l'Angleterre, mi-décembre, j'ai attaqué le premier travail salarié de ma vie, en tant qu'employée d'un chantier naval. Au Salon nautique, j'avais été contactée par un certain Mark Orr, directeur général de Bowman Yachts, à Southampton. Il avait travaillé avec Pete Goss, qui venait de prendre le départ du Vendée Globe. Ayant été le témoin de toutes ses difficultés logistiques, il souhaitait aider d'autres skippers à les surmonter.

S'il m'avait offert ce job chez Bowman, c'était d'abord pour me permettre de gagner un peu d'argent, mais aussi pour que je puisse utiliser les bureaux du chantier — en dehors des heures ouvrables, bien sûr. Les vastes hangars à bateaux et l'atelier de menuiserie existaient depuis de nombreuses années. Bowman avait une solide réputation de tradition et de qualité, basée sur le savoir-faire et la longue expérience de ses artisans qualifiés.

À force de me voir, semaine après semaine, faire des allers-retours à vélo entre Hamble et Southampton, Mark m'a proposé d'amener *Iduna* et de l'amarrer au ponton privé de Bowman. J'ai pu ainsi consacrer plus de temps à mon travail, et utiliser les bureaux, le soir, à la fois pour me réchauffer et pour rédiger mon courrier.

Le câble électrique qui alimentait *Iduna* se débranchait parfois en pleine nuit. Comme j'avais la flemme de ressortir et d'escalader la longue échelle rouillée, je me résignais à me passer de chauffage, à laisser le pont se couvrir de glace et à me réveiller avec les pieds gelés. Cette période de ma vie a été épuisante. Je me levais à six heures, je rédigeais mon courrier ou je mettais mes projets en forme avant l'arrivée des autres, puis je travaillais autant d'heures que possible pour pouvoir acheter les innombrables timbres que dévorait mon imposante correspondance. Enfin, je m'installais dans les bureaux du chantier où, jusqu'à deux ou trois heures du matin, j'écrivais autant de lettres et autant d'adresses que possible sur les enveloppes, pour pouvoir les expédier le jour suivant. Je quittais enfin le chantier, chargée de ma pile de courrier, espérant toujours que le lendemain m'apporterait une réponse. Je tressaille encore, rétrospectivement, en me souvenant qu'il m'arrivait de poster pour trois cents livres d'affranchissement. La vie que j'ai menée pendant cette période était plutôt sinistre, il faut bien le reconnaître. Mais à l'époque, je ne la voyais pas ainsi.

J'étais toujours hantée par l'idée de faire équipe avec Mark Turner. Nous en avions plusieurs fois parlé tous les deux, et je savais qu'il était à la recherche d'un sponsor.

Au Salon nautique de Londres, en janvier, j'ai pris conscience qu'il fallait choisir une bonne fois pour toutes : me lancer toute seule dans mon projet, ou me lier à quelqu'un que je connaissais à peine. Tout le monde me parlait de Mark en termes élogieux. Et Merv avait abondé dans ce sens, après la course inaugurale de Mark sur son voilier *Maverick*. Une fois de plus, j'ai sollicité l'avis de Brian Pilcher. Il avait toujours eu le don de me rassurer et je lui faisais totalement confiance. Cette fois, pourtant, il a hésité. Je lui ai confié que j'étais un peu inquiète à l'idée de faire tandem avec quelqu'un d'autre. Je connaissais mes point forts et mes faiblesses, mais je savais aussi qu'une fois que j'aurais pris une décision, à moins d'un grave incident de parcours, j'irais jusqu'au bout. C'est pourquoi je ne voulais pas prendre le risque de me tromper. Nous serions certes plus performants à deux, mais cela exigerait un financement deux fois plus important. Mark, qui avait de très nombreux contacts dans l'industrie nautique, n'avait pourtant pas réussi à financer sa participation à l'une des courses de la classe Mini, l'année précédente. Ensemble, nous avions réfléchi à ce que nous pourrions nous apporter mutuellement. J'avais beau retourner le problème dans tous les sens, la décision n'était pas plus facile à prendre. Celle de se marier ne doit pas l'être davantage.

J'ai finalement décidé de tenter le coup. À mon grand étonnement, Mark a réagi surtout en homme d'affaires, mais cela n'a pas diminué son enthousiasme. Cela dit, cette décision, si déterminante qu'elle ait été, a moins marqué mes souvenirs de ce Salon nautique que les épisodes dramatiques du Vendée Globe. En décembre de l'année précédente, Isabelle Autissier s'était traînée jusqu'à Cape Town avec un gouvernail cassé ; mais à présent, des gens que j'avais vus de mes yeux quelques semaines plus tôt luttaient pour leur survie dans les mers du Sud. Tony Bullimore et Thierry Dubois avaient chaviré tous les deux. Thierry attendait les secours, accroché à sa quille, mais personne ne savait si Tony était toujours en vie, ni même s'il se trouvait encore à l'intérieur de son bateau retourné. Nous avions assisté aux péripéties du sauvetage de Raphael Dinelli par Pete Goss, peu après Noël, et ça a été avec soulagement que, finalement, nous avons appris que Thierry et Tony s'en étaient tirés tous les deux. En revanche, on a beaucoup moins parlé, en Grande-Bretagne, du brutal silence de la balise argos de Gerry Rouffs et de son *Groupe LG II*, le 7 décembre. Plusieurs concurrents se sont détournés de leur route pour se porter sur sa dernière position connue, sans trouver la moindre trace de lui ou de son bateau. Le monde de la voile a retenu son souffle, priant pour que Gerry réapparaisse miraculeusement ; mais le 17 juillet, sa mort a été confirmée quand un navire a repéré l'épave de son voilier, au large des côtes chiliennes. On le pleure encore.

Quelques semaines après le Salon nautique, nous avons scellé notre nouveau partenariat, Mark et moi, en allant passer un week-end en France. Il s'agissait de se renseigner sur les Minis [1] avec lesquels je pourrais courir, et de se faire une idée du tableau d'ensemble, dans la mesure où la France est un peu le cœur de la Mini-Transat. Nous avions rendez-vous avec un certain Thierry Fagnent, patron d'un chan-

1. Monocoques de course au large de 6,50 m.

tier nommé AMCO et, à en croire Mark, « pape de la Mini ». Mark était déjà venu chez AMCO, en juin de l'année précédente, quand il avait vainement tenté de participer à une de ces courses. Il en conservait encore quelques rancœurs et il était bien décidé à ce que sa prochaine saison lui fasse oublier les insatisfactions de la précédente. Il y avait chez lui une force qui le poussait à donner le meilleur de lui-même dans tout ce qu'il entreprenait. Le revers de cette médaille, c'est qu'il était capable de se tuer à la tâche dans le seul but d'aller au bout de quelque chose. C'était aussi un homme qui prenait des risques. Beaucoup plus que moi. Et je commençais à comprendre que j'allais devoir m'y mettre, moi aussi, car dans la carrière que j'avais choisie, rien n'allait me tomber tout rôti dans le bec. Curieuse de connaître ce qui le motivait, j'ai interrogé Mark sur son enfance. Nous avions des choses en commun : des parents très pragmatiques et une éducation assez similaire. Quant à ce qui nous séparait, cela venait surtout de ma jeunesse et de mon manque d'expérience dans tous les domaines, alors que Mark avait fait très jeune ses premières armes dans la Royal Navy. Mes questions continuelles à propos de la Mini, des voiliers de course, de sa carrière, etc., devaient finir par le faire tourner en bourrique. Quand nous nous sommes garés sur le parking d'AMCO, il n'y avait pas eu cinq minutes de silence entre nous pendant tout le voyage.

Une fois de plus, le fait de ne pas parler français m'a frustrée terriblement. Je me sentais inutile et je regrettais amèrement de ne pas avoir pris le temps de travailler la question. Mark, en revanche, qui parlait couramment le français, semblait parfaitement à son aise. Long et sec, le regard perçant, les cheveux noirs et frisés, Thierry lui parlait avec, entre les doigts, une cigarette éteinte, à moitié fumée, qu'il avait roulée lui-même. Il m'a d'abord inspiré une certaine méfiance : j'avais le sentiment qu'il nous tenait à distance, et que la conversation tournait en rond. Puis, soudain, Thierry a rallumé sa cigarette et s'est dirigé vers une autre porte, au fond de son bureau. Il nous a entraînés à sa suite dans un corridor sombre et poussiéreux, où des odeurs de résine et d'acétone m'ont sauté aux narines. Il a ouvert une autre porte… et j'en ai eu le souffle coupé. Nous étions dans un hangar d'au moins trente mètres de long et dix-huit mètres de large, rempli de bateaux de la catégorie Mini-Transat. J'ai adressé un grand sourire à Mark, puis à Thierry, qui me l'a rendu pour ma plus grande joie. Dès cet instant, Thierry a cessé d'être à mes yeux un Breton un peu froid qui, à juste titre, n'avait pas envie de perdre son temps à laisser transformer son hangar en musée, et s'est métamorphosé en homme fier et passionné par son travail. Il allait devenir un camarade.

J'ai exploré le hangar, examiné les quilles, inspecté les coques en y faisant glisser mes doigts. *Omapi*, le bateau vainqueur de la course précédente, et *151*, à bord duquel Thierry était arrivé second, étaient là, impeccables dans leur nacelle. Mais un autre bateau attirait mes regards et paraissait me regarder, lui aussi. On ne pouvait pas le rater, avec sa coque entièrement couverte d'écailles peintes, agrémentée d'une bouche et de deux yeux. En toute logique, il s'appelait *Le Poisson*. Ce fut le coup de foudre. Avant même d'avoir mis un pied sur le pont, j'ai su que je venais de trouver le bateau de ma prochaine course.

En rentrant chez moi, j'ai pris la décision de quitter Bowman Yachts. À force de travailler comme une bête toute la journée sur le chantier naval et de passer mes nuits dans les bureaux, j'allais finir par y laisser ma santé. Évidemment, il y avait l'aspect financier. Mais pendant notre escapade française, Mark m'avait proposé de travailler pour lui à la préparation de son bateau de la Mini, qu'il était en train de rééquiper complètement. C'était payé cinq livres de l'heure. J'ai accepté.

Dans la semaine suivant mon retour à Hamble, j'ai suivi le conseil de Nigel et emménagé dans un préfabriqué de location de quatre mètres sur trois. Mes innombrables coups de fil aux sponsors potentiels, sur mon portable, devenaient ruineux ; j'avais besoin d'un poste fixe.

J'ai fait l'emplette d'un morceau de tapis, du futon le moins cher du marché, et branché ma machine à sandwiches ainsi que ma bouilloire. Sans eau courante, je passais mon temps à transporter des bonbonnes d'eau d'un bout du chantier à l'autre, mais j'étais comme un coq en pâte. J'avais un radiateur électrique et, luxe suprême, je pouvais enfin me tenir debout sous mon propre toit. C'était Versailles !

Mon emploi du temps s'est organisé très vite entre mon travail sur le bateau de Mark, mes coups de fil aux entreprises et la rédaction de documents destinés à éveiller l'intérêt des sponsors. La nuit, le hangar était vide, glacial et plein de courants d'air, mais le bruit que je faisais en sablant résonnait en écho et me tenait compagnie. De temps en temps, je travaillais au son de la radio, utilisant celle-ci comme un minuteur : je m'arrêterais à la fin des programmes, promis. Mais je ne tenais jamais parole. De toute façon, il y avait un travail à finir, impossible d'y échapper. Pendant que je suais sur le bateau de Mark, mon esprit s'évadait et je me voyais en train de préparer *Le Poisson* en vue de la course… avant de me rappeler moi-même à la dure réalité : « Idiote ! Tu ne l'as même pas encore acheté ! »

Certains soirs, ou le week-end, Mark revenait de Cowes pour voir où j'en étais, et me donnait un coup de main pendant mon travail nocturne. Je lui montrais comment poser son accastillage de mât, nous discutions de l'évolution du bateau, je lui racontais les derniers épisodes de ma chasse aux sponsors. Mark menait la sienne, de son côté. Mais il avait de l'avance sur moi, dans la mesure où, au départ, il avait pu s'offrir son bateau. Il avait donc déjà du concret à présenter à ses futurs partenaires financiers. De plus, il avait pu emprunter, ce que je n'avais pas la moindre chance de pouvoir faire, je le savais : on m'avait même refusé un crédit sur l'achat de mon téléphone portable !

Je me suis adressée à des organisations telles que la Fondation pour les sports et les arts, et j'ai rencontré les représentants de la Royal Yachting Association. Pour aller à ce rendez-vous, j'avais mis ma plus belle chemise et mon pantalon le plus élégant, après m'être frottée au gant de crin pour arracher la peinture et la résine collées à ma peau. Rien n'y avait fait. Le verdict était tombé, impitoyable : je n'avais pas les qualifications requises pour bénéficier d'une bourse ou d'un soutien financier. D'ailleurs, l'association ne finançait aucun navigateur solitaire, point final. Et moi qui étais membre de la RYA depuis ma première leçon de dériveur, à Rutland Water, dix ans plus tôt ! Moi qui avais suivi ses filières, jusqu'à mon brevet d'instructeur !... Ma déception était immense.

Après avoir contacté un grand nombre d'entreprises extérieures à l'industrie maritime, je suis arrivée à la conclusion qu'à moins de tomber sur un cadre supérieur passionné de voile et de course, j'ai peu de chances de convaincre le conseil d'administration des bénéfices que l'entreprise pourrait retirer de mon partenariat, à savoir : couverture médiatique nationale et internationale, possibilités d'ouvertures externes (Cowes Week, Martinique, etc.), motivations internes stimulées par la notion d'aventure, à travers mes conférences (voir CV), le suivi de la course, etc.

Il n'existe ni fonds de soutien, ni systèmes d'encouragement, ni programmes d'assistanat pour cette catégorie de compétition. Ce courrier est donc motivé par la certitude qu'il me faut creuser ma propre voie avant de pouvoir la suivre, et que d'autres la suivent à leur tour. J'espère que mon exemple prouvera qu'il n'existe pas d'impossibilité définitive, et qu'il sera une source d'inspiration pour d'autres.

Si vous êtes employé par une entreprise susceptible d'être sérieusement intéressée par mon projet, si vous en connaissez une, ou bien si vous pensez tout simplement pouvoir m'aider d'une manière ou d'une autre, S'IL VOUS PLAÎT, contactez-moi aussi vite que possible ! Appelez-moi, écrivez-moi, envoyez-moi un e-mail ou un fax (voir coordonnées ci-dessous). Je serai heureuse de vous rencontrer pour partager un peu d'enthousiasme !

Malgré un certain nombre de réponses pour le moins décevantes, je ne m'étais pas découragée. Mais les lettres que je recevais n'ont pas tardé à mettre en évidence une certitude : pour trouver l'argent, il me faudrait d'abord posséder le bateau. Je n'avais pas d'autre revenu que le salaire que Mark me versait, et je ne tiendrais pas longtemps avec ça. J'ai arraché du mur ma feuille de présence et cessé de compter. Mark ne possédait, lui non plus, aucune réserve financière, je ne le savais que trop. Je l'avais rejoint en tant qu'employée, mais nous étions avant tout partenaires, et en tant que tels — c'était le cas de le dire — dans le même bateau. Quand je serais à sec, il me nourrirait, sans compter les notes de téléphone qu'il payait déjà. C'était déjà ça, mais c'était tout. Quant à moi, je n'avais ni maison ni voiture à vendre. Je ne possédais qu'un vieux vélo, massacré par un voyage en train, et dont je n'aurais même pas osé faire cadeau à quelqu'un.

Le soir, je cherchais dans mon garde-manger, sous la table d'angle, de quoi nous préparer un semblant de dîner, et nous échangions des réflexions, des idées et des infos qui nous menaient jusque tard dans la nuit. Le festin consistait habituellement en une tranche de fromage et des brocolis peu ragoûtants, enfournés dans la machine à sandwiches. Nos menus étaient d'autant moins variés qu'il était pratiquement impossible de conserver la moindre nourriture en l'absence de frigo, et de cuire quoi que ce soit sans un four ou une plaque chauffante. De toute façon, j'avais limité mon budget alimentation à dix livres par semaine.

Peu avant l'aube, nous finissions par nous écrouler sur le futon, que je ne déroulais que quand Mark était là. Le reste du temps, je me contentais de mettre un sac de haricots sous mes pieds, qui dépassaient. Beaucoup de gens pensaient que nous étions «ensemble», Mark et moi. Nous étions mieux que ça : frère et sœur, ou tout comme, inséparables, liés par cette volonté farouche d'atteindre un but qui parfois semblait impossible : prendre le départ d'une course.

Fin mars, Mark est allé en France, représentant Spinlock, voir Pete Goss et Catherine Chabaud terminer leur Vendée Globe. Il est revenu bouleversé par la puissance du spectacle. Il m'a décrit l'ambiance, a évoqué l'intensité de l'émotion partagée par la foule énorme venue assister à l'arrivée des bateaux. J'aurais voulu y être, même si j'avais mieux à faire en Angleterre, et je me suis juré d'être au départ dans quatre ans.

L'avenir, pourtant, n'était pas totalement sombre. J'avais été en contact avec le propriétaire du *Poisson* et j'avais fait faire une étude de l'état du bateau. Par ailleurs, un homme d'affaires qui était un de mes « fans » depuis mon tour de Grande-Bretagne allait peut-être enfin me concéder un prêt. Il n'y mettait qu'une condition : que *Le Poisson* porte le logo de son entreprise. Avec Mark et Brian Pilcher, je l'ai rencontré pour régler les détails. Il ne nous restait plus qu'à aller en France acheter le bateau.

Je venais à peine d'organiser le transport du *Poisson* jusqu'en Angleterre quand j'ai reçu un fax de l'avocat de notre ami. L'univers s'est effondré autour de moi : les termes du contrat étaient totalement inacceptables. J'ai tapé du poing sur le bureau et éclaté en sanglots rageurs. Je n'arrivais pas à croire que tout s'écroule maintenant ! Le fax fixait le prix de revente du bateau et imposait une date limite. Il ajoutait que l'entreprise devait rester le sponsor principal, et que les frais de changement de nom du voilier seraient à ma charge. J'ai brièvement été tentée de signer, puis de n'en faire qu'à ma tête, mais je savais que c'était impossible. J'avais compté sur la plus-value acquise par le bateau après la course, mais cette plus-value s'effondrerait si j'étais obligée de le vendre dans un délai arbitrairement fixé. En matière de bateaux, il n'y a pas de vente forcée. Surtout quand il a été conçu pour une course qui n'a lieu que tous les deux ans.

Dès le lendemain matin, en désespoir de cause, je me suis mise fiévreusement à la recherche d'un autre financement, chez une société de prêt qui voudrait bien m'en consentir un sans garanties. Les choses allaient de mal en pis. J'avais pratiquement touché le fond quand mes parents m'ont appelée pour prendre de mes nouvelles et me demander où j'en étais. Une boule dans la gorge, je leur ai avoué que mon financement venait de tomber à l'eau. La déception devait être palpable, dans ma voix, quand je leur ai dis que j'allais solliciter un emprunt et leur ai demandé s'ils seraient d'accord pour se porter garants. Une question qui était sûrement aussi douloureuse pour moi que pour eux. Moi qui n'avais jamais imaginé me retrouver endettée, et qui avais toujours tout fait pour éviter cette situation... Mais maintenant, plus rien de tout cela n'avait d'importance. Il me fallait cet argent, et tant pis pour le reste. Mes parents m'ont répondu alors qu'à eux deux, ils pouvaient me trouver quinze mille livres. Les assurances avaient versé un peu d'argent à papa après son accident. Ils étaient disposés à me le prêter. J'étais si heureuse que la tête me tournait, même si j'étais consciente que, pour mes parents, cette offre en apparence spontanée n'avait pas été facile à faire.

En prenant le ferry pour la France, je n'étais pas encore tout à fait certaine de pouvoir rassembler les fonds nécessaires à l'achat du *Poisson*. À présent, malgré les quinze mille livres de mes parents, il m'en manquait encore deux mille. À La Trinité, à quelques mètres à peine du propriétaire du bateau, j'ai téléphoné à Mark Orr... qui m'a sauvé la vie en me prêtant la somme qui me manquait. La foi en moi que venaient de me manifester Mark et mes parents m'avait fait grimper une volée de marches en direction de mon rêve.

Ce soir-là, à Saint-Malo, nous avons raté le dernier ferry et nous nous sommes réfugiés, à la nuit tombée, dans un petit hôtel des abords de la ville. Nigel, le chauffeur du camion, m'attendait devant l'entrée quand, après un coup d'œil au bateau, j'ai

été prise d'une soudaine impulsion et lui ai lancé :
« Je reste à bord ! »

La vérité, c'est que je n'avais pas les moyens de m'offrir une chambre d'hôtel. Je me suis installée confortablement sur le plancher de la cabine, emmitouflée dans un pull supplémentaire et enroulée dans un vieux spinnaker. Je me suis réveillée gelée, mais… au paradis.

J'ai passé le mois suivant à vérifier un par un les équipements du *Poisson*, et à le restaurer aussi complètement que possible avant de le mettre à l'eau. Je m'en tenais aux travaux que j'avais les moyens matériels et les capacités d'effectuer, faisant l'impasse sur certains autres, pourtant nécessaires avant la course. Pour commencer, mon mât était plus court et plus lourd que les autres. Comme toutes mes voiles étaient faites pour ce mât, si j'en changeais, il me faudrait aussi changer toutes les voiles, ce qui n'était absolument pas dans mes moyens. Il faudrait donc me contenter de ce que j'avais. Les relations de Mark dans l'industrie nautique se sont révélées précieuses ; la confiance qu'elles nous ont manifestée nous a permis de renouveler des équipements importants.

La vie à Hamble devenait plus souriante. Les membres d'un équipage préparant l'édition 1997 de la Whitbread, avec qui je m'étais liée, m'ont conseillée utilement sur la manière d'installer mon gréement. Mais j'appréciais leur compagnie encore plus que le reste. Leur gentillesse m'émerveillait d'autant plus qu'elle contrastait nettement avec la froide indifférence que d'autres me manifestaient un an plus tôt. Deux d'entre eux, Jez Fanstone et Jan Dekker, m'ont accompagnée lors de la première sortie anglaise du *Poisson*. Ce fut un moment de grande émotion, et de libération. Nous avons fini encalminés à l'embouchure de la rivière, renversant du vin rouge sur les voiles en fêtant le baptême de mon bateau. Je n'avais pas autant ri depuis l'époque où j'avais conçu mon projet de Mini-Transat. Ce soir-là, j'éprouvais la certitude que plus rien ne pourrait m'arrêter.

Entre-temps, Mark avait enfin reçu des nouvelles positives, côté sponsoring : Charles Dunstone, de Carphone Warehouse (Phonehouse), avait accepté de le financer en partie. Mark a aussitôt versé cette nouvelle manne dans notre escarcelle commune. Cette fois, dûment « sponsorisés », nous pouvions annoncer officiellement la date du baptême du bateau : le 23 mai.

Tout cela se déroulait à Cowes. Nos bateaux ont été prêts à temps, ornés du logo de notre nouveau sponsor, pour participer à une petite épreuve. C'était aussi l'occasion de remercier tous ceux qui nous avaient apporté leur aide. Voir nos deux bateaux amarrés bord à bord a été un moment d'intense fierté. Nous étions arrivés à l'extrême limite de nos ressources financières, mais nous avions le sentiment d'avoir accompli un véritable exploit en parvenant jusqu'ici. Ce soir-là, nous nous sommes véritablement détendus pour la première fois depuis des mois, pour le plus grand bénéfice du Pier View Pub.

Quinze jours plus tard Jez et moi participions à bord du *Poisson* à la course autour de l'île de Wight. Nous ne nous sommes pas très bien classés, mais ce fut une agréable sortie et un excellent test. Jez n'était pas seulement un agréable compagnon d'équipée : pendant ces quelques mois, il a été pour moi, sans s'en rendre compte, un formidable facteur équilibrant. Il m'avait arrangé, pour le mois de juin, une participation avec son ami Keith Willis à l'une des deux courses qualificatives pour la Mini-Transat où les inscriptions étaient encore ouvertes. Contrairement à ce qu'on aurait pu croire, cette course — qui partait de Trébeurden, au nord de la Bretagne, doublait le Fastnet, à la pointe sud de l'Irlande, et revenait à Trébeurden — se révéla être tout ce qu'on voulait, sauf une formalité. Comme souvent, la première difficulté consistait à amener les bateaux sur la ligne de départ, ce que les terribles coups de vent successifs ne facilitaient pas. Comme personne ne voulait risquer de les endommager en y allant par mer, on opta pour le transport par camion. À force de vouloir travailler dessus jusqu'à la dernière seconde, nous sommes arrivés dix minutes avant le départ du ferry. Quand je me suis présentée au départ de la course, certains équipements de mon bateau étaient encore en cours d'installation et il restait du travail à faire sur le mât. Le bateau de Mark, malgré son éblouissante couche de peinture, était loin d'être prêt, lui aussi. Nous avons encore travaillé comme des fous, sachant que le départ ne serait en aucun cas repoussé. Le ciel était noir, les vents déchaînés et la pluie incessante. Ambiance…

Plus par miracle qu'autre chose, nous avons tous les deux réussi à prendre le départ. Quelqu'un a pris une photo de Mark le matin même. Elle est révélatrice : il a les yeux enfouis dans les orbites et semble avoir du mal à les garder ouverts. Il est visiblement à bout de forces. Et la course n'a même pas commencé !

Il y a eu une brève éclaircie au début de la course, suivie par un autre coup de vent. Mark et Fred de leur côté, Keith et moi du nôtre savions que ça n'allait pas être de tout repos. Nous étions encore en dessous de la vérité. Nous nous sommes battus pendant des jours avec des vents de force 7 pour atteindre l'Irlande ; et sur le chemin du retour, notre progression, dans la raideur des vagues de l'Atlantique, a été encore plus difficile. D'un point de vue strictement physique, cette course a été l'une des plus dures auxquelles j'aie jamais participé. Pourtant, les voiliers de la catégorie Mini ne sont pas des bateaux ordinaires : plats et légers, ils surfent sur les vagues comme des petits canoës. La grande différence, c'est la taille de leur mât et l'excessive surface de leur toile. Le mât du *Poisson* avait deux fois la hauteur de celui d'*Iduna*, alors que ces deux bateaux étaient à peu près de la même longueur. Ce sont des bateaux de course, à bord desquels on est peu protégé des éléments. La cabine était trempée, nos vêtements aussi. Pour essayer de dormir un peu, à bout de forces, nous nous allongions contre la coque, en gardant nos cirés pour tâcher de nous isoler du froid glacial. Les mouvements du bateau, qui faisait des bonds contre le vent et retombait sur des vagues énormes, étaient un véritable cauchemar. Sur le pont, nous retenions notre respiration à chaque fois qu'une vague nous engloutissait ; en bas, nous fermions les yeux quand *Le Poisson* chutait de la crête d'une vague dans le creux de la suivante. Avec sa gîte prononcée — parfois à plus de quarante-cinq degrés dans les rafales —, toute activité sur le pont devenait pratiquement impossible. Il n'existait strictement aucun confort matériel à bord de cette écorce de fibre de verre vide, qui agissait comme une caisse de résonance à chaque grincement, chaque plainte sur le pont, et en multipliait le volume sonore dans la cabine. Au pic du mauvais temps, Keith étant malade, j'ai dû rester plus longtemps sur le pont, ce qui m'a exposée davantage aux morsures du froid. Au bout de vingt-quatre heures, je m'étais résolue à ce que mes pieds restent définitivement engourdis. L'une après l'autre, les vagues nous rejetaient en arrière et nous n'avancions pas. Nous rêvions de contourner le rocher de Fastnet, puis de foncer vers

190

Trébeurden toutes voiles dehors, à trois fois notre vitesse actuelle…

Malheureusement, le retour n'a pas ressemblé au sprint glorieux, vent dans le dos, que nous avions imaginé. Au bout de plusieurs heures indescriptibles, nous sommes partis au tapis, endommageant le spinnaker et cassant la bôme, pour finalement terminer huitièmes. Et nous avions eu de la chance, comparés à Mark et à Fred ! Ils avaient démâté quelques heures après avoir doublé le Fastnet. Sur le chemin du retour vers Trébeurden, nous les avions aperçus, se traînant avec un demi-mât, le tableau arrière en partie arraché. Enfin… il valait mieux que ça leur arrive là qu'en plein Atlantique. Au moins, ils étaient tous les deux sains et saufs.

J'étais de retour dans le Derbyshire début juillet, pour mon vingt et unième anniversaire. J'avais passé les trois derniers loin de ma famille, et il était temps que j'aille faire un séjour à la maison. Nous avions doublement l'occasion de nous réjouir, car Nan venait de passer brillamment son diplôme de langues européennes — un bel exploit, à quatre-vingt-trois ans ! Après sa longue lutte contre la maladie, c'était un vrai bonheur de voir ses yeux briller quand elle nous parlait des conférenciers et des membres de son département. La cérémonie de remise des diplômes n'aurait lieu qu'après Noël, au théâtre de Derby. J'espérais pouvoir y assister.

J'ai vite regagné la France, pour préparer avec Mark la Trans-Gascogne, vers l'Espagne et retour par le fameux golfe de Gascogne. Cette course achèverait de me donner les qualifications requises en solo pour participer à la Mini-Transat. J'avais le trac à la perspective de cette première course en solitaire, qui constituerait pour moi le test le plus important à ce jour. Mark, hélas, avait vu ses chances de participer réduites à néant par l'état de son bateau, qui se trouvait chez AMCO pour être remis en état.

La course a très mal commencé, par une collision une heure après le départ, alors que je venais tout juste de prendre mes marques. Je fonçais vers la première bouée, quand un autre concurrent a viré de bord devant moi. J'ai eu le temps d'apercevoir la pointe de son mât, avant d'entendre le craquement sinistre qui nous a immobilisés l'un et l'autre. Ma coque était salement endommagée, mais les dégâts paraissaient superficiels. J'ai décidé de continuer, tout en surveillant régulièrement l'état de la coque. Qui, par chance, ne s'est pas aggravé.

J'ai terminé huitième, un classement satisfaisant étant donné mon accident. Mon escale espagnole a été importante à plus d'un titre : elle m'a permis d'effectuer quelques réparations d'urgence, et a été — ironiquement — le cadre de ma première conversation en français. Bafouillante et légèrement ivre, j'ai redécouvert la joie de communiquer, tout en constatant avec bonheur que les gens sont toujours prêts à vous aider à parler leur langue.

Après un voyage de retour fatiguant, par le golfe de Gascogne, jusqu'à Port Bourgenay, j'ai remis le cap sur La Trinité, où Mark avait ramené son bateau. Je ne tenais plus debout, mais à peine arrivée à La Trinité, il a fallu reprendre le large : Mark nous avait organisé une séance de photos publicitaires, prises d'hélicoptère. Furieuse d'être secouée comme un paquet de linge sale par le souffle des pales de l'hélico, j'en oubliais à quel point ces photos étaient importantes pour nous. Mais notre patience a été récompensée lorsque le bateau de Mark a illustré la couverture du numéro suivant de *Carphone Warehouse (Phonehouse) Magazine*.

J'ai été tirée du sommeil, le lendemain, par des cloches d'église. J'avais vaguement le souvenir

Premiers contacts avec l'eau : la pêche.

Papa et maman, à la maison, dans le Derbyshire.

En compagnie de Lewis, de mon jeune frère
Fergus, de Gran et de Nan.

Les expéditions en famille étaient habituelles.

Cabaret, le bateau de ma tante Thea, en pleine action.

J'ai enfin l'âge de naviguer sur *Cabaret*.

À bord de *Cabaret*, en compagnie de David King et de
ma tante Thea.

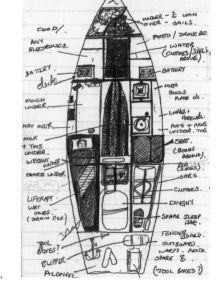

Mes dessins
d'aménagement
d'*Iduna*, avant
mon départ
pour le tour
de Grande-Bretagne.

Les derniers au revoir à la famille, et à Mac, avant le tour de Grande-Bretagne.

Premiers milles à bord d'*Iduna*.

La cabine d'*Iduna*, mon nouveau foyer.

Alan Wynne-Thomas.

Ma première traversée transatlantique à bord d'*Elan Sifo*.

Vittorio Mallingri, avec lequel j'ai participé à ma première course transatlantique. On voit la barre, dont la mauvaise conception nous a causé tant de problèmes.

Mark Turner, sans lequel les choses auraient été tellement différentes...

Coucher de soleil à bord de *Great Circle*.

d'être allée quelque part en voiture, avec Mark, la veille au soir, mais… en ouvrant les volets, le spectacle m'a stupéfié. À mes pieds s'étendait un marché grouillant de monde. L'église se trouvait de l'autre côté de la rue et vers la droite, après le marché, j'ai découvert l'une des plus ravissantes étendues d'eau que j'avais jamais vues : le golfe du Morbihan. La maison où j'avais dormi appartenait au photographe Thierry Martinez, un ami de Mark, dont la générosité allait me permettre d'être chez lui comme chez moi pendant les deux prochains mois.

Entre les frais de participation aux courses, les déplacements et les repas, nous n'allions pas tarder à être à court d'argent. Mais nous n'avions guère le temps de nous remettre à la chasse au sponsor : Mark avait son travail ; quant à moi, j'étais ici pour réparer mon bateau. Il allait falloir serrer encore plus notre budget.

Quelques jours après mon arrivée à La Trinité, *Le Poisson* était hors de l'eau et en cale sèche chez AMCO. J'y travaillais souvent jusqu'à onze heures ou minuit, car mes journées étaient prises par toutes sortes de courses à faire, chez le maître-voilier ou à l'atelier d'usinage qui me fabriquait certaines pièces. Il m'arrivait de m'isoler dans la petite pièce attenante aux bureaux, de me faire une tasse de café ultra-fort et de m'asseoir, la tête dans les mains, luttant contre le sommeil.

Pour ne rien arranger, il me manquait des équipements importants. Durant mes deux dernières courses, je m'étais aperçue que ma trousse de survie, vieille de quatre ans, était incomplète. Ça allait à peu près du point de vue sécurité, mais en compétition, c'était juste. Que faire ? J'étais mentalement et financièrement au bout du rouleau. Tout cela me rongeait, pendant que je travaillais comme une folle à remettre mon bateau en état, au fond d'un hangar surchauffé.

Et la manière impressionnante dont évoluait la restauration du bateau de Mark, juste à côté du mien — restauration financée, il est vrai, par les assurances après ses avatars du Fastnet —, ne faisait que souligner la misère de ma propre situation. Plus les travaux de Mark avançaient, plus son bateau, doté d'un nouveau safran, d'un nouveau bout-dehors, d'un nouveau mât, de nouvelles voiles, repeint et lustré dans les moindres détails, avait l'air flambant neuf. Ses cordages avaient des couleurs éclatantes, alors que je devais me contenter des plus ternes. Il n'y en avait que pour lui, ce qui me rendait furieuse. Mark accaparait le meilleur des nouveaux équipements que nous recevions, et je me sentais comme une gosse à la traîne. Nous étions convenus de former une équipe, ce qui, à mon sens, impliquait de tout partager.

Quand Mark, délaissant Spinlock un dimanche après-midi, est venu prendre des nouvelles du chantier, j'ai craqué. Je me sentais une laissée-pour-compte, et il fallait que ça sorte.

Sa réaction n'a fait que jeter de l'huile sur le feu. À l'entendre, c'était lui qui, de nous deux, avait le plus de souci à se faire, étant donné qu'en dehors de la Mini-Fastnet, il n'avait pratiquement jamais navigué sur ce bateau. C'était la goutte qui faisait déborder le vase. Hors de moi, j'ai hurlé :

— Putain, c'est toujours la même chose avec toi !

Le dialogue a continué sur le même ton. Mais Mark ne m'écoutait plus. Au bout d'un moment, il a simplement tourné les talons et s'en est allé.

Quelques heures plus tard, bourrelés de remords de nous être laissés emporter, nous étions réconciliés. Quoi qu'il arrive, nous avions besoin l'un de l'autre. Par ailleurs, Mark n'avait pas entièrement tort : techniquement, et malgré sa plus grande expérience de la course, il était à un niveau inférieur au mien, car il avait une moins grande habitude que moi des compétitions en solo — il allait prendre le départ avec en tout et pour tout huit jours de course en solitaire au compteur. Moi qui étais du genre à foncer la tête la première dans tous les challenges, je me régalais d'être seule à bord d'un bateau. Mark, en revanche, semblait se forcer, comme s'il se sentait obligé de relever un défi qu'il s'était lancé à lui-même. Ce ne fut qu'à ce moment-là que je compris une chose dont je n'avais jamais eu conscience auparavant : la navigation elle-même inspirait à Mark une sorte de crainte. Pour lui, cette course représentait l'aboutissement d'une campagne de dix années, et son bateau devait être aussi performant que possible, pour que cette boucle soit bouclée avec succès.

J'économisais sur tout. Je déjeunais d'une baguette et de deux tomates, et notre dîner consistait le plus souvent en sachets périmés de nourriture déshydratée, récupérés au fond d'une boîte.

J'aimais de plus en plus les Français, leur art de vivre et leur inégalable passion pour la voile. Thierry, avec patience et générosité, m'a aidée à faire des progrès dans sa langue. Je passais beaucoup de temps à le regarder travailler, laminant le safran d'un Open 60 ou s'activant sur le Mini de Mark, avec un tel soin et une telle précision que tout ce qu'il faisait s'apparentait pour moi à une œuvre d'art. Mon français évoluait par paliers irréguliers, et d'une manière assez peu conventionnelle, s'enrichissant d'expressions telles que « à donf », « à plus », ou « ça roule, ma poule [1] ! », cette dernière locution ayant, je crois, un rapport avec la volaille.

Nous étions prêts à faire nos adieux à La Trinité. Le bateau de Mark était terminé et il venait de se

1. En français dans le texte *(N.d.T.)*.

qualifier pour la course en solo, après un aller-retour périlleux en Espagne. Amarrés bord à bord, nous évoquions les péripéties de son voyage, tout en écopant l'eau qui s'était accumulée dans ses cales, quand nous avons remarqué de fines gouttelettes, à l'intérieur de sa coque. C'était le début du désastre.

Après avoir fait mettre le bateau en cale sèche par mesure de précaution, nous avons demandé à Thierry de venir y jeter un coup d'œil. Il s'est glissé dans la minuscule cabine, a passé quelques minutes à examiner la coque en silence, puis est remonté en secouant la tête, une expression douloureuse sur le visage. Dès ses premiers mots, le ton de sa voix nous a appris que c'était grave. Son verdict est tombé : la stratification de la coque du bateau était endommagée. Mark risquait de perdre sa quille. Et malheureusement, la mousse étant mouillée, on n'avait pas le temps de réparer efficacement avant le départ de la course. Nigel Irens a confirmé le verdict. Nous étions fauchés et nous n'avions plus qu'un bateau pour deux. Ce serait un miracle si nous arrivions à prendre le départ.

En regagnant *Le Poisson*, nous sommes tombés le long des quais sur Thomas Coville, un autre participant, que nous avions connu par Thierry Martinez. Thomas, qui venait d'apprendre ce qui s'était passé, s'est approché de Mark en lui disant :

— Il faut que tu prennes le départ, Mark.

Et il lui a tendu un chèque de dix mille francs.

Mark ne l'a jamais encaissé, mais il n'a jamais oublié le message.

Le soir, assis sur le canapé du salon, chez Thierry, Mark et moi avons parlé jusque tard dans la nuit. Il était vidé, son visage était creusé, mais ses yeux tristes contenaient encore une étincelle de défi. Ni lui ni moi ne pouvions nous résigner à ce que l'aventure s'arrête là, après tout ce que nous avions traversé. L'équation était simple : pour courir, il nous fallait un autre bateau, et pour ça, il nous fallait de l'argent. Affréter un mini était possible, mais absolument hors de prix. Nous tournions en rond. À deux heures du matin, nous avons envoyé un e-mail expliquant la situation ; en fait, ce courrier électronique n'était pas autre chose qu'un appel au secours.

Le lendemain, Charles Dunstone et Hugh Morrison nous ont répondu tous les deux. Hugh, qui n'avait pratiquement jamais répondu à nos e-mails d'infos, nous a appelés en nous demandant quelle était notre situation financière et nous a proposé de virer immédiatement dix mille livres sur notre compte. Charles, de son côté, a rajouté cinq mille livres aux dix mille qu'il nous avait déjà données. Leur générosité à tous les deux nous a bouleversés, mais hélas, elle était loin de suffire à nous tirer d'affaire. Elle nous permettait néanmoins d'avancer. Il allait falloir batailler dur, mais nous étions animés d'une telle détermination qu'à cet instant, nous nous sentions capables de tout affronter pour y arriver. Nous avons rebaptisé mon bateau *Financial Dynamics*, du nom de l'entreprise de Hugh, et consacré la totalité des fonds à essayer de remettre Mark en selle.

Les quelques journées précédant le départ, à Brest, ont semblé des mois. Mark a réussi à dénicher et à affréter un autre mini, qui ne participait pas à la course, et s'est assuré les services d'une formidable préparatrice, Jeanne, qui l'a aidé à transférer l'essentiel de l'équipement de son vieux bateau — y compris le mât, le matériel électronique, la bôme et les voiles — sur le nouveau. On allait y arriver ! Mark a trouvé, en outre, le temps de s'occuper de la pub. Naturellement doué dans ce domaine, il savait d'instinct sur quoi faire porter la communication, et vers quelle cible la diriger.

Entre-temps, j'ai fait un saut de puce en Angleterre, pendant le Salon nautique de Southampton, pour récupérer le reste de mes affaires de Hamble. En passant remercier le personnel du chantier naval pour son aide, j'ai vérifié machinalement mon courrier. Le matin même, j'avais reçu une de ces lettres qui changent le cours d'une vie. La Fondation pour les sports et les arts avait étudié mon dossier, et m'exprimait son «désir d'offrir une subvention». Celle-ci se montait à six mille livres.

Les mots se bousculaient dans ma bouche quand j'ai appelé Mark pour lui apprendre la nouvelle. Après tous nos coups durs, le ciel se mettait enfin de notre côté! La Fondation ne pouvait pas savoir à quel point sa subvention tombait à pic. Je pouvais enfin m'offrir l'équipement qui me manquait tellement pour la course. Pendant un après-midi délirant au Salon nautique, j'ai couru d'un stand à l'autre, achetant une voile de rechange, et le pilote automatique qui me faisait si cruellement défaut. J'ai attrapé le ferry de justesse, grâce à l'homme qui m'avait vendu un générateur et qui m'a déposée en voiture.

J'étais de retour en France à juste une semaine du départ de la course. Vu la quantité d'équipements que j'avais à installer sur mon bateau, j'étais terriblement en retard. À bord du *Poisson*, devenu *Financial Dynamics*, régnaient les cadences infernales. On aurait dit que c'était à celui qui aurait le plus de matériel entassé sur le ponton. De ce point de vue-là, tous les autres étaient des amateurs.

Tous ceux qui s'alignaient au départ de cette course s'étaient plus ou moins battus pour y arriver. La plupart d'entre eux vivaient sur leur bateau depuis des mois. Tout cela nous rapprochait. Dans quelle autre compétition voit-on un skipper offrir une voile en trop à l'un de ses concurrents? ou discuter avec lui de sa stratégie météo? Dans la Mini, tout le monde partage et tout le monde donne. Les cinquante-deux bateaux prenant le départ formaient une seule et même famille.

Soixante-dix pour cent des participants étaient français. Presque tous les autres étaient italiens. Mark et moi étions les seuls Anglais, mais nous avions nos supporters, nous aussi. Nous étions littéralement débordés, entre nos préparatifs et les nombreuses interviews qu'on nous demandait — et que nous ne refusions jamais. Je ne m'attendais pas à ce qu'elles soient si nombreuses, et je n'avais pas imaginé qu'elles me prendraient autant de temps. Plus déconcertante, toutefois, était l'insistance répétitive avec laquelle on me demandait quel effet ça faisait d'être à la fois la seule fille de la course et la plus jeune participante. J'avoue que je ne savais pas trop quoi répondre. Je n'avais jamais réfléchi à cette question et, de toute façon, j'ignorais totalement quel effet ça faisait d'être autre chose. Mais à cause de cette « particularité », moi qui ai toujours détesté être « à part », j'ai été l'objet d'une attention dont je ne voulais pas. Pas pour cette raison-là, en tout cas. J'ai pris le parti de répliquer candidement : « Je ne peux pas répondre à cette question : je ne sais pas quel effet ça fait d'être un mec, ni d'avoir dix ans de plus. »

N'empêche que cette histoire a continué longtemps à me travailler. Pourquoi fallait-il que je sois différente ? J'étais, comme les autres, heureuse d'être là. Comme les autres, j'étais nerveuse, excitée, impatiente d'entendre le coup de feu du départ. Jamais, auparavant, je ne m'étais sentie différente d'eux. Je ne m'étais jamais considérée comme la « gamine » de la flotte, encore moins la fille-alibi. Et je n'avais jamais eu l'impression d'être traitée autrement que Mark, par exemple. D'accord, j'étais une fille, mais j'avais navigué et travaillé pendant quatre ans avec

199

des hommes, et je m'étais toujours considérée comme «l'un» d'eux. J'avais, comme eux, mes points forts et mes points faibles, et ça s'équilibrait, au bout du compte. Nous naviguions sur les mêmes bateaux, participions aux mêmes courses, sillonnions les mêmes mers. Et la tempête, elle, ne faisait pas de distinction entre les sexes.

Maman et papa, arrivés la veille du départ avec des provisions de galettes d'avoine faites maison, ont été étonnés d'être, eux aussi, sollicités par les journalistes. Dick, notre génial reporter-caméraman, les a également interviewés, dans le cadre d'un film que nous avions nous-mêmes commencé à réaliser sur la course. Maman était visiblement inquiète, même si elle a moins parlé que papa. Celui-ci a pris un air brave pour déclarer : «Si je m'inquiétais pour Ellen autant que ma femme, j'en perdrais sûrement le sommeil. Je crois que ça ne sert à rien de s'inquiéter. Nous avons essayé de comprendre notre fille, et de l'aider par tous les moyens. Comme disait Dave King, chez qui elle a beaucoup travaillé, à Hull : "La mer prendra soin d'elle." Dans ce cas, je ne vois pas ce que nous pourrions faire de plus.»

L'angoisse me tenaillait, le matin du départ. On me parlait, mais j'avais du mal à communiquer. Mon esprit était ailleurs, et j'aurais voulu être déjà en pleine mer. Mark a été la dernière personne avec qui j'ai échangé quelques phrases, ce matin-là. Mécaniquement, nous avons étudié la météo et passé en revue notre stratégie. Par chance, aucune tempête n'était prévue dans l'immédiat. Notre début de course serait frais, côté température, mais la mer serait relativement calme.

Quand le moment fatidique est arrivé, j'ai éprouvé le besoin de voir Mark une dernière fois : nous ne nous étions pas vraiment dit au revoir, tout à l'heure.

Il était plus loin, sur le ponton, en train de se préparer à être remorqué au large. J'ai avancé dans sa direction, saluant d'autres skippers au passage. Dans ce genre de circonstance, les Français disent tout simplement « merde ! », ce qui correspond à notre expression anglaise : « Casse-toi une jambe[1] ! » Les « merde ! » fusaient un peu partout. Mark était avec son père. Quand il a regardé dans ma direction, j'ai vu qu'il avait les yeux rouges. Visiblement, les adieux, pour lui, n'étaient pas faciles. J'ai attendu un peu avant de le rejoindre. Je m'étonnais de ne pas partager cette peur contre laquelle Mark semblait lutter. Pas une seconde, je n'imaginais que je pourrais ne jamais revoir ceux que j'aimais. Je vivais un instant fabuleux, point final.

Je ne me souviens pas des derniers mots que nous avons échangés, Mark et moi, juste avant qu'il s'embarque. Je savais seulement qu'il fallait que je sois forte pour nous deux. Je me rappelle ses bras, qui me serraient fort, et son regard si éloquent, quand nous nous sommes séparés. Quoi qu'il puisse advenir pendant les prochaines semaines, nous avions accompli des choses formidables, ensemble. Et ça, rien ne pourrait nous l'enlever.

Mark est monté à bord de son bateau et, dès cet instant, a été totalement mobilisé par ce qu'il avait à faire. Je suis retournée dire un dernier au revoir à maman, papa — et Dick — qui m'attendaient devant *Financial Dynamics*. Je n'avais pas envie de pleurer. J'étais déjà concentrée sur le remorquage et l'envie d'arriver sans problème à la ligne de départ. J'ai embrassé mes parents. Mon père m'a adressé un sourire qui se voulait rassurant.

— Prends soin de toi, maman, ai-je dit avant de monter à bord.

1. *Break a leg (N.d.T.).*

J'étais partie.

À peine arrivée dans la zone de départ, j'ai reçu un appel radio de Mark. Apparemment, son pilote automatique ne recevait pas le signal de son compas électronique. Je lui ai fait quelques suggestions pour l'aider à trouver l'origine de la panne, et lui ai dit que j'allais tourner autour de lui pendant qu'il bricolerait en dessous, afin de lui éviter une collision. Je suis restée à proximité pendant plus d'une demi-heure, l'appelant toutes les deux minutes pour lui dire qu'il n'y avait aucun danger en vue, pendant qu'il essayait vainement de réparer. Au moins, le fait de me concentrer sur les problèmes de quelqu'un d'autre me faisait oublier mon angoisse.

Mes propres ennuis, néanmoins, n'ont pas tardé à me rattraper. Après avoir viré la première bouée, après le départ, je suis allée au mât pour hisser mon nouveau spinnaker. Dans la fièvre des préparatifs, je n'avais pas pensé à l'essayer, et c'était la première fois que je l'utilisais. Il a surgi du sac et a commencé à se déployer quand j'ai tiré sur la drisse. Catastrophe ! Il était trop court !… Beaucoup trop court ! Je me suis traitée de tous les noms pour ne pas avoir eu les dimensions exactes en tête, quand je l'avais commandé au Salon nautique. Les gars avaient été sympa de le fabriquer et de nous le livrer à temps, mais j'étais quand même furieuse après eux : je croyais pourtant leur avoir donné assez d'indications.

Quoi qu'il en soit, je n'avais plus le choix : il fallait faire avec, ou naviguer avec une voile en moins. Mon unique grand spinnaker était dans un tel état que le vent serait passé au travers. J'aurais pu m'en procurer un autre à la première escale, celle de Tenerife, mais c'était interdit par le règlement. J'ai serré les dents : je n'avais plus qu'à me contenter de ce que j'avais.

J'étais mal classée en m'éloignant de Brest. Le vent tombait, le soleil se couchait, et cette première journée de course touchait à sa fin. Je m'étais décidée à remplacer mon nouveau spinnaker par le vieux, malgré son état. Le dernier bateau accompagnateur avait fait demi-tour, m'abandonnant au silence de mes voiles molles, progressant lentement vers l'ouest entre les rochers qui se découpaient sur l'horizon. L'immensité de l'Océan réduisait encore le moindre son, le plus petit mouvement, la plus insignifiante pensée. L'orangé du ciel a viré au noir d'encre. Pendant ces neuf derniers mois, j'avais affronté des problèmes financiers, passé des nuits blanches, et emmerdé le monde, tout cela uniquement pour arriver là où j'étais maintenant. J'avais avec moi un petit magnéto, ainsi qu'une caméra vidéo prêtée par Dick. Cette nuit-là, j'ai enregistré mes premiers commentaires :

> C'est une sensation extraordinaire d'être ici. C'est la Mini-Transat ! Ça y est, j'y suis ! J'arrive à peine à y croire. Je voudrais que tous ceux qui m'ont aidée puissent partager ce moment avec moi. Je fais du 12-13 nœuds, toutes voiles dehors. Après toutes mes mésaventures, les trois dauphins qui m'accompagnent en ce moment semblent irréels.

Le lendemain matin, j'ai appris que de nombreux concurrents avaient cassé des bouts-dehors ou des tangons de spinnaker. Nous devions établir un contact quotidien par radio VHF, à une heure précise. Cela n'était possible qu'à condition de se trouver à portée d'un de nos quatre bateaux suiveurs. Nous avions également une balise argos qui permettait aux organisateurs de la course et à leurs partenaires de nous repérer, grâce aux satellites. D'autre part, Radio

France donnait régulièrement nos positions, en même temps que la météo.

Je n'ai enfin réussi à dormir un peu que le lendemain. Et encore : dix ou quinze minutes, tout au plus. Quand je dormais, c'était le plus souvent allongée au fond du cockpit, en vêtements thermiques et ciré. La tête sur le radeau de survie, je surveillais ma vitesse et laissais mes yeux se fermer. C'est une drôle de sensation que d'être en train de rêver, de s'éveiller, et de s'apercevoir en regardant son chronomètre qu'on n'a dormi que huit minutes ! C'est l'absence de confort qui produit ce genre d'effet. N'ayant même pas une couchette à bord de *Financial Dynamics*, je ne risquais pas d'avoir ne serait-ce que l'illusion, à la fin de la journée, de me glisser dans des draps bien chauds. Et pas une fois, pendant ces quatre semaines de mer, je n'ai utilisé mon sac de couchage !

Dans le golfe de Gascogne, un petit oiseau jaune, genre roitelet, qui ne semblait pas avoir d'autre endroit où aller, est venu me tenir compagnie. Il a passé la nuit dans ma cabine, perché sur une boucle de câble qui pendait dans un coin. Au matin, je lui ai fait peur sans le vouloir et il s'est envolé. J'en étais consternée. J'ai eu beau me signaler à son attention avec une torche, il n'est jamais revenu.

Plus au sud, en approchant du cap Finisterre, le vent est complètement tombé, nous obligeant à lutter de toutes nos forces pour ne pas rester immobiles. Le brouillard a aggravé la situation et, avec la menace d'une collision avec un autre concurrent, ou pire, avec un cargo, il devenait impossible de fermer l'œil.

> Il y a plusieurs bateaux dans les parages immédiats. Heureusement qu'ils font entendre leurs signaux de brume… Mais il y a aussi des

baleines. En l'absence du moindre vent, je flotte comme un bouchon, dépassant à peine les 1,5 nœud, et j'entends les grands cétacés souffler à vingt mètres à peine, à tribord. Angoissant.

Les choses ne se sont pas arrangées quand le vent s'est levé. La nuit suivante, je filais à dix nœuds, mais le bruit des vagues couvrait le son des cornes de brume. À la merci des événements, je fonçais, aveugle, vers l'inconnu. Mais se traîner, c'était encore pire. Au moins, en maintenant mon cap et une vitesse régulière, j'aidais les opérateurs radar à me repérer.

J'ai réussi à joindre Mark sur la VHF, ce qui nous a permis d'échanger nos impressions. Lui aussi s'était retrouvé privé de vent, dans le rail des cargos : une sensation angoissante dont il se serait passé. Il avait parlé à Thomas Coville, qui le précédait de peu. Thomas n'avait évité la collision avec un cargo qu'en virant de bord si sèchement que son spinnaker traînait à présent dans l'eau. Ça l'avait secoué, et cette nouvelle m'a entamé le moral pour le restant de la journée.

La fin de la première étape nous a conduits jusqu'à l'île de Tenerife. Le manque de sommeil — je n'avais pas dormi trois heures sur vingt-quatre — commençait à me rattraper. Sur les derniers milles, passés à chercher le vent, j'ai failli craquer pour la première fois. J'ai passé une longue nuit au large de l'île, qui faisait écran au vent, pendant que trois bateaux, plus éloignés de la côte, me dépassaient. Je savais bien que j'aurais dû suivre une trajectoire plus large, en arc de cercle, mais quand le vent était tombé, le courant m'avait rapprochée de la côte et depuis, j'étais coincée.

Je suis arrivée vingt-sixième à Tenerife ! Amèrement déçue, je me suis juré que, coûte que coûte, j'améliorerais mon classement lors de la seconde étape. J'ai passé des heures à analyser ma course et à traquer mes erreurs. Bien sûr, mes problèmes de spinnaker, en début de course, m'avaient coûté du retard et j'avais « ramé » pour le rattraper. Mais mes connaissances météo avaient des lacunes. Je comprenais le fonctionnement dans son ensemble, mais je devais absolument me documenter sur les tendances liées à certaines régions spécifiques.

J'étais un peu déçue que Mark, qui avait fini neuvième, ne soit pas venu m'accueillir, mais les autres skippers m'ont appris qu'il s'était écroulé dans sa chambre d'hôtel, à bout de forces, et que personne n'avait été capable de le réveiller. Quand il est enfin apparu sur le ponton, j'avais cessé de lui en vouloir. Nous étions heureux de nous retrouver pour fêter ensemble sa belle performance.

Nous avons passé pratiquement deux semaines à Tenerife, à préparer l'étape suivante. Si nous y sommes restés aussi longtemps, c'est principalement pour des raisons liées à la météo. Septembre-octobre, c'est encore la saison des ouragans, de l'autre côté de l'Atlantique. On a donc intérêt, pour les éviter, à attendre le plus longtemps possible.

Le hasard a voulu que Sir Chay Blyth, qui préparait la première édition de sa course transatlantique à la rame, se trouve à Tenerife en même temps que nous. Nous nous étions rencontrés au Salon nautique de Londres auquel j'avais participé avec *Iduna*. Sir Chay l'avait grossièrement traité de coquille de noix et j'avais vigoureusement défendu son honneur. Il m'a reconnue et m'a appelée par mon nom. Nous avons bavardé, entre autres, du record du tour du monde contre les vents et les courants, que Sam Brewster n'avait pas réussi à battre. Ce record était toujours détenu par Mike Golding, et les coupures de presse relatant l'exploit étaient encore au mur de ma chambre, dans le Derbyshire. Plus tard, pendant le dîner, Sir Chay m'a coupé le souffle en me proposant de tenter de battre le record de Mike. Il avait déjà un sponsor ; je n'avais plus qu'à choisir moi-même un constructeur et à lui commander un bateau sur mesure ! C'était une offre de rêve. La chance d'une vie ! Sir Chay me tendait le kit complet sur un plateau ! J'ai tâché de garder mon calme et de rassembler mes esprits. J'avais beau être étourdie par ce que je venais d'entendre, je ne pouvais pas perdre de vue que ce projet resterait celui de Chay. Une petite voix, au fond de moi, me disait que je devais suivre ma propre voie… tout en réfléchissant quand même à cette proposition.

Le départ de la seconde étape a mis mes nerfs à rude épreuve. Tout le monde a accepté qu'il soit retardé de vingt-quatre heures, pour permettre à l'un des concurrents d'achever la réparation de son mât. Pendant ce temps-là, le vent s'est progressivement levé. Lorsque, finalement, chaque bateau a été remorqué jusqu'à l'entrée du port voisin, tout le monde était sur les nerfs et retenait son souffle. La météo était inquiétante. Un routeur américain avait faxé à Mark son analyse personnelle de l'étape à venir. La zone stable de haute pression, à l'origine des alizés, était tout bonnement absente. Les alizés, du coup, étaient beaucoup plus faibles. Le spécialiste nous suggérait de descendre le long des côtes africaines, avant de traverser l'Atlantique, mais une autre option existait : suivre la route directe, par le nord. N'étant pas encore très sûre de mes connaissances météo de l'Atlantique, j'en discutai avec Mark.

J'ai finalement choisi l'option sud. *Financial Dynamics* n'était pas ultra-performant, au près ; la route nord représentait donc une prise de risques, tant météorologiques que tactiques. Quitte à me retrouver en panne de vent, j'étais condamnée à faire route au sud. Telles que les choses se présentaient, cette étape n'allait pas être une partie de plaisir.

Un vent puissant, au moment du départ, a rendu la progression difficile. La plupart des bateaux naviguaient avec un minimum de grand-voile et un foc. La radio crachait les appels simultanés de plusieurs participants qui venaient de démâter. Un bateau a été fracassé par un ferry ; un autre a perdu son safran. Un vrai carnage ! Nous avancions péniblement entre les îles, dans cette mer houleuse, tout en nous surveillant les uns les autres. Mon cauchemar personnel, cette nuit-là, s'est produit quand un cordage de vingt mètres de long et de six centimètres de section s'est enroulé autour de ma quille. Dans le noir, armée d'une gaffe, j'ai eu le plus grand mal à m'en débarrasser. Le matin, à l'épuisement dû au manque de sommeil s'est ajoutée la frustration provoquée par une absence quasi totale de vent. C'était un enfer d'essayer d'avancer quand même en sachant que si jamais je fermais l'œil, les minuscules bouffées de vent risquaient pendant ce temps-là de changer de dix ou vingt degrés. Il m'arrivait, après avoir dormi un quart d'heure, de m'éveiller totalement immobile. Je me suis une nouvelle fois insultée de ne pas avoir acheté de nouvelles voiles pour cette course. Mon grand et vieux spinnaker était maintenant quasi inutilisable : sa toile ressemblait à un mouchoir en papier et toutes ses coutures lâchaient. Quant au gennaker, c'était encore pire. Déchiré, flottant à l'étrave plutôt qu'au bout-dehors, il refusait de rester en place et frottait contre les haubans. J'aurais aussi bien pu le jeter par-dessus bord.

Je suis parvenue à joindre Mark par radio. Il était en tête, avec des vents légers mais soutenus. Je savais que quand le vent retomberait, nous ne pourrions plus entrer en contact : notre seul instrument de communication était la radio VHF, dont la portée n'excédait pas soixante milles. Au-delà de cette distance entre nous, il ne nous resterait plus que les bulletins météo de Radio France pour nous tenir compagnie. Rien de tel que la Mini-Transat pour faire une cure de solitude.

En se levant progressivement, du nord-est, le vent m'a rendu un peu d'espoir. De la trentième place, je suis remontée jusqu'à la dix-neuvième.

> Je ne risque pas de battre des records, et je suis loin d'aller aussi vite que je le voudrais, mais c'est quand même une superbe promenade en mer ! Il y a des poissons volants magnifiques ; l'un d'entre eux m'a paru planer pendant des kilomètres. Je réalise à l'instant que nous sommes le 1er novembre et que le 5, c'est la nuit des feux de joie. Ça me fera un drôle d'effet d'être en mer cette nuit-là. J'imagine déjà tout le monde, dans le Derbyshire, autour des feux d'artifice et des pommes d'amour. Je suis décidément très loin de chez moi.

La brise a fait long feu. En quelques jours, rongeant mon frein dans une absence totale de vent, j'ai redégringolé jusqu'à la trente-neuvième place. Assise dans mon cockpit, radio en main, j'ai appris avec consternation que le vent ne se lèverait pas avant des jours ; en revanche, les bateaux qui avaient choisi la route du nord filaient comme des flèches. Au bout d'une semaine, le leader avait déjà deux cent cinquante milles d'avance. De mon côté, j'étouffais sous une chaleur écrasante et c'était probablement ça le plus dur. Chaque bulletin météo s'accompagnait du dernier classement : le mien était toujours aussi mauvais. C'était comme si, chaque jour, on me donnait un grand coup de pied dans le ventre. Repoussant toujours mes limites, dormant encore moins pour faire avancer le bateau dans cette chaleur infernale, j'étais à bout de forces. Mais je n'avais pas d'autre choix que de continuer.

Nous ne pouvons pas être si nombreux que ça dans cette situation. C'est dingue ! Complètement dingue ! Et je ne peux absolument rien faire ! Je ne peux que m'acharner, tirer le maximum du moindre souffle et faire malgré tout avancer le bateau. À force, je finirai bien par arriver.

D'après mes calculs, à la vitesse à laquelle je me traînais, il me faudrait quarante jours pour finir la course. Bien sûr, le vent se lèverait avant. Mais quand ? Cette expectative était déprimante.

Le calme plat a pris fin d'un seul coup, avec un violent orage magnétique, à la fin d'un après-midi décourageant. La météo m'avait appris l'existence d'une zone de haute intensité électrique, dont l'épicentre se trouvait à quelques milles devant moi. J'ai tâché de dormir le plus possible avant la nuit, sachant qu'un orage comme celui-ci s'intensifierait avec la baisse de température.

Le front de nuages bas et noirs m'a enveloppée progressivement ; les éclairs se sont mis à zébrer l'air avec une violence croissante. Très vite, je me suis retrouvée au cœur même de l'orage. De ma vie, je n'avais jamais rien connu de semblable. Pas besoin de lampe : il faisait clair comme en plein jour, pendant que je réduisais la voilure au milieu des rafales. La pluie noircissait l'air autour de moi, comme un manteau que des fourches de lumière arrachaient régulièrement. Je n'entendais pas seulement le tonnerre : je le ressentais physiquement. D'une absence totale de vent, on passait brutalement à des rafales de vingt nœuds, soufflant dans toutes les directions à la fois.

La température, après l'orage, est remontée jusqu'à 33 degrés, avec 98 % d'humidité. Ça n'avait plus d'importance : le vent soufflait enfin, et j'avalais les milles.

Il fait tellement chaud que je me liquéfie. Je laisse une flaque à l'endroit où je viens de m'asseoir. Mes jambes se sont couvertes de petites taches rouges, qui ne me démangent pas et sont indolores, mais pas vraiment du plus bel effet. J'ai les mains irritées… Mais j'ai beau être abîmée de partout, j'ai le moral. J'avance bien — 7-8 nœuds en moyenne — grâce à cette merveilleuse brise.

Mon moral est remonté encore plus quand j'ai appris qu'au nord, mes concurrents étaient temporairement encalminés. Et quand la radio a annoncé le nouveau classement, j'ai fait un tel bond que j'ai manqué m'assommer sur le plafond de la cabine : j'étais treizième ! J'avais doublé dix-sept bateaux en quarante-huit heures ! La déprime des jours précédents n'était plus qu'un souvenir : j'étais de nouveau dans la partie. À présent, j'avais l'impression que plus rien ne pouvait m'arrêter. La preuve, une fois de plus, qu'il ne faut jamais renoncer.

Je file à 12,4 nœuds. Il y a des nuages devant et derrière, mais ils n'ont pas l'air trop méchants. La nuit a été longue, mais je suis maintenant à l'ouest de la zone orageuse. La météo et les vents sont favorables ; je tiens une moyenne de 9 nœuds. Encore 800 milles avant la fin. J'ai repensé à la proposition de Chay, mais je ne suis pas vraiment emballée. Tout ce qui m'intéresse, pour le moment, ce sont les courses du genre de celle-ci.

J'ai dû dormir une heure en tout, pendant les ultimes jours de la course. Les cinq cents derniers milles ont été très longs. On sent la terre, quand elle approche — les Français disent « sentir l'écurie[1] » —, mais on ne peut pas pour autant se permettre de relâcher un instant sa concentration. La plus petite erreur, à ce moment-là, pourrait tout réduire à néant. Avais-je pris la bonne décision, en choisissant la route du sud ? Avec le recul, il me semblait que oui — avec ce bateau-là, en tout cas. Ma surface de toile était inférieure à celle de la plupart des autres concurrents et j'étais moins performante contre le vent ; ce qui signifiait que je n'aurais sans doute pas réussi à tenir leur rythme. D'un autre côté, si le vent avait mis vingt-quatre heures de plus à se lever ou si, au contraire, il s'était levé quelques jours plus tôt, les choses auraient pu se passer très différemment.

À présent, je suis tellement en harmonie avec le bateau et avec la mer que je sais déjà que je vais regretter que la course soit finie. Chaque soir, je regarde le soleil se coucher ; chaque matin, l'immensité du ciel au-dessus de moi me fait croire que le temps et l'espace n'existent plus. Aujourd'hui, la mer est bleue, le ciel dégagé donne une impression de fraîcheur. Tout cela va me manquer.

Quand les lumières de la Martinique sont apparues à l'horizon, je n'ai pas été certaine d'en être

1. En français dans le texte *(N.d.T.)*.

vraiment heureuse. C'était comme si on envahissait mon intimité. En virant, près de la pointe de l'île, j'ai aperçu un seul bateau, derrière moi. C'était le numéro 333 ; de là où j'étais, je ne voyais pas encore qu'il avait perdu le haut de son mât. Quant à moi, je n'étais pas non plus au bout de mes problèmes : j'avais presque atteint le cap quand un brutal changement de vent m'a envoyée au tapis. *Financial Dynamics* était couché sur le flanc. En faisant sauter la drisse de spinnaker, je me suis aperçue que ce dernier était en lambeaux. J'ai arraché à la mer ce tas de tissu déchiré et imbibé d'eau pour le remplacer aussi vite que possible par le plus petit spinnaker rose vif ; que j'ai dû amener à son tour quand le vent a encore changé, un moment plus tard.

La dernière ligne droite, longeant la côte sud de la Martinique, a été courte mais extraordinaire. Je filais à toute allure, sous les vagues qui noyaient le pont. La terre me soufflait au visage un air chaud et parfumé pendant que je tenais la barre, percher au vent. Autour de moi s'ébattait un groupe de dauphins. Au-dessus, un tapis d'étoiles éclairait chaque relief de l'île.

J'ai passé la ligne d'arrivée peu après trois heures du matin, après vingt-quatre jours de mer, ou presque. J'étais à la fois heureuse et soulagée d'avoir réussi à grignoter tant de concurrents, après être partie de si loin. J'avais atteint le but que je m'étais fixé : faire mieux dans la seconde étape. Pas plus qu'à la fin de la première, Mark n'était là pour m'accueillir. Mais cette fois, je m'y attendais : il avait fini la veille, dans l'après-midi, et il était probablement en train de dormir d'un profond sommeil, pour la première fois depuis le début de la course. J'ai lancé mes amarres aux gars, sur le quai, et *Financial Dynamics* a été immobilisé en moins de deux. J'ai fait un peu de ménage, tout en parlant à la caméra de Dick, et suis descendue récupérer mon spinnaker trempé. En passant devant le panneau électrique, je n'ai pu m'empêcher de sourire : ce soir, pas besoin de vérifier la charge des batteries !

Restée seule à bord de *Financial Dynamics*, je voulais prendre le temps de lui dire au revoir. Je n'étais pas pressée, mais l'heure était venue de se quitter — et Dick m'attendait pour une interview.

— O.K., j'arrive !

Je suis descendue sur le quai, j'ai glissé la main le long de la filière, jusqu'à la proue, puis ai embrassé et caressé une dernière fois la coque de mon bateau, en écrasant une larme. Merci pour tout, mon vieux !

> Arrivée 13e. Très contente de mon classement, compte tenu du fait qu'il y avait pas mal de bateaux plus rapides que le mien, et que je ne pouvais pas faire plus que je n'ai fait. Enfin, je crois.
> Ce qui domine, c'est la tension nerveuse, la concentration perpétuellement soutenue, et le fait d'être mobilisée en permanence par l'impulsion qu'on essaie de donner au bateau. C'est difficile à décrire. Tout ce qu'on peut dire, c'est qu'on a un travail à faire, dans un univers de 6,5 mètres sur 3, dont on est seul responsable.

Après avoir « mis en boîte » mes impressions, Dick m'a ramenée à l'hôtel. En partant pour venir m'accueillir, il avait cogné à la porte de Mark, espérant le réveiller et l'amener avec lui. Mais il n'avait pas réussi à l'arracher au sommeil.

Lorsque, enfin, Mark a réussi à émerger, nous avons discuté passionnément et interminablement de nos courses respectives. Mark m'a un peu effrayée en me racontant les hallucinations qu'il avait eues :

toute une équipe l'accompagnait et réglait la voilure à sa place. Plus préoccupant encore, il avait un jour, malgré lui, amené son spinnaker, après avoir engueulé un équipier imaginaire pour avoir négligé de le faire. C'est long, vingt-quatre jours à aller au-delà de la fatigue, à dépasser sans cesse ses propres limites. Mark a évoqué les intempéries qu'il avait traversées, sa lutte contre les grands vents, et ses conversations radio avec Thomas Coville, pendant qu'ils naviguaient à portée de vue l'un de l'autre. Il m'a aussi raconté sa « nuit disco », cinq jours après son départ. Il venait d'apprendre qu'il était en tête. Incapable de contenir son exaltation, il avait hurlé dans sa radio, façon D.J. : « Yo, les mecs, c'est la grande nuit délire *Carphone Warehouse* ! », puis il avait passé « à l'antenne » ses titres préférés. Il croyait que personne n'était assez près pour l'entendre ; il se trompait, et toute la course a vite été au courant de son « pétage de plombs ».

Libérés de la pression écrasante qui avait précédé la course, Mark et moi avons profité de notre séjour en Martinique pour discuter longuement de nos projets d'avenir. Son travail l'attendait, chez Spinlock ; moi, je n'avais rien d'autre que le désir brûlant de me lancer dans une autre aventure. Plusieurs options se présentaient à moi, mais bien sûr, le Vendée Globe restait en tête de liste. La question était : comment y arriver ? Il fallait d'abord que j'acquière davantage d'expérience des grands bateaux : le modèle Vendée Globe, le 60 pieds Open, faisait presque trois fois la taille d'*Iduna* ou de *Financial Dynamics*. Il fallait aussi que je me familiarise avec les mers du Sud. Pour cela, la course idéale était la Around Alone, une solitaire autour du monde avec escales. Malheureusement, cette course commençait dans moins d'un an, ce qui ne me laissait pas le temps de trouver le financement nécessaire pour affréter ou faire construire un bateau adapté à une épreuve aussi longue. Et je ne pouvais pas courir le risque d'être mal préparée.

Il y avait aussi la Route du rhum, dont je ne savais pas grand-chose avant que Mark ne me fasse entrer dans les milieux de la voile française. Cette course-là ne passait pas par les mers du Sud ; mais pour un navigateur solitaire, elle constitue sans doute le sprint transocéanique le plus implacable du calendrier. Courue entre Saint-Malo et la Guadeloupe, la Route du rhum attire les meilleurs d'entre les meilleurs, lancés en solo sur des trimarans et des monocoques, presque tous des bateaux de 60 pieds, comme *Elan Sifo* ou *Anicaflash*. Mark, qui avait assisté au départ de cette course, n'a pas eu de mal à me convaincre que c'était du sur-mesure pour moi. Le « Rhum » est donc devenu mon prochain objectif. Une fois que j'aurais préparé et que j'aurais participé à cet événement hautement médiatisé, je serais prête, nous n'en doutions pas, à m'attaquer au gros morceau : le Vendée.

Nous avions beau être à la Martinique, ce ne fut pas des vacances. Une fois calmée l'exaltation de l'arrivée, il a fallu nous atteler à la tâche de faire rapatrier nos bateaux. Un premier transporteur nous a laissés carrément tomber, en revenant sans vergogne sur un engagement écrit. J'en ai déniché in extremis un autre, qui m'a coûté deux fois plus cher. J'étais hors de moi.

Le contrecoup de la course nous avait rendus apathiques, Mark et moi, et l'épisode du transporteur nous avait achevés. Résultat, nous étions sur les nerfs en permanence. Du coup, quand Mark, le dernier soir, m'a demandé de payer ma note d'hôtel, la coupe a débordé. J'ai quitté sa chambre, où il travaillait sur son portable, et me suis mise à errer, pieds nus et bouillonnante de rage, dans les couloirs de l'établissement. La colère m'étouffait, et je m'en voulais de cette colère, dont je n'arrivais pas à me débarrasser. Tout se mélangeait en moi : la rancune, la fatigue, la frustration de ne pas lui avoir tenu tête… Dieu sait quoi encore. J'en voulais terriblement à Mark d'avoir choisi sans me consulter — et pour cause : il était arrivé avant moi — un hôtel de luxe (trois étoiles) alors que la plupart des autres skippers vivaient à bord de leurs bateaux ou dans des pensions modestes, en ville. Nous étions fauchés, mais Mark, considérant comme je l'ai dit cette Mini comme l'aboutissement d'une campagne de dix années — sa dernière grande course en solitaire —, estimait qu'il avait bien mérité un peu de confort ; et que, d'autre part, le prix de deux nuits dans un bon hôtel représenterait peu de chose dans la masse de nos frais généraux. Sur le moment, j'étais incapable de comprendre qu'il avait raison. Je ne voyais qu'une chose : nous devions rester totalement solidaires pour que nos entreprises communes fonctionnent. En grinçant des dents, j'ai donné des coups de poing rageurs dans les marches de béton sur lesquelles j'étais assise. Après avoir un long moment ruminé de sombres pensées, j'ai fini par me calmer et ça a été dans un état d'esprit nettement plus positif que j'ai regagné la chambre. Mark et moi étions différents, voilà tout, mais ce n'était pas une raison pour ne pas continuer à travailler ensemble. Il n'avait même pas remarqué que quelque chose n'allait pas chez moi. Le lendemain matin, en serrant les dents une fois de plus, j'ai sorti ma carte de crédit et payé ma note.

La question du rapatriement des bateaux étant réglée, j'avais oublié toute cette histoire en montant à bord du ferry pour la Guadeloupe, d'où nous prendrions dans quelques jours un avion pour rentrer chez nous. En attendant, nous avons passé deux nuits chez Pipo et Marie Cairo et leur fille Mathilde, des amis de Mark, qui nous ont merveilleusement reçus. Afin de profiter au maximum de ce court séjour en Guadeloupe, Mark et moi avons loué pour vingt-quatre heures une petite voiture, avec laquelle nous sommes allés explorer le côté montagneux de l'île. Je n'avais jamais vu de paysage aussi luxuriant. On entendait des cris d'animaux étranges ; des nuages de vapeur d'eau surgissaient au flanc des montagnes vertes. C'était l'exotisme absolu. La densité et le côté sauvage de la forêt me fascinaient. À l'affût du moindre bruit, dévorant des yeux tout ce qui m'entourait, respirant à plein poumons chaque nouveau parfum, je me sentais intensément vivante. Mark, qui, à mon âge, avait déjà parcouru le monde avec la Royal Navy, s'émerveillait moins facilement, mais il n'avait rien perdu de sa curiosité et de son appétit de vivre. Tout cela était si loin de mon univers...

Sur le chemin du retour chez Pipo et Marie, nous avons reparlé de la Mini. Cette conversation m'a un peu éclairée sur nos différences. Notre instinct nous avait poussés à faire équipe, et cette décision avait eu une influence décisive sur notre avenir à tous les deux. Mark courait pour se défier et se mettre lui-même à l'épreuve. Moi, j'étais poussée avant tout par mon désir de naviguer. La course, pour moi, c'était un bonus qui corsait la difficulté et m'obligeait à me dépasser ; pas une fin en soi. Je faisais confiance à mon instinct de compétitrice pour m'obliger à aller toujours plus loin, dans le feu de l'action. Je ne comptais pas dessus pour me pousser à prendre le départ.

Nos différences de fonctionnement piquaient ma curiosité, en même temps qu'elles m'aidaient à comprendre pourquoi notre équipe fonctionnait. Mark avait autant besoin de mon appui que moi du sien.

Il avait besoin de partager son expérience avec quelqu'un. Il savait depuis le début que son dynamisme et sa connaissance du monde de la course me permettraient d'arriver jusqu'à la ligne de départ, et peut-être d'accomplir des choses qui, autrement, m'auraient pris des années de plus. Mais il avait également conscience que lui-même avait besoin de quelqu'un pour le pousser jusqu'à cette même ligne de départ.

Mark m'avait dit que les trois skippers arrivés en tête avaient déclaré n'avoir plus qu'une envie à l'approche de la fin de la course : quitter leur bateau. Moi qui avais souhaité que la course ne finisse jamais, je me demandais à présent si, n'y ayant pas mis assez d'énergie pour la haïr, cela signifiait que je ne serais jamais une gagnante. Une chose, en tout cas, était certaine : un meilleur classement n'aurait rien ajouté à mes émotions de l'arrivée. J'ai repensé à tout ce que j'avais fait, à chaque décision que j'avais prise, à tout ce qui s'était bien ou mal passé. Rétrospectivement, peut-être aurais-je fait une meilleure course en prenant la route du nord, comme les gagnants. Mais dans la mesure où *Financial Dynamics* était moins performant contre le vent, je crois finalement que ça aurait été encore plus dur. J'avais donné tout ce que j'avais, et j'avais adoré chaque instant, bon ou mauvais. Et je me persuadai que ma manière de ressentir les choses n'était pas une faiblesse, mais une force.

11

Ma vie prit un rythme frénétique dont le décor — une cabane dans un chantier naval silencieux, en plein hiver — contrastait sérieusement avec celui des Antilles. Mark et moi avions rapporté de cette Mini quelques-uns des plus beaux souvenirs de notre vie, ainsi que de nouvelles amitiés, mais nous étions financièrement à sec, endettés l'un et l'autre jusqu'au cou. Mark avait au moins un travail et une source de revenus ; ma situation, en revanche, était plus critique. Mark m'a alors proposé d'entrer comme associée dans l'entreprise qu'il avait créée cinq ans plus tôt. Son bilan n'était pas encore impressionnant, mais faire partie d'un établissement qui servirait de support et de cadre à nos futurs projets semblait une bonne idée. Après ce que nous avions vécu ensemble, je n'ai pas eu de mal à me décider. Le travail en partenariat avec les entreprises allait représenter une large part de nos activités ; il faudrait que j'apprenne vite. Quelques semaines plus tard, je devenais copropriétaire de Offshore Challenges.

Dès que je l'ai pu, j'ai quitté la côte sud pour aller faire un petit séjour en famille, dans le Derbyshire. Il y avait longtemps que je n'avais pas vu Gran et

Nan, qui allaient mal toutes les deux. Gran avait subi une opération cardiaque et, malgré quelques complications, était en voie de rétablissement. Nan, en revanche, qui avait consacré ses dernières forces à terminer son cycle d'études, luttait contre la maladie. La joie de me revoir se lisait dans ses yeux, mais elle ne pouvait pas cacher qu'elle était d'une faiblesse extrême. Papa, lui, retrouvait des forces et avait de moins en moins besoin de son corset. Il recommençait à s'activer dans le jardin et les granges, mais se sentait frustré de ne pas encore avoir retrouvé tout son potentiel.

Ce Noël-là a été merveilleusement normal. La veille de Noël, papa a fait jouer deux fois plus fort que d'habitude ses disques de cornemuse, comme pour compenser son absence de l'année précédente. Le matin du grand jour, il est allé chercher Nan et toute la famille a partagé une délicieuse dinde de Noël, avec en guise de dessert le fameux *Christmas pudding* de Gran, couronné de sa branche de houx. Papa y a versé le rhum et l'a fait flamber. Après le déjeuner, assis autour du feu, nous avons déballé les cadeaux. Thea est descendue de sa chambre, et j'ai raconté par le menu mes aventures de la Mini, et tout ce que j'avais vécu avec Mark. J'ai parlé de mes projets de Route du rhum, entre deux évocations de nos souvenirs à bord de *Cabaret*. Pendant mon séjour, j'ai emmené régulièrement Mac en promenade dans les collines. Parfois, maman nous accompagnait. J'étais heureuse et détendue. Cette parenthèse familiale m'a fait un bien énorme.

Elle n'a eu qu'un temps, hélas. Je n'ai pas tardé à retrouver mon préfabriqué, pour préparer le Salon nautique international de Londres, qui commençait le 9 janvier. Nous y avons multiplié les rencontres, et j'ai donné une conférence sur la Mini-Transat. Ce n'était pas la première, mais celle-ci a été particulièrement suivie. On m'a pressée de questions et on m'a demandé quels conseils je donnerais à quelqu'un qui souhaiterait se lancer dans l'aventure. Je ne savais pas trop quoi répondre, si ce n'est : « Passez autant de temps que possible en mer avant la course… et apprenez le français. » En fait, la vraie question que les gens se posaient était celle du sponsoring. La plus délicate, en ce qui me concernait, puisque je n'avais que ma propre expérience à citer en exemple. Et à ce propos, je ne pouvais m'empêcher de penser qu'en partant à la chasse aux sponsors pour la Route du rhum, nous avions une nouvelle fois, Mark et moi, relevé le challenge de l'impossible.

Ce que le Salon m'a apporté de plus intéressant a été l'opportunité d'une nouvelle course sur un 50 pieds Open. Les Rowen, qui s'apprêtaient à acheter le bateau, m'ont proposé non seulement de superviser l'entreprise, mais de faire équipe avec leur fils David dans la course en double autour des îles Britanniques. Je n'avais pas envie de m'engager aussi longtemps à l'avance, mais l'offre était alléchante. D'abord parce que cette course — dans le sens des aiguilles d'une montre, par petites étapes rapides — était passionnante ; ensuite, parce qu'elle me permettrait d'accumuler une expérience pratique inestimable du monde des monocoques de classe Open.

Le bateau que les Rowen avaient repéré s'appelait *Jusqu'au bout du monde* et se trouvait en Bretagne. David Rowen et moi sommes allés l'examiner tout de suite après le Salon nautique. Merv, dont la vie reprenait un cours plus régulier depuis ses bons résultats dans le BT Global Challenge, nous a rejoints sur place. Installé à Cherbourg, il supervisait à présent la construction d'un nouveau 60 pieds pour un autre skipper, Mike Golding. Tous les trois, nous avons bavardé comme de vieux camarades de classe. La course où David et moi envisagions de faire équipe serait très dure, et j'ai été heureuse de découvrir en lui un homme d'un abord un peu timide, mais doté d'un sens de l'humour aiguisé et animé d'une véritable passion de la voile.

Les choses sont allées très vite. David et son père ont acheté le bateau et, sur le conseil de Merv, nous avons navigué jusqu'à Cherbourg pour y faire faire le gros des travaux. Fin janvier, le bateau était en cale sèche dans son nouvel abri et nous avions commencé la liste des interventions : il avait besoin d'un moteur neuf, d'un nouveau système de ballasts, et la quille devait être remise dans l'axe. Merv m'a invitée à m'installer chez lui, dans la jolie maison qu'il avait louée à une demi-heure de Cherbourg, pendant les trois mois qu'allaient durer le chantier.

J'étais toujours en France quand, le 23 janvier, la famille a rejoint Nan à l'université de Derby pour la cérémonie de remise des diplômes. Nan, bien que très malade, était surexcitée à la perspective, non seulement de recevoir son diplôme, mais de lire le discours de remerciements qu'on lui avait demandé de faire au nom de tous les diplômés. La juste récompense d'une vie de courage et d'acharnement.

En montant recevoir son diplôme, elle a eu droit aux applaudissements les plus nourris de la soirée. Et son discours, mélangeant humour et anecdotes, a cloué d'admiration les deux mille personnes présentes. Elle terminait en disant : « J'ai pris conscience avec bonheur que la vie ne cesse de nous réserver des merveilles, même après quatre-vingts ans. » Elle n'avait vécu toute sa vie que pour cet instant, et elle avait enfin réalisé son rêve. Trois mois plus tard, elle perdait sa dernière bataille contre le cancer.

Le printemps qui suivit fut teinté de tristesse. Mais dans notre chagrin d'avoir perdu Nan, nous

nous consolions en pensant qu'elle était allée au bout de son rêve et qu'elle avait fini de souffrir.

Je retournais en Angleterre aussi souvent que possible pour discuter avec Mark des nouvelles pistes dans notre course aux sponsors et des progrès de notre quête d'un bateau pour la Route du rhum. Il en existait peu de disponibles, et de toute façon, il était hors de question d'en acheter un avant d'avoir trouvé un sponsor. Malheureusement, ni Mark, occupé à rattraper son retard de travail chez Spinlock, ni moi, la tête dans le guidon avec mon projet de course autour des îles Britanniques, n'étions suffisamment disponibles pour progresser sérieusement. En avril, au moins, je serais de retour en Angleterre et j'aurais un mois avant le départ de la course. Le fait que je sois sur place nous aiderait peut-être à avancer. Mais Mark a décidé de participer, lui aussi, à la course, sur un catamaran de treize mètres ironiquement baptisé *Fingers Crossed* [1], ce qui compliquait les choses. Encore une fois, nous allions devoir mettre les bouchées doubles.

Une petite sortie de cinq jours à bord d'un des bateaux du BT Global Challenge m'a sortie un peu de ma vie au chantier. Deux des bateaux avaient été affrétés par une entreprise, TMI, dont j'avais rencontré un des patrons, Antony Lane. Antony, qui avait fait l'une des étapes du BT avec Merv, avait toujours navigué, de même que son frère Chris. La croisière a commencé sur les chapeaux de roues : nous devions faire la course avec d'autres bateaux du BT autour du Fastnet. Mais tout le monde a fait demi-tour avant d'y arriver. Nous en dernier : quand la moitié de notre équipage de douze s'est retrouvée en proie au mal de mer et que l'autre s'est avérée

1. Croisons les doigts ! *(N.d.T.)*.

trop inexpérimentée pour continuer sans risques, on a laissé tomber. À l'intérieur, c'était l'horreur : des vêtements épars se mélangeaient avec des petits déjeuners restitués avant d'avoir pu atteindre le seau, quand son contenu ne s'était pas carrément renversé. On a arrêté le massacre et les derniers jours se sont transformés en croisière autour de l'ouest du pays. Nous avons ri comme des fous. Mais mon souvenir le plus marquant de cet épisode reste celui d'une fille de quatorze ans prénommée Hemma. Elle était là grâce à une fondation créée par la société TMI pour offrir à des jeunes des opportunités autrement inaccessibles. Originaire de Birmingham, Hemma n'avait jamais mis les pieds sur un bateau, encore moins vécu sur l'un d'eux avec des adultes vomissant partout. Je la revois encore, vers la fin du voyage, debout à la barre, contrôlant parfaitement le bateau, le regard illuminé d'un bonheur comme je n'en avais jamais vu dans les yeux de quelqu'un.

De retour en France, j'ai repris le collier, ne quittant jamais le chantier avant la nuit. *Jusqu'au bout du monde* était en cale sèche, ce qui facilitait le travail, mais dans ce chantier naval en plein vent, près des terminaux de ferries, nous étions cruellement exposés au glacial hiver normand. L'impression fréquente qu'on allait devoir amputer mes doigts gelés n'entamait pas mon enthousiasme. Et je pouvais à tout moment me réfugier dans les bureaux pour boire un chocolat chaud revigorant et bavarder des travaux en cours avec Jean-Marie Vaur, le patron du chantier JMV. Le soir, nous parlions des 60 pieds. Il me faisait faire le tour de l'atelier, m'expliquant le fonctionnement des machines. Il m'a montré les différents types de matériaux et les procédés utilisés dans la construction de ces bateaux de course ultramodernes. Il était fier de son chantier et je l'écoutais avec passion. Merv était là, lui aussi, achevant la construction du *Team Group 4* de Mike, et nous ne rations pas une occasion d'échanger nos impressions. Je m'entendais bien avec son équipe, et quand Merv offrait une tournée de bières, en fin de journée, je me joignais souvent à la fête. Il se préoccupait de chacun et il était proche de ses gars. Il savait que la quantité d'énergie et de soin qu'on mettait à construire un bateau se reflétait dans ses performances.

Vers la fin de mon séjour à Cherbourg, notre amitié, avec Merv, a évolué vers quelque chose de plus intime. Nous avions partagé tant de rêves et tant de passions… Le soir, chez lui, tout en tapant frénétiquement sur le clavier de nos ordinateurs portables, nous parlions des monocoques de classe Open et des mers du Sud. Au bout de deux mois de vie commune, à faire notre jogging ensemble le soir et la cuisine l'un pour l'autre (dans mon cas, ça se limitait généralement à des crêpes), nous avons commencé à croire que notre relation pouvait devenir solide et durable. J'étais heureuse, presque soulagée de me lier sentimentalement à Merv. Il me comprenait, s'occupait de moi et moi de lui, et ne me demandait pas d'être différente. J'étais la fille la plus chanceuse du monde. C'était un homme bon et généreux, toujours prêt à se couper en quatre pour aider les autres. Il était solide comme un roc et avait le cœur sur la main, deux qualités que je plaçais très haut dans mon échelle de valeurs. Au bout de quelques semaines merveilleuses, ça a été un déchirement de devoir le laisser à Cherbourg, quand je me suis rendue à Plymouth pour préparer la course avec David.

Ces quelques jours à Plymouth ont été étranges. J'étais nerveuse à cause des responsabilités qui pesaient sur mes épaules : la réussite du projet de

David dépendait largement de la qualité de mon travail. Il y avait toutes sortes de bateaux, au départ, depuis notre 50 pieds jusqu'aux monstrueux 60 pieds, en passant par des trimarans de quinze mètres. Cette course est très particulière : elle se court par étapes avec, entre chacune, une pause de quarante-huit heures qui, malgré le travail à faire, donne généralement lieu à des rassemblements conviviaux entre skippers.

Cette course autour des îles Britanniques a été passionnante, avec des passages durs et très tactiques, ainsi que de grands moments de rigolade. Nous nous sommes entendus à merveille, David et moi, prouvant une fois de plus quel formidable esprit peut régner à bord, quand on est complémentaires et qu'on se bat ensemble pour atteindre un objectif commun. Mark, en revanche, a joué de malchance quand son multicoque a commencé à perdre son mât à soixante milles du départ, l'obligeant à faire demi-tour avant même d'avoir été dans la course. Pour les autres, ça a été un enchantement : les Hébrides étaient superbes et la météo, particulièrement bienveillante, nous a offert des ciels bleu azur et des vents légers. Plus au nord, les journées qui n'en finissaient pas étaient d'une beauté à couper le souffle. Il y a eu quand même quelques problèmes. En vérifiant notre gréement, lors d'une escale à Lerwick, j'ai découvert que l'étai était en train de casser. Nous avons passé une journée laborieuse et glaciale à l'enlever. Rester des heures au sommet d'un mât en aluminium, quand on se trouve à la même distance du pôle Nord que le cap Horn du pôle Sud, il y a de quoi geler sur place.

En sortant du brouillard de la mer du Nord, après la Humber et en plein sprint final le long de la Manche, l'étai s'est remis à faire des siennes, ce qui nous a valu de passer une dernière nuit particulièrement difficile, avec en prime une tempête aussi noire que violente. En arrivant malgré tout sains et saufs à Plymouth, nous avons eu droit à notre récompense : nous étions premiers de notre catégorie.

Il s'était passé des choses, pendant que je naviguais. Mark avait pris une de ces décisions qui changent le cours d'une vie. Estimant que le costume était devenu trop étroit pour lui, il avait démissionné de son emploi chez Spinlock. La Mini-Transat avait modifié sa façon de voir les choses, comme elle avait modifié la mienne : à présent, le Vendée Globe semblait à portée de main. La Mini nous en avait rapprochés. Le départ de cette course était le résultat d'une incroyable somme de travail. Une fois terminée, elle était devenue l'élément fondateur d'une campagne qui nous conduirait au Vendée Globe. Mais bien avant cela, la décision la plus déterminante avait été celle de travailler ensemble.

Après la course, j'ai fait voile avec David jusqu'à la Hamble, où le bateau a été mis en cale sèche. J'ai évoqué mes projets de Vendée Globe dans un document rapidement réalisé par la BBC pour sa série *Waterworld*, et, dans une voiture que la chaîne m'avait fait l'amitié de louer à mon intention, je me suis rendue à Falmouth avec des pièces destinées à Merv, qui préparait *Team Group 4* pour sa première course. J'étais folle de joie de le revoir. En prime, j'ai eu droit à une passionnante sortie de quelques heures sur le bateau à bord duquel Mike Golding allait faire une course transatlantique préliminaire à la Around Alone, course en solo autour du monde que nous avions envisagée nous aussi. Mais les escales permettraient à Merv de le rejoindre et nous aurions peu l'occasion de nous voir.

Après mon court séjour à Falmouth, nous nous sommes remis, Mark et moi, à la recherche d'un sponsor et d'un bateau pour ma Route du rhum. Le

50 pieds sur lequel je venais de courir semblait tout indiqué. Ses propriétaires ne l'avaient acheté que pour le tour des îles Britanniques, qui était maintenant terminé ; de plus, j'avais appris à bien le connaître. Nous avions déjà évoqué, « dans le vague », l'éventualité d'une transaction ; il était temps d'en parler plus sérieusement.

Une série de réunions avec David, son père et leurs associés, ont fait apparaître que, contrairement à ce que nous avions cru, ils étaient loin d'être hostiles au projet. Nous sommes tombés d'accord sur le principe de ma participation à la Route du rhum avec ce bateau, après avoir passé le reste de l'été à le rendre plus performant, si possible avec un nouveau mât et de nouvelles voiles. Par ailleurs, son séjour en France allait lui faire acquérir une notoriété qui augmenterait à la fois sa valeur marchande et le nombre des acheteurs potentiels.

Nous étions fous de joie de travailler avec des gens que nous avions appris à connaître et à apprécier, au cours des derniers mois. De plus, comme nous avions pu le constater avec la Mini, le fait d'avoir déjà un bateau renforçait considérablement nos chances de trouver un sponsor. Il nous fallait un nom connu, et la surface financière allant avec. Ça n'allait pas être facile, mais nous avons suivi toutes les pistes possibles, en nous appuyant sur les bons résultats de notre partenariat de la Mini. Entre ses prises de vues et celles que j'avais faites toute seule pendant la course, Dick avait déjà réalisé un documentaire sur la Mini. Nous avons entrepris, Mark, Dick et moi, d'en produire un autre à but promotionnel ; avec, en plus, une présentation sur ordinateur dont certains points pouvaient être développés sur grand écran.

La plus petite affichette nous inspirait une nouvelle idée de projet ou un nouvel argument de vente.

Je ne m'endormais jamais, dans ma cabane de chantier, sans un bloc-notes posé à côté de mon oreiller : la nuit s'écoulait rarement sans que je m'éveille pour noter une idée — ou un début d'idée — concernant le sponsoring ou une amélioration à apporter au bateau.

La quantité de choses à faire augmentait de jour en jour, et la pression se pesait de plus en plus. Mark terminait ses trois mois de préavis chez Spinlock ; nous avions toujours des remboursements importants à assumer sur nos bateaux de la Mini-Transat, et nous ne pouvions pas nous permettre de dépenser l'argent que j'avais gagné en travaillant sur le 50 pieds. J'ai décidé de quitter ma cabane de chantier à trente livres par semaine et de m'installer à Cowes, avec Merv, qui habitait chez des copains pendant que *Team Group 4* était en mer. Parfois, je passais la nuit chez la mère de Mark, à l'autre bout de l'île de Wight. Mark et moi partagions désormais un bureau avec un de nos amis, l'architecte naval Chris Stimson.

La semaine de Cowes, en août, me donnerait sûrement l'occasion de rencontrer des sponsors potentiels pour la Route du rhum. C'était ainsi que j'avais connu un de mes sponsors de la Mini, ce qui laissait bien augurer de mes chances.

Au bout du compte, Cowes ne m'a pas apporté grand-chose. Il est vrai que j'avais été malade presque toute la semaine et que, pendant que les soirées festives se déroulaient sous le chapiteau, dans le chantier naval, je dormais par terre à quelques mètres de là, dans le bureau de Chris. J'entendais les rires et le brouhaha des conversations de milliers d'invités. Et à vingt-deux heures, l'immense hangar attenant au bureau se transformait en boîte de nuit. Couchée sur des coussins enlevés aux chaises, ruisselante de fièvre, j'écoutais de la musique à l'aide d'un baladeur à CD pour essayer d'occulter le « boum, boum, boum » de la techno. Sachant parfaitement que je n'avais pas le droit de dormir là, j'évitais d'allumer la moindre lumière ; et quand je travaillais, je me contentais de celle de mon écran de portable. Il ne faisait pas chaud, la nuit, dans ce petit bureau aux murs de briques très minces et aux fenêtres sans double vitrage. Mais vivre et travailler dans la même pièce représentait une économie de temps et d'énergie. Mark et moi avons rencontré une Française, Marine Crenn, que nous envisagions d'engager à Offshore Challenges. Jeune, dynamique, à l'aise sur un dériveur, elle avait grandi sur la côte nord de la Bretagne, dans un milieu de navigateurs solitaires, et parlait bien anglais. Maintenant que nous avions des bureaux, nous pouvions envisager d'agrandir notre équipe ; parlant français, Marine serait à même de remplacer Nick, l'étudiant qui avait fait un stage chez nous, le temps d'un été. La décision a été prise dans l'urgence : Marine nous a rejoints le 14 septembre et a fait preuve d'une formidable puissance de travail.

Je tenais régulièrement Hugh Morrison au courant de nos progrès. Toujours fourmillant d'idées, Hugh n'avait jamais cessé de nous faire des suggestions ou de nous proposer un nouvel angle d'attaque. Il faisait partie de ces gens qui nous insufflaient perpétuellement de l'énergie. Non que nous en manquions, mais son soutien moral se révélait inestimable dans les moments où les coups du sort nous envoyaient au tapis — ce qui n'allait pas tarder à se produire.

Hugh,
J'ai reçu l'autre jour un coup de fil d'Antony Lane, le P.-D.G. de TMI (UK), qui m'a fait une proposition fantastique, laquelle nécessite quelques mots d'explication…

Son frère Chris, le directeur adjoint, a été l'un des fondateurs de l'entreprise. À l'époque où celle-ci en était encore à ses balbutiements, Chris réussit à obtenir de British Airways un contrat pour la formation de trente-huit mille personnes en dix-huit mois ! Et TMI n'avait encore que cinq employés. Ils ont rempli leur contrat et n'ont jamais cessé de se développer depuis.

Ils m'ont proposé de m'aider à la suite d'une histoire qu'il faut que je vous raconte.

Un ami de Chris, musicien au Royal Shakespeare Theatre de Stratford-upon-Avon, avait un jeune fils qui était un flûtiste exceptionnellement doué. Ce garçon, qui accumulait les récompenses, fut nominé pour le prix du Jeune Musicien de l'année. Sa flûte, malheureusement, n'était pas tout à fait à la hauteur de cette compétition. D'après Chris, un talent exceptionnel finit par plafonner, s'il n'est pas complété par un instrument tout aussi exceptionnel. Je suppose qu'il a raison.

Chris discutait de tout ça au pub avec le père du gamin et au bout de quelques bières, il lança l'idée que TMI sponsorise la fabrication d'une flûte de concert faite spécialement pour son fils. La flûte en question coûta dix mille livres. Le garçon, Julian Cawdrey, ne s'en est jamais séparé. Il est à présent soliste dans les plus grands orchestres et on le réclame partout comme professeur. Cette histoire est à l'origine de la proposition qu'ils me font aujourd'hui.

Chris et Antony ont créé un fonds de soutien « éducatif », dont ils souhaitent à présent me faire profiter en payant quelques-unes de mes factures, sans même exiger en échange de voir figurer le nom de l'entreprise sur mon bateau. Ils veulent simplement m'aider à prendre le départ. C'est fabuleux.

TMI est une entreprise de formation profession-

nelle, avec des spécialités comme le développement de l'esprit d'équipe, la gestion du temps et du stress, le service clientèle, etc. Leurs stages sont d'une efficacité formidable. Ils voudraient que je participe à quelques-uns d'entre eux et que, dans quelques années, je rejoigne l'entreprise en tant qu'intervenant. J'aime parler en public et je considère cette offre comme un défi que j'ai l'intention de relever. Et puis, qui sait sur quoi cela pourrait déboucher ? TMI travaille avec des entreprises telles que ESSO, ICI, etc., ce qui peut conduire à des opportunités de toutes sortes (je sais qu'ils voient les choses ainsi) et me procurer des sources de revenus.

C'est une proposition fabuleuse ; qui, par ailleurs, ne m'interdira pas de trouver un sponsor principal.

Elle tombe à pic, car je suis un peu déprimée en ce moment. On a emporté ma cabane de chantier vendredi dernier et je suis sans domicile. Ma vie est dans une impasse et je suis libre jusqu'à début octobre. Quelle histoire !...

Je serai à Londres la semaine prochaine pour une série de rendez-vous. Je vous écrirai pour vous en dire plus. Merci, cher Hugh, pour toute votre aide.

Ellen

La proposition d'Antony avait été le ballon d'oxygène qui nous avait permis de survivre. Ce qui n'allait pas nous empêcher d'être bientôt à sec, financièrement. L'aide de TMI se présentait sous la forme d'un fonds de soutien qui nous rembourserait certaines factures ; mais dans l'immédiat, nous avions un besoin urgent de liquidités, ne serait-ce que pour acquitter les cinq mille livres de frais de participation à la course.

On nous a asséné le coup de massue juste après la semaine de Cowes. Au son de la voix de Mark, au téléphone, j'ai su tout de suite qu'il y avait un problème. Un fax venait de lui apprendre que les Rowen avaient eu des propositions d'un autre acheteur pour le 50 pieds. L'affaire tombait à l'eau ; nous étions effondrés.

J'ai fermé les paupières avec une telle force que j'ai cru que le sang se retirait de ma tête. J'aurais voulu pouvoir remonter de cinq minutes en arrière dans le temps, et reprendre le projet comme si de rien n'était. Est-ce qu'on n'aurait pas pu nous dire ça en face, un mois plus tôt ? Certes, nous n'avions toujours pas reçu le contrat, mais nous avions un accord verbal depuis des semaines.

Folle de rage, j'ai vidé mon sac dans une lettre bien sentie :

Je crois sincèrement que c'est vous qui y perdez le plus... malheureusement, il en résulte... notre tristesse, et les explications que nous allons devoir fournir à ceux qui nous ont aidés à parvenir si près du but...

Je serrais les dents en écrivant.

À présent, pour que le projet aille au bout, il ne nous reste plus que notre propre enthousiasme, et celui de ceux qui croient en nous... et qui nous aideront à y arriver. Nous finirons par trouver une solution. Mais pour l'heure, notre tâche est devenue infiniment plus difficile.

J'ai terminé la lettre et laissé tomber ma tête dans mes mains. À quoi bon ? C'était leur bateau, pas le nôtre : ils avaient le droit d'en faire ce qu'ils voulaient. Il ne nous restait plus qu'à en trouver un autre, voilà tout. Nous étions parfaitement conscients, Mark et moi, qu'avec un délai de dix semaines, nous risquions de ne pas nous relever de ce coup-là. Et puis,

je comprenais mal... Nous nous étions si bien entendus pendant la course, David et moi... Je ne pouvais
pas m'empêcher de me sentir personnellement visée
par leur décision. L'ironie de l'histoire fut que les
Rowen mirent trois ans à vendre leur 50 pieds.

Sans perdre une seconde, nous avons entrepris,
Mark et moi, de contacter toutes les personnes susceptibles d'avoir entendu parler d'un bateau à affréter ou à vendre. Mais les deux courses importantes
qui se couraient au même moment réduisaient gravement le marché. Apparemment, sur la totalité de
l'hémisphère nord, il existait en tout et pour tout
deux bateaux disponibles : *Coyote*, un 60 pieds dont
le prix nous interdisait même d'en rêver, et *Great
Circle*, un 50 pieds mouillé aux Bermudes, à affréter pour un tarif négociable.

C'est Merv qui nous a sauvé la vie en contactant
par e-mail Brian Hancock, le propriétaire du second
bateau. En moins de deux, les e-mails fusaient entre
les Bermudes et chez nous. Brian avait rêvé de participer avec *Great Circle* à la course Around Alone,
mais, après avoir longtemps et vainement cherché
les indispensables sponsors, était en train de se faire
à l'idée de renoncer.

Le soutien et les encouragements que nous avons
reçus pendant cette période très dure ont été boule-
versants : les Lane n'ont pas cessé de nous soutenir ;
Merv a consacré une grande partie de son précieux
temps à nous chercher un autre bateau ; Ashley Perrin et sa famille m'ont offert des « cartes privilège »
de compagnies aériennes me permettant de voyager
pour une fraction du tarif normal — ce qui serait précieux dans le cas où je devrais me rendre aux États-
Unis.

Le hasard a voulu que quelques jours plus tard,
Mark doive se rendre sur la côte est des États-Unis
pour une série de réunions constituant ses ultimes

obligations envers Spinlock… et que ce soit justement là que vivait Brian Hancock, le Sud-Africain propriétaire du bateau. Je rejoindrais Mark là-bas dans quelques jours. Brian nous avait dit qu'il prendrait un avion pour les Bermudes et qu'il en reviendrait à bord de *Great Circle*, pour l'amarrer à Marblehead ; où nous le verrions le week-end suivant.

Entre-temps, j'avais promis à mes parents de les accompagner en Écosse, où ils allaient passer leurs vacances. J'en profiterais pour faire un saut à Londres et rendre une petite visite à Hugh Morrison, avant de prendre le train pour le Derbyshire. Comme toujours, Hugh s'est montré débordant d'enthousiasme et de prévenances, allant jusqu'à me déposer à mon taxi avec un déjeuner à emporter de sa cantine d'entreprise. Il me comprenait vraiment…

J'ai passé la nuit dans le Derbyshire et le lendemain, mes parents et moi avons pris la route de l'Écosse. Des idées contradictoires se bousculaient dans ma tête, et je ne pouvais pas m'empêcher de penser que j'aurais dû être ailleurs. J'avais tenu à passer un peu de temps avec papa et maman, mais le stress ne me quittait pas. Tous les jours, pendant nos promenades en voiture, je branchais mon téléphone portable sur mon ordinateur pour consulter mes e-mails. J'espérais des nouvelles de Brian. Je savais qu'il allait passer quelques jours en mer, mais j'éprouvais le besoin de m'assurer que tout était O.K., avant de m'envoler pour les États-Unis. Le courrier électronique que j'ai reçu de lui, expédié depuis l'adresse e-mail du bateau en style compacté (on paye au mot), m'a complètement déstabilisée.

Date : mar 25 août 1998 00:31:39+0000 ( )
À : Offshore-Challenges-Ellen@compuserve.com

Salu Ellen Peu pâ te joindr d'ici. Voici la situat. Voyon nou ce wikend à Marblehead pour réglé détails batô. Naviguerai d'ici ô zaçores avec toi. Batô prêt partir quand tu veu. STP donmoi dates départ Berm qui te convienn pour que je réserv mon billet retour Berm. Comprends sur ta répons je renons définit à ma campagn pour travaill av toi. Exigerai tu respect engagem pris par e-mails. Répons aussi vitquepos par ma femm ou Merv. À tr vit avc Brian.

C'était pour le moins étrange. Brian était encore aux Bermudes et parlait d'aller directement en Europe avec son bateau. Je commençais à m'inquiéter sérieusement. J'aurais voulu discuter de tout ça avec Mark, mais je ne pouvais pas le joindre. J'avais le poids du monde sur les épaules.

Même si j'avais la tête ailleurs, ce voyage en Écosse m'a ressourcée et aidée à continuer. J'étais absolument épuisée en y arrivant, bien que j'aie dormi pendant presque tout le trajet en voiture. Je me sentais vidée de toutes mes réserves d'énergie ; le deuxième jour, les ganglions de mon cou se sont mis à enfler et j'ai eu terriblement peur de refaire une monocluéose infectieuse. Une analyse de sang, effectuée par un laboratoire de la région, m'a rassurée sur ce point, mais il fallait absolument que je me repose. J'avais deux jours pour reprendre des forces avant de repartir. Allongée dans mon lit, cette nuit-là, je me suis forcée à respirer lentement et profondément, en fermant les yeux. Mac était couchée par terre, près de moi, et j'ai laissé glisser une main vers elle pour la caresser. Il fallait absolument que je récupère. Il était hors de question que je laisse tomber tout le monde. Le matin de mon départ, en me réveillant, j'ai regardé par la fenêtre de la partie à vivre de la cabane et j'ai vu les Monroe qui s'éloignaient, dans une légère brume qui adoucissait les contours de toutes choses. J'apercevais le berger, devant sa ferme, s'apprêtant à partir pour les collines, et les lapins qui sortaient pour leurs premières gambades. Mac s'est plantée devant la fenêtre, l'oreille dressée, à l'affût du moindre mouvement, pendant que je me préparais une tasse de thé. Je me suis roulée en boule sur le canapé, un gros foulard noué autour du cou, en me disant que j'aimais les petits matins comme ceux-là. Ça irait.

Au bout de plusieurs heures angoissantes à Heathrow — j'étais sur la liste d'attente —, j'ai finalement été la dernière personne à embarquer. Mark m'attendait à Boston et nous avons pris la route vers le nord pour notre rendez-vous avec Brian Hancock. Je me sentais mieux — et infiniment soulagée. Nous n'avons pas arrêté de parler.

À voir à quel point il débordait d'énergie, on comprenait tout ce que Brian avait pu mettre dans cette campagne dont le slogan — « Les objectifs ne sont que des rêves avec une date limite » — était une belle définition de sa façon de vivre. Cela dit, les nouvelles n'étaient pas bonnes et confirmaient le mauvais pressentiment que j'avais eu en Écosse, en lisant son e-mail. Il avait bien tenté de ramener *Great Circle* à Marblehead pour nous le montrer, mais en quittant les Bermudes, une tempête tropicale l'avait jeté sur les récifs. Les dégâts étaient sérieux : la dérive avant avait été arrachée, la quille éraflée et le safran cassé. Nous allions avoir encore plus de travail que prévu. Brian, conscient de nos difficultés et estimant que, faute de course autour du monde, la Route du rhum serait mieux que rien, nous a laissé affréter *Great Circle* pour une somme dérisoire.

Nous partirions pour les Bermudes dans deux

semaines. Nous avions de moins en moins de temps devant nous, et il nous restait encore des tonnes de choses à faire en Angleterre.

Hugh Morrison essayait de nous faire rencontrer les représentants d'une entreprise dont il pensait qu'elle ferait un sponsor idéal. Kingfisher possédait des marques comme Castorama, Darty, But et leurs équivalents au Royaume-Uni, ainsi que leurs équivalents en France et dans toute l'Europe. Hugh estimait que ce serait pour nous le partenariat idéal, puisque nous étions des Anglais voulant participer à une course française, mais sans esprit d'agressivité envers les Français : nous nous sentions européens tous les deux, et Kingfisher était une entreprise paneuropéenne. Grâce à Hugh, nous allions peut-être avoir une chance de plaider notre cause devant le P.-D.G.

Dick nous a aidés à mettre au point notre vidéo, et nous avons revu toute notre présentation en vue de la réunion. Bien sûr, la Route du rhum était notre préoccupation immédiate ; mais notre stratégie à plus long terme consistait à « vendre » une campagne dont le point culminant serait le Vendée Globe. Cette course restait le but ultime ; mais nous comptions présenter la Route du rhum comme un galop d'essai, à la fois pour nous-mêmes et pour notre partenariat. Nous offririons à Kingfisher d'être notre principal sponsor pour le Rhum, pour un prix très modeste, uniquement dans le but de leur montrer de quoi nous étions capables. Il s'agirait d'être bons, lors de la réunion.

Nous préparions dans le même temps une conférence de presse au Salon nautique de Southampton, qui s'ouvrait dans une semaine.

Mark,
J'ai parlé à Hugh. Comme toujours, il a été d'une

efficacité formidable. Il devrait pouvoir faire en sorte que notre vidéo soit prête pour vendredi prochain (tout juste). Il m'a demandé de ne pas hésiter à le lui faire savoir, si nous étions financièrement désespérés : il essaierait de nous dépanner. Il trouve aussi que nous commençons à bien maîtriser l'art de monter un projet en catastrophe ! Il est vraiment extra !

Il pense avoir une réponse du groupe Kingfisher d'ici la fin de la semaine prochaine.

Il faut absolument que je m'entraîne à la régate au contact... et que je travaille l'étude météo des trajectoires... Il faut que ça marche... Il faut que je fasse certains réglages.

Hugh m'a à nouveau recommandé de ne pas hésiter à le contacter, s'il y a quoi que ce soit qu'il puisse faire... Ses derniers mots ont été : « Pas de souci, les gars : vous le valez ! »

Il ne doute jamais, ne se repose jamais... Il est toujours là, prêt à nous remonter le moral et à pousser à la roue... Des gens comme lui sont inestimables.

Comme lui... et comme toi.

Il y a toujours une solution, toujours une chance de gagner. Je sais qu'on y arrivera.

Merci pour tout... À plus tard.

Et garde le sourire !

e
xx

On m'avait également demandé de faire un discours au banquet inaugural du Salon nautique de Southampton. Encore un salon où nous n'allions pas chômer, vu la quantité de choses que nous aurions à y faire !

Thierry Dubois, un navigateur français qui avait toujours soutenu les nouveaux venus dans la discipline, nous prêta la maquette d'essai d'un 60 pieds. Nous l'avons peinte de couleur argent et orné sa coque d'autocollants annonçant : « GLOBE 2000. » Il s'agissait que notre communication soit claire et que personne ne puisse interpréter de travers la nature et les ambitions de notre projet. Sous l'en-tête de Offshore Challenges, nous avons rédigé ensemble notre premier dossier de presse :

GLOBE 2000 — EN SOLITAIRE, AUTOUR DU MONDE SANS ESCALES — VERS LA VICTOIRE

Ellen MacArthur annonce officiellement aujourd'hui le début de sa campagne pour l'édition 2000 du Vendée Globe, course en solitaire autour du monde, sans escales. Entre toutes les courses autour du monde existant à l'heure actuelle, le Vendée Globe, une épreuve désormais aussi disputée et professionnelle que la Whitbread/Volvo, s'impose comme le défi le plus élevé sur le plan humain.

La course en solo acquiert une popularité grandissante au Royaume-Uni. Dix skippers britanniques participeront à la prochaine Mini-Transat. Et le circuit professionnel français du *Figaro* accueille pour la première fois plusieurs de nos professionnels, basés en Grande-Bretagne.

Mon association avec le navigateur solitaire et spécialiste du marketing Mark Turner, dans le cadre de son entreprise Offshore Challenges, a commencé par la recherche d'un partenaire et sponsor financier. Notre objectif est sans équivoque : gagner la course. Mais aussi être une source d'inspiration, tant pour de simples spectateurs que pour tous ceux qui suivent le même chemin que nous. Le budget de Globe 2000 est de 1,5 million de livres.

Ellen MacArthur, vingt-deux ans, a suivi une évolution rapide et connu un apprentissage difficile ; mais elle a montré qu'elle apprenait vite et fait la preuve de son esprit de compétition. Comptant déjà trente mille milles de navigation sur des 50 et 60 pieds Open, une victoire en double dans le tour des îles Britanniques, et une participation à la difficile Mini-Transat 1997, elle attaque aujourd'hui l'étape suivante de sa préparation au Vendée Globe : la Route du rhum.

Cette course, dont le départ sera donné à Saint-Malo le 8 novembre prochain, est la plus célèbre des épreuves de voile françaises (pourcentage de notoriété : 30 % environ de la population hexagonale). Pour Ellen MacArthur, elle constituera le premier test en solo sur un navire de grande taille. Quelques-uns des plus grands noms de la voile en solo s'aligneront au départ de cette épreuve de quatre mille milles, qui les conduira du nord de la France jusqu'en Guadeloupe, après une traversée de l'Atlantique.

Le bateau d'Ellen MacArthur est un 50 pieds ultra-léger, en carbone, anciennement baptisé *Great Circle*. Construit aux États-Unis par Concordia Yachts pour un prix supérieur à un million de dollars, il a manqué de peu la date de qualification pour la Around Alone de cette année, et n'a jamais participé à une compétition. Il a sûrement quelque chose à prouver.

En fin de semaine prochaine, Ellen MacArthur sera à bord de *Great Circle* pour le ramener des Bermudes afin d'y adapter de nouvelles voiles et un moteur neuf avant le départ de la course. Le calendrier est chargé, mais l'équipe est suffisamment motivée pour surmonter tous les obstacles.

Débutant il y a tout juste trois ans par un tour de Grande-Bretagne en solo à bord d'un Corribee de 6,30 mètres, Ellen MacArthur a progressé au-delà de la plupart des espérances, et ne compte pas s'arrêter en si bon chemin. Elle est soutenue et entourée par une formidable équipe de sponsors et de supporters, sans lesquels rien de tout cela ne serait possible.

Le jour de l'ouverture du Salon, Hugh Morrison a appelé pour nous dire que nous avions rendez-vous chez Kingfisher — ce rendez-vous dont dépendait la réalisation de tous nos rêves — vendredi en huit, c'est-à-dire sept jours plus tard.

Ce soir-là, je suis rentrée dormir chez Ashley Perrin — formidable Ashley, qui me nourrissait tout en me laissant travailler. Je me suis écroulée sur un sac, dans un coin de la pièce. Deux heures plus tard, j'étais debout pour préparer mon discours du Salon nautique.

Il ne s'agissait pas de le rater. On lançait pendant le Salon une campagne intitulée « Grand Bleu », destinée à communiquer aux gamins la passion de la voile. Je tenais à apporter ma contribution à cette cause, en montrant que tout était possible quand on se donnait à fond. Il fallait pour ce faire que ma passion soit contagieuse... que je parle avec mon cœur.

Il battait la chamade quand je suis arrivée devant le micro. J'étais morte de trac...

J'avais pris l'habitude, quand on m'invitait à déjeuner, de décliner poliment et de demander si je pourrais avoir l'argent à la place. J'ai économisé ainsi pendant dix ans sur mes déjeuners, mettant soixante-dix pence par jour dans une tirelire pour pouvoir m'acheter un bateau. Aujourd'hui, quand j'ai posé candidement à Denzil ma question rituelle, il m'a répondu avec un sourire en coin qu'il serait préférable que je fasse un discours. Je crois que j'aurais mieux fait de me taire.

Les choses ont évolué depuis cette époque. J'ai

passé quatre années à travailler sur des projets, à participer à des courses, à traverser des océans… à vivre intensément. Ma décision de consacrer ma vie à la course s'est révélée, comme je l'avais espéré, la meilleure que j'aie jamais prise.

Beaucoup d'entre vous se souviennent sans doute de la Mini-Transat, mon projet le plus important jusqu'à cette année. Quatre mille milles de course extrême, des coques de noix de six mètres, des cabines vous donnant l'impression d'être dans un lave-linge, tant par l'humidité que par la taille, pas de couchettes, pas de sacs de couchage, des rations déshydratées… et l'Océan. Une course merveilleuse, qui m'a énormément appris sur le montage de projets, sur la course en solitaire, sur moi-même, le monde et les autres. Je m'y suis fait des amis formidables. C'est encore cette course qui m'a amenée à m'associer avec Mark Turner, avec qui je travaille désormais sur des projets d'avenir, et pas seulement les miens : Offshore Challenges a pour raison d'être d'aider et d'inspirer les autres, de collaborer avec eux pour les aider à atteindre leurs objectifs.

Comme dans toute entreprise, les obstacles sont considérables. Il y a dix-huit jours, à quelques semaines du départ de ma prochaine course, on m'a brusquement retiré le 50 pieds qu'on m'avait promis pour la Route du rhum. Depuis, nous avons parcouru plus de 12 000 km à la recherche d'un nouveau bateau. L'ayant finalement déniché aux États-Unis, je m'y rendrai la semaine prochaine pour le ramener, trois semaines à peine avant le départ de la course.

Les plus petites choses — la gentillesse des gens, leur soutien, quelle qu'en soit la forme — peuvent faire des différences énormes. Mais il ne s'agit pas de demander la charité ou d'appeler au secours. Il s'agit de business. La voile en solitaire possède une

formidable capacité d'impact sur la conscience col-
lective. Elle efface les clichés élitistes, et fait entrer
la passion et l'émotion dans les foyers. Chaque
spectateur, sans être marin ni avoir jamais mis les
pieds sur un bateau, peut comprendre et partager
notre épuisement, notre joie ou nos larmes d'émo-
tion.

Dans deux mois, huit cent mille personnes enva-
hiront Saint-Malo pour le départ de la Route du
rhum, qui sera retransmis en direct par les princi-
pales chaînes de TV et de radio françaises. L'évé-
nement, hautement médiatisé, est aussi populaire en
France que le Grand Prix de F1.

Les marins français sont des héros. Ils se fixent
des objectifs et ils gagnent. Leurs jeunes compa-
triotes, parce qu'ils peuvent partager leurs exploits,
rêvent de les imiter. Chacun s'identifie à eux, comme
le fait le pays tout entier.

J'étais ici même, au Salon nautique, il y a trois
ans. Je ne connaissais personne dans ce milieu, mais
j'ai été très vite acceptée et encouragée. J'ai eu de
la chance — après tout, je n'étais qu'une adoles-
cente émerveillée, essayant de trouver mes repères
à l'occasion d'un périple autour du pays. J'étais
jeune, naïve, et je faisais mon miel de tout. On m'a
aidée, on m'a soutenue, on a cru en moi. Le BMIF,
Fédération de l'industrie nautique britannique, m'a
prise sous son aile et m'a permis de m'exprimer,
d'écouter et d'apprendre. J'espère pouvoir un jour
rendre tout ce que j'ai reçu. Au centuple.

Je ne sais pas au juste d'où me vient ma passion,
mais je me sens investie d'une mission : la faire par-
tager à d'autres, les aider et les encourager, en
semant les graines de cette inspiration qui trans-
forme les rêves en réalité, qu'il s'agisse de courir
en compétition ou simplement d'être heureux sur
l'eau.

J'ai dix jours devant moi pour trouver les vingt-cinq mille livres nécessaires à ma participation à cette course. Cette somme représente des voiles neuves, un moteur neuf, des frais de voyage et d'hébergement. Cet aspect de notre sport est onéreux, mais rien ne se fait sans lui. Ni le football ni la F1 n'investiront dans la voile. C'est à nous de le faire.

Si j'ai appris une chose, au cours des dernières années, c'est que si un projet nous tient vraiment à cœur, nous pouvons le réaliser. Pour en arriver où j'en suis maintenant, j'ai dû aller au bout de moi-même, et même encore plus loin que ça. Mais j'en ai été récompensée en vivant des moments plus fabuleux que tout ce que j'avais osé rêver. C'est vrai que la chance joue son rôle. Mais si on y croit suffisamment, si on a la volonté, on arrive à provoquer la chance. Et on se rend compte, alors, que les rêves sont à portée de main.

Un profond silence a accompagné mes derniers mots. J'avais dû m'arrêter entre les phrases pour reprendre mon souffle et essayer de me calmer. J'étais épuisée, complètement vidée. Balancer tout ça, quasiment sans respirer, m'avait achevée. Quand j'ai regagné mon siège, le monde autour de moi était flou. Je distinguais des visages, mais je ne comprenais pas les mots qu'ils prononçaient. Cet état venait sans doute du soulagement d'avoir partagé tant de choses. Le fond du problème, c'est que nous n'aurions pas tenu le coup sans le soutien de tous ceux qui nous entouraient.

Dès la fin du Salon, nous avons recommencé — cette fois à un rythme frénétique — à préparer en même temps la course et notre présentation aux sponsors. Mon discours avait eu des effets immédiats : on nous offrait tout ce qu'on voulait, depuis un mouillage gratuit pour *Great Circle* jusqu'à un moteur neuf, en passant par différents équipements.

Date : mer 16 sept 1998 02:21:39
Avons travaillé ce soir sur la vidéo de promotion. Debout jusqu'à point d'heure, comme d'habitude ! 0059h. Nous avons rendez-vous vendredi avec un sponsor dont nous espérons qu'il nous suivra pendant au moins trois ans. Mais ce sera à nous de le convaincre, et nous ne l'avons encore jamais rencontré.

Nous avons quelques difficultés financières. Les avances pour les voiles, les frais d'affrètement, les primes d'assurance, les frais de voyage et les factures « courantes » nous ont mis à sec. Tout le monde légèrement sur les nerfs.

Nous aurions dû recevoir l'argent des frais de participation en fin de semaine dernière. On nous a laissé jusqu'au week-end pour payer… quatre mille cinq cents livres.

J'ai appelé maman en fin de journée. Je l'avais plus ou moins régulièrement tenue au courant des événements, mais jusqu'à cet instant, elle n'avait pas mesuré la gravité de ma situation. J'étais désespérée et j'avais besoin de me confier. Je m'étais retenue le plus longtemps possible pour ne pas affoler mes parents, mais là, il fallait que je les appelle. Il nous restait moins de vingt-quatre heures pour acquitter les frais de participation. Faute de quoi, la course était finie pour nous. Depuis les vacances en Écosse, mes parents avaient visiblement discuté entre eux de ma situation car, après m'avoir écoutée sans rien dire, maman m'a annoncé posément que j'avais de l'argent à ma disposition. Je ne comprenais pas : je leur devais encore quinze mille livres de la Mini-Transat.

— Ta petite Nan t'a laissé cinq mille livres par testament.

Oh, Nan ! Mes yeux se sont remplis de larmes. Elle trouvait encore le moyen de m'aider… Ce serait in extremis, mais nous serions au départ ! J'ai communiqué à maman les coordonnées bancaires des organisateurs de la course.

Je n'étais pas encore au bout de mes surprises. Le même soir, on m'a demandé de bien vouloir remettre les prix de la semaine de Cowes [1]. J'étais censée travailler avec Mark et Dick sur notre vidéo, mais j'ai néanmoins accepté.

Ayant déménagé de chez Ashley le matin même, je suis arrivée en courant depuis le Salon nautique avec tous mes bagages. J'ai débarqué dans un état déplorable, rouge et en sueur. J'ai respiré profondément pour tâcher de me rendre présentable. Dans l'ascenseur qui me conduisait au dernier étage, j'ai profité de ce court moment de solitude pour chercher un peu de fraîcheur en me collant à la paroi glacée.

Bill West, directeur de Skandia, partenaire de cette remise de prix, m'a fait faire le tour des lieux. J'ai reconnu Johnny Caulcutt, qui nous avait soutenus pendant notre campagne de la Mini-Transat. Je n'ai pas caché à mes interlocuteurs que ma situation était plutôt sombre, et leur ai avoué comment nous avions de justesse réussi à affréter un bateau, et de justesse encore pu payer les droits d'entrée. Bref, c'était un miracle si nous étions encore dans la course.

La remise des prix a interrompu la conversation. Bill m'a présentée en quelques mots et j'ai distribué les trophées.

Vers la fin de cette petite cérémonie, Johnny a

1. Série de régates la plus célèbre en Europe (N.d.T.).

sauté brusquement sur la scène, a résumé la conversation que nous avions eue quelques minutes plus tôt, et lancé : «Cette jeune femme a besoin qu'on l'aide, et qu'on l'aide maintenant ! Je vais faire une contribution de mille livres. Bill, tu en feras bien autant, non ?» En moins de cinq minutes, j'étais à la tête de cinq mille livres. Là-dessus, Johnny m'a demandé de dire quelques mots. J'ai oublié ce que j'ai bien pu raconter, mais je sais que mes remerciements venaient vraiment du fond du cœur. J'aurais voulu que chacune de ces personnes sache ce que leur aide représentait pour nous. J'aurais voulu toutes les embrasser.

À la première occasion, j'ai foncé appeler Mark pour lui dire de ne pas désespérer. Avant que j'aie eu le temps de dire quoi que ce soit, il m'a annoncé d'une voix sombre que l'ordinateur qui servait au montage de notre vidéo venait de «crasher» et que toute une partie du document était à reprendre à zéro.

— Mark, lui ai-je dit, bonne nouvelle : je viens de récolter cinq mille livres ! Johnny Caulcutt a fait un appel aux dons et nous les a trouvées en cinq minutes !

Peut-être Mark a-t-il cru que je ne disais ça que pour lui remonter le moral. Il n'a même pas réagi et a seulement lâché : «Faut que j'y aille ; je te verrai plus tard», avant de raccrocher.

Date : jeu 17 sept 1998 23:11:03
Encore une journée riche en péripéties. Appris aujourd'hui qu'on est en train de reconstruire le gouvernail de Great Circle et qu'il n'arrivera par avion (en même temps que son propriétaire) que lundi 21 !
Plus je retourne le problème dans tous les sens, plus cela renforce ma détermination. Nous ne renon-

cerons pas et nous y arriverons. Et pas seulement pour moi.

Il y a forcément une solution. Et je m'acharnerai jusqu'à ce que je la trouve.

Ça y est, nous étions vendredi. Nous avions travaillé quasiment sans discontinuer sur la vidéo, dormant à peine huit heures à nous trois en trois jours. À neuf heures, le matin de notre rendez-vous, nous étions encore en train de faire relier des dossiers de présentation.

J'allais tout jouer à quitte ou double. Le lendemain, je prenais l'avion pour les Bermudes et, entre-temps, il y avait cette réunion dont dépendait notre avenir. Mark et moi avons retrouvé Hugh à Londres, et un taxi nous a conduits au siège de Kingfisher. Hugh avait une présence rassurante. Il avait une plus grande habitude que nous de ce genre de choses, et s'il était inquiet, il n'en laissait rien paraître.

L'énorme salle de réunion était d'autant plus impressionnante que cet univers nous était peu familier. Hugh s'est assis de l'autre côté de la table. À Mark et à moi de vendre le projet. La réunion s'est bien passée, néanmoins. À la fin, Geoff Mulcahy, le directeur général, avait l'air sincèrement intéressé.

Toute notre présentation tournait autour du Vendée Globe. Elle s'appuyait sur notre vidéo et sur des diapos commentées. Nous avons insisté avec passion sur le fait qu'un projet comme le Vendée Globe était réalisable ; que nous n'étions pas là pour leur soutirer de l'argent en échange de leur nom sur la coque de notre bateau, point final, mais que nous voulions établir avec eux un partenariat qui apporterait beaucoup à Kingfisher, tant en interne qu'en externe. Nous avions le sentiment qu'on avait parfois abusé de certains sponsors, et il n'était pas question que ce genre de choses se reproduise avec nous. Nous envisagions le sponsoring comme un travail d'équipe, où chaque partenaire était impliqué au même niveau.

Il s'est produit ce jour-là une de ces rencontres fortuites qui allaient s'avérer déterminantes. Geoff a dû s'absenter de la salle de réunion pour prendre un appel urgent, et a salué au passage un homme qui sortait de l'ascenseur. «Tu devrais engager ce type-là», a soufflé Hugh à Mark.

Mike Hingston était non seulement un passionné de voile, mais un perfectionniste et un visionnaire. Trois mois plus tard, devenu directeur de la communication, il était l'homme-clé pour tout ce qui concernait le sponsoring.

12

En me retrouvant à Heathrow, je crois que ni Liam ni Chris ne savaient dans quoi ils s'étaient embarqués en se portant volontaires pour m'aider à ramener *Great Circle* des Bermudes. Liam avait travaillé à Ocean Village sur le trimaran *Spirit of England*, à l'époque où je préparais le 50 pieds à bord duquel David et moi allions faire notre tour des îles Britanniques. Nous étions restés en contact, et Merv pensait comme moi qu'il était l'homme de la situation. Originaire de Liverpool, Liam avait un merveilleux sens de l'humour, et son rire allait se révéler d'un précieux soutien, au cours des semaines à venir.

Quant à Chris, que je connaissais à peine, il comptait participer à la Mini-Transat de l'année suivante et avait déjà acheté son bateau. Pour accumuler des milles au compteur, il allait bientôt participer au rallye de l'Atlantique, et considérait la traversée depuis les Bermudes comme une chance de se frotter à la pleine mer. Il allait être servi.

À notre arrivée aux Bermudes, le temps se gâtait. Nous nous sommes rendus directement à la douane de Saint-George, où se trouvait le bateau, et nous nous y sommes installés confortablement. La qualité de sa construction était impressionnante. Tout était à sa place, parfaitement rangé ; il restait même assez de vivres du dernier voyage de Brian pour nous faire à dîner. Il y avait une couchette de chaque côté de la cabine et, au centre, une table à cartes pliable, devant un siège baquet Recaro. J'y ai déposé mon sac de couchage — de toute façon, il faudrait que je m'habitue à y dormir — et ai laissé les couchettes aux garçons.

Je tenais à vérifier l'état de la quille, endommagée lors de la dernière sortie du bateau. Bon prétexte pour sauter à l'eau, par cette chaleur de bête et après une journée de voyage.

Salut, Mark.
Petit compte rendu de l'état du bateau.
Nous sommes amarrés aux Bermudes. Le bateau est en bon état, dans l'ensemble, à l'exception de la grand-voile et du safran. Brian devrait arriver plus tard dans la journée. Apparemment, il a eu des problèmes à la douane avec la mèche du safran. La nouvelle mèche est plutôt lourde... trois fois plus que l'ancienne, en fait. Trop tard pour en changer, de toute façon.

J'espère que la grand-voile tiendra jusqu'à la fin du voyage. Il faut voir : nous ne l'avons pas encore hissée. Jusqu'à présent, il a fait très chaud, très, très humide, et le vent souffle très, très fort, avec des rafales qui ont empêché les avions d'atterrir.

Le gouvernail nous pose un problème. Il y a du boulot ! En fait, nous n'avons que des pains de mousse qui n'ont même pas la forme d'un gouvernail. Je ne connaîtrai vraiment l'ampleur du travail à faire qu'à l'arrivée de Brian. Mais tout ça m'inquiète un peu. Je dois dire que le fait de stratifier des carénages de mousse sur une mèche en aluminium ne m'inspire pas un grand sentiment de sécu-

rité. Je vais envoyer un e-mail à Merv et Nigel pour leur demander ce qu'ils en pensent.

Pour le reste... Les gens, aux Bermudes, sont charmants, il fait très chaud, l'eau est tiède, mais la vie est hors de prix. La nourriture coûte deux fois ce qu'elle coûte en Angleterre ! Nous faisons notre propre cuisine, mais chaque repas nous revient à quarante dollars ! L'argent file très vite, ici. Je m'inquiète des provisions du retour. Je suppose que je n'ai pas d'autre choix que de faire le plein, mais ça va coûter une fortune.

Le générateur refuse de démarrer. On l'a un peu tripatouillé, mais j'hésite à trop y toucher : Brian le connaît sûrement beaucoup mieux que nous. Les équipements électroniques Ockam marchent un coup sur deux. L'indicateur de cap fonctionne, mais pas l'indicateur de vitesse/direction du vent.

Installer le moteur ne sera pas non plus une partie de plaisir. Si on se contente de faire un échange standard, on se retrouvera avec la transmission « sail drive » en travers du tube du gouvernail. Problème...

Il y a de grosses fuites au pied du mât, mais ce n'est pas dramatique pour l'instant.

J'espère que tout va bien de ton côté. Merci pour tout.

N'hésite pas à me communiquer la moindre nouvelle. Nous avons encore trois jours à passer ici. Trois journées hors de prix.

Ellen
xx

Comme prévu, Brian est venu passer quarante-huit heures avec nous en apportant la nouvelle mèche de gouvernail. Avec enthousiasme, nous nous sommes attelés à la tâche de préparer le bateau. Mais à mi-parcours, j'ai réalisé que le siège de clavette, au sommet du gouvernail, était monté à l'envers. Résultat : nous ne pouvions installer le gouvernail qu'à l'envers, lui aussi, ce qui le rendait parfaitement inutilisable. La catastrophe ! Nous étions déjà en retard sur le planning et il nous fallait maintenant dénicher un atelier d'usinage capable de nous fabriquer une pièce plate à fixer de l'autre côté du gouvernail — en priant pour que ce rafistolage fonctionne. Après de longues recherches, nous avons fini par trouver un atelier qui a raboté la mèche pour l'ajuster. Ce qui nous a donné le temps, à Brian et à moi, d'inspecter les équipements et les appareils électroniques, et de passer une soirée, sur le quai, à discuter du bateau sous l'angle de la navigation. On nous a rapporté la mèche de gouvernail, et le lendemain, Brian est reparti pour les États-Unis.

Nous étions livrés à nous-mêmes, mais la chaleur des gens du cru, toujours prêts à nous donner un coup de main, nous a aidés de manière non négligeable. L'un d'eux, le charmant Bernard Oakley, dit « Bitzy », un chef de port en retraite qui venait nous voir tous les jours sur sa mobylette, aurait mérité une médaille pour services rendus aux navigateurs. Son frère, propriétaire de la quincaillerie du coin, nous a été d'un précieux secours en l'absence de magasin de fournitures.

Cannon Ball, un grand gars sympathique qui portait sa casquette de base-ball sous son casque, a contribué, lui aussi, à embellir notre séjour. Il passait sur sa mob, juste pour nous lancer : « Ça boume ? » Ça ne devait pas avoir l'air de « boumer » tant que ça, car il nous a apporté un jour un sac de vieux vêtements destinés aux pauvres. Chris s'est jeté sur un pantalon vert pomme dont il a dû couper les revers et rouler la ceinture pour pouvoir le porter.

Quant à moi, je subissais une pression qui ne se relâchait jamais. J'aurais voulu me détendre et rigoler avec les autres, mais je me sentais à part. Les deux fois où ils sont allés, le soir, boire quelques bières en ville, je ne les ai pas accompagnés. D'abord par peur de dépenser le peu d'argent qu'il nous restait ; ensuite parce que j'étais bien trop stressée. J'étais même morte d'inquiétude. Nous avions un gouvernail à réparer, trois ouragans se dirigeaient vers nous… il fallait foutre le camp d'ici au plus vite. Quand les garçons m'ont raconté leurs folles soirées, le lendemain matin, j'ai souri machinalement mais j'avais vraiment la tête ailleurs.

Tout ça ne les empêchait pas de travailler dur — même si je soupçonnais Chris de se demander ce qu'il faisait là, ce dont je ne lui tenais pas rigueur. Ils étaient formidables, l'un et l'autre, et je me demande ce que j'aurais fait sans eux. En plus, ils travaillaient pour la gloire : on avait réglé leurs billets d'avion, mais nous n'avions pas de quoi rémunérer tout le labeur qu'ils prodiguaient, rien que pour que *Great Circle* soit en état de prendre la mer.

La réparation du gouvernail, un boulot énorme, nous a pris pratiquement une semaine. Le résultat était loin de la perfection, mais il faudrait faire avec. Installer la mèche à l'intérieur du bateau aurait été un véritable enfer, celui-ci étant amarré le long du quai. J'imaginais déjà cette mèche de cent vingt kilos en train de couler, à la verticale du bateau. Par chance, il s'est avéré qu'une fois réparée, elle flottait, malgré son poids. Du coup, elle était aussi plus facile à ajuster. Ce qui a créé d'autres problèmes.

Les autochtones, sortis de partout pour assister à l'événement, ont formé une véritable tribune de supporters. Le gouvernail flottait, mais il nous fallait trouver le moyen de l'immerger. Quelques-uns de nos spectateurs sont partis à la recherche d'un lest adéquat, et sont réapparus avec un énorme morceau de gouttière en acier. Attachée au gouvernail, cette gouttière nous a permis de l'immerger en contrôlant ses déplacements. Nageant sous la coque en apnée, Liam et moi avons réussi à aligner le gouvernail sur l'ouverture prévue pour le recevoir. Une fois libéré, il est remonté tout naturellement se coller à la coque du bateau, sa mèche ajustée au millimètre. Le « système D » avait fonctionné avec une efficacité dont personne ne revenait.

On nous avait affirmé que les vieilles voiles suffiraient à ramener *Great Circle* en Angleterre, où nous devions les remplacer. Il s'est avéré que non. La grand-voile, en particulier, qu'on avait recouverte d'un côté de tissu adhésif pour la consolider, était au bord d'éclater en plusieurs morceaux. Le moteur « in-board » d'origine était lui aussi dans un sale état ; on ne pouvait le faire démarrer qu'en provoquant un court-circuit avec un tournevis. Et une fois en marche, il émettait des bruits de casserole plutôt affolants.

Le jour du départ, nous avons mis en marche notre petit moteur hors-bord de secours (le moteur « in-board » étant réservé au chargement des batteries), pour nous assurer qu'il fonctionnait. Nous l'avions testé avec succès une fois ou deux ; mais nous allions nous diriger vers une vaste zone de haute pression, ce qui était bon, côté ouragans, mais mauvais, côté vents. C'est pourquoi Liam s'est proposé de vérifier les bougies du petit moteur. L'instant d'après, il poussait un énorme juron : l'une des bougies s'était cisaillée dans son logement. Le ciel me tombait sur la tête.

L'atelier de mécanique le plus proche était à une longue balade en taxi qui nous a coûté nos vingt derniers dollars. Une fois là-bas, nous nous sommes débattus pendant trois heures avec ce satané moteur, mais le câble d'alimentation était fondu dans le cylindre. Le mécano a secoué la tête d'un air abattu… Une fois encore, pourtant, la formidable solidarité locale allait nous sauver la vie, et nous permettre de partir. Les responsables de l'atelier ont appelé tous les fabricants de moteurs de l'île, et ont fini par en trouver un qui possédait un moteur du type dont nous avions besoin. Au prix de deux mille cinq cents dollars ! Une seule de mes cartes de crédit fonctionnait encore, mais pour des règlements modestes : on venait de me refuser un paiement de six cents dollars. J'ai appelé Mastercard en les suppliant de m'accorder le « plafond » nécessaire. J'ai expliqué ma situation, mais quand j'ai prononcé le mot « Bermudes », on m'a dit qu'il y avait eu des problèmes de transmission et que mon précédent paiement aurait dû être accordé. J'ai remercié le ciel et acheté le moteur.

Cette bénédiction a été suivie d'une autre, infiniment plus grande. Juste avant de quitter les Bermudes, j'ai appelé Mark, et ce qu'il m'a annoncé m'a coupé le souffle. Kingfisher venait de confirmer qu'ils nous sponsorisaient pour la Route du rhum ! Dans un état second, j'ai couru annoncer la nouvelle à Chris et à Liam. Elle ne changeait rien dans l'immédiat, mais a propulsé notre moral vers les sommets. Nous avons quitté les Bermudes sur un nuage. Le Vendée Globe — ce Graal — était désormais à portée de main.

Déployant nos voiles derrière deux paquebots, nous nagions dans le bonheur. Plus d'une fois, des difficultés en apparence insurmontables avaient failli nous condamner à prendre le premier avion pour rentrer chez nous. Nous n'avions pas pris une douche depuis dix jours, et nous vivions dans des vêtements imprégnés de carbone, de graisse et de résine. La vie à Saint-George avait été plutôt misérable, mais le formidable soutien de la population nous avait aidés à réaliser l'impossible. Enfin, nous tenions à nouveau notre destin entre nos mains.

Nous avons passé l'essentiel de ce qui allait devenir « l'épopée de *Great Circle* » à réparer les voiles, à recoudre les déchirures, dans le seul but qu'elles tiennent assez longtemps pour nous ramener à la maison. Tout ça ne les empêchait pas de se désintégrer progressivement : celui d'entre nous qui tenait la barre recevait une véritable douche de flocons de colle et de particules de tissu.

Comme si nous n'avions pas assez de nos problèmes de voiles, la météo a décidé de s'y mettre aussi. L'ouragan Lisa, au lieu de suivre la route habituelle des cyclones : vers l'ouest jusqu'aux Caraïbes, puis au nord, s'est directement rué vers le nord de l'Atlantique, c'est-à-dire droit sur nous. Nous avions déjà parcouru mille milles quand il a fallu rebrousser chemin et remettre le cap sur les Bermudes pendant deux jours et demi, afin d'éviter l'ouragan. C'était horriblement frustrant, mais il aurait été absurde — et suicidaire — de vouloir affronter un ouragan avec une grand-voile aussi résistante qu'un mouchoir en papier. De plus, il risquait d'y avoir de la casse depuis le gouvernail jusqu'au sommet du mât. Notre objectif, dans l'immédiat, était d'arriver en Angleterre et, ensuite, de commencer les travaux à tête reposée. Nous n'étions pas en train de faire la course. Nous avions de quoi remplacer le gréement, une fois à Southampton ; on nous fabriquait de nouvelles voiles en ce moment même ; et à Cowes, on travaillait dur sur le projet. Mark se consacrait entièrement à la mise au point de notre calendrier, et la liste des choses à faire s'allongeait de minute en minute.

Nous prenions le moins de risques possible. Malgré tout, il nous est arrivé, par bon vent, de prendre trois ris, c'est-à-dire de naviguer sous-toilés. Mais à deux ris, nous aurions eu trop de toile. Au bout du compte, pourtant, il a fallu revenir à deux, car le troisième ris, menaçait tout simplement de s'arracher. Le deuxième semblait encore le plus solide. Dire que tout ça n'était pas l'idéal serait un euphémisme. Mais encore une fois, il fallait faire avec. Malgré tout, l'humeur la plus joyeuse régnait à bord. Loin d'être démoralisés, mes deux équipiers montraient un dynamisme à toute épreuve. Ils avaient le don de voir le côté farce des choses, et il fallait bien reconnaître que notre situation, à force d'être lamentable, finissait par en être comique. De temps en temps, nous laissions traîner une ligne, sans trop y croire. Pourtant, un après-midi, nous avons ramené une énorme dorade sur le pont arrière, Liam et moi. Elle a amélioré considérablement notre ordinaire pour le moins « basique ». Un vrai plaisir de manger quelque chose de frais, pour changer ! La dorade fut dévorée jusqu'à l'arête avant le coucher du soleil.

Great Circle ne s'est pas aussi bien comporté que je l'avais espéré. Mais je ne doutais pas qu'avec de nouvelles voiles et un gouvernail adapté, ses performances s'améliorent de manière significative. La confirmation du sponsoring de Kingfisher avait mis la barre très haut. Du coup, je me sentais tenue, pour assurer notre avenir, non seulement de parvenir à une parfaite maîtrise du bateau, mais encore de faire une course aussi brillante que possible. J'étais d'autant plus inquiète en me rendant à cette évidence : *Great Circle* était fort peu adapté à la compétition.

Au bout d'une semaine, la moitié avant de la grand-voile commençait à se déchirer le long des coutures des lattes. La patience de chacun était poussée à bout : pour chaque point de réparation, il fallait soit pratiquer une « boutonnière », soit installer quelqu'un de l'autre côté de la voile pour tirer l'aiguille. Nous avons fini par coudre des bandes de toile tout autour de la voile, pour la maintenir en un seul morceau. On passait des journées entières à faire de la couture, ce qui déprimait sérieusement Chris et Liam, qui étaient partis pour une traversée de l'Atlantique, pas pour un stage d'apprentis tailleurs. Je culpabilisais un peu à leur égard, mais ils ont eu la gentillesse de ne pas se plaindre.

La décision a été prise de faire escale aux Açores, afin d'y remplacer la grand-voile. Mais alors que nous nous approchions de l'archipel, mon téléphone portable s'est remis à fonctionner pour la première fois depuis près d'un mois, ce qui m'a permis de faire part à Mark de mes hésitations : aux Açores, il faudrait attendre les voiles deux jours… Et si nous mettions directement le cap sur l'Espagne ? Ce serait plus facile pour Merv et Sam Davies, un nouveau membre de l'équipe, de nous apporter les voiles là-bas… La décision n'a pas été facile à annoncer aux deux autres : nous étions à un mille de Horta, aux Açores, et nous avions déjà dans la bouche le goût de la bière glacée…

La déception du moment a atteint des proportions douloureuses durant les jours suivants — les plus pénibles de tout le voyage. Il n'y avait plus un souffle de vent. J'ai écrit dans mon journal de bord :

> Épuisés et en piteux état. Mentalement au bout du rouleau, mais on s'accroche, encore et toujours. J'ai souvent été mise à rude épreuve, mais sans doute jamais comme maintenant. Combien de temps est-ce que ça va durer ? Tout ce que je sais, c'est qu'on ne peut jamais s'offrir le luxe de renoncer. Nous sommes pratiquement en vue des côtes européennes, et nous ne céderons pas avant d'y accoster tous les trois.

Quand nous sommes enfin arrivés en Espagne, la bataille était encore loin d'être gagnée. Ce soir-là, j'ai décidé de repartir pour le Royaume-Uni avec des voiles neuves. Il ne nous restait plus que treize jours pour être à Saint-Malo, au départ de la Route du rhum, en ayant entre-temps effectué des centaines de réparations, installé un nouveau moteur, et gagné l'Angleterre, puis la France.

Il fallait aussi que je fasse et que j'envoie quelques photos promotionnelles, avec mon premier polo Kingfisher — l'unique vêtement propre en ma possession. J'avais parlé à Merv deux ou trois fois depuis les Bermudes. J'étais folle de joie de le revoir.

En fin d'après-midi, Merv a eu Mark au bout du fil. Quand je repense à ce coup de téléphone, même avec le recul, j'en frissonne encore. Couchée sur le béton du parking, j'étais occupée à essayer de recoudre un gousset de latte. Merv m'a donné le téléphone et j'ai su qu'il se passait des choses graves quand Mark a attaqué :

— J'espère que tu es assise…

— Ne t'en fais pas, je suis même allongée.

Il fallait que je prenne le prochain avion pour Londres… Mark a continué à parler et ses mots avaient du mal à se frayer un chemin jusqu'à mon cerveau… Je me suis entendue lui répondre qu'il était fou… Je devais encore ramener le bateau pour faire une qualification [1] et je n'avais pas le temps de rentrer pour assister à Dieu sait quelle réunion…

Mon cerveau tournait à trois mille tours-minute et j'avais un peu de mal à comprendre ce qu'il me disait. Je ne ferais pas la Route du rhum avec *Great Circle*… Je m'attendais au pire ; j'avais déjà mal au ventre. La tête me tournait, tout se brouillait… Sans même que je sois au courant, Mark avait demandé à Kingfisher des fonds supplémentaires pour affréter *Aqua Quorum*, le bateau sur lequel Pete Goss avait

1. Pour la Route du Rhum *(N.d.T.)*.

fait le Vendée Globe, et venait à l'instant de recevoir l'accord. Il n'y avait pas de vol pour Londres avant le lendemain, et j'ai dû passer la nuit en Espagne. N'ayant plus besoin de travailler sur *Great Circle*, j'ai pu me détendre vraiment pour la première fois depuis des mois. Je n'avais rien d'autre à faire. Nous avons passé une soirée à discuter, heureux d'être ensemble, riant de choses qui, il y avait peu, représentaient des obstacles défiant l'imagination.

Au matin, j'ai pris le premier avion pour l'Angleterre, laissant Merv et les autres finir les derniers travaux sur *Great Circle*. Pendant le vol, j'ai été prise d'un accès de mélancolie en réalisant qu'après tout ce que nous avions vécu tous les deux, *Great Circle* et moi, nous ne ferions pas la Route du rhum ensemble. En même temps, j'avais conscience que nous n'avions pas d'autre solution : avec tout le retard accumulé, nous n'aurions disposé que de quelques jours en Grande-Bretagne pour finir les travaux dont le bateau avait besoin, rien que pour se qualifier. J'étais triste aussi pour Brian Hancock, qui avait dû renoncer à une course et voyait maintenant s'envoler ses espoirs de voir son bateau participer à une autre. Je lui ai écrit une lettre qui se terminait ainsi :

Je regrette sincèrement de ne pas avoir pris GC. J'étais triste, en me rendant à l'aéroport. Avec le temps, on s'attache sentimentalement à un bateau. Je n'ai jamais douté de sa force. Il est en harmonie parfaite avec la mer, et il est facile à manier.

La vie est pleine d'imprévus... Le problème, c'est que les objectifs sont RÉELLEMENT des rêves avec des dates limites. Il faut se battre comme des chiens.

Merci, Brian, pour toute ton aide.

Je resterai en contact.

Affectueusement,

Ellen.

13

Après avoir atterri à Londres, j'ai pris le train pour Southampton et je me suis arrêtée quelques heures à mon bureau de Cowes avant de retrouver Nigel Irens qui, le soir même, descendait dans l'Ouest en voiture. C'était une jolie coïncidence, et c'était formidable de pouvoir discuter avec quelqu'un qui comprenait tout ce par quoi nous étions passés. Nous avons roulé toute la nuit, nous sommes arrivés au petit matin devant le bureau de Nigel, à Totnes, il m'a déposée et j'ai dormi par terre.

En me réveillant le lendemain, j'étais fatiguée, mais survoltée. Pendant ma traversée retour de l'Atlantique, j'avais lu le livre de Pete Goss, mais qu'il me permette d'affréter *Aqua Quorum*, c'était une surprise totale. Pour cette course, j'avais retenu qu'Andy Hindley devait prendre la barre. Pourtant, Andy, qui faisait partie de l'équipe de Pete, n'avait pu trouver de sponsor. À mon arrivée, il était là, dans le hangar du bateau, en train de le préparer pour le départ. Je me suis mise à sa place : j'imaginais sa peine à l'idée de ne pas s'aligner pour la course.

Le voilier était désarmé depuis un certain temps, et il restait donc énormément à faire si l'on voulait qu'il soit fin prêt pour le départ. Le mât n'était pas monté, la quille n'était pas en place et il manquait une partie de l'électronique de bord, mais malgré cela, nous sommes parvenus à tout mener à bien et, quand enfin nous l'avons habillé de ses logos, il avait une allure fantastique. Je veillais à me reposer, tout en restant présente dans le hangar pour suivre les travaux importants que l'on y achevait. Il y avait aussi des interviews. Une équipe de télévision française, venue à Plymouth, a conclu l'entretien sur cette question : « Alors, Ellen, dites-nous, quelle est votre formule préférée, en français ? »

J'ai répondu, après un bref instant de réflexion : « À donf ! » Autrement dit, « à fond » en verlan, réponse dont s'est emparé le public français et qui est devenue le slogan de toutes nos campagnes.

Toute la semaine, nous avons été gênés par de violents coups de vent, mais juste avant notre départ pour Saint-Malo, *Aqua Quorum*, désormais rebaptisé *Kingfisher*, et moi sommes sortis avec Pete pour un essai de voiles dans la rade de Plymouth. Ça soufflait aux alentours de force 7, et je doutais que nous puissions remonter contre le vent, mais Pete connaissait bien le bateau, et nous avons filé à toute vitesse pendant à peu près une heure. À terre, notre équipe a été formidable, et l'équipe de Pete s'est montrée on ne peut plus efficace, ce qui m'a permis de prendre un peu de distance par rapport au bateau. J'avais du mal à ne pas être tout le temps présente — et en particulier à ne pas m'occuper de tous ces travaux moi-même —, mais je savais que les semaines à venir seraient rudes, et que c'était ma dernière occasion de consulter les cartes, d'étudier certains choix tactiques par rapport à la météo et de passer deux ou trois matinées avec Merv avant d'appareiller pour Saint-Malo. Merv devait rallier Cape Town par avion quelques jours plus tard, pour la prochaine escale de Mike Golding dans le Tour du monde en solitaire. J'aurais beaucoup aimé l'avoir ici avec moi pour cette dernière semaine avant le départ de la course.

Rien n'aurait pu me préparer à Saint-Malo — et à cette atmosphère précédant le départ. Je n'ignorais pas que la Route du rhum était un événement retentissant, mais la présence de ces milliers de personnes venues assister au départ m'a vraiment surprise. Au moment du départ, des voitures, garées pare-chocs contre pare-chocs sur des kilomètres, le long de toutes les routes d'accès, étaient toutes tournées vers la ville. Le quai accueillait trente-six voiliers, parmi les plus beaux que j'aie jamais vus, alignés côte à côte devant les pontons, décorés de drapeaux et illuminés par les projecteurs. Je me sentais vraiment privilégiée d'avoir ne serait-ce qu'une petite place parmi eux.

On ne m'avait encore jamais demandé d'autographe, mais ici, je ne pouvais sortir de ma cabine sans m'entendre appeler par mon nom. J'ai passé des heures à les signer, ces autographes, et j'avais du mal à m'éloigner devant tous ces gens qui me tendaient encore leur programme et leurs bouts de papier. Je me suis vite aperçue qu'en France, la voile est loin d'être un sport d'élite. Les gens venaient nous voir non parce que c'était leur passe-temps, leur marotte, mais parce que notre aventure leur plaisait, et qu'ils voulaient nous témoigner leur soutien en nous souhaitant « bon vent ».

À mesure que la semaine s'écoulait, je me suis rendue compte que je discutais avec les journalistes des heures d'affilée. Saint-Malo m'épuisait. J'avais de plus en plus de mal à me rendre quelque part, si ce n'est en cachette. Et plus la foule affluait en ville, plus la croissance des interviews semblait exponentielle. J'avais les yeux grands ouverts, avide que j'étais de m'imprégner de tout cela, mais il y a des limites à ce que l'on peut accepter avant d'arriver à saturation. Heureusement, l'euphorie liée au simple fait d'être là me permettait de tenir le coup, et Mark était dans la même situation. Son cerveau faisait des heures supplémentaires, il s'efforçait de jongler avec les demandes d'interviews et le temps qu'il devait consacrer à l'équipe, à discuter des ultimes réglages qu'il fallait opérer sur le bateau.

Je consacrais mon peu de temps libre à répéter diverses procédures d'urgence à bord et à apprendre le fonctionnement des systèmes électroniques et de la quille hydraulique avec Jim Doxey, un membre de l'équipe de Pete, qui avait travaillé sur la conception du bateau. Sur un bateau conçu pour un marin de plus d'un mètre quatre-vingts, il restait toujours des solutions à trouver — je n'arrivais même pas à atteindre certains des bloqueurs du mât et chaque fois je devais sauter jusqu'à eux. J'ai passé plusieurs soirées à étudier soigneusement les cartes météo avec Andrew Cape, le nouveau spécialiste de l'équipe, mais j'étais tellement fatiguée que j'arrivais à peine à garder les yeux ouverts. À première vue, ces cartes annonçaient presque toutes des mauvaises nouvelles — rien que des grosses dépressions, et en chaîne. Ça n'allait pas être facile ! Une télécopie de la météo portait la mention « Bombe » inscrite dessus en toutes lettres. Même Andrew Cape m'a avoué n'être encore jamais tombé sur un temps pareil. Super, me suis-je dit, on avait bien besoin de ça !

Ce jour-là, nous avons reçu nos premiers visiteurs de la société Kingfisher : le directeur général, Sir Geoff Mulcahy, et Mike Hingston, qui étaient tous deux présents lors de notre réunion initiale, se sont frayés un passage dans la foule pour monter à bord. Je ne savais pas si je devais leur serrer la main ou les embrasser, car j'étais consciente que sans leur

soutien, jamais nous ne serions arrivés aussi loin.
Geoff était très grand, mais, en dépit de son imposante stature, il demeurait tout à fait abordable.
Mike, qui était responsable des relations publiques
de la société, était aussi un de nos fervents supporters. Une fois qu'il s'engageait dans quelque chose,
on savait qu'il donnait tout ce qu'il avait. Geoff m'a
demandé comment je m'y prenais pour envoyer les
spinnakers, et tout en décrivant la manœuvre, je me
suis rendue compte que je n'en avais sorti de son sac
qu'un seul sur les quatre. Pourtant, je me sentais en
confiance, car c'était notre grande chance. J'étais
persuadée que le groupe Kingfisher avait des raisons
bien précises de nous soutenir, et cette pensée me
donnait de la force.

Ce soir-là, quand nous avons franchi les écluses
pour préparer *Kingfisher* au départ du lendemain, la
foule était déchaînée, et j'ai été parcourue d'un frisson de la tête aux pieds, devant les encouragements
chaleureux de tout le monde. Je leur ai adressé un
signe de la main en hurlant un «Merci, merci»
certes un peu pâle face à leur enthousiasme. Il était
presque minuit et il y avait là des milliers de personnes, littéralement, massées de part et d'autre de
l'écluse et sur les quais. Quand finalement je me suis
glissée dans mes draps, l'aube pointait. J'ai appelé
Merv en vitesse, avant de sombrer dans le sommeil.
J'étais fatiguée, mais encore détendue.

À 13 h 02, le coup de canon a retenti.
L'équipe au grand complet n'avait quitté précipitamment le bord que dix minutes plus tôt. C'était un
moment très fort, la récompense après des mois de
ténacité. Mark était incapable d'exprimer l'intensité
de ce qu'il ressentait. Il n'en avait pas besoin, cela
se lisait sur son visage. Nous avions réussi. Nous
étions sur la ligne de départ.

Après le coup de canon, pendant que les bateaux se bousculaient pour se positionner, c'était surtout notre sécurité qui me préoccupait. Il y avait des bateaux partout, et je n'avais pas envie de risquer une collision si près du départ. J'étais désormais en course, aux côtés d'une bonne partie des meilleurs navigateurs en solitaire du monde. Nous y étions. Mon tour était venu.

Le temps était brumeux et bruineux, mais heureusement le vent soufflait. J'avais pris plus au large que d'autres, et j'ai donc passé la première heure plus souvent seule qu'avec le reste de la flotte. Maman et papa, qui étaient arrivés la veille, étaient venus en zodiac me dire au revoir, avant de regarder leur fille gagner la haute mer en filant droit sur un coup de tabac. Je les ai aperçus une dernière fois avant qu'ils fassent demi-tour pour rentrer, et leurs visages trahissaient un mélange de fierté, de joie et d'inquiétude.

Ils ont bien failli ne pas rentrer du tout, car leur bateau est tombé en panne pile sur la trajectoire du trimaran de Mike Birch, et les injures assez compréhensibles proférées durant les manœuvres d'évitement de Birch comptent assurément parmi leurs souvenirs les plus marquants de cette journée.

À l'approche du cap Fréhel, nous étions encore entourés de bateaux de spectateurs, depuis de minuscules canots de pêche jusqu'aux bateaux de croisière chargés de familles entières et autres ferries transmanche. Tous nous hurlaient leurs encouragements. Au sommet des falaises du cap Fréhel aussi, des gens enthousiastes s'étaient alignés, qui clamaient tous : « Allez, Ellen ! », ou « À donf ! ». J'en avais les larmes aux yeux, et du mal à contenir mon émotion. Les compliments et les encouragements n'avaient plus de fin. Ces gens étaient fiers de nous, ils semblaient comprendre toute la tension que nous avions vécue ces derniers mois, et leurs sourires, leurs vœux amicaux me persuadaient que tout ce travail en valait la peine et que tout se passerait bien.

Le premier soir, à minuit, la brise avait déjà forci. Le baromètre avait chuté et le vent sifflait dans le gréement. Le changement de voile sur la plage avant s'est avéré une opération redoutable. *Kingfisher* faisait de son mieux pour coller à la surface des flots, tandis que je tâchais, moi, de me cramponner. Chaque fois que la coque se cabrait, j'essuyais de vrais coups de boutoir, j'étais sans arrêt projetée contre le pont, plaquée violemment en suivant dans ma chute le mouvement de la vague précédente — c'était sans appel. À chaque impact, je fermais les yeux et je serrais les dents, en m'accrochant aussi fermement que possible. J'ai tout tenté pour essayer de calmer le bateau, mais les vagues étaient énormes, et aussi bien dans la montée, quand nous foncions droit dessus, qu'ensuite dans la descente, cela faisait mal.

La leçon était rude — le bateau de Pete avait une différence avec le reste de la flotte : il n'était pas équipé de voiles d'avant montées sur enrouleur, que l'on peut rouler en sécurité, grâce à un cordage depuis le cockpit, au lieu d'être obligé de manœuvrer sur la plage avant. Par gros temps, le travail sur le pont est assez ardu, et Pete était évidemment plus costaud que moi. Pour le Vendée Globe, il avait choisi l'option de la fiabilité en ne retenant pas les enrouleurs — et il était dommage de ne pas avoir eu le temps de les monter avant le départ de la course.

Les premiers jours, le vent a continué de forcir, et le troisième jour j'étais en train d'envoyer le tourmentin quand j'ai perdu l'équilibre avant d'aller me cogner la tête contre l'étai fait d'une tige d'acier. Résultat : une bosse et une étrange nausée. Peu de temps après, le franchissement du front froid nous a apporté un vent de quarante-cinq nœuds, avec de violentes rafales jusqu'à cinquante-cinq nœuds. La situation était irréelle et folle : le simple fait de s'accrocher à l'intérieur du bateau m'obligeait à puiser dans toutes mes ressources. Les provisions étaient projetées dans la cabine avec les conteneurs d'eau et les pièces de rechange, et j'essayais de rattraper les objets au vol pour les ranger dans leurs boîtes. Mes mains me piquaient, j'avais l'œil enflé, et mes poignets étaient déjà couverts de plaies à vif. La course Québec-Saint-Malo avait été très dure physiquement, mais ce n'était rien comparé à cela. Les conditions météo étaient si mauvaises que Mark Gatehouse, un Anglais, navigateur en solitaire expérimenté, ami d'Alan Wynne-Thomas, avait été projeté à travers sa cabine et s'était fracassé les côtes, ce qui l'avait contraint à faire demi-tour.

L'aube m'a accordé un peu de répit. Après la nuit glaciale, la température de mon corps est un peu remontée. J'étais en nage à chaque changement de voile épuisant, mais dès que je m'arrêtais, je me refroidissais au point d'en avoir des frissons. Il était quasiment impossible de trouver le sommeil — j'en grappillais quelques tranches de dix minutes, interrompues par le froid.

> *Reçu le : 9/11/98 2 h 50*
> *Envoyé le : 9/11/98 6 h 34*
> *De : Kingfisher, 423420410@c-link.net*
> *Je suis au maximum mais tout est O.K. sauf frissons insupportables. Combinaison de survie est une aubaine. 45 nœuds et plus. La plage avant c'est l'enfer !*
>
> *La nuit dernière c'était dur, tellement froid. Quand mes yeux se fermaient de sommeil, je les rouvrais en tremblant. Prise de décision difficile, gréer le tourmentin hier soir sur le pont*

c'était comme d'escalader l'Everest. Je lutte
contre le froid et je suis sans énergie. J'arrive
à peine à taper les lettres, merci pour mes-
sages. Tombe super bien! Baisers à mam et
pap. Baisers d'une E. toute cabossée (contente
quand même d'être partie!)! Exx.

À peine deux jours plus tard, les conditions météo
se sont encore détériorées. Non seulement il était
difficile de tenter quoi que ce soit, mais en plus
c'était douloureux. J'avais les mains à vif et enflées,
ma tête me faisait mal — et encore plus à chaque
gifle d'eau glacée qui me coupait le souffle quand je
passais à l'avant pour changer les voiles. Il devenait
de plus en plus évident que le bateau avait été conçu
pour Pete Goss. Ces changements de voile étaient
un travail dur et brutal. Chaque fois que c'était le
moment d'en changer une, je la tirais, je m'attachais
et je m'accrochais de toutes mes forces. Les vagues
déferlaient continuellement sur les passavants ; il
n'était pas rare qu'elles me balayent de plusieurs pas
en arrière, ma voile et moi, et il fallait que je tienne
bon et que j'accroche encore plus fermement la
sangle qui saucissonnait la voile. Souvent, tout en
traînant la toile, je criais à gorge déployée pour me
décharger partiellement de mon exaspération et puiser la force d'aller jusqu'au bout. Une fois à l'avant,
je devais encore endrailler la voile, un mousqueton
après l'autre, les doigts gelés. Après chaque changement, je m'effondrais dans l'un des petits sièges
du cockpit, à l'abri des embruns, je fermais brièvement les yeux et je tâchais de récupérer.

Au bout d'une semaine, le calme est progressivement revenu et, le dos endolori, les poignets et les
doigts gonflés, j'ai pu enfin retirer ma combinaison
de survie pour la première fois. Si ce fut un mer-

veilleux moment de soulagement, l'odeur, elle, n'avait rien de merveilleux !

Reçu le : 14/11/98 15 h 23
Envoyé le : 14/11/98 17 h 50
De : Kingfisher, 423420410@c-link.net.
SALUT... O.K., de mes nouvelles, mais d'abord... un immense merci. Jamais de la vie je n'aurais pu me trouver ici sans toi, j'ai beaucoup réfléchi ces derniers jours, et pour le moment je n'ai pas grand-chose d'autre à te proposer, à part mes remerciements éternels, et gagner cette foutue course !

e xx

Quatre heures à 12-19 nœuds ! Formidable de voir Kingfisher *filer comme une locomotive. On est calés ici au milieu des autres 60 pieds Open, et visiblement nous sommes les deux plus petits spécimens de toute la flotte,* Kingfisher *et moi !*

Fantastique de pouvoir le piloter, et pas seulement de survivre ! Les tempêtes de la première semaine étaient horribles, et maintenant j'ai eu l'occasion de marcher normalement sur le pont, et pas uniquement de ramper, et de pouvoir poser quelque chose quelque part sans que ça finisse dans les fonds ! Aujourd'hui, j'ai rangé dans les boîtes de réserve, sous l'ancre et derrière les couchettes, toute la nourriture que j'ai pu ramasser. Pendant la tempête, toutes les boîtes de provisions ont traversé la cabine au moins six fois, en répandant leur contenu un peu partout ! Faut que j'y aille.

exx
baisers
e
xxx

Après un passage sans un souffle de vent autour des Açores, éprouvant pour les nerfs, le pire restait à venir.

Retour dans la combinaison de survie. C'était la quatrième dépression — en dix jours de course. Nous avons eu des vents atteignant soixante-cinq nœuds sur le pont, et avec le passage du front froid une force constante à cinquante-cinquante-cinq nœuds, que je n'ai pas trouvée franchement bienvenue. Tirer des bords par un vent si fort, c'était intéressant. Dans la danse du bateau menée par les vagues, le timing de la manœuvre avec la quille pivotante jouait un rôle vital. Il était prévu que le vent bascule au nord-ouest au passage du front froid, et cela marquerait le début de notre descente jusqu'à la Guadeloupe (ou du moins c'était ce que nous pensions).

C'est après cette quatrième dépression que la catastrophe s'est produite. Je traversais un sale moment, car j'avais consacré cinq heures d'une nuit à trente-cinq nœuds à recoudre la chute d'une trinquette. Un mousqueton s'était ouvert, et du coup la chute faseyait. J'étais épuisée, les vagues qui venaient se briser sur la coque devenaient peu à peu visibles dans la lumière du jour naissant, et mes doigts saignaient à force de me piquer. Ravie d'en avoir fini avec ce travail, je suis descendue chercher un petit en-cas — c'était presque le moment de renvoyer la trinquette. Alors que je fouillais dans une des boîtes de provisions, j'ai remarqué qu'il y avait de l'eau sur le sol — il y en a toujours un peu à cause des infiltrations. Mais là, cela me semblait un peu trop. J'ai vérifié à l'avant et j'ai eu le choc de constater que c'était également inondé. J'en avais jusqu'aux chevilles : le panneau avant avait dû s'ouvrir au cours des dernières heures.

J'ai décidé de tout écoper avant de changer les voiles, et j'ai donc commencé par assécher l'ensemble des compartiments, l'un après l'autre. J'ai fermé hermétiquement le panneau avant et, tout en m'efforçant de conserver mon équilibre dans les mouvements monstrueux du bateau, j'ai sorti quelques seaux bien pleins du compartiment avant.

Je me suis dit qu'il fallait aussi contrôler le compartiment arrière, au cas où l'eau aurait fui par le joint de la mèche de gouvernail. J'avais déjà rencontré ce problème plusieurs fois, et j'ai décidé d'écoper à l'arrière avant de passer au compartiment avant. À l'arrière, ça représentait l'équivalent de quelques seaux, mais la tâche était épuisante, à cause des énormes mouvements de bascule. Sous cette nouvelle direction du vent, nous naviguions face aux vagues et le bateau avait donc du mal à coller à la surface de l'eau. J'étais projetée vers le pont, avant d'être plaquée au fond de la coque, et l'eau que j'écopais dans le seau n'y restait pas longtemps. Je partais en glissade et je jurais chaque fois qu'elle se répandait sur moi avant que j'aie pu la vider, et si ce n'était pas le contenu du seau, c'était une vague qui s'abattait par l'écoutille quand je l'ouvrais pour le vider.

Subitement, je me suis aperçue que quelque chose clochait. *Kingfisher* penchait de plus en plus, et j'entendais le moteur qui pilotait la quille pivotante tourner à vide. Je suis sortie par l'écoutille et j'ai traversé le pont, de plus en plus penché, en me raccrochant partout où je le pouvais, jusqu'au cockpit. J'ai mis *Kingfisher* au portant pour le redresser autant que possible, réinitialisé le pilote automatique et je suis retournée en bas, entamer ma formation accélérée en hydraulique de pointe.

Mon premier appel un peu paniqué a été pour

Mark. Il m'a répondu depuis un salon de l'équipement nautique, à Amsterdam.

« Je sais que tu vas t'en sortir. »

Il n'avait pas dit grand-chose, mais cette confiance qu'il me témoignait était rassurante.

Après avoir fermé les vannes de la dernière chance, j'ai constaté que la quille remuait toujours autant et, après une séance fastidieuse de dévissage d'au moins quarante boulons, j'ai enfin réussi à démonter le bon capot. Aussitôt, le problème m'a sauté aux yeux : le logement de la quille était noyé dans des litres d'huile. Un tuyau du circuit hydraulique avait éclaté et le mécanisme proprement dit était complètement purgé, et inerte. J'ai appelé Merv, qui était en Afrique du Sud avec Jim Doxey, à l'escale de *Around Alone* de Mike Golding. C'était Jim qui avait conçu le système, et il a discuté avec Merv de la marche à suivre. Même si nous avions inspecté le dispositif avant le départ, le problème auquel nous étions confrontés était évidemment plus critique, et il m'était difficile de comprendre exactement la place de chaque élément, d'autant plus que j'étais très fatiguée. Au bout du compte, il n'y avait qu'une solution, et je m'y suis donc attelée tout de suite.

J'ai commencé par remplir de nouveau le réservoir de dix litres, cuillerée après cuillerée, avec l'huile de rechange que j'avais à bord. J'étais couchée sur le dos, en combinaison de survie, sur un bateau qui roulait. J'étais maculée d'huile et j'avais de la graisse de soupapes plein les mains. Il y avait encore de l'eau dans la cabine, et mes réserves de nourriture flottaient çà et là. Tout cela semblait si bizarre que j'ai fini par n'en voir que le côté amusant. Nous étions dans de beaux draps !

Cinq heures plus tard, j'avais une quille coincée en position centrale et j'étais de nouveau en situation de course. Et, malgré cette quille devenue moins efficace et un manque relatif de stabilité, sur les quatre relevés de position suivants, nous avons établi la moyenne la plus élevée de toute la flotte.

Après ce désastre, j'ai effectué l'habituelle inspection complète du bateau et j'ai découvert, non sans inquiétude, une fissure dans la cloison avant, qui partait d'un orifice d'évacuation situé à sa base. Je suis montée sur le pont et j'ai ralenti l'allure, puis suis restée assise à proximité de la fissure pour voir si elle évoluait. Je n'ai rien remarqué, mais l'allure réduite du bateau l'amenait à taper davantage. J'ai marqué les extrémités de chaque fissure afin de pouvoir en surveiller l'évolution, puis j'ai graduellement augmenté la voilure jusqu'à ce que *Kingfisher* retrouve son aisance. Avant la tempête, je m'étais rendue dans le compartiment avant pour m'assurer que tout allait bien, donc cette fissure s'était forcément déclarée peu de temps avant que je ne la repère.

Avant l'avarie de la quille, je me situais quelques milles derrière l'un des 60 pieds de la compétition. Mais il est facile de perdre du terrain, et diablement plus compliqué de le rattraper. La fatigue et la chaleur étaient problématiques, mais le plus difficile de tout, c'était quand le vent tombait, entre deux dépressions. Un jour, nous étions en pleine tempête, et le lendemain nous avions un bateau qui avançait péniblement à cinq nœuds, avec un filet de brise capricieuse. Je trouvais ça incroyablement frustrant et, dans ce genre de temps, j'ai dû apprendre à adopter une approche plus pragmatique. Il ne tenait qu'à moi de mieux comprendre pourquoi et comment le vent tombe, pour en tirer le meilleur parti possible. Les courses peuvent vraiment se gagner et se perdre dans le petit temps.

Hier, c'était terrible. Vraiment pas de vent. 23 changements de voile — des focs aux gennakers… Travaillé dur sous un soleil brûlant et sans vent. L'évidence m'a sauté aux yeux : je n'étais pas à bord d'un 60 pieds, mais d'un 50 pieds. Pendant quatre heures, il ne s'est littéralement rien passé, pendant que la dépression était sur nous. Je me demande si le reste de la flotte a eu droit au même traitement.

Je reste assise, désespérée, pendant que les relevés de position indiquent que les autres avancent. Moment idéal pour réfléchir à des choses très, très lointaines…

J'avais encore les mains à vif, douloureuses, criblées de plaies et de croûtes à cause du sel et, dans la chaleur et l'immobilité, la sueur, en dégoulinant sur la moindre écorchure, me piquait. Même la tâche la plus simple, comme de rester assise, devenait une corvée désagréable !

Dieu merci, pour les derniers jours de route vers la Guadeloupe, nous avons bénéficié d'une bonne brise. À quelques milles de l'arrivée, j'ai reçu un message de Robert Nickerson, mon vieil ami de Hull. Je me suis demandé ce qui pouvait bien l'amener à me contacter à bord. J'ai composé le numéro qu'il m'indiquait, et c'est lui qui m'a répondu.

« Où es-tu ? m'a-t-il demandé sur un ton amical et familier.

— Dans une course qui s'appelle la Route du rhum.

— Ça, je connais, j'en ai entendu parler… quelle est ta position ? »

En plein tour du monde à bord de *Panic Major*, Robert venait à ma rencontre ! Il m'avait contactée plus tôt, durant la pénible dernière journée, quand je dérivais sans brise, dans l'axe de l'île, qui nous déventait. Presque tous les concurrents se sont laissés surprendre à cet endroit, hors d'atteinte de la ligne d'arrivée, et je n'ai pas fait exception. J'ai franchi la ligne plus tard, après la tombée de la nuit.

Les coups de trompe et de sirène ont retenti, et une flottille de bateaux de toutes tailles est sortie nous accueillir. Après cette dernière journée passée encalminée, tout ce bruit et cette couleur réchauffait le cœur ! Et non contents d'avoir gagné dans notre catégorie — les cinquante pieds —, nous n'étions battus que par quatre 60 pieds sur les douze engagés au départ. L'architecte de *Kingfisher*, Adrian Thompson, et Pete Goss avaient construit un 50 pieds Open capable de faire jeu égal avec des 60 pieds.

L'issue était vraiment très différente, cette fois, de celle de la Mini-Transat. J'étais tout à fait prête à quitter ce bateau. Je lui ai flatté l'encolure pour lui adresser un au revoir et un grand merci, en étant pleinement consciente d'avoir piloté le bateau de Pete. Je m'étais un peu sentie comme une invitée à son bord — une invitée chanceuse. C'était un magnifique voilier. J'en suis descendue encore toute collante de sueur, après nos ultimes heures de combat. Mis à part sous la pluie, je ne m'étais pas lavée depuis vingt jours et j'avais le visage tout endolori de coups de soleil. Mais si j'avais une mine radieuse, ce n'était pas seulement à cause de la chaleur, mais aussi de soulagement.

Dès que les choses se sont un peu calmées, je me suis faufilée avec Mark et me suis installée cinq minutes dans sa voiture de location, d'où j'ai passé un coup de téléphone. Je délirais presque de fatigue, mais je gardais les yeux grands ouverts, et m'imprégnais de l'atmosphère. Mark m'a annoncé que nous nous rendions dans un hôtel pour y donner une conférence de presse et, tandis que nous filions dans les rues, en pleine nuit, j'ai posé la tête contre la vitre de la portière.

14

Après la course, nous sommes restés en Guadeloupe moins d'une semaine, malgré nos retrouvailles avec Robert, Marie et Pipo. Les réactions à ma performance dans la Route du rhum ont été extraordinaires. La quantité de messages de félicitations que nous avons reçus par e-mails et par télécopie m'a réellement ouvert les yeux sur le nombre de gens qui avaient suivi notre périple.

> *A : e.macarthur@rhum98.com*
> *Objet : Félicitations !*
> *[En anglais dans le texte] Vous êtes la fille anglaise de la course.*
> *On ne vous connaît pas mais on est heureux de vous dire « bonjour ».*
> *Sincèrement.*
> *Famille Macabies*
> *(Nous vivons dans les Alpes.)*

Et

> *De : AMCO*
> *À : La Reine Ellen et le Roi Turner*
> *Bravo les Glaouchs [argot breton qui désigne les Anglais] — vous avez vraiment*

montré de quoi vous étiez capables aux Fran-
çais, et au reste du monde! Bonne chance pour
vos projets futurs.
A + Thierry

Il y avait aussi un fax rédigé à la main, expédié par une petite société de services aux entreprises, dans le Derbyshire :

Félicitations
Bravo!
Affectueusement de la part de tout le monde
À la maison y compris
Mac
Du vrai cran à la MacArthur
De bout en bout et de la tête aux pieds.

La course a marqué un tournant non négligeable sur bien des plans. Notre futur à Mark et à moi dépendait de la manière dont nous franchirions l'épreuve, et maintenant nous étions confrontés à l'obligation de repartir de zéro : pour nous aligner dans le Vendée Globe, il nous fallait un bateau, une équipe ainsi que des sponsors, et la société Kingfisher ne s'était pas engagée au-delà de la Route du rhum. Dès le début, nous leur avions proposé le projet Vendée Globe, et nous nous demandions si nous avions déployé suffisamment d'efforts pour les convaincre de continuer de travailler avec nous. Après la Route du rhum, une photographie de *King-fisher* prise à l'arrivée est parue en première page du *Times*. Dans nos rêves les plus fous, je ne pense pas que nous aurions cru cette course susceptible de nous apporter pareil niveau de reconnaissance. Nous savions que nous tenions une histoire forte, mais ça ne constitue jamais une garantie. Nous avons pris cela comme un signe incroyablement positif. C'était une preuve que nous avions choisi la bonne manière de communiquer sur notre aventure, et que la voile pouvait prétendre aux premières pages pour de bons motifs. Malheureusement, mis à part les arrivées triomphales de Sir Francis Chichester, Sir Chay Blyth et Sir Robin Knox-Johnston, la navigation en solitaire, au Royaume-Uni, était trop souvent à la une seulement quand les choses tournaient mal. Mais nous savions que *Kingfisher* décrocherait la lune, à son tour. Comme tremplin pour l'avenir, le Rhum n'aurait pas pu mieux nous servir. Mark et moi, nous étions convaincus de tenir en *Kingfisher* un ensemble unique : la relation fonctionnait bien, la formule aussi, et la publicité avait été exceptionnelle, en France comme au Royaume-Uni.

Je sentais bien que l'une des plus grosses difficultés aux yeux du groupe Kingfisher était la responsabilité qu'ils prenaient en expédiant une jeune femme de vingt et quelques années dans une course autour de la planète, et que cela les préoccupait vraiment. Je comprenais leur point de vue et je savais qu'un article, dans lequel un navigateur en solitaire de premier plan expliquait que je ne devrais pas concourir dans le Vendée Globe, y était pour beaucoup. J'en avais parlé avec d'autres marins qui avaient pris part à la course, et je savais que certains d'entre eux considéraient que je devais m'aligner en catégorie 50 pieds, et non en 60 pieds. Mais j'avais effectué deux transatlantiques à bord de voiliers de soixante pieds, et je savais que la taille ne serait pas un problème. Tout au fond de moi, je savais également que, quoi qu'il arrive, je serais au départ du prochain Vendée Globe, avec ou sans le groupe Kingfisher. Je portais la course en moi, et il fallait que j'y participe. Mais si les choses devaient se faire, il allait falloir avancer très vite — nous devions fabriquer le bateau d'ici l'été.

C'était le moment d'écrire une lettre sincère pour

informer Kingfisher, en des termes sans ambiguïté, qu'en aucun cas je ne me lancerais dans l'épreuve si je n'étais pas prête, et qu'aucune pression ne s'exerçait pour me pousser à concourir dans le Vendée Globe, en dehors de celle que je m'imposais à moi-même.

Chers Geoff & Michael,

J'ai passé ma vie à rêver de l'océan, et depuis 1994 je n'ai rien fait d'autre que naviguer. C'est ma passion, ma vie, et sans aucun doute c'est aussi mon avenir.

La Route du rhum était une course exigeante, autant les conditions météo que le bateau l'ont rendue très éprouvante, mais c'est aussi devenu le plus extraordinaire des terrains d'expérimentation...

J'ai l'intime conviction que je peux y arriver. Avant le départ, j'avais très peu navigué sur ce bateau, j'ai appris tout du long, de bout en bout, et même si je me suis un peu débattue, je ne me suis jamais sentie perdre pied. Je suis une dure à cuire, pas quelqu'un qui renonce. C'est pourquoi je me lance, à vingt-deux ans, dans la course océanique en solitaire.

Il existe de réels dangers, nous les connaissons tous pour en avoir vu des exemples, mais je crois avoir une approche très raisonnée. Alors je vais me lancer, pas seulement pour Kingfisher, mais aussi pour ma famille et mes amis.

En dehors des aspects strictement nautiques, le travail des relations publiques avec Mark et Gwenola a été un succès. Je me suis prouvé à moi-même que je pouvais communiquer, même quand la situation se gâtait, et le monde extérieur a eu l'occasion de suivre activement notre progression. Tout cela a conduit à une explo-

*sion, aussi bien dans la presse anglaise que
française. Cela nous a tous sidérés, et je ne vois
pas pourquoi nous n'aurions pas d'autres
sujets d'étonnement, dans le futur.*

*Faire partie d'une équipe aussi fantastique,
travailler avec des gens aussi enthousiastes,
c'était un réel plaisir...*

*Je vais naviguer peut-être seule, mais, sans
une équipe partante à fond, rien ne serait possible. Je peux y arriver — tout comme nous
pouvons y arriver ensemble.*

*J'ai ça en moi, courir le Vendée Globe... Je
serai sur cette ligne d'arrivée.*

Que puis-je ajouter d'autre, si ce n'est :

*Merci à vous tous, chez Kingfisher, pour
votre soutien jusqu'à ce jour.*

Ellen

Je n'avais jamais écrit de lettre visant à me vendre
avec autant d'aplomb que cette fois-là, mais je
savais qu'elle devait montrer à quel point j'étais sûre
de moi, sûre d'y arriver, et combien j'étais déterminée. Nous n'avions plus qu'à attendre de voir quelle
serait leur réponse.

Après la course, notre séjour à Paris a été remarquable pour deux raisons. J'ai été surprise et touchée
d'apprendre que l'on m'avait nommée « jeune espoir
de la voile[1] ». J'ai prononcé mon premier discours
en français, avec un petit coup de pouce de Gwenola
sur le front de la traduction, ce qui m'a donné l'occasion de m'adresser à des centaines de personnes
lors d'un immense dîner. Tous les autres lauréats de
ce trophée portaient des noms français. Cela donnait
une mesure supplémentaire de l'impact de notre
campagne dans la Route du rhum.

1. En français dans le texte.

Mais l'événement le plus marquant a été le coup de téléphone de Kingfisher confirmant qu'ils seraient notre sponsor pour deux années encore. Mark et moi traversions une rue animée de Paris, lorsque nous avons pris cet appel sur le portable. Le temps d'atteindre le trottoir d'en face, cette nouvelle avait transformé nos vies à tous les deux pour toujours. Ce nouvel accord de parrainage signifiait que nous étions désormais tous deux devenus des professionnels, à tous égards. Ce qui impliquait aussi des obligations. Nous avions toujours prétendu pouvoir offrir davantage à un sponsor que la simple apposition de ses logos sur le bateau. Nous voulions former un partenariat, et cela voulait dire que nos engagements auprès de Kingfisher allaient représenter une partie essentielle de la préparation au Vendée Globe.

À Noël, je suis retournée dans le Derbyshire tandis que Mark prenait le chemin de l'Australie, avec un contrat de travail d'un mois qui lui a permis de participer à la course Sydney-Hobart. J'avais acheté une carte de Noël pour la lui envoyer, mais j'ai été longue à la poster, et j'ai donc inclus le message de cette carte dans mon e-mail pour les fêtes :

> *Mark,*
> *Juste pour t'envoyer le plus grand des mercis électroniques possibles !*
> *Elle a été sacrément dure, celle-là, et nous sommes tous les deux fatigués.*
>
> *On ne peut pas croire à la moitié de ce qu'on entend raconter, on ne peut pas croire à la plupart des choses qu'on lit, mais on peut croire à tout ce que l'on fait... On y sera, là-bas...*
> *Message de la carte de Noël que j'avais achetée pour toi !*

« Pour Noël, j'allais te donner de l'argent...
(*TOURNER LA PAGE*)

« Mais la police m'a tirée de la fontaine avant que j'aie pu réunir une somme correcte ! »

Plus pour trop longtemps ! ?...

Affectueusement, mes meilleurs, meilleurs vœux,

Bonne traversée, porte-toi bien,

E

Xx

La course Sydney-Hobart de Mark a tourné au rappel tragique de l'immense puissance des mers du Sud quand elles se déchaînent. Une tempête exceptionnelle s'est soudain déchaînée, réduisant en miettes quantité de bateaux et causant de terribles pertes en vies humaines. Mark a fait partie des chanceux.

Pour moi, les fêtes se sont terminées dès le lendemain de Noël, lorsque je suis descendue en voiture à Plymouth, jusqu'à la marina où *Aqua Quorum* était désormais amarré, après avoir été ramené à son port d'attache. J'ai passé une journée à bord pour le nettoyer, en sortir nos affaires et le laisser fin prêt pour que Pete reprenne la main. J'ai fait tout ce que je pouvais, et empaqueté tout, en laissant tourner le moteur pour chauffer un peu la cabine. C'était un ultime et assez triste au revoir à ce bateau, alors que je me débattais sur le ponton, dans la bruine, avec mes derniers cartons. Pete était contrarié par cette fissure que j'avais découverte dans le panneau avant, et par les dégâts consécutifs à une collision nocturne, mais ce qui m'a le plus heurtée a été sa façon d'insinuer que j'avais trop poussé le bateau. Je me suis rassurée en me disant que j'avais aussi bien veillé sur ce bateau que sur tous les autres à bord desquels j'avais navigué — autrement dit en pensant au bateau avant de penser à moi. Je comprenais la réaction instinctive de Pete à ces dégâts causés par des conditions météo extrêmes. Moi aussi, à sa place, j'aurais été blessée. C'était vraiment dommage, car nous aurions dû fêter cela ensemble, et j'espère encore que ce jour viendra.

Dès la journée d'inauguration du Salon nautique international de Londres, en janvier, nous avons annoncé, sur le podium central, que Kingfisher allait parrainer notre campagne du Vendée Globe, en assurant la totalité du financement. Nous étions là, devant les journalistes, et mes genoux tremblaient. Ça y était vraiment, nous étions au début de notre rêve. Notre relation avec Kingfisher s'est bâtie jour après jour, à travers la programmation, la préparation et l'organisation du projet, et je trouvais à la fois motivant et gratifiant de prendre part à toutes ces manifestations. Nous avons également exposé le projet devant différents départements de l'entreprise, ce qui nous a d'abord conduits, Mark et moi, en Allemagne, où nous avons pris la parole devant un auditoire de directeurs généraux. Mon genou droit s'est remis à trembler, et j'avais la bouche si sèche, à force de trac, que j'ai eu du mal à terminer mon intervention. Leur soutien et leur foi en nous étaient absolus, et nous avons mis un certain temps à mesurer les implications de notre partenariat avec eux. C'était bien simple, cela changeait tout — ce que nous pouvions réaliser, comment nous allions le réaliser et ce à quoi nous pouvions aspirer. Il nous importait qu'ils le sachent — nous voulions leur signifier à quel point une offre aussi généreuse était susceptible de transformer la vie de ceux à qui elle était destinée. Et qu'ils sachent aussi que nous ne tenions jamais rien pour acquis.

Mark et moi, nous n'avons pas tardé à prendre la décision majeure de cette année-là : qui allait concevoir le nouveau *Kingfisher 60 pieds*. Il ne s'agissait pas seulement de trouver celui qui nous dessinerait le bateau le plus rapide de tous. Le Vendée Globe est réputé pour sa longueur, en distance comme en durée, et le bateau que l'on aligne au départ se doit d'être solide, sûr et fiable — votre vie en dépend.

Initialement, nous avions expédié un document d'appel d'offres à une foule d'architectes navals, et nous avons épluché leurs réponses dès réception. Toutes ces propositions étaient crédibles, et les éliminer pour finalement ne retenir que les deux dernières a été difficile. L'une de ces deux propositions émanait de Marc Lombard, un architecte français, et l'autre d'une équipe réunissant le groupement d'architectes Owen & Clarke, Rob Humphreys et Giovanni Belgrano. Le choix a donc été rude, mais la démarche de cette dernière équipe, avec son énorme fonds de connaissances dans laquelle puiser, était extrêmement séduisante. Notre seul souci, c'était que l'Owen d'Owen & Clarke n'était autre que Merv, qui avait monté cette société des années auparavant, avec son associé Allen Clarke. Mais nous savions qu'il existait peu de gens disponibles possédant une connaissance aussi approfondie des 60 pieds modernes et, en arrêtant notre décision, nous avons jugé que notre relation personnelle nous aiderait à concevoir un bateau encore meilleur. Merv était un passionné, et il avait déjà laissé entendre qu'il était disposé à superviser la construction du nouveau bateau. C'était un atout essentiel. Nous voulions parvenir à un résultat quelque peu inédit et, s'il n'était pas dans nos intentions de prendre trop de risques sur le plan de la création, nous ne souhaitions pas non plus aboutir à un clone des autres bateaux. Avec l'arrivée de l'ancien vainqueur du Vendée Globe,

Alain Gautier, l'équipe est devenue le « Kingfisher Design Team ».

Le processus de prise de décision a été stressant. En dehors du bureau, je n'avais pas du tout discuté de mes conceptions avec Merv, et cela n'a pas été facilité par notre emménagement dans le même appartement. Je crois même que, dès ce stade, le projet avait commencé de nous entamer. Et si notre relation contribuait peut-être au soin et à l'attention incroyables portés à chaque détail, dont la traduction est si manifeste à bord de *Kingfisher*, cela nous imposait aussi les prémices d'une forte tension.

Nous avons également arrêté la décision de construire *Kingfisher* en Nouvelle-Zélande. J'avais effectué un bref voyage là-bas, pour rejoindre Merv, fin janvier. Il s'y trouvait dans le cadre de la campagne du Groupe 4 de Mike Golding, avant que ce dernier ne s'échoue au large de l'île du Nord, ce qui avait mis un terme à sa participation à Around Alone. J'étais instantanément tombée amoureuse de ce pays et de ses habitants. L'autre attrait, c'était la formidable industrie nautique néo-zélandaise. Réfléchissant à haute voix, Merv avait pensé que ce serait un endroit idéal pour y construire un 60 pieds Open, et nous nous sommes rendus compte que ce serait pour moi une grande source d'expérience de le barrer jusqu'en Europe.

Au début, nous avions jugé la Nouvelle-Zélande trop éloignée du siège de Kingfisher, mais après plus ample réflexion, l'idée nous a paru très judicieuse. Si nous parvenions à construire le bateau en respectant le calendrier du chantier, le voyage du retour de Nouvelle-Zélande constituerait un test en mer idéal pour le bateau, et une occasion pour moi de l'expérimenter, mais aussi de m'accoutumer aux mers du Sud. Sans compter un atout supplémentaire : la Nouvelle-Zélande accueillait la Coupe de l'America. Non seulement ce serait fantastique d'être sur place et de suivre les régates, mais le pays grouillerait de journalistes venus du monde entier.

En avril, quelques visages nouveaux s'étaient associés à l'équipe. Mary Ambler nous a rejoints pour se charger d'une partie du travail de relations de presse qui, avec le lancement de la campagne Vendée Globe, s'était énormément développé, Dana Bena est venue s'occuper de la logistique, et Ian McKay, un concepteur graphique, a commencé de faire des étincelles avec les logos et les dossiers de presse. En janvier, nous avions annoncé que je courrais le Vendée Globe, mais à présent nous lancions le projet dans ses moindres détails, en précisant quels seraient notre équipe d'architectes, le site de construction et le programme de mise au point, et en conviant des journalistes français au Royaume-Uni. Nous voulions que tout le lancement se déroule de la manière la plus professionnelle possible.

On nous a posé beaucoup de questions sur nos espoirs dans cette aventure, sur nos possibilités dans la course, et sur ce point nous n'avons plus mis l'accent sur les mêmes aspects que les mois précédents. Un an plus tôt, nous avions commencé par déclarer que nous visions la victoire, et cela demeurait notre objectif, naturellement, mais nous savions qu'il nous fallait essayer le bateau avant de pouvoir nous risquer à de réels pronostics. La concurrence promettait d'être la plus rude et, comme on avait pu le voir lors des courses précédentes, tout pouvait arriver à n'importe quel moment. Partir en novembre laisse toujours planer une menace, avec les coups de vent de l'hiver qui ne manquent pas de s'abattre. Si nous voulions que cette campagne soit perçue comme un succès par Kingfisher et nous-mêmes, nous ne pouvions nous permettre de tout faire dépendre d'une éventuelle victoire.

D'un point de vue personnel, l'annonce de mon programme d'entraînement était l'un des aspects les plus importants de ce lancement. L'objectif de ce programme était clair — combler le maximum de lacunes possible, en connaissances et en expérience. Je savais, à ce stade, en avril, que je n'étais pas prête pour le Vendée Globe, mais je savais aussi que douze mois plus tard, je le serai.

Ce programme comportait un certain nombre d'éléments, notamment courir au large en solitaire et en équipage, et régater en dériveur, suivre un stage de formation météo, une formation de secouriste, et compléter avec de la culture physique. Tout cela serait financé par Kingfisher, ce qui nous permettait d'y inclure tout le nécessaire, et de ne pas nous contenter seulement du possible. Nous avions les moyens d'aborder les choses de manière professionnelle.

Cet entraînement a débuté en France, de manière certes un peu condensée, à bord d'un de ces voiliers que l'on appelle des Figaro. Ce sont de petits bateaux de course qui mesurent à peine plus de trente pieds de long (neuf mètres), et que l'on engage, en France, dans la course du Figaro, une solitaire très disputée. Une campagne en Figaro n'est pas très onéreuse, et le grand nombre d'étapes apporte d'importants retours sur investissement aux sponsors. Ce serait ma première véritable immersion dans le circuit de la navigation professionnelle en France. Lors de ma première régate avec Gaël Le Cleac'h, moniteur à Port-Laforêt, le centre d'entraînement du Figaro, nous nous sommes fait étriller par le reste de la flotte — un vrai baptême du feu et un rappel cuisant de tout ce qu'il me restait à apprendre. Au cours des quelques journées passées dans le centre d'entraînement, je me suis aperçue combien mon existence était différente de celle de ces autres navigateurs. Tous les jours, ils se concentraient sur leurs aptitudes physiques, sur leur stratégie météo et sur leurs talents de navigation. Et si mon entraînement couvrait une aire plus vaste, j'ai été impressionnée par la minutie de leur approche. Là-bas, je me suis sentie très mal à l'aise, et même angoissée. Dans leur monde, j'étais vraiment un outsider. Et leur culture était en totale opposition avec la vie de folle que je menais, à littéralement courir de manifestation en réunion. Tout le temps que je suis restée là-bas, j'ai vraiment eu l'occasion de réfléchir et de faire le point sur ma situation. Assise à la table du dîner, tous les soirs, à discuter avec eux de leurs compétitions ou de leurs tactiques de course, je savais que j'aurais été incapable d'adopter leur style de vie, mais je percevais aussi tous les avantages de rester centré sur un seul et même lieu d'étude.

Mark avait décidé qu'il voulait courir, lui aussi. Malgré la campagne du Vendée Globe, il n'avait évidemment pas renoncé à naviguer et, pour lui, ce devait être dur de me voir sur l'eau. Il a donc affrété un bateau, *Offshore Challenges*. La compétition ne tenant aucun compte des horaires de bureau, nous avons déployé de gros efforts pour maintenir la cadence sur notre projet, car notre objectif dans le Vendée Globe était maintenant bien connu. Il avait déjà couru en Figaro, mais il n'a pas réussi pour autant à trouver la formule gagnante lui non plus, même si, je dois le reconnaître, il a fini devant nous !

La course au large représentait peut-être la partie la plus essentielle de notre programme d'entraînement. Le point culminant devait en être la transat Jacques Vabre. Il était impossible que le nouveau *Kingfisher* soit prêt à cette date, et par conséquent j'avais besoin de trouver un autre bateau. Nous avons décidé de contacter Yves Parlier, dont le bateau en forme de vaisseau spatial, *Aquitaine Innovations*, m'avait fait une si forte impression au départ du dernier Vendée Globe. Des problèmes de gouvernail et de gréement l'avaient contraint à l'abandon et peu de temps après il avait eu un grave accident de parapente, qui l'avait laissé durement touché aux jambes. Il se déplaçait encore difficilement, sur des béquilles, et il lui restait encore une dernière opération à subir, mais il avait bien avancé sur la voie d'un complet rétablissement — il subsistait seulement un point d'interrogation sur son pied, qui avait perdu toute sensibilité.

Mark et moi sommes allés à Bordeaux, rendre visite à Yves, non sans une certaine appréhension. Je n'ignorais pas qu'il avait un caractère plutôt obstiné, impétueux, mais, à part cela, je savais fort peu de chose le concernant. Ce qui nous a sauvés, c'est qu'il avait suivi la Route du rhum de très près, et il était au courant de mon résultat dans cette course. Finalement, je crois que le lien le plus fort entre nous s'est créé bien plus tard, quand nous avons découvert que nous avions tous deux grandi loin de la mer et que nous avions passé nos premières années à en rêver. Yves était grand et mince, des cheveux gris coupés court — ils étaient peut-être déjà de cette couleur quand il avait vingt ans. Il s'est également révélé être un grand philosophe de l'existence, sa formation d'ingénieur le conduisant à une approche des problèmes presque scientifique, mais toujours créative. Yves avait suivi un parcours incroyable : il avait couru deux Vendée Globe, remporté la Mini-Transat en 1985 et la transat Jacques Vabre en 1997, aux côtés de la légende de la voile française, Éric Tabarly.

Kingfisher devait être l'un des co-sponsors de son bateau pour la course de l'automne, et nous avons discuté du programme en détail. Au lieu de nous aligner seulement dans la transat Jacques Vabre, nous allions nous entraîner ensemble à Arcachon, où *Aquitaine* était basé, et je naviguerais également à son bord dans le Tour d'Europe à la voile, en juin.

Je me suis vite entendue avec les gars à bord d'*Aquitaine*, et je n'ai pas tardé à les considérer comme une famille, mais l'une de mes premières traversées avec eux a débouché sur un épisode typique du mode de vie que je menais. En route vers l'Italie pour aller nous aligner au départ du Tour d'Europe à la voile, nous avons été retardés par de violents orages. Je craignais de manquer une présentation que j'avais acceptée pour l'une des sociétés du groupe Kingfisher, à Nice. J'ai fini par me faire déposer dans une baie, devant Majorque, où notre énorme 60 pieds a été vite encerclé par des vacanciers allemands et espagnols en pédalos. Ensuite, je me suis fait amener à terre par une minuscule barque espagnole, avec un homme qui comprenait suffisamment l'anglais pour saisir que j'avais un avion à attraper ! J'ai loué une voiture pour un trajet épuisant de 12 heures à travers les Pyrénées, puis fini par un vol vers Nice.

Geoff Mulcahy, le directeur général de Kingfisher, était présent à cette manifestation, et il m'a demandé quels étaient mes projets immédiats. Quand je lui ai dit que je rentrais en Angleterre à la première heure le lendemain matin, il m'a demandé si cela m'arrangeait de rentrer le soir même. C'était le cas, car nous devions lancer les essais en bassin et en soufflerie des maquettes de *Kingfisher*. Deux heures plus tard, j'embarquais à bord d'un jet privé pour la première fois de ma vie. J'étais tellement excitée que le pilote m'a proposé de prendre place à côté de lui dans le cockpit, et là, tout au long du vol, j'ai eu l'impression que nous prenions en chasse le soleil couchant. Nous avons atterri à Luton, et le chauffeur de Geoff m'a déposée devant la maison vide de ma tante, près de Hertford, vers une heure du matin. Je leur ai assuré que tout irait pour le mieux, et me voilà partie dans le noir. C'est à ce moment-là que je me suis rendu compte que, si j'avais bien la clé, je ne connaissais pas le code de la nouvelle alarme. J'ai essayé de téléphoner à tous ceux qui auraient pu le connaître, sans obtenir de réponse. M'avouant vaincue, je me suis aménagé un nid dans le jardin et je me suis couchée, non sans un sourire. Passer d'un jet d'homme d'affaires à une nuit dans le jardin — génial !

Je suis vite retournée en Italie, pour le Tour d'Europe à la voile, à bord d'*Aquitaine*. Une première étape pleine de surfs sur les vagues, où nous nous sommes trouvés dans notre élément, nous avons pris la tête jusqu'à la victoire finale. Mais la fête a été gâchée par une terrible nouvelle : durant cette traversée par gros temps et vent arrière qui nous avait si bien servi, un membre de l'équipage du trimaran *Biscuits La Trinitaine* avait été emporté par-dessus bord, laissant ses coéquipiers et sa famille anéantis.

Outre les épreuves en Figaro et ma navigation avec Yves, mon entraînement sur l'eau comportait un autre volet : la régate en dériveurs de type Laser, avec Paul Brotherton. Paul avait représenté la Grande-Bretagne aux Jeux olympiques de Barcelone, et c'était un incroyable marin. Originaire des quartiers déshérités de Manchester, il avait découvert la voile presque par hasard, et nous nous sommes immédiatement entendus. Chaque fois que j'ai navigué avec lui, j'ai pu mesurer tout son talent. Ma courbe d'apprentissage était presque verticale, mais nous étions persuadés que la dextérité acquise dans les régates de dériveur ne pourrait que me rendre encore plus compétitive dans la course au large en 60 pieds.

En fait, Paul et moi, nous espérions débuter une course ensemble avant de concourir dans la Laser Eurocap Regatta, non loin de Milan. Mais, comme d'habitude, le manque de temps nous en a empêchés, et nous avons dû nous contenter de quelques séances d'entraînement dans le Solent, et d'une journée en Italie. L'atmosphère sur le lac de Côme était si fantastique que, malgré notre fatigue au moment de prendre la route pour Gravidona, la décontraction de ces gens et la chaleur nous ont permis de tenir le coup. Cela me semblait curieux de me retrouver dans une compétition où je connaissais si peu les autres concurrents — surtout quand Paul, lui, ne pouvait pas faire un pas sans que quelqu'un le remarque.

Je n'étais pas du tout sûre de l'impression qu'allait me faire cette régate. Il y avait bien longtemps que je n'avais pas navigué dans un tel bord à bord, et cette fois il y avait soixante-dix autres bateaux dans notre catégorie ! Paul était un équipier formidable. Nous avons vécu des moments stressants, et ce devait être particulièrement agaçant, pour un marin aussi expérimenté et aussi habile que lui, de se cantonner au poste de simple équipier, alors que moi, une novice dans ce genre de régate, je tenais la barre. C'est pourquoi nous avons été très surpris de nous retrouver en troisième position dès la première manche. Et si c'était le résultat d'un travail d'équipe, j'ai bien peur que le poids de nos contributions respectives ne fasse pencher le plateau de la balance en faveur de mon équipier ! À la fin de la régate, il devait avoir la voix enrouée, à force de crier pour nous éviter une collision :

— P…, Ellen !

Tout au long de cet intense programme, j'avais aussi beaucoup à apprendre à terre. La préparation d'un événement comme le Vendée Globe n'a rien à voir avec un entraînement pour un championnat d'athlétisme. On doit tout apprendre sur le rôle de la météo et le fonctionnement du bateau. Cela va de la capacité à réparer les voiles à celle de changer des disques durs d'ordinateur ou de remplacer des cartes de circuit imprimé, jusqu'à la stratification de pièces cassées. Nous n'avons droit à aucune assistance extérieure en ce qui concerne la route et la météo, et nous devons donc prendre toutes ces décisions à bord, seuls. Le règlement du Vendée Globe interdit même de téléphoner pour demander un conseil sur tel ou tel de ses choix, ce qui soumet le skipper à une tension énorme, car il ne doit pas seulement penser à la sécurité et à la vitesse du bateau, mais aussi à sa position sur l'Océan, essentielle à la réussite. À Oxford, j'ai suivi un cours de mécanique, de réparation et d'entretien de moteurs, et j'étais captivée par tout ce que j'apprenais sur toutes sortes de sujets, depuis l'alimentation du moteur en huile jusqu'au démontage complet des pompes diesel à injection. À la fin, je démontais et je remontais le moteur avec un certain savoir-faire. Et, à La Rochelle, j'ai consacré deux journées, avec Jean-Yves Bernot, un expert météo français, à une formation intense couvrant toute une gamme de sujets, depuis l'interprétation d'un bulletin reçu par télécopie jusqu'à l'utilisation du logiciel de routage météo. Précédemment, et en particulier dans la Mini-Transat, j'avais senti que je manquais de confiance dans ce domaine, et j'étais donc très motivée. Jean-Yves a aussi travaillé avec moi sur ma formation météo pendant mon retour en Europe depuis la Nouvelle-Zélande, lors des essais en mer de *Kingfisher*.

Veiller sur soi est tout aussi crucial que comprendre le bateau ou la météo. Dans une longue course en solitaire, la fatigue peut toujours devenir un problème énorme, et je me suis attelée à un programme d'entraînement au sommeil avec un spécialiste de la chronobiologie, le docteur Claudio Stampi. Il m'a fallu porter au poignet un petit moniteur qui ressemblait à une montre, et qui enregistrait mes heures de réveil et d'endormissement. Je ne le retirais jamais, et les données que nous collections sur mes courbes de sommeil devaient nous aider à prévoir une stratégie de repos dans le Vendée Globe.

Immédiatement après la fin de la régate sur le lac de Côme, j'ai entamé un cours de secourisme de trois jours au Warsash Nautical College, avec un groupe de gens très divers, qui naviguaient sur toutes sortes d'embarcations — j'occupais une position unique, car j'étais la seule à naviguer en solitaire (tout ne m'a pas été utile : le bouche-à-bouche ou la réanimation, entre autres...). Dans le passé, on avait déjà vu des marins confrontés à de sérieuses urgences médicales — comme l'arrivée d'Alan Wynne-Thomas en Nouvelle-Zélande, handicapé par ses côtes fracturées, ou comme Bertrand de Broc, qui avait dû se recoudre la langue au fin fond des mers du Sud. Dans le cadre du Vendée Globe, l'indépendance n'est pas seulement un atout souhaitable, c'est une nécessité vitale.

C'était un emploi du temps épuisant, mais, de toute façon, mon impatience de me retrouver au large et de passer aux choses sérieuses alimentait mon enthousiasme et me faisait avancer. Souvent, les gens me demandaient ce que je mijotais, et quand je leur livrais un aperçu de mon emploi du temps, ils étaient assez épouvantés. J'avais beau faire bonne figure, et n'avoir aucune envie de rien changer, tout au fond de moi, je savais que je n'étais pas loin de tourner à vide. Les séances de formation sporadiques, les quelques moments que je parvenais à passer sur l'eau, ou même à contempler un bref instant les montagnes par une fenêtre de train, tout cela me suffisait pour tenir le coup. J'ai traversé des moments de découragement — en particulier quand une équipe de télévision m'a filmée à l'entraînement sur un Laser avec Paul : j'étais crevée, et il m'était pratiquement impossible de me concentrer, en particulier par vent fort —, et j'avais presque l'impression d'être ailleurs.

Une partie du problème tenait à ce que je sentais venir une perte de contrôle. Ce qui me préoccupait, c'était de ne pas être restée au contact de l'évolution générale des choses et de la phase de conception du projet. Désormais, j'étais presque tout le temps loin du bureau et du cabinet d'architectes, mon seul apport consistant à passer des coups de fil pour motiver les troupes quand je sentais que le moral était au plus bas. Je finissais par me sentir de plus en plus comme un pion dans un système qui me dépassait, et j'avais l'impression de perdre partiellement ou complètement la maîtrise de quantité d'aspects de ma vie. Deux ans plus tôt, alors que je sillonnais les océans, je prenais toutes mes décisions toute seule — mais maintenant les choses étaient différentes. Il fallait relativiser, et je savais très bien que je n'aurais pas pu en faire davantage, ou être en plus d'endroits à la fois. Au bout du compte, je disposais d'une grande équipe, et ils allaient accomplir un travail formidable.

Je me suis quand même imposé de m'impliquer dans presque toutes les étapes du processus de conception de *Kingfisher*, et j'ai été récompensée par la sensation la plus incroyable qui soit, celle de voir un rêve se réaliser, presque jour après jour. Dès le tracé de la première ligne sur l'écran de l'ordinateur, je me suis sentie faire partie intégrante de ce bateau. J'avais l'impression de le voir grandir. Nous avons réalisé une « Ellen » virtuelle, par ordinateur, que nous pouvions loger en divers endroits du voilier, mais malheureusement nous avons dû modifier certains emplacements, car lorsque nous avons essayé d'y installer une personne de taille normale (je mesure 1,57 mètre), nous avons rencontré quelques problèmes d'espace !

Le 18 septembre 1999, j'ai pris un vol pour la Nouvelle-Zélande, où je devais consacrer deux ou trois jours à suivre la première étape de la construction de *Kingfisher*. En entrant dans ce hangar pour la première fois, et en levant les yeux sur la courbe de sa coque monumentale, je suis restée en arrêt devant tant de beauté. La sensation de gigantisme était comme prendre pour la première fois la mesure d'une baleine grandeur nature — une sensation d'ordre presque spirituel. À ceci près que cette entité, je le savais, allait devenir un ami intime.

Mais nous avons également eu une frayeur. Le dernier soir, nous avons entendu le téléphone sonner et, très peu de temps après, une voiture sortir de l'allée. Nous habitions chez Steve Martin, le propriétaire du chantier naval, et nous avons découvert qu'on venait de l'appeler à cause d'un incendie. Le four installé à côté de *Kingfisher* avait pris feu, pendant que l'on y cuisait certaines de ses cloisons, ce qui avait déclenché l'alarme. Le garçon qui était de garde avait couru pour vérifier le système d'alarme, sans savoir qu'il avait été déclenché par l'incendie du four — les capteurs de température avaient enregistré une température de 130 °C et, le temps que l'on éteigne l'incendie, le panneau de séparation entre les deux fours s'était effondré. Miraculeusement, le moule de *Kingfisher* était absolument intact — comment un moule en bois sec comme de l'amadou avait-il pu résister si près d'un brasier aussi intense, nous ne le saurons jamais, mais en un sens cela prouvait d'entrée de jeu que ce bateau était né pour survivre.

À la fin de septembre, j'étais de retour en France, pour préparer la transat Jacques Vabre qui démarrait le 15 octobre. Ma vie était toujours aussi mouvementée, mais si les interviews et les séances photo interminables qui accompagnaient les préparatifs d'une grande course me prenaient toujours autant de temps, je m'y étais maintenant davantage habituée.

La veille du départ, nous sommes tous sortis pour un dîner, initialement organisé pour les sponsors d'Yves, la Région Aquitaine. Il y avait là également plusieurs convives du côté Kingfisher. Même s'il était bon de retrouver les sponsors et l'équipe, ce n'était peut-être pas la soirée la mieux choisie pour cela. Je suis partie tôt et je dormais déjà dans la voiture avant de regagner notre hôtel pour une dernière bonne nuit de sommeil.

Nous avons quitté Le Havre par un après-midi chaud et calme et, après une bonne quinzaine d'heures de barre, nous étions en deuxième place et déjà bien lancés. C'était merveilleux d'être enfin partis. À terre, il y avait eu beaucoup de frictions entre Yves et moi, car c'était le genre d'individu à vouloir tout diriger à son idée, mais nous savions qu'en mer notre objectif premier, c'était de survivre — sans compter la course, bien sûr. Dès que nous avons franchi la ligne de départ, toutes les divergences qui s'étaient exacerbées à terre se sont dissipées et nous nous sommes bien entendus. Mais si les débuts avaient été cléments, une grosse dépression traversait l'Atlantique : l'ouragan Irène…

3 heures du matin. Gelés, trempés, impossible de tenir debout. Ces dernières heures, ça a soufflé pas mal plein pot. Nous sommes sous très peu de grand-voile et tourmentin. Je viens de me faire massacrer en envoyant ce tourmentin. J'ai été catapultée sur le pont, en l'air, par terre, balayée par le travers je ne sais combien de fois. On a peut-être un grand pont plat et bien large, mais c'est drôlement exposé ! Pour l'instant, j'essaie de taper sur le clavier, j'ai plus chaud que tout à l'heure car j'ai enfilé la tenue de survie, très fatiguée. Les yeux qui se ferment, et qui piquent à cause du sel. Le pont... pratiquement soulevée de mon siège, par ici... ça cogne dur. Et 40 nœuds... moins vite, c'est pire.

Xex

Pendant la tempête, nous avons cassé tout le gréement tribord — ce qui, en termes clairs, signifie que, d'un côté du bateau, tous les câbles qui soutenaient notre mât ont commencé à se rompre. D'heure en heure, le mât penchait de plus en plus et, à tout moment, cette masse pouvait basculer par-dessus bord. Les filins qui le soutenaient étaient faits d'un matériau tout nouveau, solide et léger — le PBO. Nous savions que ces fibres se dégradaient aux rayons du soleil, mais tout le monde ignorait combien de temps elles tiendraient, au juste.

À un certain moment, nous encaissions plus de 60 nœuds de vent et à cause de ces problèmes de gréement, nous n'avions qu'un minuscule morceau de voile en l'air. Il ne restait plus qu'à attendre, dans l'angoisse, encore quarante-huit heures, avant de pouvoir réparer ce gréement. Ce n'était pas aussi facile qu'il peut paraître, car cela supposait que je grimpe là-haut, et plusieurs fois, pour remplacer chaque câble l'un après l'autre. *Aquitaine* était le premier 60 pieds équipé de barres de flèches d'un type assez inhabituel, le but étant de permettre au mât-aile de forte largeur de pivoter — ces barres n'avaient pas été du tout conçues pour faciliter l'escalade. L'opération était rendue encore plus compliquée par l'obligation d'effectuer d'abord les remplacements de câble sur le pont, en utilisant tous les bouts que nous avions à bord. Nous avons passé des jours et des jours à crapahuter, pour retirer les gaines des filins et les raccorder par des épissures — les vagues violentes et les terribles mouvements de bascule rendaient tout cela difficile et dangereux. En outre, nous n'étions pas aidés par le fait que nous ne parlions qu'en français. À cette époque-là, j'avais beau le parler déjà couramment, il me manquait certains mots du vocabulaire technique. Il était assez compliqué de saisir ce qu'était un « anneau », quand j'étais suspendue à dix-sept mètres, au sommet du mât. J'ai finalement compris qu'il s'agissait d'une « boucle ». Je restais quand même incroyablement motivée, et le lendemain de notre diagnostic, j'étais dehors, au travail, dès la première lueur de l'aube.

Assez épuisée… Commencé à 4 heures du matin, et toujours debout. M'estime heureuse d'être encore en vie après des heures passées là-haut dans le gréement, l'un des défis physiques les plus durs que j'aie connus… Vagues d'après grosse tempête, descendre du mât par 30 nœuds de vent à la tombée de la nuit, juste après un grain… Beaucoup de bleus, très endolorie. Mais de la chance. Difficile de décrire ses sensations, quand on est suspendu là-haut. C'est comme chercher à s'agripper à un énorme poteau luisant (qui, pour moi, était trop gros pour que je puisse vraiment en faire le tour avec mes bras), avec quelqu'un qui n'arrête pas de vous flanquer des coups de pied pour essayer de vous éjecter. Au moins, le mât est encore là, et en position verticale — il vaut mieux ne pas penser à l'autre éventualité.

En dépit des problèmes lourds que nous avions rencontrés dans la tempête, qui nous avaient presque conduits à la perte de notre mât, d'autres concurrents étaient en bien plus fâcheuse posture que la nôtre. Nous avions reçu un message signalant que l'un des multicoques, *Groupe André*, avait chaviré, et que l'un des deux équipiers était porté disparu. Par la suite, nous avons appris que c'était Paul Vatine, qui se trouvait sur le pont à ce moment-là — et que, nouvelle tragique, il n'avait jamais refait surface. Assise sur le pont, dans cette tempête qui faisait rage, je songeais à ce que son coéquipier et sa famille devaient endurer — c'était une existence dangereuse que nous menions ici, sur laquelle, à l'évidence, nous n'avions que pas ou peu de maîtrise.

Nous avons fini en huitième position, après vingt jours de course difficile. Moralement, la compétition avait été rude, aussi bien au plan tactique qu'à cause de la déception et de la frustration dans lesquelles nous restions, mais une fois encore je savais que j'avais beaucoup appris, et notamment, ce qui n'était pas la moindre des leçons, qu'il est toujours possible de surmonter les problèmes vraiment sérieux. Tout du long, la chance n'avait pas été de notre côté, mais en fin de compte nous avions touché au but, et même en huitième position, nous estimions avoir tout de même accompli quelque chose. Lorsque nous avons franchi la ligne d'arrivée, à Carthagène, Mark et l'équipe d'Yves ont sauté à bord. C'était fantastique de les revoir tous. En plus de toutes les connaissances tirées des situations que nous avions traversées, le plus grand cadeau que cette course m'ait apporté, c'est la confiance.

Après cette compétition, ce fut un grand soulagement de retourner en Nouvelle-Zélande. Aux antipodes, c'était l'été, la Coupe de l'America battait son plein, et l'atmosphère à Auckland était électrique. À cette période, nous avions une grande équipe au travail sur *Kingfisher*. Marie et Pipo avaient quitté la Guadeloupe avec leurs deux enfants pour s'installer cinq mois en Nouvelle-Zélande. Pipo était responsable du matériel de pont, et Marie, avec sa nouvelle machine à coudre industrielle, devait réaliser les housses de voiles, de cockpit et de sièges — et à peu près tout ce que vous pouvez imaginer ! Les autres, comme le Français Marc Dutiloy ou le Sud-Africain Mikey Joubert, possédaient chacun leur domaine de compétences, qu'il s'agisse des dérives ou du gréement. Côté organisation, Martin Carter, tout en étant responsable de tout ce qui se passait sous le pont, avait assumé le poste de chef d'équipe en Nouvelle-Zélande, efficacement secondé par Dana Bena. En Angleterre, le designer Ian McKay avait réalisé l'habillage jaune et bleu très caractéristique de *Kingfisher*, que nous avons tous trouvé très beau. Ce voilier reflétait la passion et le dévouement de tous ceux qui s'étaient impliqués dans sa réalisation et, dans notre esprit à tous, il ne faisait aucun doute qu'il serait le meilleur 60 pieds du monde. Et si, au bout du compte, j'étais celle qui le barrais, il renfermerait une part de chacun d'eux.

Chaque fois que je pénétrais dans l'enceinte du chantier naval, un nouvel élément était en place, une nouvelle pièce était prête. Grâce au métier et au boulot acharné de chacun ici, *Kingfisher* venait à la vie et je ne peux le décrire autrement que comme une merveille. Chaque jour, le lancement se rapprochait.

En Nouvelle-Zélande, j'ai aussi déployé un gros effort pour mettre de l'ordre dans ma vie, et même si l'une des meilleures choses qui me soient jamais arrivées prenait forme, en même temps, je luttais. La vie en Nouvelle-Zélande contrastait très nettement avec l'emploi du temps frénétique auquel j'avais fini par m'habituer en Europe, et même si nous étions très occupés, il nous restait du temps pour la contemplation. Ma relation avec Merv m'inquiétait. Nous vivions à l'écart du reste de l'équipe, loin d'Auckland et des autres. Je ne crois pas que cela changeait grand-chose d'être loin d'eux, mais j'avais espéré, en le suivant là-bas, que la situation s'améliorerait. Or ce n'était pas le cas. Plus je m'énervais contre lui, plus cela se retournait contre moi. Plus j'essayais de me sortir de cette situation, plus je me sentais loin de lui. Il s'investissait dans ce projet jusqu'à la moelle, et c'était merveilleux, mais il y mettait trop de lui-même, et je voyais bien qu'il puisait dangereusement dans ses dernières réserves. Lorsque nous parvenions à nous accorder une journée pour sortir de la ville, il dormait dans la voiture au lieu de courir sur la plage ou de jouer dans les vagues. Lors des rares occasions que nous avons eues de partir ainsi, je n'avais plus l'impression d'être avec le même homme, et je me souviens de l'avoir laissé s'écrouler, dans une pension de famille, pendant que je descendais en courant sur la plage et que je me jetais dans les vagues pour évacuer ma frustration. J'ai essayé de lui parler, et j'ai tâché d'être forte, pour l'aider, mais j'avais souvent l'impression de parler à un mur. Il était sans énergie, il n'avait de temps pour rien. L'époque était bien loin où nous parlions de nos projets d'avenir, qui nous enthousiasmaient. Apparemment, nous partagions de moins en moins de choses. Le soir, il s'écroulait, et moi je restais debout devant mon ordinateur, à revoir mes notes sur la météo, ou à relever mes e-mails.

Tous les matins, à 5 h 15, je me levais et je me rendais au gymnase — c'était à une demi-heure en voiture de la ferme, et j'entamais ma séance là-bas dès 6 heures. C'était un moyen formidable de me libérer de cette énergie contenue. Souvent, Allan me rejoignait depuis le chantier naval, un grand gaillard dont la décontraction et le sens de l'humour m'aidaient à me détendre. Parfois, au lieu d'aller au gymnase, on se démenait à bord de nos kayaks, sur la rivière. C'était idéal d'avoir un copain avec qui s'amuser, mais cela me faisait aussi comprendre à quel point cela me manquait, avec Merv.

J'avais terriblement besoin de partir et de réfléchir, et quand Noël est arrivé, sachant que je n'irais pas chez moi, dans le Derbyshire, j'ai acheté une tente et une paire de chaussures de randonnée, et je me suis mise en route pour le bush.

À la veille de Noël, Merv m'a donc déposée au bout d'une longue piste dans les bois. Le sentier que nous espérions emprunter était fermé, et j'ai donc passé la soirée à chercher mon premier site de campement, jusqu'à dix heures du soir, dans le noir.

Le lendemain matin, en faisant coulisser la fermeture Éclair de la tente, j'ai été accueillie par une magnifique journée — le jour de Noël —, et je me suis dirigée vers le sentier de Twin Peaks. J'ai pu capter un peu de réseau sur mon mobile, et j'ai fait une brève tentative (couronnée de succès) pour souhaiter à des amis proches et à ma famille un joyeux Noël, avant de l'éteindre, pour la première fois depuis des mois. Cet appel m'a laissé un sentiment mitigé — c'était mon premier Noël loin du Derbyshire, et j'aurais difficilement pu être plus loin.

Le sentier était incroyablement escarpé. Sur certains versants, la pente et le poids de mon sac me forçaient à escalader en me servant à la fois de mes pieds et de mes mains. L'après-midi, j'avais grimpé jusqu'au sommet et je redescendais vers l'eau. J'ai été enchantée par le spectacle et le chant d'une perruche à crête rouge : dans mes aventures d'enfant, j'avais rêvé de perroquets verts, et cette vision s'en approchait. J'ai rempli ma casserole au filet d'eau d'un minuscule ruisseau, avant de tomber sur l'un des plus beaux sites de campement que j'aurais pu imaginer : une toute petite clairière herbeuse, sous les arbres, juste au bord de la rive, avec une vue en profondeur sur la rivière. Je suis restée là, à observer les grèbes se nourrir et les hérons plonger.

J'ai planté ma tente et réchauffé sur mon petit réchaud un vrai dîner de fête, un poulet au curry accompagné de pâtes et un pudding de Noël. Pendant que le soleil descendait lentement sur les pentes boisées, j'étais couchée sous ma tente grande ouverte, et je me gorgeais de cette atmosphère.

Le lendemain, après une grasse matinée passée à préparer du porridge et du thé aux baies, à lire et à barboter au milieu de bancs de bébés poissons, j'ai replié ma tente et, vers midi, j'ai repris le sentier, déterminée à passer ma prochaine nuit au bord de la mer. À un endroit, je suis tombée sur un coin de prairie aux hautes herbes bien grasses. Joyeusement, j'ai traversé ce pré — il me rappelait mes marches à pied avec Mac, quand j'étais gamine, et elle me manquait.

Je me suis approchée de la corniche ; la vue était à couper le souffle. J'ai risqué un œil sur l'à-pic, pour voir des mouettes décrire de grands cercles au-dessus de l'eau, à des dizaines de mètres plus bas. J'ai repéré un martin-pêcheur [1] sur une branche, dans les bois tout proches — un spectacle de bon augure pour le campement du soir, me suis-je dit.

C'était comme si je m'étais extraite de mon enveloppe corporelle pour adopter le regard d'un oiseau sur tous mes soucis, avant de retourner, revitalisée, vers le chantier naval et l'équipe. Mais il m'était dif-

1. *Kingfisher*, en anglais (*N.d.T.*).

ficile d'admettre que, dans une certaine mesure, j'étais malheureuse. Enfin, comment était-ce possible ? J'étais sur le point de procéder au lancement de *Kingfisher*, sur le point d'effectuer à son bord la moitié du tour du monde. Mais à long terme, occulter ainsi mes émotions véritables ne nous aiderait pas, ni Merv ni moi. Il était fatigué, et j'avais envie de le soutenir. Mais en dépit de toutes mes tentatives, je n'arrivais apparemment pas à l'approcher. Il fallait peut-être que j'essaie encore. Nous avions tous deux investi tant d'efforts dans ce projet, et je me disais qu'une fois *Kingfisher* mis à l'eau, la situation allait changer.

Le lendemain matin, je me suis réveillée à 5 h 30 et, lorsque j'ai ouvert les yeux, j'ai vu la boule orange du soleil surgir derrière les falaises, par l'ouverture de ma tente. J'aurais juré être dans le monde des *Chroniques de Narnia* et de *Prince Caspian* [1] et, lorsque le soleil s'est mis à chauffer, la vapeur de l'herbe humide a encore amplifié la magie de l'atmosphère.

> La plage s'étend des deux côtés, sur des kilomètres, pas âme qui vive, rien que les empreintes solitaires de mes pas... Cela semble presque irréel ; si nous étions en Angleterre, les plages seraient bruyantes et pleines de monde. Au cours des trois dernières heures, j'ai même aperçu un oiseau d'une espèce en voie de disparition, qui se lavait dans l'eau fraîche de la rivière, et puis qui s'est perché sur un rondin

1. *Les Chroniques de Narnia*, de C. S. Lewis, sept volumes publiés entre 1950 et 1956. Narnia est un pays imaginaire créé par le chant d'un lion, Aslan. Les êtres humains y côtoient des animaux qui parlent, les minutes y sont des années, et les années, des siècles (*N.d.T.*).

isolé… tout cela hors de la vue de l'homme, et à des kilomètres de la maison la plus proche.

J'étais prête à retourner vers *Kingfisher*.

Même si les journées suivantes ont débuté sur une note plus positive, mes rapports avec Merv ne s'arrangeaient absolument pas. Je m'étais abusée en pensant qu'ils s'amélioreraient. Nous avons fêté le passage du millénaire ensemble, dans la maison. Après une soirée qui s'est achevée tôt, j'ai mis des heures à trouver le sommeil. J'étais allongée, je me sentais triste et, justement à cause de cela, je me détestais. Ces moments auraient dû être les plus heureux de ma vie. Tôt, le matin du jour de l'an, je suis sortie sur la pointe des pieds, dans les champs, j'ai contourné des troupeaux de moutons et suis descendue jusqu'au bord de la rivière. Là, tout était paisible. Je savais qu'il fallait que je me sépare de Merv. Cela pourrait même avoir pour effet de le faire sortir de ce mode de vie malsain dans lequel il s'était laissé entraîner. J'ai repensé à notre première conversation, par cette journée pluvieuse, à Southampton, quand il m'avait confié que son bateau, le *Maverick*, lui avait coûté une relation amoureuse de sept années. Avec tout ce que nous avions en commun, j'avais cru qu'il en irait différemment pour nous. Mais je ne pouvais pas continuer ainsi et, je le sentais bien, lui non plus.

Peu après le Nouvel An, je suis brièvement retournée en Europe, pour passer une semaine à Londres à l'occasion du Salon nautique international. Nous avions organisé une liaison vidéo en direct sur le web et un lancement de presse autour du Vendée Globe, afin d'attirer l'attention sur cette course au Royaume-Uni. Nous avions invité Pete Goss, Tony Bullimore et Catherine Chabaud de France, tous trois concurrents de la précédente édition. Chacun d'eux a parlé de ses expériences, Catherine a évoqué ses projets de refaire un tour du monde dans le prochain Vendée Globe à bord de son nouveau bateau, *Whirlpool*. Elle a raconté ses aventures de la dernière course, expliquant que cette fois elle visait plus haut, plaçant l'aspect sportif au-dessus de l'aventure en soi. Pete a rappelé sa position dans l'édition précédente, soulignant au contraire qu'il était bien un aventurier et pas un marin, et cela m'a mis la puce à l'oreille. On a beau s'être préparé à fond pour une course, on ne peut jamais esquiver cet aspect du Vendée Globe. Les conditions dans lesquelles il se déroule, les épreuves auxquelles il vous soumet donnent à l'aventure une place presque essentielle. Et, comme Catherine l'a rappelé, un million de personnes se sont massées sur les plages des Sables-d'Olonne pour assister au départ de la dernière édition. Tony a souligné que le Vendée Globe était le *nec plus ultra* en matière de course en solitaire, et que, si l'on aimait ce type de course, on ne pouvait faire l'impasse sur celle-là. Ensuite, c'était mon tour de monter sur l'estrade, avec Mike Golding, dont l'objectif fondamental, avec son projet *Team Group 4*, avait toujours été le Vendée Globe. Il possédait beaucoup plus d'expérience que moi, et naviguait sur un bateau extrêmement fiable, qui avait fait ses preuves. Il comptait parmi les favoris et, quand il a pris la parole, je me suis sentie prise de trac.

Durant mon séjour en Europe, j'ai aussi eu un peu (un tout petit peu) de temps à consacrer à mes amis, ce qui faisait une grosse différence avec l'état d'esprit dans lequel j'étais partie pour la Nouvelle-Zélande. Ian McKay, le concepteur graphique qui avait travaillé sur le projet depuis le début de l'année, s'est révélé un incroyable soutien, comme d'habitude. C'était un homme gentil, qui avait toujours du temps à consacrer aux gens et qui s'était fait la réputation, auprès de toute l'équipe, de quelqu'un vers qui l'on pouvait se tourner quand on avait besoin de parler et, à Londres, j'en ai profité. C'était un immense soulagement, cette possibilité de me décharger de mes soucis. En Nouvelle-Zélande, j'étais proche de l'équipe, mais je ne pouvais pas vraiment leur parler de ce qui se passait avec Merv, car ce n'aurait pas été honnête, ni envers eux ni envers lui. En revanche, Ian s'est comporté merveilleusement, avec une infinie patience, et comme il n'était pas loin de devenir un accro du travail lui aussi, je crois qu'il a compris le mauvais pas dans lequel s'était fourvoyé Merv. À partager ces problèmes avec lui, je me suis sentie plus légère d'au moins une tonne.

Pourtant, durant le vol de retour vers la Nouvelle-Zélande, je n'ai pas fermé l'œil une seconde. Tout en réfléchissant aux moindres détails de mon voyage de retour vers l'Europe, à bord de *Kingfisher*, j'ai de nouveau laissé mes pensées dériver vers Merv. J'essayais de toutes mes forces de régler les choses dans ma tête, mais le temps allait me manquer. Si ça ne s'améliorait pas dès les premiers jours, alors il faudrait que je mette un terme à cette relation.

Kingfisher en était au stade final de sa construction, et c'était extraordinaire de le voir presque prêt au lancement. D'ici moins de deux semaines, on procéderait à sa mise à l'eau. Le vendredi suivant mon arrivée, nous avons fait une soirée bière organisée pour les gars de l'équipe, et c'était génial de les revoir, les sourires sur les visages de tout le monde, malgré le coup de collier final qu'il restait à donner avant le lancement, et d'entendre raconter tout ce qui s'était passé pendant mon absence.

Mais la situation avec Merv n'avait pas changé. À certains égards, elle avait même empiré — à tel point que je m'inquiétais vraiment pour lui. Je me levais de plus en plus tôt. À présent, je restais assise une heure sur la plage et je regardais le soleil se lever avant d'aller au gymnase. Cela devenait ridicule, et j'en ai finalement conclu que si je ne mettais pas un terme à cette histoire, nous allions probablement devenir fous tous les deux.

Quelques jours plus tard, alors que tout le monde avait quitté le chantier naval, je suis allée lui parler. J'aurais préféré rompre avec plus de douceur, mais la vérité était trop douloureuse. Il n'était plus l'homme que j'avais connu douze mois auparavant. Je suis certaine que la rupture a été plus brutale du fait que nous savions l'un et l'autre tout ce qu'il avait investi dans ce projet, mais c'était malheureusement bien la racine du problème. Je me sentais terriblement triste, surtout lorsque Merv s'est éclipsé pour passer un peu de temps seul, ce qui m'a empêchée de rien lui dire de plus. Je ne peux imaginer ce qui a dû lui traverser l'esprit durant cette période où il s'est tenu à l'écart.

Simultanément, le lancement de *Kingfisher* approchait, et la tension montait en proportion. Sans Merv, c'était une situation difficile, et j'étais très contente que tous les autres m'aient soutenue. Martin s'est chargé de l'organisation finale et, de son côté, Mark a lui aussi assumé un rôle accru. *Kingfisher* a quitté pour la première fois le chantier naval Marten Yachts à bord d'un semi-remorque et, à trois heures du matin, le mercredi 9 février, les portails du chantier se sont ouverts pour le libérer. Mark et moi suivions dans la voiture, et je me suis levée pour filmer, debout, par le toit ouvrant, sa coque énorme qui se faufilait dans les rues d'Auckland. L'heure n'était vraiment pas aux commentaires. Je crois que nous étions tous frappés de le voir franchir ainsi les portes du chantier naval qui lui avait donné naissance, car cela marquait une étape primordiale de son existence. Cinq mois d'efforts et d'attentions se trouvaient cristallisés dans *Kingfisher* — une œuvre d'art. Je me sentais si fière de tous ceux qui avaient su nous conduire aussi loin…

Quelques jours plus tard, *Kingfisher* était mis à l'eau. Papa et maman étaient arrivés la veille, dans la soirée, et, à part Brest avant la Mini-Transat, c'était la première fois qu'ils se risquaient à se déplacer à l'étranger pour l'une de nos manifestations. Merv était de retour lui aussi, et j'étais contente qu'il soit là pour voir le bateau entrer pour la première fois en contact avec son nouvel élément, la mer. Maman a versé un peu de champagne sur la quille, en gage de porte-bonheur, et *Kingfisher* est lentement descendu vers la surface de l'eau. Je me tenais debout sur le bulbe de la quille, jusqu'au moment où j'ai pu l'arroser avec les premières éclaboussures d'eau de mer.

Voir ce voilier flotter pour la première fois, c'était notre rêve devenu réalité — maintenant, il allait vraiment pouvoir nous montrer son caractère. Étrangement, hormis le ronronnement du palan, ce fut un moment de silence, mais d'une incroyable intensité. Je crois que nous étions tous au bord des larmes. Mark parlait devant une caméra : « Je crois que, vu de l'extérieur, il est très difficile de mesurer la quantité de travail nécessaire, et tout le dévouement, tout l'engagement qu'il faut pour mettre à l'eau un bateau comme celui-ci. » Il avait absolument raison.

Avant le lancement officiel et public, nous étions déjà à l'eau depuis cinq jours, et nous avions eu le temps de tester tous les systèmes de bord. Un bateau n'est pas seulement constitué de ses éléments les plus visibles, comme le mât ou les voiles. Le circuit hydraulique ou les systèmes électroniques embarqués sont incroyablement sophistiqués, depuis les panneaux solaires jusqu'aux ordinateurs et aux pilotes automatiques, sans oublier les deux énormes vérins hydrauliques qui font basculer sa quille pivotante. Chacun de ces deux vérins pèse plus lourd que moi, et actionne des masses énormes. Tout devait être installé, vérifié et testé. Assister au premier établissement de sa voilure avait quelque chose de spectaculaire, et la sensation de le sentir glisser dans l'eau pour la première fois était incroyable. Lorsque j'ai pris la barre, dans ces premiers instants, j'ai eu le sentiment très étrange d'avoir été déjà là, à cet endroit, et que l'expérience n'était pas nouvelle — j'ai du mal à décrire cette sensation, mais c'était à peu près comme de retrouver un vieil ami.

Le lancement lui-même a été un grand moment pour tous ceux qui avaient pris part à la création de *Kingfisher*. Ses quatre architectes — y compris Alain Gautier, venu de France par avion — nous avaient rejoints, et j'espérais simplement qu'ils se sentaient fiers du bateau superbe qu'ils avaient construit. À ce stade de la Coupe de l'America, Auckland était l'endroit rêvé. L'équipe italienne de *Prada* avait réussi à accéder à la finale, et elle était sur le point de régater contre *Team New Zealand* de Sir Peter Blake — détenteur de la coupe. Lorsque nous avons amarré *Kingfisher* au ponton, il y avait des spectateurs partout.

Juste avant le lancement, nous avons fixé la plaque portant l'inscription «Fabriqué en Nouvelle-Zélande par l'équipe de Marten Yachts». Cette plaque était sculptée dans un morceau de bois de kauri, vieux de quelque huit cents ans. Un groupe maori a exécuté un *haka* sur le ponton adjacent. C'était la première fois que je voyais ça, et je crois que Mark et moi sommes restés bouleversés par la pure puissance émotionnelle qui se dégageait de ce *haka*. Pour nous, *Kingfisher* demeurera à jamais un bateau kiwi, et il nous semblait tout à fait juste de le mettre au monde comme tel. C'est à Lady Pippa Blake, l'épouse du marin le plus exceptionnel de tous les temps — Sir Peter Blake —, qu'il est revenu de le baptiser. J'étais là, à caresser nerveusement la coque, lorsque les mots de Pippa ont retenti avec force et confiance, couvrant la rumeur de la foule : « Je baptise ce bateau *Kingfisher*. Que Dieu le bénisse, ainsi que tous ceux qui navigueront à son bord, et en particulier Ellen. »

Après que la bouteille de Moët se fut fracassée contre l'étrave, j'ai grimpé à bord de *Kingfisher*, j'ai enjambé le balcon avant et j'ai embrassé son bout-dehors.

15

Un mois plus tard, *Kingfisher* quittait la Nouvelle-Zélande pour un voyage de plus de 12 000 milles marins (22 224 km) vers son port d'attache. En appareillant d'Auckland, nous avons vu pour la première fois la silhouette de la ville que nous connaissions si bien disparaître dans le lointain. J'avais adoré la Nouvelle-Zélande. Je venais de vivre ma plus longue période en un seul et même endroit depuis des années, et j'avais vraiment fini par me sentir chez moi, aussi bien grâce au merveilleux état d'esprit de l'équipe qu'à la gentillesse et à l'enthousiasme des kiwis pour notre projet. Mais ce voyage inaugural allait nous faire traverser la moitié de la planète, et j'étais terriblement impatiente. Nous avons décidé d'organiser ce retour en deux étapes : une première jusqu'au cap Horn, avec un équipage de quatre personnes ; ensuite, je rallierai l'Europe seule. J'allais avoir l'occasion de vraiment faire connaissance avec *Kingfisher*.

L'équipage de la première partie de notre voyage était composé de Bruno Dubois, Martin Carter et Andrew Cape. Capey (c'est son surnom !) s'était chargé de mon routage pour la Route du rhum et il avait embarqué au poste de navigateur sur quantité de courses au large, notamment deux éditions de la Whitbread. C'était l'Australien blond typique, et s'il possédait à n'en pas douter leur sens de l'humour très caractéristique, il était quand même d'un abord plus calme. Lui et moi, nous allions discuter en détail du temps, avec un tour d'horizon sur notre étape dans le Pacifique Sud.

Bruno était employé chez North Sails, et il avait travaillé avec nous sur les voiles depuis le début du projet. Nous nous étions lancés dans le développement de voiles dites « 3DL » relativement nouvelles en course du large, réalisées d'un seul tenant sur un moule, une technique qui, selon certains, n'était absolument pas adaptée au Vendée Globe. À bord, Bruno était un équipier hors pair, car il avait couru ou était intervenu dans une foule de compétitions, y compris la Whitbread bien des années auparavant.

Nous étions un équipage heureux, et mis à part la queue d'une dépression où le vent nous a sifflé dans les oreilles jusqu'à trente-huit nœuds, cette première étape nous a réservé un traitement de faveur. J'ai passé des heures à parler avec Martin de certaines modifications et de certains préparatifs à plus long terme. Non seulement le départ du Vendée Globe était dans dix mois, mais l'Europe 1 New Man STAR [1] se déroulait en juin, et même si tout se passait bien, une fois rentrés en Angleterre, nous n'aurions que deux semaines pour nous y préparer. Pour nombre de participants, la transat anglaise servait aussi d'épreuve de qualification pour le Vendée Globe, et s'aligner au départ s'inscrivait donc tout à fait dans la préparation de chaque skipper.

La vie à bord de *Kingfisher* est assez spartiate. Un seul espace d'environ un mètre carré permet de se tenir debout. À tribord, il y a un minuscule lavabo

1. Nouvelle appellation de la transat anglaise.

avec deux robinets à pompe manuelle, un pour l'eau de mer et l'autre pour l'eau douce. En face de ce lavabo, il y a un réchaud de camping monté sur cardan, conçu pour rester horizontal quelle que soit la position de *Kingfisher*. Côté cuisine et hygiène, ça s'arrête là — pas de toilettes, pas de douche, et certainement pas d'eau chaude. Pour ce voyage inaugural, je dormais sur le siège de la table à cartes, laissant les couchettes que nous avions installées de chaque côté de la cabine aux garçons, et en particulier à Capey ! En dehors de cette petite partie du bateau où nous vivions, il n'y avait que les rangements pour les voiles et les provisions, et les zones à sacrifier en cas d'extrême danger, que des portes étanches permettaient de complètement isoler du reste du bateau. Quand on pense aux dangers de la mer, ce sont les icebergs qui viennent immédiatement à l'esprit — ils sont nombreux, dans les eaux de l'Atlantique comme dans celles de l'Arctique et de l'Antarctique —, mais il existe aussi une multitude d'autres obstacles redoutables qui flottent un peu partout et peuvent mettre brutalement un terme à la course.

Le cap Horn était un endroit stupéfiant, bien au-delà du rocher déchiqueté, balayé par les tempêtes, qu'on s'imagine généralement. Nous avions prévu d'assurer la liaison avec un autre bateau, le *Pelagic*, avec Hamish Laird pour capitaine et sa femme Kate pour équipière. Mark était à bord, ainsi qu'Anthony Lane et un de ses amis, plus un ingénieur électronicien français qui, heureusement, allait pouvoir réparer notre parabole de communications par satellite un peu capricieuse. Je n'avais pas revu Anthony depuis un bon bout de temps et, durant cet incident très bref, mais potentiellement très stressant, sa placidité a fait merveille.

Dans les dernières lueurs du jour, nous avons contemplé au loin les sommets couverts de glace, aux cimes déchiquetées, à pic au-dessus des fjords. Cette nuit-là, nous avons mouillé dans une baie du nom de Caletta Martial, et nous nous sommes transbordés sur le *Pelagic* pour un dîner et une nuit dans des couchettes matelassées ! J'avais quitté *Kingfisher* à contrecœur, mais je savais aussi qu'avant mon départ en solitaire, le lendemain, il me fallait dormir. Le lendemain, au petit jour, en grimpant dans la timonerie du *Pelagic*, j'ai découvert l'un des plus beaux mouillages que j'aie jamais vus. Le rivage était d'un vert passé, patiné, l'eau pure, noire et immobile, et *Kingfisher* flottait silencieusement à une trentaine de mètres, comme posé sur son reflet, sa réplique parfaite. Quand je me suis assise sur le cockpit, les bras autour de mes jambes, un air glacial s'est infiltré sous ma tenue isotherme.

Cet après-midi-là, je suis partie seule pour la première fois aux commandes de *Kingfisher* — juste à temps aussi, alors qu'une tempête s'est mise à souffler, laissant les autres batailler dans des vents contraires de soixante nœuds, tandis que je m'éloignais vers le nord dans un reste de brise plus clémente. Pendant ce voyage, nous avions effectué plusieurs tests grandeur nature, mais le principal, c'était d'apprendre. Pour le navigateur en solitaire, les choix météo sont cruciaux et, tous les jours, je calculais mes options stratégiques comme si j'étais en course et j'envoyais le fruit de mes cogitations par e-mails à Jean-Yves Bernot. Ne pas pouvoir discuter ses choix, en particulier quand on est fatigué, peut générer une tension énorme, et ce travail avec Jean-Yves m'a aidée à me mettre en confiance. Je collectais des informations météorologiques sur Internet en me servant de l'équipement de télécommunication par satellite du bord, qui comprenait des téléphones, un Mini-M avec une connexion Internet à bas débit que j'employais surtout pour les échanges vocaux, et aussi une liaison satellite Satcom-B avec laquelle je pouvais me connecter en haut débit RNIS. Même si l'Internet est d'une grande aide en matière de navigation, on y trouve tellement d'informations que tout l'art consiste à faire le tri entre l'utile et l'inutile.

Au franchissement de l'équateur, je me suis sentie obligée d'observer l'ancien rite initiatique du roi Neptune. La tradition impose de ligoter et de torturer tout marin qui franchit l'équateur pour la première fois. Généralement, on est censé se mettre sur son trente et un, finir couvert d'aliments dégoûtants et se faire raser les cheveux en damier ! Je me suis confectionné une couronne et un trident en carton, je me suis enveloppée dans le drapeau européen, et j'ai incarné le roi Neptune devant la caméra. Ensuite, j'ai renversé les rôles, je suis devenue la victime, j'ai préparé une décoction peu appétissante à base de petits pois séchés, de ragoût et de protéines de chocolat reconstitué que je me suis versé dessus. J'ai filmé le tout et transmis le film. Mark et le reste de l'équipe ont cru que j'avais perdu la boule !

D'un bout à l'autre de la traversée, j'ai beaucoup pensé à eux. J'avais gardé une photo de Marie, Pipo et les enfants, une autre du lancement de *Kingfisher* avec toute l'équipe fièrement alignée sur le pont arrière, une autre encore de papa et maman, et une carte que Mark m'avait donnée. J'avais posé au milieu de la table à cartes une petite maquette de *Foncia*, le trimaran d'Alain Gautier, qu'il m'avait offerte quand il était descendu en Nouvelle-Zélande pour notre première sortie avec *Kingfisher*. J'avais à bord, près de moi, le cœur et l'âme de beaucoup de gens.

Durant ce temps passé en tête à tête avec lui, j'ai

créé avec *Kingfisher* une relation très particulière. Nous avons appris à compter l'un sur l'autre. Je sentais quand il était mécontent, quand il portait trop de toile, ou trop peu, quand il voulait filer à la limite de ses capacités. Je passais mon temps à le nettoyer, à éliminer le moindre désordre ou à réparer la plus petite avarie. Je savais exactement où se trouvaient les choses et je disposais toujours soigneusement les cordages dans le cockpit pour qu'ils ne traînent pas par terre. En bas, nous avions installé beaucoup de rangements de chaque côté et au-dessous des passavants, pour y attacher solidement les conteneurs en plastique remplis de toutes sortes de choses, depuis les pièces de rechange de winches et les circuits intégrés de secours jusqu'aux fruits secs. Et quand je tirais des bords ou que je virais lof pour lof, je me coltinais des travaux plus pénibles, comme de changer ces conteneurs de côté pour aider le bateau à conserver sa gîte et, par conséquent, toute sa puissance. Physiquement, c'est l'une des besognes du bord les plus frustrantes et les plus pénibles qui soient. Avec un dériveur, on peut tirer des bords en quelques secondes, mais avec un yacht de course de 60 pieds comme *Kingfisher*, cela demande à peu près une demi-heure : il faut tout préparer, déplacer les masses avant de tirer le bord, puis ranger tous les cordages. Une entreprise dans laquelle on ne se lance pas pour le plaisir !

J'ai aussi beaucoup appris sur moi-même. J'ai constaté que le sommeil avait une influence considérable sur mon bien-être et mes facultés de prise de décision, et je suis arrivée à trouver des rythmes de sommeil naturels, qui m'ont aidée à récupérer plus vite. À bord de *Kingfisher*, j'étais heureuse et je me sentais tout à fait à mon aise avec lui. J'avais appris à le connaître et j'en savais davantage sur mon seuil de résistance et mes faiblesses. J'avais l'étrange sensation que cela me serait utile dans l'année à venir — et je ne me trompais pas.

Ma première terre fut l'île de Groix, juste en face des côtes françaises, et c'est là que j'ai retrouvé une partie de l'équipe pour dresser la liste des tâches et discuter du travail qui restait à accomplir avant d'aborder les côtes anglaises.

Pendant notre traversée du Solent, *Kingfisher* avait une allure impeccable, et j'étais extrêmement fière de lui. Une foule de gens sont venus à notre rencontre, et parmi eux, papa, maman et Gran, qui nous faisaient des signes depuis le *Red Funnel Red Jet*, le ferry qui assure la liaison entre l'île de Wight et l'Angleterre ! Ashley Perrin était en bas, dans la cabine principale, avec Gran. Je les voyais toutes les deux qui regardaient au-dehors et une troisième tête s'est encadrée dans le hublot — c'était Mac ! Dès que nous sommes venus nous amarrer à Southampton, Gran est montée à bord. C'était un sentiment très curieux d'avoir traversé la moitié de la planète à la voile, et de se dire que la dernière fois que *Kingfisher* était amarré à un quai, c'était à Auckland. Notre bon copain Éric, le caméraman, a sauté à bord. Tout le monde adorait Éric ; avec une personnalité comme la sienne, avec son caractère, tout le monde a le sourire aux lèvres. Pourtant, quand il m'a filmée, les premiers mots que j'ai prononcés ont été : « Je ne veux pas descendre. »

Plymouth me rappellera toujours mon tour d'Angleterre. Pour notre dernière semaine de préparation avant la transat Europe 1 New Man STAR, nous avons jeté l'ancre dans la marina, juste à côté du Royal Western Yacht Club, où des bateaux comme *Iduna* et *Elan Sifo* étaient venus au mouillage avant nous. Je sentais à quel point nous étions exposés, et j'étais très inquiète de savoir comment nous allions nous comporter face aux autres concurrents. C'était la première fois que *Kingfisher* se plaçait sous le regard de ses rivaux, et il passait vraiment pour quantité négligeable. J'espérais qu'il serait rapide, mais en fait je ne savais pas du tout comment il allait s'en tirer. Et surtout, je ne savais pas du tout comment j'allais m'en tirer moi-même. Depuis la tactique météo jusqu'à la gestion du sommeil, tout reposait sur mes épaules. Je savais que j'allais me confronter aux meilleurs skippers du monde et que la course se mènerait à un train soutenu. Certes, le Vendée Globe approchait à grands pas et tout le monde tenait à être fin prêt pour s'aligner au départ de cette course majeure, mais aucun de ces skippers (même s'ils avaient beau prétendre le contraire) n'était du genre à lever le pied pour se préserver.

Il y avait vingt-cinq bateaux en Classe 1, et plus de la moitié étaient des monocoques. Dans notre catégorie, il y avait une dizaine de voiliers capables de l'emporter. On m'a plusieurs fois interviewée sur mes espoirs dans cette compétition. J'ai toujours répondu que je serais contente de terminer dans les dix premiers, mais, au fond de moi, je savais que mon objectif réel était de me trouver dans les trois premières places. J'élaborais des plans dans ma tête. Que pouvions-nous faire pour terminer dans les trois premiers ? Qu'est-ce qui pourrait contribuer à me hisser jusque-là ? Aucune conclusion ne s'imposait aisément. Je savais que nous disposions d'une équipe à terre vraiment fantastique — la meilleure. Après tout, remettre *Kingfisher* en état de naviguer, alors qu'il venait de traverser la moitié du globe, leur avait pris moins de deux semaines, ce qui était franchement stupéfiant. Nous avions encore des lacunes, c'était évident, mais nous l'admettions d'un simple grognement. Je savais aussi que dès que retentirait le coup de canon annonçant les dix minutes avant le départ, tout reposerait sur moi — à partir de ce moment-là, je serais vraiment toute seule.

Le matin du départ, j'étais d'une nervosité maladive, et j'avais beau faire des efforts pour afficher la mine des braves, je savais que j'étais «à la lutte». Sous le poids de cette obligation de réussite, je ne me sentais pas du tout moi-même. À présent, nous avions tout ce qu'il nous fallait, et j'étais à armes égales avec tous les autres skippers — à partir de maintenant, tout échec serait le mien. Je souffrais d'une méchante douleur au genou droit, qui était là depuis que j'avais couru sur ce quai, à mon retour de Nouvelle-Zélande. Même si la souffrance n'était pas trop pénible, cela restait un sujet de préoccupation, car ce genou, quand il était fléchi, ne pouvait pas supporter tout mon poids. J'ai dit au revoir à papa et maman, mais je n'étais pas réellement présente. Ils ont dû avoir l'impression d'embrasser quelqu'un qui était déjà loin. Après mon départ, papa a été interviewé, et par la suite j'ai vu la vidéo de cette interview ; j'ai lu l'inquiétude sur son visage, mais ses propos se voulaient rassurants. «C'est un moment magnifique, car cette fois, elle va se lancer dans cette course avec un bateau vraiment exceptionnel. C'est formidable ! »

Au coup de canon des dix minutes, l'équipe a sauté du bateau. Je me suis éloignée de la ligne, puis j'ai tiré un bord, pour gagner de la vitesse et franchir la ligne à pleine puissance. *Kingfisher* et moi, nous étions en piste. Dès que je me suis dégagée des bateaux d'assistance, je l'ai réglé sur pilote automatique et j'ai attrapé mon portable. J'ai envoyé un texto à tous les membres de l'équipe à terre, pour les remercier. J'ai tapé ce message et, avant d'éteindre, mes yeux se sont remplis de larmes de joie.

Au phare d'Eddystone, la seule marque de parcours avant l'Amérique, c'est *PRB* qui a pris l'avantage devant *Kingfisher*. À ce stade de la course, la flotte des voiliers s'est scindée en deux, car certains ont choisi de mettre immédiatement le cap sur la côte pour éviter les effets défavorables de la marée montante.

Sur ce plan, Ellen va certainement continuer de suivre sa courbe d'apprentissage verticale — mais pour elle, apprendre n'a jamais été un problème ! Quand elle a barré *Kingfisher* dans la Manche pour la première fois, son grand sourire en disait long.

« C'est formidable d'être de retour en mer, c'est là qu'est notre place, à *Kingfisher* et à moi. Je suis soulagée de m'être dégagée en douceur de la ligne de départ, et le bateau se comporte à merveille. C'est toujours un moment de forte émotion — en particulier cette minute où l'équipe à terre descend du bateau —, merci les gars, c'était un effort collectif fantastique de nous avoir mis là où nous sommes. *À donf !* »

Je ne me suis jamais sentie aussi tendue en course que dans cette transat anglaise. Chaque fois que je parvenais à arracher vingt minutes de sommeil, je me réveillais l'estomac complètement noué. Côté météo, je n'arrivais jamais à me détendre, je m'inquiétais constamment de savoir si j'avais pris la bonne option, et si les autres avaient choisi la même route. Toutes les deux ou trois heures, nous recevions les relevés de position et nous savions si nous avions gagné ou perdu quelques milles sur les autres… Notre vie à bord tourne complètement autour de ces chiffres, et notre cœur bat presque à leur rythme. Si l'on perd quelques milles, quelle qu'en soit la raison, il n'est pas question d'accuser le coup moralement. C'est tout autant une bataille mentale que physique, et la limite est très étroite entre surveiller de trop près ce que font les autres et suivre sa propre tactique.

Au début, en longeant la côte sud de l'Angleterre pour entrer ensuite dans l'Atlantique, nous avons eu du très petit temps, et nous sommes retombés de la sixième à la septième place. J'ai lutté, j'ai poussé et, à un certain stade, pour doubler le cap Lizard, j'ai changé de voiles toutes les heures.

Le deuxième jour, nous avions repris la tête, et c'était une sensation incroyable. *Kingfisher* se défendait tout seul. Mais si je menais dans ces premières heures de course, je savais qu'il nous restait un très long chemin à parcourir. Je n'arrêtais pas de me répéter : « Accroche-toi, ne fais pas de bêtises et ne commets pas d'erreurs. » Mener pose des problèmes bien spécifiques, et je n'avais encore jamais pris la tête d'une flotte de voiliers. Je sentais s'accumuler une tension écrasante. Vous devenez le « poisson-pilote », tous les autres se calent derrière vous et observent le moindre de vos mouvements — et les plus proches sont parfaitement placés pour vous dépasser, en vous évitant si vous avez le malheur de plonger dans une zone déventée ou de prendre une mauvaise décision.

Nous n'avons pas tardé à entrer dans les systèmes dépressionnaires de l'Atlantique, tout comme dans la Route du rhum, et la vie à bord se corsait, pas seulement sur le plan physique, mais aussi d'un point de vue tactique. Avec le franchissement des fronts, le vent change vite de direction et, si je ne voulais pas perdre plusieurs milles, il fallait tout de suite réagir en tirant des bords. Chaque virement de bord signifiait vingt-cinq minutes d'un travail pénible, à commencer par le changement de côté des conteneurs et des voiles dans le compartiment avant. Chacune de ces voiles pesait quasiment mon propre poids, et mesurait deux fois ma taille, et c'était donc un peu comme essayer de faire remonter une pente à un corps inerte et récalcitrant en plein tremblement de terre.

Maintenant ça souffle comme *^**?&. 35 nœuds presque tout le temps. Passé une bonne heure à vérifier et revérifier le pont pour voir si tout était O.K. Repéré quelques petits pb, mais rien de trop sérieux. Vie à bord incroyablement éprouvante, ça remue, c'est horrible, et le vent et la mer ont l'air de croître en taille et en force, mais aussi dans toute leur dimension imprévisible ! J'avais faim alors je me suis préparé une assiette de champignons, un sandwich sauce tomate et fromage. Bizarre de maintenir le pain en équilibre sur mes genoux trempés, d'essayer de mettre de la sauce tomate sans en faire gicler partout, comme giclerait tout ce qui ne serait pas attaché. J'ai passé pas mal de temps assise dans la cabine ces derniers jours... mais je sais que c'est un peu comme dévaler dans un toboggan à eau sur un champ de foire. On laboure les vagues, avec une eau verte qui assombrit ma tanière toutes les deux ou trois minutes... mais on est loin du toboggan à eau, et le plaisir des embruns m'a passé... Impossible de voir par les hublots, continuellement immergés, que ce soit sous la pluie, sous les embruns ou sous des vagues énormes. Tout le gréement vibre et les drisses claquent... J'ai réduit ce claquement en les attachant bien serrées au mât, bien contente que Mikey ait installé ces gaines sur les barres de flèches... En bas, on est beaucoup plus au sec depuis notre mini-reconditionnement d'avant-course. Super boulot, les gars...

Mon genou me fait aussi très mal, mais ces derniers jours c'était le cadet de mes soucis... Ici, je m'accroche, littéralement,

Exx

Dans cette première tempête, trois bateaux ont démâté, y compris deux favoris, Thomas Coville, sur *Sodebo*, et Yves Parlier, une nouvelle qui m'a causé un choc. Yves venait justement d'installer un nouveau mât, après nos problèmes de l'automne dernier. Il a dû écumer de rage.

Après huit jours de course, nous avons traversé un front violent. Je luttais encore pour trouver le sommeil. Nous étions réduits à trois ris plus le tourmentin, et le bateau remuait méchamment, mais sous le vent j'ai aperçu une voile avec un carré rouge, et j'ai reconnu Bilou (Roland Jourdain). *Sill* était le premier bateau que je voyais depuis la sortie de la Manche, et j'essayais de m'imaginer ce qui se passait à bord, s'il était en train de dormir ou, au contraire, de se faire du souci lui aussi. Il existe toujours un lien très fort entre les navigateurs en solitaire et, dans cette soirée de tempête, je le ressentais encore plus fortement. Et si j'étais disposée à tout tenter pour finir devant lui, en fait, j'aimais vraiment bien ce garçon. Personnage drôle et décontracté, Bilou était aussi incroyablement bon dans ce qu'il aimait par-dessus tout — la course. D'après les images météo, je voyais bien que les vents allaient sûrement tourner rapidement, dès que nous serions passés de l'autre côté de la dépression, mais je savais que je ne pourrais pas dormir tant que cette bascule du vent n'aurait pas eu lieu. J'ai somnolé dans le cockpit, je gelais, mais j'attendais simplement de virer de bord, ce qui, lorsque le vent a changé, nous a pris plus de quarante minutes. Après quoi, je me suis effondrée, j'avais froid, j'étais fatiguée et je me sentais un peu déprimée. Je me suis sortie de ce passage à vide en décidant de me déshabiller, de me sécher et de me ressourcer — il fallait que j'essaie de débrancher, je le savais. Finalement, j'ai grimpé dans la couchette située côté sous le vent, car c'était le plus sûr, et je me suis versé une tasse de Horlicks, du lait malté. Pendant que j'étais allongée là, des bruits assourdissants se répercutaient à l'intérieur du pauvre *Kingfisher* qui filait dans des vents de quarante nœuds. J'ai tendu le bras pour poser la main sur le pont, et lui ai soufflé doucement : « Tiens bon, jeune homme », et j'ai tâché de dormir.

Les yeux fermés, je n'arrivais toujours pas à trouver le sommeil. Je pensais à des endroits bien sombres, je comptais les moutons dans un pré, mais rien ne me faisait piquer du nez. On a généralement du sommeil à bord d'un bateau une perception qui est loin de la vérité. Beaucoup de gens me demandent : « Comment faites-vous pour vous réveiller ? », mais en fait la question qu'on se pose est plutôt : « Comment s'endormir ? » Quand un bateau avance vite, ou souvent, pis encore, quand il y a peu ou pas de vent, dormir est pratiquement impossible. Se réveiller, c'est la partie facile, car le plus difficile, c'est de parvenir à se détacher suffisamment de la situation pour trouver le sommeil, ou tout au moins pour se détendre.

Dans la matinée, le vent est tombé et, après avoir étudié le dernier fax de la météo, j'ai compris que nous nous trouvions au milieu d'un système secondaire de basse pression, et j'ai donc pris le pari de mettre le cap à quatre-vingt-dix degrés de ma route, en direction de la zone où, selon mes calculs, devait souffler la brise. Petit à petit, le vent a repris et, en l'espace de quelques heures, nous filions à dix, puis à quinze nœuds. Quand le relevé de position du soir est arrivé, je me trouvais soixante-quinze milles devant Bilou. J'étais aux anges, même si je n'allais pas tarder à tomber de haut…

Position des monocoques à 1038 GMT mercredi
1. Kingfisher 871
2. Sill + 5
3. Whirlpool + 71
4. TG4 + 86

Les dernières 24 heures ont vu la chance tourner pour Ellen MacArthur, qui résiste toujours, avec une mince avance de 5 milles sur *Sill* (Roland Jourdain). En mer, il peut se passer beaucoup de choses en 24 heures…

Hier après-midi, Ellen a été réveillée par le signal d'alarme du radar Raytheon. Ne sachant pas s'il s'agissait d'un bateau, elle est montée sur le pont en vitesse, pour se retrouver en plein dans un épais brouillard. Avec *Kingfisher* fonçant à 12 ou 13 nœuds à ce moment-là, l'angoisse était insoutenable ! Et puis, heureusement, peu à peu le brouillard s'est dissipé, et l'objet que le radar avait détecté est apparu — un « superbe » iceberg. Elle a même eu le temps de le photographier tout en manœuvrant pour le contourner par son côté au vent (passant entre le vent et l'iceberg et réduisant ainsi les risques de percuter des « growlers », ces blocs qui se détachent de l'iceberg principal et qui sont bien plus dangereux).

Deux heures plus tard, en descendant par le panneau avant pour sortir le spi, car le vent adonnait[1], elle a glissé, elle est allée taper dans ce panneau et, dans sa chute, s'est cognée à la

---

1. S'orientait plus sur l'arrière.

main, à la jambe et à la tête. En résumé, nous avons maintenant des icebergs, il gèle presque, le bateau fonce, il y a du sang sur le spinnaker (qu'elle veut envoyer) et elle souffre pas mal ! Sans se laisser démonter, elle a envoyé le spi, réglé le bateau, puis elle est retournée dans la cabine pour examiner ses blessures de plus près. Apparemment, il y aurait un doigt fracturé, une entaille et une grosse bosse sur le crâne (rappel, semble-t-il, de cette autre qu'elle s'est faite pendant la Route du rhum !), et l'autre jambe, celle qui jusqu'ici n'avait rien, est un peu enflée elle aussi. Sa « bonne nouvelle », dans le coup de fil qu'elle nous a passé, c'était : « Au moins, je ne suis pas tombée dans les pommes ! » Elle va bien, mais elle est un peu sonnée.

Au milieu de tout ceci, le vent n'arrête pas de tourner, et Ellen se démène pour saisir l'évolution des conditions météo, mais elle manque d'informations. Le gros de la flotte pique encore plus au sud, et Ellen s'écarte vers le nord — ce n'est manifestement pas le bon choix et, couplé avec l'apparent avantage de performance de *Sill* dans la brise, son avance de leader se réduit à zéro... la course reprend de plus belle.

Après vingt-quatre heures très occupées, nous nous sommes accrochés à notre position de tête, et la nuit suivante j'ai envoyé le spinnaker et j'ai tâché de me reposer.

Subitement, il y a eu un grand craquement, et j'ai vu, horrifiée, le spi s'abattre et tomber dans l'eau, ce qui me promettait trois bonnes heures de combat pour le récupérer. J'étais forcée de faire marche-arrière, de tout larguer et ensuite, quand il s'est enroulé autour de la quille, je me suis vraiment battue. Maintenant je suis complètement épuisée, il va falloir que je dorme. Mon corps me fait l'impression d'être passé au hachoir. Je ne sais absolument pas comment je me suis débrouillée pour le remonter, une fois dans l'eau son poids est énorme. Enfin nous nous sommes remis en route, à 11 nœuds. Quand même aucune idée du nombre de milles que j'ai perdus.

J'ai eu de la chance que Bilou ait visiblement eu des problèmes de son côté. Le lendemain matin, j'ai découvert qu'au lieu d'être retombée à la deuxième place, j'avais en fait augmenté mon avance. J'étais épuisée, mais aux anges. Nous n'étions plus qu'à quelques jours de l'arrivée, et nous avions débouché dans une zone de vents légers et contraires. Je me suis écroulée sur le siège de la table à cartes et j'ai dormi profondément, comme jamais au cours de cette traversée.

Pourtant, je restais sur les nerfs. Impossible de me relâcher, et, même le dernier jour de mer, quand les vents se sont suffisamment établis pour nous permettre de passer la zone des hauts-fonds vers Newport, je n'étais toujours pas tranquille. Pour la première fois dans une course, je savais que je voulais en finir. J'étais vidée, et j'avais vécu tous ces jours de compétition avec un nœud à l'estomac, pas tellement à cause de la navigation proprement dite, mais plutôt à cause de l'enjeu. Je m'étais démenée, et *Kingfisher* avait montré de quoi il était capable, mais il accusait le coup — nous avions parcouru seize mille milles en trois mois, et nous avions tous les deux besoin de repos.

La matinée était des plus paisibles, et les premiers

signes de vie sont apparus dans un ciel gris et brumeux, sous une brise humide et froide. J'ai repensé à ma toute première traversée transatlantique avec Alan, quand nous avions quitté Newport, exactement quatre ans plus tôt. Ces quatre années auraient pu en faire dix, au vu de tout ce qui s'était passé depuis. Il m'a fallu un petit moment pour m'imprégner de la réalité de cette matinée. Subitement, en une fraction de seconde, le poids qui m'avait pesé sur les épaules depuis deux semaines s'est allégé, et j'ai levé le poing en l'air, au coup de canon.

Nous avions franchi la ligne en tête, au bout de quatorze jours, vingt-trois heures et une minute de mer.

19 juin 2000 — Elle a réussi !
Ellen MacArthur bat un record en remportant la victoire dans la transat anglaise...
Au petit jour, ici, à Newport, Ellen MacArthur a franchi victorieusement la ligne d'arrivée dans la course transatlantique en solitaire Europe 1 New Man. Après 36 dernières heures laborieuses, avec des vents faibles et variables, la jeune navigatrice de 23 ans s'est faufilée dans Newport, Rhode Island, à 10 h 21 GMT ce matin, devenant ainsi le plus jeune vainqueur de la course depuis sa création en 1960.

Après cette course, j'étais sur le point de m'écrouler — j'avais tourné à plein régime pendant plus de trois mois, et qui plus est presque tout le temps seule en mer. Quand j'ai lu les résultats de mes analyses de sommeil, j'ai découvert que, pendant ces quatorze jours, j'avais dormi en moyenne 4 h 20 — pas étonnant que je me sois sentie complètement vidée. C'est une situation compliquée : on termine une course, on sait qu'on doit transmettre le plus d'informations possible à l'équipe à terre. Et quand ils tournent à plein régime, vous êtes claquée !

Je suis rentrée en Angleterre, où j'ai encore accordé d'autres interviews, notamment dans le Derbyshire, ce qui m'a laissé une journée pour reprendre contact avec la famille, et ensuite d'autres encore à Londres. J'ai passé une journée à Cowes et je suis partie deux jours dans les Alpes, dans un village à côté de Chamonix, où Mark avait habité dans le passé, et où il retournait le plus souvent possible. Avec Michel, un guide, nous avons directement entamé l'escalade de plusieurs sommets, en nous attaquant tous les deux pour la première fois à des faces neigeuses, ce que j'ai adoré. Nous avons passé la nuit là-haut, dans un refuge, à environ cinq heures de marche de la plate-forme d'arrivée du téléphérique, et même si je reprenais progressivement des forces, je me souviens de m'être sentie complètement épuisée. J'y étais vraiment allée fort, mais je savais que souvent ma volonté me dissimulait ma fatigue.

Aussitôt après, je suis retournée à Newport, et j'y ai fêté mon anniversaire pour la deuxième fois. Ensuite, je suis partie avec Martin Carter et Éric Lindkvist, notre redoutable cameraman, pour ramener *Kingfisher* à la maison après sa remise à neuf. J'étais impatiente de sortir du port et de me retrouver à nouveau en mer. J'avais espéré que ce voyage m'offrirait un répit, mais je me trompais. Ma toux a commencé le jour du départ et, pendant toute la traversée du retour, je n'ai pas réussi à m'en débarrasser. Il serait faux de dire que nous n'avions jamais le sourire, surtout quand Éric a découvert qu'il détestait tout ce que nous avions à manger à bord, et l'a manifesté à sa manière inimitable. Je crois qu'il avait du mal à comprendre pourquoi nous ne mangions que du lyophilisé. Il était excellent cuisinier et, le jour de l'anniversaire de Martin, il a sorti de leur emballage en aluminium les petits pois, d'autres légumes et la viande d'un de nos plats lyophilisés, pour nous préparer une surprise. Pendant ce voyage, je me suis énormément rapprochée d'Éric, et nous avons beaucoup parlé — il avait bon cœur, et il avait beau être exaspérant à me demander sans arrêt « de grimper encore une fois au mât » pour me filmer sous un autre angle, il le faisait toujours avec un sourire tellement persuasif qu'il aurait pu convaincre un Premier ministre de venir s'asseoir sur ses genoux. Éric était un absolu perfectionniste et un grand cameraman — les images qu'il a rapportées de ce voyage sont époustouflantes.

Nous étions maintenant dans la dernière ligne droite précédant le départ du Vendée Globe, deux mois seulement avant que je n'achemine *Kingfisher* vers Les Sables-d'Olonne, et cela se reflétait dans mon emploi du temps. Les interviews, les journées de navigation en groupe et les réunions remplissaient mon agenda. Je suis descendue dans le sud de la France pour prendre part à une régate de catamarans, j'ai rendu visite à un météorologue, Pierre Lasnier, à Nice, pour améliorer encore ma formation météo, et ensuite j'ai traversé toute la France et la Belgique, pour donner des conférences sur ma vie et sur le Vendée Globe. Mais si, emportée dans le mouvement, mon existence ressemblait à une course de bobsleigh, un autre voyage en France m'a brusquement remise à ma place.

Peu de temps après mon retour d'Amérique, je suis allée à Brest naviguer avec un groupe de gamins, dans le cadre d'une manifestation organisée notamment par Antoine, le frère de Marine Crenn. Très jeune, Antoine avait été atteint de leucémie, et il travaillait désormais dans une organisation humanitaire, À chacun son cap, qui réunissait des enfants atteints de cette maladie et d'autres qui avaient guéri, pour les emmener sur l'eau. Cela leur permettait de parler entre eux de leur situation — un besoin que peu de gens parviennent à comprendre —, mais cela leur procurait aussi l'occasion d'oublier leur maladie, ne serait-ce que quelques jours. Ce fut l'une de mes plus belles journées de voile, nous avons tellement ri que nous en avions les larmes aux yeux, et les gamins étaient tout simplement fantastiques. Ils refusaient absolument qu'on les traite différemment, sur aucun plan, et, à bord, tout le monde était incroyablement motivé, dans un esprit de compétition unique. Je les ai rejoints le deuxième jour, et c'était bouleversant de voir à quel point ils s'étaient déjà attachés les uns aux autres. Sur ce bateau, je me sentais comme une débutante ! J'ai été très triste de les quitter — cette expérience m'a permis de bien mesurer toute la chance que j'avais.

Pour nous tous, cet été-là a été rude. La tension montait, pas seulement pour moi, mais aussi pour le reste de l'équipe. La charge de travail de Mark en particulier était énorme, et nous nous téléphonions tout le temps pour vérifier que tout était en ordre. Pendant une période, quand *Kingfisher* était à Cowes, nous avons quand même réussi à passer un peu de temps ensemble. Ian McKay était là lui aussi. La demande en matériel promotionnel pour le Vendée Globe était croissante, et le temps qu'il devait consacrer à réaliser ce matériel augmentait en proportion. Depuis que je m'étais liée avec lui, à Londres, nous étions restés proches. Il comprenait les tensions auxquelles nous étions tous soumis, et le simple fait d'avoir quelqu'un à qui parler, et qui abordait tout ça d'un autre point de vue, c'était une aubaine. Ian me traitait en égale et cela faisait longtemps que je n'avais pas eu un aussi bon copain. Mis à part les premiers temps avec Merv, je me suis reposée sur Mark pour presque tout.

Mark et moi, nous avons pratiquement vécu ensemble pendant quatre ans, en tâchant de bâtir notre projet, en faisant avancer les choses au jour le jour. Même si je ne m'en rendais pas compte à l'époque, les circonstances qui nous avaient réunis allaient influencer la suite. Mark avait consacré sa vie à ce projet. Nous nous connaissions déjà quand j'étais une gamine — j'avais à peine plus de dix-huit ans. Avant la fin de ma première année de travail avec lui, mon avenir était déjà tracé et j'avais énormément mûri, mais je trouvais parfois que notre association ne reflétait pas cette évolution. J'avais beau savoir que Mark me respectait, je sentais aussi que je restais pour lui la jeune fille de dix-huit ans qui était venue lui parler, le premier jour. Les choses avaient changé, et j'étais devenue une navigatrice professionnelle de vingt-quatre ans, extrêmement indépendante. La transition devait toujours être délicate, et si elle s'est parfois révélée difficile, il n'en reste pas moins, à bien des égards, que c'est l'attention et le soutien de Mark qui m'ont permis de réaliser mes ambitions. En réalité, c'était un grand pas dans la bonne direction. Ce travail en commun nous a permis de faire fonctionner ce parrainage qui me donnait le temps d'aller m'entraîner, même si je me prêtais à des présentations du projet quand c'était nécessaire. Diriger une équipe, en être la figure publique et courir pour cette même équipe constituait une énorme responsabilité. En deux ans à peine, nous étions passés d'une situation où nous nous bagarrions pour lever des fonds rien que pour imprimer un document à la victoire dans une course transatlantique très médiatique contre les meilleurs du monde. Aucun de nous, et surtout pas moi, ne pouvait se permettre la moindre complaisance. Nous avions besoin les uns des autres, de nous développer grâce à notre détermination et à notre passion mutuelle du travail bien fait.

À ce stade, réussir ce projet, cela voulait dire ignorer notre état de fatigue. L'agenda était plein à craquer et il fallait continuer, vraiment nous donner l'un et l'autre à fond, et même plus. Avec la course qui débutait dans quelques semaines, nous étions soumis à rude épreuve.

Cette année-là, les vacances familiales sont passées à l'as. Papa et maman ont annulé leur voyage en Écosse, estimant que cela me ferait plus de bien de passer trois jours à la maison — et ils avaient raison. Mais se détendre n'était pas facile. Il y avait sans arrêt des gens à qui rendre visite ou qui venaient nous voir dès qu'ils apprenaient que j'étais là. Si cela partait d'un bon sentiment, cela ne faisait aussi qu'ajouter à la tension, autant que les programmes à établir et que cette course qui se profilait maintenant dans un horizon terriblement proche.

La dernière fois que je naviguerais seule avant d'aller amarrer *Kingfisher* aux Sables-d'Olonne, ce serait pour aller chercher le bateau à La Trinité, où nous avions tourné avec la BBC. Alain Gautier allait me rejoindre à bord pour la première partie. Nous sommes sortis dans le golfe de Gascogne, et si nous n'avions que vingt-quatre heures à passer ensemble, c'était merveilleux qu'il me fasse part, même brièvement, de son expérience dans le Vendée Globe. À trente-neuf ans, il possède une vaste expérience, depuis les Figaro et les trimarans de 60 pieds jusqu'à ses trois tours du monde en 60 pieds monocoque, y compris deux Vendée Globe, avec une victoire dans le second. Intégrer Alain à l'équipe, c'était une suggestion de Mark, et qui avait bien fonctionné. Je pouvais complètement m'identifier à lui, il était ouvert et généreux de ses conseils. C'était formidable de l'avoir avec nous et, d'une certaine manière, cela m'a apporté confiance et sérénité. Après l'avoir déposé devant Lorient, j'ai prolongé ma sortie d'une journée, mais, compte tenu de la météo qui prévoyait peu ou pas de vent, j'ai décidé de gagner Les Sables-d'Olonne plus tôt, et de m'accorder un peu de repos.

Au début de mon séjour là-bas, je suis sortie avec toute l'équipe pour une folle nuit. Marie, Pipo et les enfants s'étaient installés en ville dès notre retour de Nouvelle-Zélande, et ils savaient donc très bien se repérer. Nous avons passé un moment génial. Tout le monde était détendu, nous avons fait les pitres et nous avons dansé toute la nuit, quasiment jusqu'à l'aube. Nous avons profité de notre dernière fête estivale pour boire quelques verres dans un bar de plage de style un peu caraïbe, et ensuite nous avons terminé la soirée dans une boîte. Sur le moment, aucun d'entre nous ne s'est rendu compte que, dans les prochains mois, il ne nous serait plus possible de refaire ce genre de soirée.

Avant le dernier compte à rebours, je suis brièvement retournée en Angleterre, et Ian m'a emmenée quelques jours avec lui pour m'aider à décompresser. Il avait déjà passé des vacances dans les Norfolk Broads, et il m'a proposé d'aller passer quelques jours en mer nous amuser sur un bateau, sans stress et sans tout ce remue-ménage, dans l'anonymat. Même si ce fut trop court, nous avons passé un moment merveilleux. Nous avons quitté Horning le premier matin de bonne heure, avec un brouillard persistant qui stagnait sur l'eau et s'accrochait aux branches des arbres. Nous avions loué le plus petit voilier que nous avions pu trouver (par hasard, c'était aussi le plus vieux), pour aller où nous voulions, sans restriction. Ces trois journées m'ont vraiment rappelé l'époque où j'étais gosse, sur *Cabaret*. Nous avions alors fait le tour des Norfolk Broads et, dix ans plus tard, j'éprouvais la même excitation devant la promesse de l'aventure.

À la fin de ce petit périple, je devais faire un saut chez moi, dans le Derbyshire, pour effectuer avec oncle Glyn ma visite médicale obligatoire avant le Vendée Globe. On a du mal à imaginer la liste des médicaments indispensables. Les retirer tour à tour de leur emballage et les étiqueter, avec leur dosage, a suffi à me faire réfléchir sur ce qui m'attendait. Il y avait des médicaments contre les infections graves, à raison de trois piqûres par jour, de puissants antalgiques, des kits d'urgence pour réduire les fractures et des aiguilles toutes prêtes avec leur fil chirurgical, pour se recoudre. J'ai repensé à ce qu'avait enduré Alan Wynne-Thomas et, brusquement, j'ai saisi le message : j'allais devoir être totalement autonome. Je me suis même entraînée en m'injectant du sérum physiologique en intramusculaire dans la jambe. Une fois que Glyn m'a eu montré comment faire en se piquant lui-même, je ne pouvais plus reculer, mais au moins, personne ne nous a surpris, le pantalon descendu autour des chevilles, la seringue à la main. Je savais que si j'étais obligée de me remettre en état toute seule et à des milliers de kilomètres du premier hôpital, comme d'autres l'avaient fait avant moi, il fallait que je me prépare aussi bien à lutter contre l'hypothermie qu'à me recoudre. Il y avait aussi l'autre possibilité, dont tous les skippers ont conscience — celle de devoir secourir et soigner un autre navigateur. Comme l'avait démontré Pete Goss en se portant au secours de Raphaël Dinelli, nous partions dans des régions où nous étions forcés de compter les uns sur les autres. Là-bas, il n'y avait personne d'autre.

Dans le Derbyshire, je suis allée dire au revoir à Gran, car nous savions qu'elle ne viendrait pas en France assister au départ de la course. Elle n'était jamais allée à l'étranger, et elle ne se sentait pas la force de grimper à bord d'un bateau pour nous regarder tous partir. Au moment de lui dire au revoir, j'ai senti son inquiétude, mais c'était une femme solide, et puis, je le savais, elle était convaincue que je reviendrais saine et sauve.

À mon retour aux Sables-d'Olonne, le changement, en l'espace d'une semaine, était considérable. Toute la ville se consacrait entièrement au Vendée Globe. Il y avait des affiches aux murs et des photos dans les vitrines des boutiques. Le restaurant Cap Ouest avait adopté l'équipe de *Kingfisher* et la salle était déjà toute décorée dans les jaunes et les bleus. L'enceinte des concurrents, autour des pontons, avait changé du tout au tout, avec des tentes à deux étages couvrant des centaines de mètres carrés. Mais le changement le plus marquant concernait les pontons proprement dits — c'est là qu'étaient alignés vingt-quatre bateaux de course Open, à la pointe du progrès technologique mondial.

On y était. On y était vraiment.

Nous faisions partie des équipes chanceuses. Notre bateau était presque prêt et piaffait d'impatience. D'autres concurrents étaient moins gâtés. Nous avons vu des bateaux avec des points d'interrogation sur la coque, marquant l'emplacement où l'on espérait un sponsor, et d'autres subissaient encore d'importants travaux. La diversité de la flotte mettait en évidence le caractère unique du Vendée Globe. Au milieu des 60 pieds, il y avait aussi des 50 pieds, et leurs skippers n'étaient là que pour participer, ils quitteraient le quai sans aucune chance réelle de victoire. L'un d'eux était *Aqua Quorum*, le voilier sur lequel j'avais fait la Route du rhum. Ironie du sort, il était barré par Patrice Carpentier, qui avait maintenant la cinquantaine, et qui avait disputé la première édition du Vendée Globe à bord du *Panic Major* de Robert Nickerson. *Elan Sifo*, barré la dernière fois par Catherine Chabaud, était de nouveau là, mais aujourd'hui avec Joe Seeten à son bord. Depuis la dernière fois que j'avais accosté à ce même ponton avec ce bateau, quatre ans plus tôt, j'avais l'impression qu'il s'était écoulé une éternité. Il y avait aussi le Russe Fedor Konioukhov, le *nec plus ultra* de l'aventurier. Il avait escaladé les huit plus hauts sommets du monde, à commencer par l'Everest. Son bateau portait le numéro 8848, l'altitude à laquelle il était monté. En 1990 et 1991, il avait bouclé un tour du monde sans escale à la voile, et il s'apprêtait à recommencer, mais en course. Barbu, le cheveu en broussaille, d'une minceur trompeuse, une personnalité exempte de la moindre prétention. Il parlait un anglais hésitant, et le français encore plus mal, ce qui rendait la communication difficile avec la majorité de la flotte. J'étais touchée par cet homme qui faisait les choses tranquillement, sans tambour ni trompettes. Les personnages tels que lui soulignaient à quel point le Vendée Globe restait un terrain d'aventures. Nous allions traverser certaines des régions les plus isolées et les moins fréquentées du globe — c'était vraiment l'Everest de la voile.

Toutefois, nous avions du souci à nous faire. Le Vendée Globe, une course historiquement assimilée à l'esprit d'exploration, devenait plus disputée que jamais. Cette quatrième édition réunissait vingt-quatre concurrents — presque le total des participants qui s'y étaient engagés depuis sa création en 1989-1990. La moitié au moins des bateaux alignés au départ possédaient le potentiel pour gagner. Autour des pontons, on spéculait beaucoup sur le rythme de la course, pour savoir si nous serions tentés de pousser les bateaux (et nous-mêmes) trop loin… La tension montait de jour en jour. Il y avait là des types incroyablement expérimentés, avec qui — ou contre qui — j'avais déjà couru : Yves Parlier, qui prenait le départ de son troisième Vendée Globe ; Marc Thiercelin, qui avait terminé deuxième de la précédente édition et deuxième de Around Alone, était là avec un nouveau bateau ; Catherine Chabaud, qui bénéficiait d'un nouveau 60 pieds pour cette course, avait terminé sixième de l'édition précédente ; et il y avait évidemment Michel Desjoyeaux, baptisé « le Professeur », double vainqueur de la solitaire du Figaro, premier de la transatlantique AG2R, et qui avait déjà couru autour du monde dans la Whitbread. Dans mon esprit, Michel, Mike Golding, à bord de *Team Group 4*, et Bilou, que j'avais affronté dans la transat anglaise, seraient probablement mes principaux rivaux. Je savais aussi que les océans du Sud seraient une tout autre histoire que ce que j'avais connu jusqu'ici, le grand inconnu... Il fallait naviguer avec une marge de sécurité, mais à en juger par la rumeur qui circulait avant le départ, aucun d'entre nous ne prévoyait de trop traîner en route.

Au cours des dernières semaines avant le départ, le temps devenait une denrée rare, et j'ai passé une bonne partie du mois d'octobre aux Sables-d'Olonne, notamment parce que je préférais ne pas m'éloigner du bateau et me tenir au courant de ce qui se passait à bord, mais aussi parce que rester au même endroit créait moins de complications, vu la masse de préparatifs que nécessitaient ces trois mois en mer. Ce n'étaient pas seulement les prévisions météo et les questions techniques à régler concernant le bateau — deux sujets essentiels —, mais aussi tout le reste, depuis la marque de savon qui s'adapterait le mieux à l'eau salée jusqu'au nombre de tubes de dentifrice ou d'écran total. Nous avons même emballé sous vide mes sous-vêtements isothermes, pour éviter qu'ils ne prennent l'eau avant que je n'en aie besoin.

C'était le compte à rebours des derniers jours, et le nombre des visiteurs ne cessait d'augmenter. Je ne pouvais plus me rendre nulle part sans qu'on m'arrête pour me demander un autographe, et l'enthousiasme de ces gens quand ils me remarquaient dans la rue ou passaient devant le bateau m'incitait à la modestie. Ils parcouraient des centaines de kilomètres pour s'immerger dans l'atmosphère du départ de cette course incroyable.

Aux Sables-d'Olonne, j'habitais à un pâté de maisons des bateaux, juste de l'autre côté du bassin. Nous avions loué plusieurs chambres sur un étage pour accueillir la quasi-totalité de l'équipe. Lors de notre emménagement, l'endroit était meublé comme une location de vacances standard, avec des lits pliants qui tenaient aussi lieu de canapé. J'ai accroché quelques posters aux murs, j'ai étalé mes cartes sur la table et j'ai rempli les placards de mes sacs. Aux Sables-d'Olonne, tout le monde était très occupé et, une fois encore, la présence de Ian a été déterminante. Nous nous entendions mieux que les meilleurs amis du monde, et nous étions incroyablement en phase.

Nous ressentions une tension énorme et, les trois dernières semaines, je suis tombée malade deux fois. Les deux fois j'ai eu la nausée, et je me sentais épuisée. Mon degré de préparation physique me préoccupait. J'avais essayé de fréquenter un gymnase pendant tout l'été, et j'avais un peu couru, mais comparé à tout ce que j'aurais aimé faire, c'était bien peu, car je n'avais tout simplement pas le temps. Et maintenant je me demandais si je n'allais pas en subir les conséquences sur le bateau. Je n'étais pas encore complètement débarrassée de la toux que j'avais contractée durant la traversée de l'Atlantique, au retour d'Amérique, et ne pas être au mieux de ma forme pour le départ me contrariait. J'étais même allée me faire masser, une première en ce qui me concernait, et le masseur m'avait dit qu'à son avis je n'étais pas stressée, ce qui constituait au moins une compensation.

Castorama, l'une des enseignes du groupe Kingfisher, avait organisé un concours inspiré par l'organisation humanitaire À chacun son cap. Ils avaient fourni des maquettes de *Kingfisher* à dix hôpitaux en France, et les enfants les avaient dessinées et peintes. Un petit groupe de chaque hôpital était venu aux Sables-d'Olonne pour l'annonce du résultat de ce concours, et j'ai eu l'occasion de remettre leurs prix aux enfants et de leur faire visiter *Kingfisher*. Même si j'avais une mine cadavérique, ce fut une journée très exaltante au milieu de la confusion et de la nervosité précédant le départ, et ce moment m'a permis d'oublier mon petit problème de santé et de mesurer encore davantage la chance que j'avais de bientôt pouvoir accomplir ce dont j'avais toujours rêvé… Ces enfants seraient présents à bord avec moi.

Les camions de régie satellite et les caméras de télévision ont afflué de toute l'Europe, mais les Anglais brillaient par leur absence, excepté quelques chaînes régionales fidèles. La nuit restait la période la plus facile pour s'affairer autour du bateau, la majorité des badauds était partie et je pouvais avancer, sans être retenue trop souvent. Même si nous nous sentions incroyablement soutenus, signer des autographes toute la journée pouvait finir par être fatigant — j'ai vite appris qu'il faut les signer par courtes rafales, sinon vous ne pouvez pas vraiment vous «donner» aux gens que vous croisez. J'avais toujours un mal fou à m'éloigner d'eux, et souvent je comptais sur Mark, Dana ou Ian pour m'aider.

Tous les skippers suivaient l'évolution du temps d'un œil de lynx. Nous savions tous que, lors des courses précédentes, le golfe de Gascogne avait été l'un des obstacles les plus rudes et, dans le passé, beaucoup de voiliers avaient démâté et été contraints de faire demi-tour dès les premiers jours. Le bulletin météo du départ était épouvantable — dès la première nuit, nous allions recevoir des vents de soixante nœuds de plein fouet — et cela ne s'améliorait pas. La veille du départ, nous nous sommes tous rendus au briefing des skippers. Nous avons passé en revue toute la procédure de départ et le processus délicat du remorquage, qui devait avoir lieu dans la matinée, et puis, vers la fin de la réunion, la voix bien anglaise et haut perchée de Richard Tolkien s'est faite entendre : il voulait savoir s'il fallait donner ce départ avec des prévisions météo pareilles. Il y eut un silence de mort, puis beaucoup de discussions, après quoi la décision fut prise de le reporter. Avec ce bulletin qui prévoyait des conditions météo vraiment infectes, nous savions maintenant qu'il serait quasiment impossible de partir avant au moins deux jours, ce qui posait justement un problème de sécurité : si quelqu'un avait une avarie, il lui serait impossible de revenir. La tempête allait rendre l'entrée des Sables-d'Olonne pratiquement inaccessible, sans parler du danger que représenteraient les centaines de bateaux de spectateurs qui voudraient sûrement sortir pour nous voir prendre la mer, sans tenir aucun compte des règles de sécurité.

Comme tous les autres, je m'étais préparée psychologiquement au départ, mais cette décision de report nous a tous soulagés. Les deux journées suivantes se sont déroulées dans un curieux mélange d'abattement et de plaisir anticipé, mais elles ont filé à une vitesse effarante et nous ont permis de passer un peu plus de temps avec nos familles. Je me sentais désolée pour les milliers de personnes qui étaient descendues aux Sables-d'Olonne pour ce week-end du départ. Pour elles, la déception devait être de taille.

Après ce report, papa et maman étaient repartis par le ferry-boat qu'ils avaient initialement réservé, avec Glyn et sa femme Steph, Fergus, Lewis et son ami Pete, et Wendy, l'amie de papa et maman. J'étais triste qu'ils n'aient pas pu rester pour nous voir partir, mais le vent soufflait d'heure en heure plus violemment, et j'étais contente qu'ils ne soient pas là pour assister à cette tempête. Ce soir-là, je suis allée jouer au bowling avec le reste de l'équipe, mais au bout de quelques lancers, j'ai eu du mal à me concentrer. C'était formidable de voir tout le monde avec le sourire — à bien des égards, leur travail était terminé, à présent —, mais après la partie, quand ils sont tous sortis dîner, je suis retournée vers le bateau avec Ian pour vérifier que tout allait bien.

Dehors, la tempête faisait rage et, sur le chemin de la marina, le vent soufflait dans les gréements et les mâts qui dansaient en provoquant un vacarme assourdissant. Nous nous sommes aventurés sur les pontons, nous avons replacé quelques défenses sur des bateaux qui risquaient de subir des dégâts et nous avons retendu quelques amarres. La pluie était absolument cinglante, et tous ces voiliers paraissaient subitement très vulnérables. Sous les embruns qui nous éclaboussaient, je ne pouvais m'empêcher de penser à ce que ça devait être en mer.

C'est en restant plantés là, à côté de *Kingfisher*, deux silhouettes trempées et solitaires, que nous avons compris que nous allions passer un long moment ensemble. Debout dans le cockpit de *Kingfisher*, j'ai serré fort la main de Ian, en pensant aux trois mois à venir. Nous vivions une profonde amitié, et ce lien qui nous unissait était puissant. Cette période d'un an que nous avions vécue ensemble avait été particulière, j'avais fini par me fier à lui sur bien des plans, et même si j'avais été presque tout le temps absente, en mer, il avait toujours été là pour m'encourager, que ce soit au téléphone, de vive voix ou par e-mail. Ian partageait ma joie de disputer le

Vendée Globe. Il avait envie que j'y aille et que je réussisse, et quand il m'a dit qu'il ne se ferait aucun souci une fois que je serais sur l'eau, je savais qu'il était sincère.

La veille du départ, la tempête a pris Les Sables-d'Olonne d'assaut. Les lames qui venaient se briser sur les jetées du port montaient si haut que le phare à l'extrémité de la digue disparaissait complètement. Quand je suis allée tourner au pied de cette digue avec l'équipe de la BBC, j'ai été stupéfaite de constater l'état de dévastation de l'endroit. Les drapeaux soigneusement ficelés le long de la digue pendaient dans la brise comme des chiffons. Le vent fouettait les embruns dans le ciel noir avec une sauvagerie impressionnante. Je n'étais pas mécontente de pouvoir regagner ma chambre, me réchauffer, me préparer une tasse de thé et étudier la météo au calme.

J'ai rassemblé mes vêtements et je les ai rangés dans mes sacs. J'ai sorti ceux que j'allais porter le jour du départ et je les ai empilés à part. J'avais apporté une petite boîte étanche où j'ai mis une photo de papa et maman, mon passeport, mon téléphone portable et deux cartes de crédit. J'espérais bien qu'ils y resteraient enfermés jusqu'à mon retour en France — excepté la photo. J'ai encore vérifié mes bagages, puis mon placard — c'était tout. J'ai jeté un ultime coup d'œil au dernier fax météo, puis je me suis glissée dans le lit à côté de Ian. J'avais la tête remplie d'un million de choses, mais je me sentais apaisée. Sa main est venue me caresser la tête, je n'ai rien dit, mais j'ai senti une larme rouler sur l'oreiller. C'était la dernière nuit où je pourrais fermer l'œil et dormir d'une seule traite jusqu'à l'aube. En sombrant dans le sommeil, je me suis rassurée en songeant qu'une bonne nuit dans un lit bien chaud m'attendrait une fois que j'aurais franchi la ligne d'arrivée.

16

Dana avait été formidable, il avait tout organisé. Finalement, papa et maman sont revenus aux Sables-d'Olonne en avion pour me voir prendre la mer, alors que nous nous étions déjà dit au revoir quelques jours plus tôt. En fait, je savais tout ce que cela signifiait pour eux, de nous voir partir. Peu de temps après mon réveil, le matin du départ, je suis allée les voir, pour bavarder une dernière fois avec eux. Ils étaient installés dans l'appartement au bout du couloir, et en m'approchant j'entendais résonner l'écho de mes pas. J'ai frappé à la porte, et papa m'a ouvert. Papa et maman avaient tous les deux le sourire, mais j'ai bien vu l'expression de leur visage, ils avaient l'air de guetter comment j'allais réagir. En entrant dans la pièce, je n'ai pas pu m'empêcher de leur trouver un air perdu et vulnérable. Ils avaient déjà fait tous leurs bagages, comme s'ils attendaient qu'on leur accorde leurs cinq dernières minutes. Quand on se concentre si fortement sur ce qu'on fait, on en oublie facilement les conséquences pour son entourage. Malgré leur inévitable anxiété, je savais que papa et maman n'avaient aucune intention de me retenir. Ils avaient confiance, ils n'ignoraient pas que j'avais cela en moi, et ils savaient que j'avais rêvé de cet instant qui était imminent.

J'avais envie de leur dire au revoir comme il faut, avant que l'on ne soit sur les pontons, et, en les embrassant tous les deux, j'ai fait bonne figure, en leur assurant que nous étions vraiment prêts. Je me suis dit que le mieux aurait été de sauter ce moment des adieux et de m'en aller, car ce serait moins douloureux pour tout le monde. Je n'arrêtais pas de me répéter que ce n'était pas un au revoir, mais juste « à bientôt » — et, je ne sais pas trop comment, les larmes n'ont pas coulé.

Quand je suis montée à bord de *Kingfisher* ce matin-là, l'atmosphère était maussade. Des visiteurs se pressaient de tous côtés, mais il n'y avait pas un bruit — presque en signe de ce qui nous attendait, dans une sorte de marque de respect quasi religieux à l'égard de ces vingt-quatre bateaux. Je voulais aller souhaiter bon voyage à tous les skippers, et Mark avait suggéré que je leur offre à chacun une boule chinoise anti-stress, que je signerais, accompagnée d'un message à chacun. Tout ce que je savais, c'était qu'il me fallait établir un contact avec eux avant le départ. Sous une bruine tenace, je slalomais le long des pontons ou je traversais de bateau en bateau dans l'annexe pneumatique. J'ai failli manquer Catherine Chabaud, avec qui j'avais créé un lien particulièrement fort et, quand elle m'a remarquée, à l'instant même où son bateau, *Whirlpool*, s'écartait des pontons, elle a crié à l'un des marins du port de venir me chercher en zodiac. Nous nous sommes embrassées et nous sommes souhaité bonne chance pour ces trois mois, après quoi je me suis replongée précipitamment dans la mêlée des pontons. Évidemment, la bande d'*Aquitaine Innovations* m'a réservé un accueil spécial et, avec sa boule anti-stress dans une main, Yves m'a regardée droit dans les yeux, et il a levé l'index pour souligner ses propos : «Si je ne gagne pas, il faut que tu gagnes, et si tu ne gagnes pas, il faut que je gagne.» Nous nous sommes embrassés, et je suis repartie.

Quand je lui ai donné sa boule, Pasqual de Gregorio, cinquante-neuf ans, m'a souri.

— On se revoit à ton retour, lui ai-je dit.

— Ça m'étonnerait que tu sois encore là, m'a-t-il répondu, persuadé qu'à son arrivée, je serais déjà repartie depuis longtemps.

Mais je savais que je ferais tout ce qui serait en mon pouvoir pour revoir tous les skippers à leur retour aux Sables-d'Olonne. J'avais envie d'être là, pour chacun d'entre eux.

L'émotion était palpable, mais chacun avait des réactions différentes. Si tout le monde gardait son calme, extérieurement, nous avions tous envie d'être déjà là-bas, en mer. Nous marchions sur le ponton, Mark et moi, bras dessus, bras dessous, et je ne garde aucun souvenir de ce que je lui ai dit. Il avait les yeux rouges, mais comme tout le monde il maîtrisait ses émotions — sur la ligne d'arrivée, là, ce serait le moment de les exprimer. Il m'a serrée fort, d'un seul bras, la tête appuyée contre la mienne. Nous avions traversé tant de choses ensemble, tant d'aventures — et maintenant le moment était venu, et il était si intense que nous nous sentions comme engourdis. Tout en marchant, je savais que, même si nous serions séparés ces trois prochains mois, Mark vivrait chaque seconde de course à mes côtés. Son téléphone portable ne serait jamais éteint, et il ne passerait pas une nuit de sommeil sans songer à ce que je vivais, là-bas, en mer. À mon avis, c'est lui qui occupait la plus difficile des positions, dans l'attente que le téléphone sonne, dans l'attente de ma voix au bout du fil, en se demandant si cette voix serait heureuse, soucieuse, terrorisée ou épuisée. Au

En compagnie de Merv, nous travaillons sur la première maquette du futur *Kingfisher*.

Aqua Quorum, le bateau portant les couleurs de *Kingfisher*.

Les vingt-quatre
concurrents du
Vendée Globe
avant le départ.

L'équipe *Kingfisher*. De gauche à droite : Dana Bena,
Mark Turner, Tanguy de Lamotte, Martin Carter.
Devant : Amanda Carter, Marie Cairo, moi, Pipo Cairo.

À l'arrivée victorieuse de
l'Europe 1 New Man
STAR. On voit ma
bosse au front.

Avec les enfants d'À chacun son cap et de Castokids qui découvrent *Kingfisher* et profitent d'une journée de détente, avant le départ du Vendée Globe.

Nous quittons le port des Sables-d'Olonne pour aller vers la ligne de départ. Ian est à bord de *Kingfisher* et se réfugie derrière sa caméra.

La table à cartes de *Kingfisher*, mon nouveau chez-moi.

L'aventure commence.

Je suis à mi-hauteur du mât, et on peut dire que ça secoue !

 Ça y est ! Nous l'avons fait !
Kingfisher passe la ligne d'arrivée.

Les feux de détresse en guise de célébration de mon arrivée.

Un aperçu de la cabine
de *Kingfisher*.

Avec Alain Gautier, un grand ami, compagnon
de navigation en 2001.

Dans les coulisses de la
remise des prix
du Vendée Globe. Au
premier plan :
Michel Desjoyeaux,
le vainqueur.

Yves Parlier, dont l'aventure
au cours du Vendée Globe
a sûrement été l'une des plus
extraordinaires.

Foncia pendant la transat Jacques Vabre.

Retour en mer à bord de *Foncia*.

pire, il n'y aurait pas de voix du tout. Ce match de l'attente serait une partie redoutable à jouer.

Marie et Pipo attendaient à côté du bateau, avec Mathilde et son petit frère Pilou, et, en me baissant pour embrasser la petite, j'ai compris qu'elle avait saisi dans quoi je m'embarquais. Elle a serré très fort sa poupée Barbie dans sa main droite, et quand elle m'a embrassée une petite larme a coulé sur sa frimousse.

— À bientôt, Mathilde, ai-je dit, à bientôt…

Sans aucun doute, l'au revoir le plus ouvertement chargé d'émotion fut pour Éric, le cameraman. Il m'a serrée contre lui comme personne, je crois, ne m'a jamais serrée dans ses bras, et il sanglotait dans le creux de mon épaule. J'ai tâché de lui expliquer calmement que tout irait bien, mais évidemment aucun de nous deux n'en avait la certitude et, même si cette crainte est restée informulée, j'ai bien failli craquer à mon tour en essayant de le rassurer. Cela nous rappelait crûment à quel point tout le monde ce matin-là avait les nerfs à fleur de peau.

Je suis revenue à bord de *Kingfisher* et j'ai regardé autour de moi : papa et maman ne semblaient pas être dans les parages. Nous nous étions salués, mais j'espérais qu'ils descendraient jusqu'ici. Je voulais qu'ils sachent que tout allait bien et que j'étais fin prête pour le départ. J'ai sauté en bas, j'ai balayé la cabine du regard, pour vérifier que tout était en place et que nous étions parés pour appareiller, et puis j'ai retiré mon blue-jean humide pour enfiler mes sous-vêtements thermiques. J'ai tendu mon jean à Ian, qui m'a promis de le laver pour mon retour. Il m'a fourré un œuf dur et une pomme dans la main. Ce matin-là, je n'avais pas eu envie de petit-déjeuner, et il savait que je n'avais rien mangé depuis. Quand j'ai glissé l'œuf dans ma poche, il était encore tiède.

J'aurais bien aimé qu'il le reste jusqu'à ce que je l'en ressorte.

Martin a passé la tête par la porte de la cabine pour m'annoncer que papa et maman étaient là. J'étais certaine qu'ils viendraient et qu'ils auraient attendu la dernière minute pour ne pas gêner nos allers et venues. J'ai d'abord embrassé maman, je l'ai prise dans mes bras et, l'espace d'une seconde, je me suis laissée aller, en enfouissant mon visage dans ses longs cheveux noirs. Ensuite, papa m'a serrée fort, avec une bonne tape dans le dos, comme toujours. J'ai observé ses traits et j'ai vu qu'il était fier, mais j'y ai aussi perçu le chagrin et l'inquiétude. Jusqu'à cet instant, je m'en étais bien sortie en ne donnant pas libre cours à mon émotion, mais quand il m'a embrassée sur le front, j'ai compris qu'il ne fallait pas prolonger. Je l'ai étreint un bon coup et je me suis éloignée. Quand je me suis retournée pour leur adresser un dernier signe de la main, ils m'avaient tourné le dos, mais je me sentais de tout cœur avec eux — ils se comportaient si courageusement. Je me sentais si fière d'eux, moi aussi.

Dès que nous avons largué les amarres pour nous engager lentement dans le long chenal qui menait à la mer, ce fut immédiatement plus facile. La quasi-totalité de l'équipe était encore à bord, ou le long du bateau, dans le semi-rigide. On nous remorquait, et les quais, le long des murs, étaient bondés de gens qui me criaient : « El-len, El-len, El-len » — il me restait à espérer que ce serait une grande course pour eux aussi. Ian était sur le pont, caméra vidéo en main. Il n'a pas levé les yeux de son viseur, et je savais que sa manière à lui de gérer cette situation, c'était de s'affairer. Tout de même, c'était une expérience un peu irréelle. Je sentais que la foule n'était pas seulement venue là pour fêter notre départ, mais pour y prendre part. C'était leur course, à eux aussi.

Ce que nous allions entreprendre générait une fascination similaire à celle que provoquent les astronautes ou les explorateurs, sauf que le Vendée Globe comportait une légère différence — nous partions bien vers l'inconnu, mais pour disputer une course.

En barrant *Kingfisher* vers la sortie du port, j'avais déjà la tête au large… et en toute sérénité. En réalité, je ne crois pas m'être offert le luxe de m'imaginer ce qui m'attendait. Avec Mark, Ian et les autres encore à bord, il était facile de faire semblant. J'ai refoulé l'idée que, dans une heure, ils seraient tous partis.

À mesure que nous approchions de la ligne de départ, tout était plus calme. Les acclamations se dissipaient, emportées par le vent, et nous pouvions à nouveau nous entendre parler. De manière assez illogique, je me sentais moins absorbée cette fois-ci que pour la transat en solitaire ou à l'occasion d'autres départs — j'avais passé les dernières précieuses minutes bien entourée, ce qui m'avait allégé l'esprit. J'ai serré Ian dans mes bras, une énorme étreinte, que Mark a immortalisée avec l'appareil numérique du bord. Au cours des mois qui ont suivi, c'est une photo que j'ai souvent regardée. Mais cet instant n'a pas duré, car nous avons été vite rejoints par la flotte des bateaux qui étaient sortis pour assister à notre appareillage. Au milieu de toute cette confusion, la mer était brassée, s'agitait de plus en plus, bouillonnait d'écume, et nous avons dû faire attention en hissant la grand-voile et en rangeant les cordages. Nous terminions ce travail quand le semi-rigide est venu se ranger le long du bord : il était temps que les gars s'en aillent. Il ne restait à bord avec moi que Pipo, Martin, Mark et Ian, et quand ils se sont apprêtés à leur tour à enjamber les filières, je les ai serrés fort et là, j'ai vraiment senti mes nerfs flancher. Je crois que l'heure qui a suivi leur départ a été la plus solitaire de toute la course. Ils étaient encore tout proches, et je les apercevais, mais ils étaient déjà hors d'atteinte, et je savais qu'ils le resteraient jusqu'à mon retour.

J'aurais aimé qu'ils disparaissent en un éclair, ne plus avoir à croiser leur regard ou à leur faire un dernier signe de la main.

Quand le signal du départ a retenti, j'étais en colère contre moi-même. Nous n'avions pas hissé la voile d'avant dite « code 5 », comme je l'avais suggéré un peu plus tôt, avant que l'on m'encourage à me calmer, et c'était la voile idéale pour filer vers notre première bouée. Mich Desjoyeaux avait mené la flotte hors de la zone du départ en piquant au nord, vers la côte. Durant les minutes suivantes, j'ai travaillé dur, j'ai hissé le code 5, et j'ai enroulé la première bouée. C'était incroyable — nous avions vingt-trois mille milles de compétition devant nous, et nous nous battions déjà pour prendre position comme si nous étions engagés dans une course côtière. Avec les derniers signes de la main et les derniers cris de l'équipe, je songeais déjà à doubler le cap Finisterre…

Cette première nuit a été rude, nous avons navigué dans des vents légers, mais avec la houle horrible de la tempête. Je ne crois pas qu'aucun skipper ait beaucoup dormi, que ce soit à cause du bruit des cordages qui claquaient ou de ce mélange de plaisir et d'appréhension que chacun ressentait à l'idée de faire voile vers le large pour trois mois. C'est en travaillant sur mon ordinateur que j'ai enfin réalisé : ça y est, je fais le Vendée Globe. J'espère qu'on va s'entendre, lui et moi, me suis-je dit !

Dans la matinée, lors de notre première vacation avec le P.C. course, nous avons reçu une nouvelle qui nous a dégrisés. Mike Golding, l'un des favoris, avait dû se faire remorquer aux Sables-d'Olonne. Tard dans la nuit, il venait juste de changer de voiles et il se tenait debout dans sa descente, le nez levé, lorsque subitement le mât s'était écroulé avec un grand craquement. Quand j'ai appris cette nouvelle, je suis restée hébétée. Mike se préparait déjà pour cette course à l'époque où je travaillais sur le 50 pieds à Cherbourg, lorsque Merv avait joué un rôle si important dans ses préparatifs préliminaires. Il était sûrement anéanti — il était parti dans la ferme intention de gagner.

Nous sommes sortis de cette première nuit en treizième position, ce qui m'a déçue, mais en pareille situation les positions changent vite, en particulier quand on arrondit une pointe comme nous le faisions avec l'Espagne. J'ai été sidérée d'apprendre que Bilou avait été obligé de faire demi-tour lui aussi. Il avait cassé la drisse de son gennaker et, en même temps, il s'était cassé une dent. Il était rentré pour un arrêt minute chez un dentiste et un fabricant de drisses ! Pour ma part, je n'avais encore rencontré qu'un seul problème : je m'étais coincé le doigt sous l'une des poignées de vannes de ballast, alors que je pesais de tout mon poids dessus pour la pousser vers le bas. Ça me lançait terriblement, et mon ongle a immédiatement noirci — trop bête.

Pour notre première journée en mer, j'ai beaucoup réfléchi à l'équipe. Je savais que le soir du départ, ils avaient dû tous sortir fêter l'étape 1 — un appareillage réussi. Mais, dans quelques jours, au moment où je doublerais le cap Finisterre, ils allaient tous se disperser, retourner à leurs existences respectives. Martin et sa femme Amanda regagneraient la Nouvelle-Zélande, papa et maman rentreraient à la maison par avion, Mark partirait pour les Alpes françaises. Je détestais l'idée de cet éclatement du groupe après tout ce que nous avions vécu ensemble, mais il fallait bien que la vie continue et puis, de toute manière, me suis-je dit, je ne serais bientôt pas très loin de Martin et Amanda en Nouvelle-Zélande.

Martin m'avait confié l'amulette maorie qu'il portait en pendentif et qu'il n'avait jamais retirée depuis qu'Amanda la lui avait offerte, avant leur mariage. Je l'avais maintenant autour du cou, et elle allait y rester jusqu'à ce que nous franchissions la ligne d'arrivée. Marie m'avait donné une petite poulie en métal qu'elle gardait aussi en pendentif depuis dix ans, et je lui avais promis de la lui rapporter aussi vite que possible.

C'est par une de ces matinées, en ouvrant ma messagerie, que j'ai trouvé un long message de Merv. Il avait mis tellement de lui-même dans *Kingfisher* que j'espérais, pour lui et pour toute l'équipe, être à la hauteur. Son message se terminait ainsi :

Dans l'ombre ou au premier plan, je suis toujours là. Veille sur toi et reviens-nous, nous qui t'aimons. Barre vite, barre ferme, barre en sécurité.

Ton meilleur ami — pour toujours.

Affectueusement,

Merv xx

P.-S. Et mets ton harnais, nom de Dieu de m...!

Je le savais, dans cette aventure, je n'étais vraiment pas seule. J'avais tous ces cœurs et toutes ces âmes avec moi, qui me suivaient quotidiennement. Tout allait bien se passer...

10/11/00 (ellenmacarthur.com/day2)
Position 44° 51.8N 006° 48.1 O
Cap/vitesse 264 0
Vent au 219 à 13.1 nœuds
Pression atmosphérique 1016
Température de la mer 10
Configuration de voilure Grand-voile Génois

Cette nuit, la lune est là, le ciel est presque dégagé — le pont luit au clair de lune. Nous sommes au près bâbord amure, avec une bascule de vent en notre faveur, et nous nous dirigeons maintenant vers le cap Finisterre.

Tout va bien à bord, je me sens très détendue, heureuse d'accomplir toutes mes corvées quotidiennes, et vraiment contente d'être de nouveau en mer, même si cette fois c'est pour un gros morceau.

Parlé à l'oncle Glyn aujourd'hui, pour lui demander si je devais me piquer ce doigt avec un bout de fil de fer chauffé au rouge histoire de vider un peu l'abcès, parce qu'il reste toujours aussi noir depuis que je me suis pincée la nuit dernière. La réponse a été oui — mais il a quand même souligné qu'en temps normal, j'aurais eu quelqu'un pour me le faire... enfin, bon... ce n'était pas la première fois ! Mais il avait raison, même si c'était un peu endolori, ça n'a pas fait très mal — et le sang a jailli, il me reste une petite plaie, mais le doigt me lance moins. Ce matin, j'ai navigué à la hauteur de trois autres concurrents, Whirlpool, Gartmore et Solidaires. Une journée de navigation tactique — à virer dans les bascules de vent et à surveiller la direction de la brise de minute en minute. Pour le moment, nos positions changent d'heure en heure — et donc je me borne à me concentrer sur la meilleure vitesse possible dans la meilleure direction possible... Aujourd'hui, j'ai bien dormi, et déjà aussi un peu cette nuit. Cela étant, une plage d'une heure, avec 4 ou 5 petits sommes, ce serait déjà à classer dans la catégorie super sommeil !

J'attends demain, le lever du soleil, et j'espère que les dauphins vont venir faire un tour comme au coucher du soleil...

Voilà, c'est tout, mon garçon.
À donf !

Ellen

Cela me surprenait moi-même, mais après les difficultés de la première journée, je me sentais vraiment bien en pleine mer. Je ne me sentais pas perdue comme pendant la transat anglaise et, au vu des décisions prises par le reste de la flotte, j'avais l'impression de me situer en pointe. Yves et Mich s'étaient tout de suite approprié la tête de la course, ce qui ne m'a pas étonnée, mais après notre nuit magique, le relevé de position nous a révélé que j'étais troisième. C'était une bonne nouvelle, mais je savais que les bateaux situés plus au large n'allaient pas tarder à nous rattraper. Alors que nous nous préparions à tourner à gauche pour la première fois, j'ai commencé à me rendre vraiment compte de tout le temps que nous allions passer en mer, mais ça m'emballait — c'était un défi énorme, et sincèrement je me sentais prête pour cette course comme jamais, et je n'attendais qu'une chose, pouvoir mettre en pratique tout le savoir-faire que j'avais acquis. J'ai envoyé un bref e-mail à terre, à Mark, pour le rassurer, et j'ai remercié le ciel de me sentir mieux que dans la transat anglaise.

Quand la flotte a doublé le cap Finisterre, nous avons pris une bonne vieille dérouillée. Au passage du front, la brise a violemment forci, et les conditions météo sont devenues assez rudes, avec un vent glacial, une pluie fine qui picotait les yeux comme des aiguilles, et on était forcé de plisser les paupières dans la bourrasque. Il y avait aussi beaucoup de trafic maritime, qui constituait un souci permanent, et quand je m'agrippais au pont avant pour envoyer le tourmentin de *Kingfisher*, l'univers se réduisait à la flaque de lumière de ma lampe torche. Je me suis retrouvée plusieurs fois projetée en l'air, avec une telle violence que j'ai atterri sur le pont en m'agrippant aux filières. J'ai quand même vérifié que j'étais bien harnachée, et j'étais contente de ne peser que cinquante-six kilos et pas soixante-quinze !

J'ai essayé de piquer un somme dans l'habitacle en attendant le changement de vent qui nous permettrait de tailler la route au sud, mais j'avais froid et j'étais trempée, et mon seul réconfort, c'était une paire de moufles que j'avais enfilées pour empêcher mes mains de geler. Quand finalement le vent a changé, et juste avant qu'il n'atteigne les cinquante nœuds, j'ai eu des problèmes en me bagarrant avec les dérives parce qu'à force de taper dans les vagues, le bout servant à les descendre s'était coincé, ce qui m'a obligée à aller à l'avant avec un tournevis pour le replacer dans sa gorge. Quand par la suite nous avons pu virer de bord, j'ai poussé un vrai soupir de soulagement, mais dans cette houle la navigation était très inconfortable — et très rapide. S'il y avait un risque de casse, c'était bien dans ce genre de situation. Avec la nouvelle direction du vent, ça bougeait monstrueusement, car nous dégringolions littéralement de chaque vague, et quand j'ai entendu l'une des étagères céder sous le poids des conteneurs que j'avais empilés dessus, j'en ai été malade. J'ai ramassé les conteneurs endommagés, j'ai jeté un coup d'œil rapide aux dégâts et j'ai tout de suite vu que ça promettait d'être une réparation pénible. Désolée, *Kingfisher*, me suis-je dit. Le cap Finisterre était décidément à la hauteur de sa mauvaise réputation.

14/11/00 02 : 49z (ellenmacarthur.com/day6)
C'est vraiment très beau par ici, même si le vent est extrêmement variable.

En début de nuit, la lune s'est levée — et du coup, pour la première heure d'obscurité, le ciel était très noir. Il y avait plusieurs cargos dans les parages, l'un d'eux m'est passé juste à côté — il faisait route droit sur le milieu de l'Atlantique. C'est drôle, quand il a mis cap à l'ouest, je me suis sentie un peu excitée, rien qu'à songer à cette traversée supplémentaire qu'il allait accomplir.

En dépit de sa force variable, le vent est revenu s'établir au NO, ce qui me fait bien plaisir. Mon allure est bien meilleure, et j'ai eu raison d'hésiter à envoyer le spinnaker. Je me suis carrément offert ma plus longue nuit de sommeil de toute la course, je suis encore un peu endormie, mais je crois qu'après la raclée du cap Finisterre mon organisme a besoin de récupérer un peu. Mes yeux me piquent encore, et mon corps me fait mal, mais intérieurement je me sens bien — je n'ai qu'une envie, m'insuffler du courage ! Déçue de cette descente au classement dans le relevé de position et, après la zone de petit temps que je viens de traverser, j'ai bien peur d'avoir rétrogradé encore un peu plus — même si, hier soir, les choses avaient l'air d'aller bien mieux — j'étais cinquième…

Allez — c'est l'heure d'expédier ce message, j'espère que tout le monde va bien à terre. C'est drôle, depuis un petit moment déjà j'ai l'impression que le temps s'est arrêté. C'est merveilleux d'être ici à la table à cartes en écoutant l'écoulement de l'eau sous la coque. Avec la petite lueur rouge des instruments et, un peu plus tôt, tout à l'heure, j'ose l'avouer, une séance de 20 minutes de Tom Jones !

Fantastique…

X

Quand la mer s'est calmée, les conditions se sont bien stabilisées, et nous avons pu commencer notre bataille d'empannages jusqu'aux Canaries. Alors que nous devions passer au nord de plusieurs points dans l'océan Austral, les Canaries étaient notre seul passage obligé avant d'entrer dans ces climats glaciaux. C'était l'occasion de se concentrer sur la météo de la zone. Derrière les Canaries, c'est connu : en plus de la chaleur intense de l'Afrique, si on se rapproche trop des côtes, on peut se retrouver privé de vent. Pourtant, les choses s'annonçaient quand même bien — on marchait fort —, et on tenait notre cinquième place, mais l'impensable est arrivé. Je somnolais dans l'habitacle depuis vingt minutes, et un grain s'est levé ; je me suis réveillée en sentant *Kingfisher* accélérer, puis partir au tapis, et le monde a basculé. J'ai largué la grand-voile et le code 5, en tâchant de laisser porter, mais l'écoute avait brûlé son gainage, et mes mains par la même occasion, et elle s'était coincée autour du winch — et quand j'ai essayé une deuxième fois de la dégager, la voile a explosé. J'en aurais pleuré de rage, j'étais anéantie. Sept jours de course, et nous avions déjà perdu une voile. Sans voiles, on ne va nulle part, et comme les modèles actuels sont très spécialisés, dans certaines conditions météo, si une voile manque, cela peut suffire à vous faire battre à plate couture… Je me suis démenée pour descendre ce qui en restait tout en m'injuriant d'avoir laissé cet incident m'arriver. Mais j'ai reçu des nouvelles d'un autre concurrent et j'ai vite cessé de m'apitoyer sur mon sort. Le skipper belge Patrick de Radigues avait été assommé lors d'un empannage, il avait perdu connaissance et s'était réveillé quand son bateau était allé s'échouer sur une plage de la côte portugaise. Miraculeusement, il avait réussi à toucher la seule plage de toute cette côte rocheuse, mais ses rêves de Vendée Globe venaient de se briser.

15/11/00 22 : 58z (ellenmacarthur.com/day7)
Position 28° 19.6 N 016° 04.4 O
Cap/vitesse 276 12.43
Vent au cap 52 à 15.5 nœuds

Pression de 1014
Température de la mer 16.3
Configuration de voilure Grand-voile Code 5
Pourcentage performance 98.6

Eh bien, cela me fait un drôle d'effet de croiser une fois de plus au large des îles Canaries. La dernière fois que je suis passée par ici, c'était il y a exactement trois ans, et j'étais sur mon bateau de la Mini-Transat, sur le point de rentrer au port. Et maintenant, je revois ces mêmes lumières, mais cette fois je continue ma route. Une sensation incroyable, excitante.

Je ne m'attendais pas non plus à pointer en 3ᵉ position, surtout pas après les problèmes des dernières nuits avec le code 5 — sidérant ce qu'il faut consentir comme sacrifices pour gagner deux places ! Les types qui patrouillaient au point de passage dans leur bateau à moteur ont été parfaits. Ils m'ont dit tant de choses formidables, et en plus ils avaient l'air encore plus enthousiastes que moi à l'annonce de ma position ! Merveilleux...

Tactiquement, je crois que j'ai eu de la chance de passer devant Marc Thiercelin ; moi aussi, au début, j'aurais préféré prendre l'option du large, mais c'était une bonne nouvelle de voir le baromètre fluctuer, et cela indiquait que je n'allais pas tomber dans le calme plat de l'air chaud d'Afrique !

De toute manière, je n'ai pas envie de m'attarder trop longtemps dans le coin, car il y a beaucoup de bateaux dans les parages. Je n'ai qu'une envie, me retrouver de nouveau loin de la terre !

Bonne nuit,

ex

À ce stade de la course, j'ai reçu d'autres bonnes nouvelles. Mike Golding avait pu faire expédier son mât de rechange d'Angleterre et il avait repris la course. Au cours des journées qui ont suivi, j'ai beaucoup pensé à Mike. Pour lui, courir c'est se battre pour la victoire. Il avait déjà bouclé trois tours du monde et il fallait vraiment avoir des tripes pour faire ce qu'il avait fait, reprendre le départ, une semaine plus tard, ressortir des Sables-d'Olonne, silencieux, et prendre un chenal désert — rien que pour ça, je le respectais énormément.

Plus nous entrions dans la zone des alizés, plus le vent forcissait. La vie à bord est devenue nettement plus stressante, car à chaque vague on partait en piqué, en retenant son souffle. Durant la nuit, nous avons cassé une latte de grand-voile — mais j'ignore comment ça s'est produit. Le seul remède, c'était d'affaler complètement la toile et de réparer cette latte. Mon pense-bête s'allongeait.

16/11/00 22 : 17z (ellenmacarthur.com/day8)
Position 23° 39.0 N 020 ° 02.2 O
Cap/vitesse 224 15
Vent au cap 78 à 24.3 nœuds
Pression de 1016 environ
Température de la mer 12.8
Configuration de voilure Premier ris Code 5
Pourcentage performance 94.2

Salut — quelle journée !
Bon, la bouilloire est allumée, et j'entends le doux sifflement du gaz qui brûle… Tout a l'air tranquille, mis à part que ça bouge méchamment, avec des surfs assourdissants !
Aujourd'hui c'était du bobsleigh… Du vrai surf, des vitesses moyennes supérieures à 15 nœuds, et des pointes (même en pilote automatique) à plus de 22 !
J'étais contente de m'éloigner des Canaries et

d'entrer en plein Océan. C'est curieux comme on se sent confiné à proximité de la terre... Pour le moment, il fait de nouveau nuit, et il y a tout le temps ce mouvement de « shaker » chaque fois que nous dégringolons les vagues et que nous taillons en plein dedans.

Aujourd'hui, j'ai passé au moins 4 heures à la barre. Pas seulement parce qu'on marche plus vite, mais aussi parce que ça procure une sensation stupéfiante. Quand on arrive au sommet d'une vague et qu'on lève le nez vers la suivante, on a l'impression qu'on vous pousse du haut d'une colline sur un vélo qui n'a pas de freins... Il n'y a tout simplement pas moyen de s'arrêter. Kingfisher *se comporte de façon fantastique, le pilote automatique se débat dans les vagues, mais on se débrouille bien. Et puis en descendant dans la cabine, j'ai aperçu un feu de navigation sur bâbord. À mon avis, c'était Marc Thiercelin, sur* Active Wear. *Il avait repris l'avantage la nuit dernière, après les îles, donc si c'était lui, c'était une super sensation d'être déjà remontée comme ça. C'est à la fois grisant et effrayant (je viens de surfer à 23,3 nœuds !). Pour me retenir, j'ai les jambes calées sous la table à cartes, le bateau tout entier donne l'impression d'être dans une de ces attractions de foire qui simulent une piste de ski où vous vous retrouvez secoué dans tous les sens — sauf qu'ici il fait noir comme dans un four —, on prend l'équivalent d'une bouche d'incendie en pleine figure, et ça ne dure pas que 3 minutes ! À l'instant, je pense beaucoup à Mike Golding et à ses problèmes. Cela me paraissait tellement injuste... Perdre son mât dès la première nuit. C'est l'heure — la paella devrait s'être réhydratée, maintenant —, l'heure peut-être d'aller se payer une sieste bien humide en cabine !*

Bonne nuit,

ex

Mis à part négocier les îles du Cap-Vert à environ cinq cents milles à l'ouest du Sénégal, nous suivions à peu près une route toute droite en direction de l'équateur, mais je voulais gagner encore davantage dans l'ouest. Même si l'équateur est un endroit imprévisible, il y a un principe de base qui fonctionne généralement : plus on coupe la ligne à l'ouest, plus le vent sera bien établi. C'est en m'approchant des îles du Cap-Vert que j'ai décidé d'opter pour la route la plus à l'ouest possible. Même si, à en croire le dernier relevé de position de la journée, personne n'avait opté pour ce choix, j'ai retenu mon souffle, j'ai empanné sur un cap qui n'était pas loin des quatre-vingt-dix degrés par rapport à ma route. La nouvelle du jour concernait l'abandon de Bernard Stamm, le skipper suisse, forcé de s'arrêter au Cap-Vert après avoir cassé son gouvernail. Sur la route vers le Sud, nous avions rencontré des conditions météo éprouvantes, et même si beaucoup considèrent qu'il est plus facile de naviguer dans le sens du vent, c'est en fait plus dangereux. On avance plus vite, mais on est aussi plus proche de la rupture — et l'océan Austral pourrait bien nous en fournir un cas d'école.

Le lendemain matin, je le savais, le résultat serait pénible, mais dès le soir j'avais déjà chuté à la huitième place. Pendant que les autres étaient partis chercher la vitesse en naviguant plus au sud, j'avais essayé de naviguer le plus au portant possible pour conserver mon cap à l'ouest. Pendant la nuit, le vent a fraîchi et j'ai barré pendant un petit moment, en gardant le code 5 pour descendre encore plus et encore plus vite vers l'ouest. Toutefois, j'ai eu confirmation de mes inquiétudes, car lorsque les positions sont tombées, nous étions redescendus bons quatorzièmes. À partir de maintenant, il allait falloir foncer.

La température de la mer dépassait les vingt degrés, et la vie à bord devenait assez inconfortable. À ma grande déception, j'ai pu constater, grâce à notre empannage, une différence de six degrés sur l'affichage des deux capteurs de température — un sacré problème, car je savais, une fois que nous aurions plongé plein sud, quelle importance aurait le relevé de la température de la mer. Ce n'est pas très drôle d'être assise en bas dans la cabine, en nage, surtout quand vous êtes occupée pendant deux heures à recharger des batteries. La cabine se transforme en sauna, et on ne peut même pas ouvrir les capots à cause du risque d'une vague qui viendrait noyer le bateau… Détail assez inattendu quand on navigue seule en mer, je pouvais recevoir une grande claque dans la figure ! Nous étions désormais bien engagés sur le territoire des poissons volants, et ces petites bêtes effarouchées bondissaient hors de l'eau, se cognaient parfois dans le bateau, et d'autres fois passaient par-dessus. Pour certains d'entre eux, c'est synonyme de mort subite, et parfois on tombe sur un œil bizarre, par terre sur le sol de la cabine, qui vous regarde fixement, mais la majorité retombe sur le pont relativement intacte et fait un raffut terrible en battant désespérément des ailes et en fouettant de la queue, en quête d'eau. Avec les animaux, je suis toujours bonne poire, et donc, chaque fois que j'en entendais un s'agiter sur le pont, de jour comme de nuit, je le rejetais dans l'eau. Je ne pouvais pas supporter de les entendre se débattre. En fait, beaucoup de skippers les mangent, et j'y ai goûté, donc je sais qu'ils sont bons, mais je ne pouvais m'y résoudre. J'avais beau savoir qu'il me fallait bien manger, je ne me sentais jamais suffisamment d'appétit pour ça !

19/11/00 01 : 54z (ellenmacarthur.com/day10)
Position 15° 03.0 N 026° 54.5 O
Cap/vitesse 223 13.47
Vent au cap 79 à 17.8 nœuds
Pression de 1012 modérée
Température de la mer 15.4
Configuration de voilure Grand-voile Code 5
Pourcentage performance 104

Bon, apparemment ça va… De toute façon, dans cette direction, je ne crois pas que nous pourrions marcher plus vite ! Pendant la nuit, le vent a l'air d'avoir tourné encore un peu plus à l'est, mais la progression est excellente, et comme ça nous allons cesser de perdre du terrain vers l'ouest. Si, dans la matinée, notre cap est trop à l'ouest, nous pourrons obliquer à l'est — mais une fois que l'on a perdu du terrain dans l'ouest, il faut empanner pour revenir, et empanner, ça ralentit…

Le moral est au beau fixe, car j'ai eu des informations sur les problèmes qu'ont rencontrés les autres en tâchant de gagner dans l'ouest. Ils sont pris dans un courant de NE, et ils vont devoir empanner pour le traverser et repiquer à l'ouest. Ma chute sévère au classement n'était pas une si mauvaise chose, après tout. De la 4ᵉ à la 10ᵉ place, il se pourrait que ça s'améliore — touchons du bois. (En fait, j'ai plusieurs éléments en bois à bord de Kingfisher. Il y a la plaque maorie où sont gravés ces mots : « Construit en Nouvelle-Zélande par l'équipe de chez Marten Yachts » (merci les gars !!!) et le morceau de chêne du champ de mon grand-père, que papa m'a taillé en porte-crayon, avec une vieille pièce de trois pence enchâssée dedans — Threep'ny Bit, c'était le nom de mon tout premier bateau…)

L'approche de l'équateur a l'air un peu compliquée — de toute façon, ce n'est jamais une zone facile à franchir. *Les systèmes de hautes pressions des Açores et de Sainte-Hélène sont tous deux assez faibles (ce sont les principaux systèmes de hautes pressions des hémisphères nord et sud) — ce qui donne une zone de calme équatorial qui ressemble à une bande moins dense, traversée par plusieurs vagues tropicales successives, et par de vastes masses de perturbations nuageuses.*

Le jeu consiste à traverser cette bande à son point le plus étroit — facile à dire, mais plus difficile à faire, car cette bande déventée dérive tous les jours.

À bord, dans l'ensemble, les choses vont bien. J'ai descendu le code 5 pendant deux heures, et je suis passée en mode génois peu de temps après avoir navigué sous le vent des îles du Cap-Vert. Mais maintenant, je suis revenue en code 5, que j'ai utilisé tout le temps depuis le désastre survenu à l'autre, sauf pendant ces deux heures.

Je me sens bien, même si j'ai les mains couvertes de plaies minuscules mais douloureuses, à cause du sel... Apparemment, une fois qu'elles sont là, rien ne peut m'en débarrasser, et le temps plus chaud n'arrange pas les choses... Il faudrait rester au sec et au frais — deux facteurs impossibles à réunir sur un four à pain de 60 pieds ! À la hauteur de l'équateur, ces bateaux chauffent incroyablement (et ce n'est que le commencement)... Le soleil brûlant au-dessus de nous cuit littéralement le pont et surchauffe notre petite nacelle de survie, aussi étanche qu'une serre...

En tout cas, c'est le moment de régler les voiles, car je sens que le vent change un tout petit peu.

La suite plus tard.

Affectueusement,

ellenx

J'ai profité de ces conditions météo relativement stables pour consacrer l'essentiel de la journée à essayer de réparer les étagères — je ne pouvais pas rêver tâche plus ingrate. Dans la cabine, sans ventilation, on étouffait de chaleur. Merv avait prévu une trousse à outils spéciale, et la poussière du carbone que je ponçais et sciais me collait à la peau à cause de la sueur, ce qui me démangeait : c'était on ne pouvait plus inconfortable ! Il m'a fallu des heures pour en venir à bout. Après ça, j'étais tellement noire et tellement en nage que j'avais l'air d'un mineur. J'aurais préféré effectuer ce travail de nuit, mais avec les orages fréquents et les nuages chargés d'éclairs qui se profilaient dans le ciel, ç'aurait été trop dangereux. Le seul avantage, c'est que j'ai arrêté de m'inquiéter des positions des autres. Ici, dans les zones de calme équatorial, nous jouions tous à la loterie avec les vents, et je n'étais pas une joueuse très rodée : la tension était à son comble. Après avoir réparé ces étagères, j'ai tout nettoyé et me suis offert une récompense en enfilant un t-shirt tout neuf, emballé sous vide — et même si je ne suis pas une obsédée du luxe, c'était une impression très agréable ! Je me suis dit qu'il fallait aussi que j'essaie de faire quelque chose pour ces plaies que j'avais aux mains. Après ces cinq heures passées avec des gants en caoutchouc très serrés, elles étaient encore plus gonflées qu'avant. J'ai appelé oncle Glyn pour lui demander conseil, et il m'a suggéré de les nettoyer avec de l'alcool pur et une brosse à dents. Quand j'ai frotté, la peau est partie par plaques, ce qui l'a purgée du pus qui s'était formé sous l'épiderme. Ça me démangeait à me rendre folle, mais finalement, c'est certainement ce qui m'a permis de cicatriser.

Nous approchions maintenant de la zone de vents faibles, et je me rendais bien compte qu'en réalité nous n'avions guère d'autre choix que d'essayer de filer vers le sud aussi vite que possible. J'avais repéré la longitude à viser, et je commençais à rattraper le reste de la flotte.

22/11/00 01 : 49z (ellenmacarthur.com/day14)
Position 05° 18.5 N 026° 24.5 O
Cap/vitesse 175 1.43
Vend du cap 113 à 4.5 nœuds
Pression de 1018
Température de la mer 16.7
Configuration de voilure Grand-voile Génois
Pourcentage performance 25.6

Bon — encore une nuit calme, mais cette fois dans une houle épouvantable, et je me débats à une vitesse de 2 nœuds. J'ai aperçu un spectacle stupéfiant... un satellite, je crois, qui s'est abattu sur la Terre. Il a illuminé les nuages comme un éclair, avant de plonger vers l'eau, et il donnait l'impression de virer de plus en plus à l'orange. Extraordinaire — j'ai cru que je rêvais !

Cette nuit, j'ai dormi un tout petit peu, mais je crois que je vais m'offrir 10 minutes de plus... Le moteur tourne pour charger les batteries, et je n'ai pas vraiment envie de m'éterniser dans la cabine. Je me sens très détendue — même après les heures passées sur le pont ce soir, à essayer de faire avancer notre petit bonhomme. Je suis impatiente de trouver ces alizés du SE... mais je suis tout de même contente (même si ça a été de courte durée) d'avoir remonté toute la flotte jusqu'à la troisième place. Enfin, à mon avis, personne n'a avancé plus lentement que nous au cours des 6 dernières heures !

Bonne nuit,
À donf ! Ellenx

Le matin, le vent avait faibli, et nous allions vraiment tout droit vers les zones de calme équatorial.

S'il était impératif de les traverser aussi vite que possible, je savais aussi que, si le vent tombait complètement, c'était une bonne occasion de se lancer dans quelques réparations — il n'y aurait plus beaucoup d'autres changements de vent avant l'entrée dans l'océan Austral. Comme sur un signal, une fois que j'ai eu disposé tous mes outils pour les travaux nécessaires, il a plu, et le vent s'est évanoui. Vas-y, me suis-je dit, et j'ai amené la grand-voile. J'ai travaillé à toute vitesse, en courant dans tous les sens d'un bout à l'autre du bateau, et en me précipitant en bas pour aller chercher toutes les pièces dont j'avais besoin. J'ai pratiqué trois trous de plus dans la voile, à la lampe à souder, autour du troisième ris, pour qu'en cas de tempête l'eau puisse s'écouler plutôt que de s'accumuler à cet endroit. J'ai remplacé la latte brisée, et j'ai doublé le tissu aux endroits où il venait au contact des barres de flèche. À compter de la seconde où j'ai terminé, j'ai mis dix minutes à re-hisser la voile aux manivelles de la colonne de « moulin à café ». Une fois tout ça fini, j'avais un grand sourire comme jamais : j'avais fait tout ce que je devais faire sur la grand-voile. Ensuite, je me suis mise au travail sur l'écoute de grand-voile et sur les écoutes de foc, j'ai changé un palan et j'ai placé des protections sur les autres, puis j'ai recouvert les parties des cordages qui travaillaient le plus, là où l'usure était la plus marquée, avec des gaines en spectra. C'était une sensation formidable de venir à bout de cette liste de corvées. J'ai flanqué une grande tape à *Kingfisher*, et j'ai remballé tous mes outils.

À présent, nous étions prêts pour le Sud, et il avait l'air d'apprécier. Quelques minutes après la fin de ce travail, le vent s'est levé, et nous avons filé sous un énorme train de nuages en direction de l'équateur, et nous avons franchi la ligne dès la nuit suivante. C'était une impression assez particulière de foncer en t-shirt et en short au beau milieu de la nuit, avec la lune qui brillait au-dessus de ma tête. J'ai allumé le projecteur du cockpit et j'ai parlé à la caméra. J'avais quatre minuscules bouteilles de champagne à bord, pour des occasions de ce genre : une pour l'équateur cap au sud, une pour le cap de Bonne-Espérance, une pour le cap Horn et la dernière pour le passage de l'équateur en direction du nord. J'ai débouché la première et, tandis que j'en renversais un peu par-dessus bord pour Neptune, un peu sur le pont de *Kingfisher*, et que j'en buvais un peu moi-même, je parlais à la caméra : « Avant tout, merci à toi, Neptune, pour nous avoir permis de franchir une fois encore la ligne en toute sécurité, merci à *Kingfisher* de nous avoir amenés si loin et d'avoir veillé sur moi, et à la santé de tous les autres bateaux de la flotte, pour qu'ils coupent cette ligne sains et saufs, tant en direction du sud qu'au retour… »

Mais si nous nous portions bien, la deuxième partie de mon vœu n'a pas été exaucée — le lendemain, j'ai appris un nouvel abandon. Éric Dumont, qui avait terminé quatrième de la précédente édition du Vendée Globe, avait subi une grave avarie de gouvernail et n'avait pas trouvé le moyen de réparer. La flotte se clairsemait déjà.

26/11/00 03 : 20x (ellenmacarthur.com/day18)
Position 08° 13.6 S 029° 44.2 O
Cap/vitesse 194 11.33
Vent au cap 117 à 13.2 nœuds
Pression de 1017
Température de l'air
Température de la mer 16
Configuration de la voilure Grand-voile Génois
Pourcentage performance 99.5

Aujourd'hui, j'ai changé ma façon de mener Kingfisher — j'ai tenté quelque chose de différent. Dans l'ensemble, tout va un peu mieux à bord que ces deux derniers jours. Ce n'est pas que j'aie broyé du noir tant que ça — mais vraiment les choses ont l'air de s'améliorer. Espérons que, pour le prochain relevé du matin, nous aurons au moins conservé notre position… L'avenir nous le dira.

Ce soir, le coucher de soleil est époustouflant : orange vif, masqué par un horizon très nuageux — les nuages prennent presque la forme de silhouettes…

Cette nuit, pour la première fois, mes plaies causées par le sel vont mieux, et je me suis offert deux bonnes et longues heures de sommeil… Cependant, il y a d'autres bateaux dans les parages, et je ne suis qu'à 300 milles de la côte du Brésil — alors je reste l'œil aux aguets !

Bonne nuit et tout et tout !

ex

À présent, nous sommes assez bien engagés sur l'autoroute contre le vent, et nous allons rester sur le même bord pendant près de deux mille milles… J'espérais que *Kingfisher* excellerait dans ces conditions de vent, car il s'était montré très compétitif dans l'Europe 1 New Man STAR, la transat anglaise. Je tenais la cinquième place, avec Catherine Chabaud devant moi en quatrième, et Bilou qui venait de lui ravir sa troisième place. Derrière moi, néanmoins, il y avait peu d'espace — après un trou de soixante milles arrivaient Thierry Dubois, Thomas Coville, Marc Thiercelin et Dominique Wavre. Aussi incroyable que cela puisse paraître, ils étaient tous regroupés à quelques milles les uns des autres. Au franchissement de l'équateur, les différentes tactiques étaient très intéressantes à observer : Catherine était celle qui avait franchi la ligne le plus à l'est, sans problème, ce qui m'a surprise. Théoriquement, maintenant, dans la traversée de la zone équatoriale qu'elle avait laissée vers l'est, elle était en excellente position pour nous prendre un paquet de milles à tous — cela dépendait uniquement de la distance à laquelle elle se situerait par rapport au centre du système de hautes pressions de Sainte-Hélène. Apparemment, elle avait pris la bonne décision.

27/11/00 90 : 02z (ellenmacarthur.com/day19)
Position 11° 58.1 S 029° 56.8 O
Cap/vitesse 208 13.79
Vent au cap 107 à 15 nœuds
Pression de 1018
Température de la mer 16
Configuration de la voilure Grand-voile Génois
Pourcentage performance 104.9

Eh bien, la nuit a été très bruyante et très venteuse. Hier soir, le vent est monté jusqu'à 23 nœuds — au moins, on avance vite, et nous sommes en bonne forme pour l'entrée dans l'océan Austral...

Passé toute la journée d'hier à étudier la météo — je lis un tas de choses sur les hautes pressions, les dépressions de l'océan Austral, etc. Hier, le temps est resté très stable, et j'ai tenté une autre combinaison avec le génois et un ris dans la grand-voile. Le bateau m'a semblé plus équilibré, et j'ai été récompensée de ma détermination à peaufiner encore les réglages. Hier, apparemment, ce choix a été payant. Dans le relevé de position de la nuit dernière, il semble que je me sois rapprochée de la latitude de Bilou — et du coup je ne suis pas mécontente...

Ce matin, le vent a l'air de tomber un peu — mais je devrais être en mesure de passer à l'est de l'île de Trinidad.

Aujourd'hui, je vais encore travailler sur la météo, et puis essayer de dormir un peu. En bas, dans la cabine, il fait déjà plus froid, ce qui est un don du ciel, et ça facilite beaucoup la vie à bord. Enfin, j'ai intérêt à en profiter ! Bientôt, je n'aurai plus beaucoup l'occasion de me faire bronzer !

xxx

Nous étions encore à plusieurs milliers de milles de l'océan Austral, et pourtant, c'était incroyable comme je me concentrais déjà énormément sur cette partie du voyage. C'étaient les dernières journées de temps clément que nous aurions avant une cinquantaine de jours, et avec une brise relativement stable. Dans les alizés, il y a des grains et des bascules de vent, mais dans l'ensemble les choses sont plus installées. Il est essentiel, avant de descendre dans l'extrême Sud, de se reposer autant qu'on le peut. Je m'y adaptais déjà, je m'apercevais que je m'accordais de plus longues plages de sommeil. C'était comme une préparation subconsciente à une phase de la course qui, je le savais, serait plus dure que je ne pouvais l'imaginer. L'extrême Sud peut être un endroit d'une beauté incroyable, avec une houle extrêmement longue et des conditions propices au surf, mais il ne faut jamais s'engager dans cette région sans lui témoigner le plus grand respect. Si j'ai rencontré des gens qui m'ont affirmé que c'était un endroit inouï, j'en ai aussi connu qui n'en sont pas revenus, ou qui ont failli ne pas en revenir.

Il n'y a pas de place pour l'erreur. Ceux qui en ressortiront les premiers seront aussi ceux qui auront su manœuvrer le mieux dans cet environnement impitoyable. Mais là-bas, il subsiste toujours une notion de risque. Personne ne peut empêcher une vague folle de retourner le bateau, en dépit de toute la qualité de sa préparation. J'ai consigné ceci dans mon journal de bord :

> Cette course sera remportée par le bateau le plus fiable... celui qu'on peut pousser suffisamment loin, suffisamment longtemps — tout en le conservant entier...

Nous avions déjà couvert le cinquième de la course, mais nous filions à un train d'enfer. Nous ne nous contentions pas de pousser, nous poussions dur. Combien de temps tiendrions-nous à ce rythme ? J'en ai conclu qu'il était capital de passer *Kingfisher* au peigne fin, de fond en comble, pour m'assurer que tout allait aussi bien que possible avant le grand Sud. Tous les jours, j'effectuais des révisions d'ensemble, mais bientôt ces inspections allaient présenter plus de dangers. J'ai beaucoup travaillé sur le pilote automatique qui m'avait déjà lâchée deux fois, en décrochant sans préavis, mais j'ai eu beau tenter de le réparer en suivant diverses options, cette panne est restée un mystère. Je savais trop bien à quel point le pilote automatique est vital, dans une course en solitaire, et en être privés est l'une de nos plus grandes frayeurs. Dans le même ordre d'idées, sans électricité, vous n'avez plus de pilote automatique, et sans lui, vous ne pouvez plus continuer. Sur les bateaux de course modernes, on ne peut se contenter d'attacher la barre : pour maîtriser ces engins, il faut des ordinateurs, surtout quand on navigue à des vitesses pareilles.

Il fallait aussi vérifier le gréement, escalader le mât pour repérer le moindre signe d'usure, les moindres problèmes. Ce n'était pas la tâche la plus facile, mais la mer était relativement plate, et j'ai donc saisi cette occasion. Toute seule, ce n'est pas facile, parce que le bateau ne reste jamais immobile, il n'y a personne pour vous treuiller ou vous faire descendre, et rien que l'ascension et la descente sont assez délicates. Comme les alpinistes, nous nous servons de jumars, ces poignées-freins ascensionnelles qui coulissent le long d'une corde, et qui se bloquent quand on tire dessus. Ce système me permettait de grimper tout en restant toujours attachée, mais il présentait l'inconvénient de rendre la descente extrêmement difficile. Le plus dur, c'était de ne pas perdre sa prise sur le mât, mais s'y agripper tout en abaissant un jumar… c'est pour le moins compliqué !

À ma première tentative, j'ai découvert un problème sur l'étai de génois, ce qui voulait dire que j'allais devoir remonter. Comme j'étais déjà pleine de bleus après la première ascension, c'était assez énervant, mais les choses ont empiré quand le vent s'est levé, alors que j'étais tout en haut, et que *Kingfisher* s'est mis à gîter — encore un peu plus de vent et j'allais pouvoir descendre en marchant sur la grand-voile ! Une fois de retour sur le pont, j'ai roulé le génois, j'ai déroulé le solent et j'ai préparé mes outils pour la deuxième ascension. Tout allait bien et *Kingfisher* était beaucoup plus stable, donc je suis remontée et je me suis attaquée à ce petit travail. Le problème est survenu alors que j'étais prête à redescendre : je me suis aperçue que j'avais oublié le deuxième jumar, et que je devais descendre les trois quarts de la hauteur du mât de vingt-sept mètres complètement détachée. Je m'en suis voulue de ma stupidité. Une telle étourderie était impensable.

J'imagine que tout ça ne différait pas beaucoup des manœuvres que les anciens équipages des clippers répétaient jour après jour, mais eux, au moins, s'ils tombaient sur le pont, ils avaient d'autres gars pour les récupérer. Mon organisme a passé la surmultipliée : mes articulations étaient blanches à force de serrer le mât. Remettre le pied par terre a été un grand soulagement, d'autant plus que cinq minutes plus tard le pilote automatique s'est encore arrêté. Heureusement que j'étais là pour prendre la barre — Dieu merci, cette panne n'était pas arrivée dix minutes plus tôt...

02/12/00 07 : 33z (ellenmacarthur.com/day24)
Position 32° 11.7 S 017° 44.0 O
Cap/vitesse 200 9.84
Vent au cap 339 à 11 nœuds
Pression de 1017
Température de la mer 12
Configuration de la voilure Grand-voile Spinnaker
Pourcentage performance 98.9

Le soleil se lève de nouveau et, à l'inverse des bateaux de tête de la course, pour le moment, nous avons échappé au front qui s'étend en travers de l'océan Austral. Une nuit avec deux empannages, mais je suis un peu inquiète, je me demande si j'ai suffisamment gagné vers le sud... nous verrons ça dans pas longtemps.

Le front en est au stade où il se dissipe tandis qu'une nouvelle dépression se creuse dans l'ouest. Hier, nous avons eu les débuts d'une houle énorme, signe manifeste que le vent est en route. La mer a de nouveau changé, elle est davantage d'un bleu d'encre ; progressivement, les étoiles de l'hémisphère Sud apparaissent et, comme un symbole de notre entrée dans le grand Sud, la lune est de retour, et chaque nuit elle nous dévoile un peu plus sa beauté. La nuit dernière, les scintillements argentés à la surface de l'eau étaient si délicats, comme un voile de beauté poudreuse sur la mer, qui semble si faussement paisible... comme si rien ne pouvait venir perturber son mouvement régulier.

Hier, c'était de nouveau une journée de travail. Plusieurs empannages tactiques dans les bascules du vent, pour tâcher de se frayer un chemin vers le grand Sud — et d'autres inspections. J'ai vérifié tous les compartiments, à la recherche d'éventuelles voies d'eau, et j'ai séché la soute à voiles. J'ai débranché une partie du système du pilote automatique pour essayer de résoudre ce problème insidieux (jusqu'ici, que des bonnes nouvelles !). J'ai aussi vérifié les points de friction du gréement — et j'ai remisé mon deuxième sac de détritus !

Hier, c'était aussi une journée de bonne humeur, quelques siestes et dansé un peu sur un CD de Santana. D'ici quelques jours seulement, l'idée de danser au coucher du soleil paraîtra bien lointaine.

Bientôt, nous allons sortir de cette zone paisible, et plonger plein sud... où nous allons séjourner une bonne cinquantaine de jours. La partie de luge autour du pôle Sud ne sera pas commode. Elle exige une attention constante pour éviter les icebergs, et gérer les tempêtes qui vont s'abattre sur nous va représenter un travail à temps plein, vingt-quatre heures sur vingt-quatre. J'attends le grand Sud avec impatience, même si je suis très prudente et respectueuse des dangers qu'il comporte. Dans mon esprit, le Sud constitue presque le début de la course. C'est comme l'entrée de la maison, pour ensuite — nous l'espérons tous — aller vers le cap Horn.

À demain...

exx

J'ai beau savoir que je ne m'arrêterai jamais d'apprendre, j'avais déjà appris énormément. La nuit précédente, après avoir gagné plusieurs milles sur le reste de la flotte en choisissant soigneusement mon heure d'empannage, j'ai réellement senti que je possédais la maîtrise de ce que j'étais en train de faire.

Je surveillais les photos satellites d'un œil de lynx. Quand le modèle informatique est arrivé à 0 heure GMT, j'ai su quoi faire et c'était une sensation formidable. J'espérais seulement pouvoir continuer à prendre ces bonnes décisions. Même si par ici les conditions météo étaient relativement stables, nous naviguions sous spinnaker, donc je ne dormais ou ne somnolais jamais que d'un œil, et dès que je me réveillais je me précipitais pour vérifier que le spinnaker se comportait correctement et qu'il ne s'était pas enroulé autour de l'étai. Le spinnaker n'est pas la voile la plus aisée à manœuvrer ou à amener dans l'urgence quand on est seule, et il fallait donc que je reste très attentive, en ne dormant jamais très loin de ses écoutes.

Ce matin-là, j'ai été réveillée en sursaut par le claquement de la toile et, le cœur serré, j'ai couru à l'avant pour aller voir. Le problème était évident. L'anneau de métal d'un des points de la voile avait usé et traversé ses sangles d'attache et maintenant la toile volait en l'air. Elle avait piteuse allure, retenue en deux points sur trois, comme un drap que l'on suspend à une corde à linge pour le faire sécher dans la brise. Je me suis activée pour la changer aussi vite que possible. Le matin, nous étions retombés à la quatrième place, et j'étais fermement décidée à ne pas laisser ces quelques milles me filer entre les doigts. J'ai descendu le spinnaker abîmé, ensuite j'ai envoyé le code 5 et je l'ai déroulé, soulagée de voir *Kingfisher* redémarrer une fois encore. Puis j'ai entamé six heures fatigantes de travaux de couture sur la plage avant, dénichant de nouvelles sangles que j'ai cousues au point où elles avaient cédé. Dans les angles, la toile était si épaisse que je devais d'abord passer un poinçon dedans pour empêcher l'aiguille de casser. Je chantais toute seule, et j'essayais de garder le moral au beau fixe tout en travaillant, malgré les quelques gouttes de sang qui dégoulinaient sur le pont, quand je me piquais. Il fallait que je fasse du bon travail — les tensions qui s'exercent sur les extrémités de ces voiles sont immenses, et je ne pouvais pas me contenter d'une réparation bancale qui ne résisterait pas. Tout de suite après avoir terminé ma couture, j'ai à nouveau changé de voiles et je suis retournée dans la cabine.

Maintenant, au plan tactique, cela devenait complexe. Nous étions tous, semble-t-il, en train de faire route au sud-est, mais toute la question était de négocier la meilleure route entre les systèmes de hautes et basses pressions, avec pour objectif de toucher les grands vents d'ouest en premier. De grands changements de position étaient tout à fait possibles, et même si Yves avait un peu pris le large, il pouvait se passer beaucoup de choses au cours des prochains jours. Rien qu'en une journée et demie près du centre du système de hautes pressions de Sainte-Hélène, Mich avait repris cent milles à Yves. Nous étions tous comme sur les voies d'une autoroute, et même si, une fois engagés sur la voie des véhicules lents, il ne nous restait pas beaucoup de place pour doubler, il y en avait toujours un qui réussissait à accélérer pour déboîter sur la voie rapide et gagner du terrain.

Malheureusement, de mauvaises nouvelles de la flotte sont arrivées. Raphaël Dinelli avait heurté un objet non identifié et sérieusement endommagé sa quille. L'océan Austral est le dernier endroit où se risquer à naviguer avec un matériel douteux, et Raphaël le savait mieux que nous tous ou presque, car dans le précédent Vendée Globe son bateau avait chaviré et lentement coulé dans une tempête épouvantable — littéralement sous ses pieds. Il avait eu la vie sauve grâce à un canot de sauvetage largué par un avion australien de patrouille en mer et à Pete

Goss, qui avait fait demi-tour dans cette même tempête pour le retrouver et le recupérer.

J'étais vraiment désolée pour Raphaël. La dernière fois, il avait vraiment vu la mort de très près, et alors qu'il avait trouvé le courage de revenir à l'attaque, il devait de nouveau mettre un terme à sa tentative. J'espérais qu'il allait pouvoir boucler ce tour du monde, encore en course ou en dehors. Mike Golding avait maintenant franchi l'équateur, et même s'il était relégué deux mille milles derrière nous, il marchait fort. Ce devait être très frustrant pour lui, car il n'était pas du tout dans le même système météo, mais je savais qu'il allait donner tout ce qu'il avait. Fedor Konioukhov était loin derrière lui aussi — à quelques centaines de milles devant Mike —, et tout en calculant sa position sur la carte, j'espérais qu'il se plaisait dans cette course.

4/12/00 12 : 20z (ellenmacarthur.com/day26)

Assise à la table à cartes, je suis loin de me sentir seule... Là-haut, j'ai un ami qui rôde... Les ailes déployées, comme s'il se reposait, il décrit des cercles et des cercles... Inquisiteur à mon entrée dans le cockpit, il s'approche — mais un peu comme s'il voulait rester invisible à la caméra, il s'éloigne quand j'essaie de le filmer.

Il y a quelques heures, nous avons empanné. Un empannage quasiment plein sud... celui grâce auquel nous allons pénétrer plus loin dans l'océan Austral. Au passage du front, ce matin, le ciel s'est éclairci un moment, le soleil a illuminé les vagues d'une manière étrange et rare, et très vite l'allure de cette mer s'est transformée. L'air et l'eau sont tout de suite devenus plus froids. Les vagues grandissent quasiment d'heure en heure, elles soulèvent brutalement Kingfisher *et le relâchent dans la des-*

cente suivante… C'est comme dévaler sur un tobog-
gan du haut d'une colline. Incroyable de se dire que
ce n'est que le commencement… nous n'avons pas
encore franchi le 40e parallèle.

Ce matin, je ne me rappelle pas m'être jamais
sentie aussi mal. Tout mon corps était douloureux
— j'avais la tête lourde et Kingfisher *surfait sans fin*
en dévalant les vagues…

Hier soir, je l'ai préparé pour le grand Sud. J'ai
revu le rangement de tous les conteneurs, vérifié leur
contenu, etc. J'étais sous le plancher du cockpit, en
train de gaiement ranger tout ça, quand j'ai entendu
un battement, et que j'ai senti le bateau ralentir.
Craignant que ma couture ne se soit déchirée, j'ai
sauté sur le pont pour m'apercevoir que la toile de
la voile s'était «épluchée», détachée des bordures
de la voile, avec à peu près 30 mètres de tissu qui
traînaient dans l'eau. La récupération de cette voile
m'a pris quasiment une heure — ce qui supposait de
ramener la drisse, de sectionner les écoutes, de me
pencher le long de la coque avec une gaffe et,
ensuite, une fois la voile écartée du bateau, de his-
ser tout le bazar à bord — pas une tâche facile, car
à ce moment-là le plus gros de la voile a justement
décidé de décoller et de s'envoler vers le ciel… Épui-
sée, j'ai envoyé un gennaker, et une heure plus tard
un génois… Je me suis effondrée sur le siège de la
table à cartes — et me suis réveillée deux heures plus
tard…

exx

05/12/00 01 : 06z (ellenmacarthur.com/day27)
Position 40° 05.9 S 008° 17.9 O
Cap/vitesse 175 13.9
Vent au cap 303 à 18.3 nœuds
Pression de 1001
Température de la mer 18

Configuration de la voilure Grand-voile Code 5
Pourcentage performance 98.6

Bon, notre première nuit dans les 40ᵉˢ…

Une fois dans les quarantièmes rugissants, notre prochain objectif, conformément au règlement, consistait à laisser l'Antarctique à tribord — ainsi que les différents points de passage qui sont placés sur la route pour nous éviter de nous égarer trop loin vers les glaces. En cinq jours, la température a chuté de treize degrés, et j'ai ajouté quelques couches supplémentaires de vêtements thermiques. L'océan Austral était devant nous, et même si nous n'avions pas encore enduré de tempête particulièrement violente, j'ai dû être la première de la flotte à goûter l'autre cadeau qu'il nous réservait. C'était le matin du 8 décembre et, après une nuit agitée et inquiète, j'avais réussi à trouver un peu le sommeil, à l'aube. Le vent avait progressivement forci au cours des dernières vingt-quatre heures — il soufflait à présent à trente nœuds. *Kingfisher* réclamait une surveillance constante, car nous n'avions pas dépassé le centre de la dépression, et je m'attendais à ce que la force du vent augmente encore.

Je surveillais la température de la mer, et malgré le capteur déréglé, je l'évaluais autour de quatre-cinq degrés. J'avais allumé le radar en branchant une alarme pour la nuit, à titre de sécurité supplémentaire, ce qui ne m'empêchait pas de pointer la tête par le capot aussi souvent que je le pouvais. Mais pour être honnête, dans la nuit, de toute façon, on n'y voyait pas grand-chose.

J'étais contente que ce soit le matin et, en me réveillant, j'ai sorti la tête pour jeter un œil par les hublots. Je ne voyais presque rien, parce qu'ils étaient couverts de condensation, donc j'ai décidé de les essuyer. Tout en fouillant à la recherche d'un morceau d'essuie-tout, je surveillais l'écran radar, qui restait vierge. Le choc s'est produit quand j'ai essuyé le dernier hublot — au lieu du ciel gris, j'ai entrevu une nuance de bleu…

« De la glace ! »

Avec une montée d'adrénaline, je suis sortie par le panneau avant. En me retournant pour regarder autour de moi, j'ai vu dériver tout près de nous un iceberg déjà très entamé par la fonte de la glace, mais tout de même haut de quinze mètres. Il nous avait manqués de quelques mètres, littéralement, et heureusement nous l'avions dépassé du côté du vent, là où il n'y pas de growlers (ces blocs plus petits qui se sont séparés du corps principal de l'iceberg). J'ai senti une nausée monter ; j'étais franchement secouée. Les heures suivantes, nous avons traversé d'autres champs de glace, et j'avais le sentiment de guetter le bruit de la coque percutée qui éclate. Nous surfions régulièrement à vingt nœuds, et mieux valait ne pas penser à une collision à cette vitesse. Même si nous étions intacts, j'avais été à un cheveu de voir tout mon petit univers sombrer. L'eau glacée n'avait pas envahi ma maison, le bruit du carbone qui se déchire n'avait pas résonné… Pour le moment, nous étions sains et saufs. À partir de là, plutôt que de me fier aux capteurs de température de l'eau situés sous la coque, j'ai rempli un seau d'eau de mer pour y plonger ma montre. Elle était équipée d'un thermomètre qui m'avait l'air bien plus précis — j'étais soulagée.

Dans la matinée, le vent a tourné et nous avons pu nous faufiler encore un peu plus vers le nord. Yves avait conservé une avance de cent milles sur Mich et Bilou, qui se situaient plus au nord que moi, mais il était très bas, à cinquante-deux degrés sud. Il ne faisait aucun doute qu'aussi bas, il avait à couvrir une distance plus courte, mais ce qu'il n'avait pas envisagé, c'était qu'il risquait de s'isoler du reste de la flotte, et de rester encalminé dans l'océan Austral. Catherine était revenue à sa position plus septentrionale, et devait couvrir, elle, une plus grande distance — et à l'autre extrême — avec légèrement moins de vent. Dans l'océan Austral, toutes sortes d'embûches peuvent vous tournebouler : bien évidemment, les dangers de la météo et de la glace, mais aussi les anomalies magnétiques, qui peuvent perturber le compas et provoquer des écarts de plus de quarante degrés. Et puis le baromètre continuait de chuter, et quand il est tombé de 1 000 à 988 millibars, je me suis rendu compte que cette fois, c'était la bonne, la grande ! Le moment de surfer !

10/12/00 09 : 53z (ellenmacarthur.com/day32)
Position 45° 46.1 S 027° 59.0 E
Cap/vitesse 149 17.75
Vent au cap 279 à 31.6 nœuds
Pression de 988
Température de la mer 4.3
Configuration de la voilure Deuxième ris Solent
Pourcentage performance 109.1

C'est mieux ! Ex

10/12/00 10 : 48z
Position 45° 53.1 S 028° 18.8 E
Cap/vitesse 149 18.24
Vent au cap 280 à 34.7 nœuds
Pression de 989
Température de la mer 4
Configuration de la voilure Premier ris Solent
Pourcentage performance 111.5

Ohhh merde !

10/12/00 12 : 58z

Je ne m'inquiète pas des positions, et je me suis répété ça ce matin. Je savais que j'allais me retrouver un peu plus derrière. Ça fait partie du jeu. Regardez Yves ! Enfin, quoi qu'il en soit, je me suis offert une séance caméra géante cet après-midi, après avoir vu deux baleines à dix mètres de nous ! Maintenant je tourne avec la petite de la BBC — je trouve que j'ai drôlement de la chance qu'on m'ait confié tout ce super équipement de grand luxe pour jouer avec — et Kingfisher, *c'est la cerise sur le gâteau ! Bon, je ferais mieux d'y aller — le vent monte à 38 nœuds. Nom de Dieu, ça surfe, tout à l'heure j'ai fait une pointe à 29.3 nœuds... À plus tard, Ex.*

À ce moment-là, j'avais pris deux ris dans la grand-voile et envoyé la trinquette, pour faire des pointes à plus de trente nœuds... hou la ! C'était stupéfiant d'attraper une vague, d'accélérer, plus vite, toujours plus vite, à une vitesse qui donnait l'impression d'augmenter sans cesse. Ça secouait beaucoup, et à l'instant où on venait de labourer la vague gonflée devant nous, tout s'arrêtait presque, dans un frémissement, et le bruit noyait tout. On sentait la pression exercée par l'eau quand elle s'accumulait sur le pont. Je ne pouvais pas quitter la cabine une seconde sans être totalement harnachée.

J'ai connu un moment assez intense cette nuit-là, quand les deux pilotes automatiques sont tombés en panne, ce qui m'a imposé de barrer en dévalant les vagues à vingt-cinq nœuds, sans jamais pouvoir quitter mon poste. Il fallait que j'attende, que je trouve une bonne vague, pour surfer dessus, avant de pouvoir plonger pour aller réinitialiser le système et le relancer. Assez stressant mais, malgré tout, nous avons continué de foncer.

Toutefois, *Kingfisher* n'était pas le seul bateau à faire des étincelles : Dominique Wavre, avec son *UBP*, venait juste de pulvériser le record des vingt-quatre heures, qu'Yves avait établi à son entrée dans l'océan Austral. Le record de Dominique était incroyable — un sprint de quatre cent trente milles en vingt-quatre heures, ce qui donnait une vitesse moyenne de 17,75 nœuds.

À ce stade, il gelait vraiment, et je me serais estimée heureuse si j'avais pu me décongeler les pieds. Les plats lyophilisés étaient quand même une aubaine — quel que soit le menu, ils descendaient dans ma gorge glacée et pleine de sel comme un divin nectar. Mais quand le vent a commencé de faiblir un peu, je n'ai pas été mécontente car, pour mon cœur, c'était l'occasion de ralentir la cadence !

Nous approchions de ce tandem d'îles situées à environ mille deux cents milles au sud de l'Afrique du Sud, les îles du Prince-Édouard et Marion. En sortant mon guide de l'Antarctique, j'ai été très emballée en lisant que ces deux terres étaient devenues des réserves naturelles sud-africaines depuis 1995. Comme toujours, et cédant à ce que je crois être une attirance physique pour n'importe quelle masse de rocher ressemblant de près ou de loin à un îlot, je suis passée tout près. Même si c'était loin d'être commode au plan tactique, pour rien au monde je n'aurais modifié ma route. Je ne savais absolument pas à quoi pouvait ressembler cette île. Et quand l'île Marion est apparue devant nous comme un liseré gris, j'en ai eu le souffle coupé. Plus nous approchions, plus j'ai été stupéfaite de découvrir l'immense population d'oiseaux sauvages qui grouillaient tout autour — des pétrels et des albatros —, et surtout j'ai été émerveillée par le spectacle de ces pics neigeux. Les versants de ces montagnes étaient tout verts, et même si la végétation n'était certainement pas très luxuriante, sa beauté m'a bouleversée. Seule une poignée d'habitants vivent sur l'île Marion, dans une toute petite station scientifique, et je me suis sentie très privilégiée de faire partie des quelques personnes qui ont pu l'apercevoir. Plus incroyable encore que l'île elle-même, c'étaient ses habitants à plumes, qui m'ont suivie pendant des jours et des nuits, sans jamais manquer à l'appel dès les premières lueurs de l'aube. Nous nous dirigions vers une terre française, les îles Crozet, à moins de mille milles dans l'est, et je me suis demandé si ces oiseaux n'effectuaient tout simplement pas la navette d'une île à l'autre.

13/12/00 18 : 09z (ellenmacarthur.com/day35)
Position 47° 57.5 S 048° 54.6 O
Cap/vitesse 166 11.84
Vent au cap 305 à 14.2 nœuds
Pression de 978 stable
Température de la mer -1.2
Configuration de la voilure Grand-voile Spinnaker
Pourcentage performance 102.3

Il est très étrange, quand on est à mille milles de nulle part, de croiser subitement un autre bateau. Hier matin, alors que l'aube pointait sous les nuages, j'ai vu Thomas qui naviguait à ma hauteur. Il est resté là toute la journée, et j'ai dû admettre que j'aurais préféré être seule. Ça me fait un drôle d'effet, chaque fois que je sors et que je regarde vers le sud, d'avoir quelqu'un d'autre — qui, je le sais, regarde lui aussi vers moi. Quand ce sont les albatros, c'est différent. Quand il s'agit des baleines ou des dauphins, ils ne courent pas contre moi, c'est certain — ou alors pour s'amuser... Bon, c'est un début... Je me sens stressée, donc j'essaierai d'en raconter davantage plus tard... désolée ex

Je suis sûre que certains skippers de cette course auraient été transportés de joie à l'idée de rencontrer un autre bateau, et je ne comprends toujours pas tout à fait ma réaction. Je sais que ça peut paraître ridicule, mais je me sentais oppressée. Thomas m'a appelée par téléphone satellite, car bizarrement, par ici, ça s'est remis à fonctionner. C'était tellement étrange d'entendre sa voix... J'ai senti qu'il avait très envie de parler et j'ai appris, d'après ses messages au service de presse de la course transmis par Mark, qu'il était manifestement très content de croiser un autre concurrent. C'était vraiment curieux que Mark dans la Mini-Transat se soit retrouvé bord à bord avec Thomas, et ensuite moi, dans le Vendée Globe. Au cours de cette journée, nous avons navigué en vue l'un de l'autre, mais dans des conditions météo qui évoluaient. Dès que j'ai aperçu Thomas à l'horizon, j'ai vu quelle voile il avait envoyée. Le vent tombait, et j'ai rapidement décidé qu'il était temps de changer la mienne. Je n'ai pas tardé à troquer mon gennaker contre un code 5, puis contre mon spinnaker de rechange, que j'ai été bien contente d'avoir emballé dans sa chaussette après la désastreuse séance précédente. J'étais si déterminée à ne pas me laisser dépasser par Thomas que j'ai eu du mal à dormir et, avec une nouvelle dépression dans l'air, la navigation est devenue éprouvante. Je savais qu'il me fallait descendre plus que lui dans le vent. J'ai effectué un relevé de sa position au compas, pour voir si je comblais mon retard sur lui ou s'il me lâchait. Au fur et à mesure que la journée s'écoulait, nous avons navigué en direction, puis au-dessous des îles Crozet. Les oiseaux et les algues nous apportaient la preuve que nous approchions d'une terre. La vision de ces algues m'a rappelé la fois où nous avions croisé à proximité des îles Malouines, lors de notre voyage inaugural depuis la Nouvelle-Zélande, quand d'énormes bancs d'algues s'étaient pris dans la quille. En fait, je m'étais préparée à devoir plonger pour m'en dégager, mais heureusement, juste au moment où je me faisais à l'idée de m'immerger dans cette eau glaciale, miraculeusement les algues s'étaient décrochées. Nous avions équipé la coque de *Kingfisher* d'un endoscope qui me permettait de surveiller ce qui se passait sous l'eau, et j'ai inspecté la quille pour m'assurer que rien n'était resté accroché autour, ou au safran. Il n'y a rien de pire que de croire qu'il y a quelque chose, sans savoir quoi au juste. Retirer des algues ou un autre objet n'a rien de simple, surtout quand on navigue sous spinnaker ou code 5. Il faut soit rouler la voile, soit rentrer le spinnaker dans sa chaussette, et ensuite se mettre face au vent et essayer de naviguer à reculons suffisamment longtemps pour que l'objet se décroche. Très éprouvant pour les nerfs, c'est le moins qu'on puisse dire, et pas idéal, car dans la brise il y a des risques de déchirer les voiles — on porte davantage de surface de toile quand on navigue vent portant que contre le vent, et donc, quand on revient dans le vent toilé au maximum par bonne brise, il faut toujours faire très attention. Pendant le laps de temps où je suis restée à vue avec Thomas, j'ai dû naviguer ainsi deux fois à reculons, mais une fois retrouvée ma pleine vitesse, j'en ai presque oublié mon agacement.

14/12/00 04 : 09z (ellenmacarthur.com/day36)
Position 47° 26.7 S 051° 41.4 E
Cap/vitesse 116 9.96
Vent au cap 33 à 9.3 nœuds

Pression de 979
Température de la mer 5
Configuration de la voilure Grand-voile Génois
Pourcentage performance 95.1

Oh merde !
Cette matinée n'est pas la meilleure de la course.
Ce n'est pas à cause de Kingfisher, *du temps ou de*
problèmes techniques — mais c'est le skipper qui est
la cause des tracas de la matinée. Nous avons
régressé par rapport à notre très bon classement
d'hier — nous avons laissé au moins un bateau nous
passer devant — et nous avons certainement vite
perdu l'avance que nous avions. L'option de navi-
guer plus au nord était certainement le meilleure.
Hier matin, les bulletins météo indiquaient que le
vent allait basculer à l'ouest, plus rapidement et
plus durablement, nous donnant ainsi davantage de
chances de rattraper du terrain vers le nord. Mais
une fois pris au piège sous ces îles, il était trop tard
— et j'ignore si c'est ou non parce que je me suis
fait des nœuds aux neurones, mais en réalité, à force
de me concentrer sur le seul fait de descendre plus
dans le vent que Thomas, je n'ai pas empanné quand
j'aurais dû. Et donc ce matin le vent était tombé. Il
a tourné comme je l'avais prévu la veille, et malgré
un cap tenu à peu près dans la bonne direction, à
10 nœuds, je sais que ceux qui sont plus au nord vont
filer dans le vent à 25 nœuds... C'est vraiment dom-
mage... Je me sens abattue et énervée contre
moi-même d'avoir été si bête...

Malgré tout, la vie à bord se passe bien — la nuit
dernière, la lune était si lumineuse qu'elle parais-
sait briller aussi fort que le soleil quand il se lève...
Magnifique. Il y a de nouveau des oiseaux par cen-
taines autour de nous, et ce matin, quand je suis
allée sur l'avant enlever le code 5, les tout petits

pétrels volaient à quelques mètres de moi. Ces petites créatures joufflues adorent filer à la verticale de la grand-voile, jouer les casse-cou avec les courants ascendants...

Désolée tout le monde — à l'instant présent, j'ai vraiment l'impression de vous avoir laissés tomber... Je vous promets que je vais faire de mon mieux pour rattraper tous ces milles... en commençant tout de suite par régler ces voiles !

À plus tard,

Ellen

J'ai vécu une nuit stressante à étudier les photos satellites, en attendant de voir s'il ne se présenterait pas une petite chance d'obliquer au nord de la dépression. Je voyais bien que ce front était très long et très marqué, mais il fallait quand même que nous retrouvions les vents portants. Il s'est ensuivi dix-huit heures fatigantes, contre le vent pour l'essentiel, et tout près de ce front, avec des vents de trente-cinq à quarante nœuds. J'ai gardé la trinquette, mais il y avait tellement de changements de voiles que pendant toute l'approche du front je n'ai pu avaler que des barres de céréales et quelques fruits secs. Nous avons réussi à franchir ce front, ce qui était une aubaine, et même si nous étions au portant, pendant les premières heures l'allure était rude, car nous avancions vite dans l'ancien système de houle — face aux lames. Qui plus est, j'ai rencontré un nouveau problème : apparemment, les Standards[1] B et C ont cessé de fonctionner. Le C recevait encore des messages, mais il avait l'air incapable d'en envoyer, et le B, qui est le seul téléphone susceptible de fonctionner dans le grand Sud, perdait son signal. La batterie du C avait aussi l'air de mal fonctionner. Il

---

1. Système de communication par satellite.

s'allumait tout seul, puis se réinitialisait, autrement dit il était presque tout le temps dans l'incapacité de recevoir. Nous étions préparés à ce genre d'éventualité, mais c'était un énorme souci de ne pouvoir ni se connecter sur Internet ni recueillir par le Satcom B des bulletins météo plus détaillés. Savoir où se situait le centre de la dépression et être en mesure de voir comment s'étalait ce front aurait constitué un énorme avantage. En situation de course, un équipement de ce genre est un soutien tactique vital. Je savais que si je n'arrivais pas à le remettre en marche, je serais privée de communication jusqu'au cap Horn — pendant au moins quarante jours.

Il n'est pas très bon de pouvoir recevoir par le Satcom C, sans être en mesure d'accuser réception. Par la suite, j'ai compris : les deux pannes étaient dues aux conditions de réception dans la zone où nous entrions, et je suis parvenue à les remettre l'un et l'autre en fonction. Tout en étant soulagée de les avoir récupérés, j'étais contrariée d'avoir mis en évidence une bête lacune dans ma préparation — j'aurais dû savoir quand modifier mes réglages.

Mais il y a eu d'autres motifs de stress, bien pires que ces problèmes d'antenne. Pendant le passage de la dépression, j'avais vraiment tout raté, et empanné trop tard. J'aurais dû m'y mettre plus tôt, mais j'ai attendu et du coup je me suis fait lâcher, en retombant à la sixième place. C'était mieux d'être quatrième ! C'était invraisemblable de se dire qu'au bout de trente-sept jours de course, nous étions quatre, échelonnés à quatorze milles d'intervalle. Mich et Bilou étaient détachés en position de leaders, trois cents milles devant. Yves était troisième, mais il avait suivi un cap qui l'avait sérieusement déporté dans le Sud. Maintenant, dans sa remontée vers le nord, il avait perdu son avance mais il avançait toujours, et conservait sans mal sa troisième position.

Nous naviguions dans une dépression qui gagnait en intensité, et j'avais complètement loupé le coche. Pour la première fois dans cette course, j'ai grimpé dans ma couchette et, en grinçant des dents de colère, j'ai senti les larmes me monter aux yeux. L'océan Austral commençait à m'user. Je savais que j'étais fatiguée, et c'était probablement ce qui m'avait conduite à commettre l'erreur de remonter trop au nord. Au bout d'une heure de repos, je me suis sentie requinquée, et ça valait mieux, car au-dessus de nos têtes la dépression se creusait.

Le lendemain, j'étais en meilleure forme et j'ai décidé que j'allais réaliser la progression la plus rapide possible. J'ai envoyé le génois dans quarante nœuds de brise, et j'ai barré à la main pour le maintenir gonflé à bloc. Le vent était incroyablement puissant, et *Kingfisher* a eu l'air de se ressaisir, de foncer de plus en plus vite, surfant de plus en plus longtemps sur les vagues qui prenaient la coque d'assaut. C'était magique : même le soleil s'était montré et l'eau bleue miroitait, dans un contraste saisissant avec la crête des vagues qui se brisaient dans un bouillonnement blanc. Avec la barre dans la main, *Kingfisher* me donnait l'impression d'être vivant et de savourer chaque minute de cette navigation. Notre vitesse augmentait — quinze nœuds… vingt nœuds… vingt-cinq nœuds… incroyable, presque du slalom entre les vagues. J'avais le visage illuminé d'un grand sourire — on ne pouvait rêver meilleure navigation. C'était pour voir ça que nous étions descendus jusqu'ici, pour ces déferlantes énormes, cette faune et la sensation d'être dans le plus vaste espace sauvage qui se puisse trouver sur la terre. En surfant sur ces vagues puissantes, j'ai fermé les yeux, tâchant de percevoir la position de *Kingfisher*, le vent froid qui me fouettait latéralement le visage, même si, sous les rafales, je sentais encore la chaleur du soleil. J'entendais le vrombissement sourd de la quille qui fendait l'eau, probablement avec un morceau d'algue accroché. Au bout de quelques heures, j'ai remplacé le génois par le solent, puis je suis descendue vérifier la météo et dormir un peu.

En bas, toutes les sensations de vitesse étaient comme amplifiées, le bateau hurlait dans les vagues et le bruit était assourdissant. Je me suis plusieurs fois surprise à retenir mon souffle quand nous décollions de la crête des vagues et quand, avec la puissance des voiles et la légèreté de *Kingfisher*, nous accélérions sans cesse davantage. Pour rester à ma place, je m'arc-boutais contre ces mouvements violents en calant mes jambes sous la table à cartes et en m'agrippant au rebord quand nous décollions, et en espérant de tout mon cœur que le pilote automatique ne lâcherait pas. Si nous avions dû empanner au milieu de tout ça, la situation aurait été désespérée.

Nous approchions des îles Kerguelen, à environ cinquante degrés sud et à mi-chemin entre l'Afrique du Sud et l'Australie. J'essayais de me tenir le plus au nord possible. Juste au nord de ces îles s'étend une vaste zone d'eaux peu profondes et, à cet endroit, la mer était plus formée. Les eaux peu profondes sont synonymes de déferlantes — et si le vent souffle de quarante-cinq à cinquante nœuds, ce sont de très grosses déferlantes. Dans la mesure du possible, je préférais m'éviter un empannage dans ces conditions. Avec ce vent, je risquais de casser des lattes de grand-voile. J'ai décidé de changer de voiles pour pouvoir m'approcher du vent-arrière, en me servant d'un système que nous avions mis au point et qui me permettait de frapper l'amure de la trinquette sur une cadène fixée non dans l'axe du mât mais sur le côté du pont de *Kingfisher*. Ça valait la peine d'essayer, me suis-je dit, et j'ai bataillé ferme pour parvenir à l'avant du bateau et régler cette voile.

17/12/00 09 : 47z (ellenmacarthur.com/day39)
Position 47° 50.1 S 077° 19.3 E
Cap/vitesse 158 14.87
Vent au cap 295 à 19.3 nœuds (rappel : 50 degrés O varn.)
Pression de 1002
Température de la mer 3.1
Configuration de la voilure Grand-voile Code 5
Pourcentage performance 95

Je suis assise ici, et je me sens plus mal que je ne me suis jamais sentie de toute mon existence. Physiquement, je suis totalement épuisée, et mentalement, ce n'est pas loin d'être pareil. Tout mon corps est douloureux, comme vidé. J'ai l'impression d'avoir le mental congelé, et qui essaie de se réveiller. Hier, c'était déjà le défi physique le plus dur de mon existence, et pourtant ce matin c'est drôle, ça m'a fait l'effet d'être encore dix fois pire. Tout a commencé par l'amure de trinquette qui a sauté. La voile était établie côté au vent, qui soufflait largement au-dessus des 40 nœuds. La journée avait été fantastique — surf à plus de 30 nœuds, et vraiment l'impression de rattraper les autres, après notre cap stupide vers le nord. J'apprends tellement — notamment à piloter ce bateau —, et jusqu'à hier nous avons apparemment eu raison en naviguant dans un vent portant puissant. Quand la voile a volé dans les airs, j'ai vite laissé porter pour qu'elle se place à l'abri derrière la grand-voile. J'ai immédiatement filé la drisse et je suis allée sur la plage avant pour réparer les dégâts, pas facile sous 45 nœuds de vent, mais sans la voile nous filions moins vite. *Il fallait juste que je retienne mon souffle quand les vagues passaient par-dessus l'étrave. C'est à ce moment-là que le bateau s'est mis à partir — à empanner — et, avant que j'aie pu retourner dans le cockpit, le pont s'était dressé à la verticale, et nous étions couchés dangereusement sur le flanc. En soi, c'est déjà une situation assez désagréable — mais le pire restait à venir. Alors que le bateau était couché sur le flanc, la grand-voile s'écrasait contre les bastaques — je me suis démenée pour tendre l'autre bastaque, afin de sortir la voile de cette position épouvantable —, mais se mouvoir sur le pont n'était pas commode. J'y suis arrivée, et ensuite j'ai achevé l'empannage, mais il a fallu faire demi-tour car les bastaques s'étaient prises dans les lattes supérieures. À ce moment-là, une latte avait cassé — et d'ailleurs son chariot de mât aussi — et même si j'étais agacée, je savais que ce sont des choses qui arrivent et que ce n'est pas trop compliqué à réparer... ou c'est du moins ce que je croyais. Après plus ample examen, et environ une vingtaine de minutes pour réparer l'avarie, je me suis aperçue que je ne parvenais pas à descendre la grand-voile. En fait, la latte poussait sur la deuxième barre de flèche — et ni tout l'amour, ni tout l'argent, ni la meilleure volonté du monde n'allaient me permettre de descendre cette voile sans devoir au préalable monter là-haut retirer la latte. Monter dans le gréement, c'est en règle générale le pire cauchemar du navigateur en solitaire — mais grimper là-haut par 40 nœuds de vent et plus, mieux valait ne pas y penser. Je savais qu'il le fallait. Je savais que si le vent se levait encore davantage, je serais incapable de descendre cette voile. Dans ma tête, je n'avais pas le choix — j'ai branché le pilote automatique, enfilé mon harnais, gréé une drisse bien souquée, et entamé l'escalade. Il faisait un froid mordant, le vent cinglant me fouettait la peau nue des mains et du visage, mais la première partie de l'escalade, jusqu'à la première barre de flèche, s'est bien déroulée — pas trop de mouvement, et j'avais encore de l'énergie. Dans la deuxième partie, jusqu'à la deuxième barre de flèche, c'était dix fois plus dur à chaque centimètre... Je commençais à fatiguer — chaque fois que nous surfions sur une vague (qui mesuraient toutes à peu près dix mètres de haut), elle essayait de m'arracher du mât. Une fois arrivée à la hauteur de la deuxième barre de flèche, il ne me restait plus que soixante centimètres à parcourir : les soixante centimètres les plus pénibles de mon existence. Je me suis hissée, centimètre après centimètre, et suis restée agrippée un moment là-haut, en me cognant au mât, pour tâcher de récupérer. J'ai puisé l'énergie nécessaire je ne sais où, et j'ai atteint la barre de flèche. La latte était juste en face de moi, et si je parvenais à régler mon geste en accompagnant la glissade de* Kingfisher *sur une vague, je pouvais la sortir de son chariot. Soulagée de la sentir venir, je l'ai balancée sur le pont.*

À présent, j'étais frigorifiée, et je tremblais sous l'effort. On aurait pu s'imaginer que la descente serait plus facile, mais en fait je me suis trouvée poussée encore plus dans mes retranchements, très au-delà du souhaitable. Il fallait que j'abaisse chaque jumar tour à tour, en faisant passer le poids du corps de celui qui était en prise sur celui qui était libre. Chaque fois que je descendais de quelques centimètres, je devais soutenir le poids de mon corps avec les mains — ou avec les jambes —, ce qui s'avérait épuisant... À un certain moment, je me suis retrouvée avec un jumar libre et un autre détaché, avec tout le poids du corps sur le poignet droit, lui-même engagé dans l'une des sangles de la voile. Je suis restée suspendue là, en allant taper contre le mât, à tenter désespérément (et sans succès) de trouver une prise pour mon pied. Ça finissait par me faire salement souffrir — ce n'était pas la joie. Dieu sait comment j'ai finalement réussi à caler cet autre jumar — mais je crois que l'hôpital des petits leucémiques y a été largement pour quelque chose, tout comme l'envie de rentrer à la maison. Il m'a fallu plus d'une heure pour redescendre — rien que 15 mètres... une heure pénible. Une fois sur le pont, je tremblais, mais j'étais aux anges, et je me suis occupée de régler tous les problèmes... J'ai changé la latte, j'en ai rajusté une autre et en cousant dessus une protection de barre de flèche. J'avais encore à peine l'énergie de rehisser la voile, et puis je me suis écroulée dans le cockpit. Alors que je m'affairais à toute vitesse en différents endroits du pont, ma vision est devenue bizarre. Je voyais des étoiles en permanence, comme si j'étais sur le point de tomber dans les pommes. Curieux — je ne me suis même pas demandé si cela avait un rapport avec l'adrénaline ou avec le fait d'avoir touché mes limites d'aussi près... ou alors j'étais peut-être gelée, tout simplement. J'étais tellement contente d'avoir terminé cette réparation, mais jusqu'à ce matin je n'ai pas réalisé tout ce que cette entreprise avait exigé de moi. Ce matin, c'était encore pire... j'avais repéré une déchirure dans le génois... le long de la base. La nuit dernière, j'ai essayé de dormir, mais ce génois me préoccupait, et donc au petit jour j'ai essayé de le réparer. C'était impossible — même en le plaquant derrière la grand-voile, il battait et me claquait à la figure, en arrachant les coutures que je tentais de réaliser. Du coup, cette matinée a été l'une des plus terribles. Je ne peux pas naviguer à plein potentiel... la voile dont j'ai besoin est hors d'état... tellement frustrant. Et maintenant — c'est le comble —, après avoir envoyé le gennaker par

17 nœuds de brise, je me retrouve avec un vent qui souffle à 29 nœuds, autrement dit à la limite. Après avoir essayé de réparer ce génois, j'avais le moral au plus bas depuis le début de cette course. J'ai hurlé, interpellé le ciel… parfois, on traverse un de ces moments-là — et c'était exactement ça… Après la journée d'hier, après avoir failli me tuer en avançant coûte que coûte pour réparer ces avaries et m'accrocher au reste de la flotte, aujourd'hui je perds des milles et des milles à cause de cette stupide déchirure dans une voile. Tellement frustrant que je ne peux plus ni trouver le sommeil ni me relâcher. Encore une chose qu'il me reste à apprendre, je pense. La bonne nouvelle, c'est que le soleil se montre. Peut-être vais-je avoir une chance de sécher cette voile… Merci beaucoup de me suivre, tout le monde. Vos e-mails de soutien sont formidables. Ils transforment vraiment mes journées, et justifient une fois de plus ma présence ici. Partager ce défi, c'est l'un des aspects les plus importants pour moi. Juste après, je dois le reconnaître, le fait d'arriver à rentrer en France !

À demain

xxx

Oh Mark. Je veux simplement te remercier de tout mon cœur… Je n'aurais jamais voulu, jamais pu avoir quelqu'un d'autre pour numéro 1. Tu es le meilleur, j'en ai les larmes aux yeux quand je l'écris, parce que je suis tellement contente que tu sois là. J'ai vraiment été à la limite — et je veux que tu saches que tu as joué un très grand rôle pour me permettre d'en revenir.

Affectueusement ex

Ce soir, pendant que je chargeais les batteries, j'ai allumé le Standard C et j'ai trouvé deux messages, un de Mark, et un autre des organisateurs de la course : c'était extrêmement urgent. Il était arrivé quelque chose à Yves. J'ai senti mon estomac se contracter.

Le message français m'enjoignait de me dérouter vers la position d'Yves, et me confirmait que sa vitesse était tombée à moins de cinq nœuds et qu'on avait perdu tout contact. J'ai vérifié sa position — nous étions à moins de cent milles de distance. Quand j'ai activé le Standard B, j'avais le cœur battant. Heureusement, ce matin, ça fonctionnait, même si j'ai eu l'impression d'attendre une éternité avant qu'il ne parvienne à se connecter avec un satellite et à trouver un signal. Toutes sortes de pensées me traversaient la tête. Yves était-il tombé de son bateau ? Avait-il démâté ? Était-il blessé ? J'attendais encore cette connexion. J'ai composé le numéro de Mark. Il répondait toujours. Sa voix m'a paru étonnamment calme, et il disposait de nouvelles supplémentaires — Yves avait envoyé un bref message pour signaler qu'il avait démâté, mais qu'il allait bien, et c'était tout. J'en ai renversé la tête en arrière de soulagement. Dieu merci.

Les organisateurs de la course ont confirmé leur demande de déroutement, et j'ai donc changé de voiles pour conserver un cap plus au nord. Mark et moi étions convenus d'un rendez-vous téléphonique quand je serais à vingt milles, et j'ai donc commuté sur le Standard B — j'ai rappelé juste avant minuit. Mark m'a annoncé que l'ordre de me dérouter avait été annulé. Je compatissais avec Yves — c'était son troisième Vendée Globe, sur un bateau qu'il connaissait si bien. Son dernier Vendée Globe avait été interrompu par un étai et un gouvernail cassés. Maintenant, c'était le mât. Mais je repensais à ses paroles d'avant course : « Si je ne gagne pas, il faut que tu gagnes, et si tu ne gagnes pas, il faut que je gagne. » Je me sentais déterminée. La course continuait.

Le lendemain, Mark m'a envoyé le communiqué d'Yves où ce dernier expliquait que ses problèmes étaient la conséquence de la tempête qu'il avait traversée. Nous savions, à en juger par ses pointes de vitesse, qu'il avait poussé très fort, et qu'après être repassé troisième à cause d'un choix météo qui l'avait mené trop au sud, il avait vraiment foncé.

« Tout s'est produit très vite. Le vent s'est levé, il souffle très fort, sous un ciel nuageux de tempête. Mon bateau a décollé, il a empanné de façon incontrôlable et s'est retrouvé couché à l'horizontale. Quand il s'est redressé, la pression du vent était si importante qu'il a empanné une seconde fois, et j'ai été projeté en travers du cockpit. Il a encore décollé sur une déferlante, mais il a piqué du nez, et l'eau a envahi le pont jusqu'à la hauteur du mât — et c'est ça qui l'a mis par terre. Maintenant tout va bien, et je confirme que je ne demande pas d'assistance. »

Le lendemain, Yves a surpris tout le monde en annonçant qu'il n'abandonnait pas la course. Comme il lui restait six à huit mètres de mât sur vingt-cinq, il avait l'intention de continuer sous un gréement de fortune lui permettant de naviguer avec un quatrième ris dans sa grand-voile, et il pensait être capable de manchonner la partie cassée du mât pour le restant du parcours dans l'Atlantique. Il allait devoir trouver un coin calme où réaliser ce travail — pas facile, car il était à mille milles de la moindre terre —, mais cela en disait assez long sur sa personnalité, sa détermination et son surnom : l'Extraterrestre ! Il lui a fallu quinze jours pour faire voile jusqu'à un magnifique port naturel de l'île Stewart, en Nouvelle-Zélande. Le règlement du Vendée Globe autorise les navigateurs à réparer leur bateau en cas de besoin, mais seulement au mouillage — aborder tout rivage au-dessus du niveau de la marée haute est interdit. Il a passé deux semaines dans cette baie à réparer et à reconstruire son mât, en utilisant des ampoules électriques pour fabriquer un four improvisé dans lequel il a pu « cuire » le carbone et, après avoir regréé ses voiles, il a pu continuer avec son extraordinaire gréement de fortune. Tout au long de cette expérience unique, sa plus grande préoccupation a été la nourriture. Il n'avait misé que sur cent jours de mer. Donc, pendant ses réparations, il n'avait mangé que des fruits de mer cueillis sous sa ligne de flottaison, et ensuite il avait dû ramasser et sécher des algues pour sa longue route jusqu'au bercail. Sa réparation était inimaginable, et même s'il n'avait plus aucune chance de remporter la course, il conservait un état d'esprit intact. Impressionnant.

18/12/00 16 : 32z (ellenmacarthur.com/day40)
Découvert un bruit de cliquètement... c'était le gond des deux portes du compartiment de stockage arrière. Aujourd'hui, j'ai refait l'épissure du hale-bas, j'ai changé quelques cordages à droite et à gauche. Réparé le génois, encore rafistolé le logement de la caméra. Réparé le chariot du rail bâbord, trouvé d'où venait ce morceau de carbone... c'était le winch du mât... quelque chose s'était pris autour de la tête de winch et l'avait endommagée... Elle n'est pas hors d'usage. J'ai replacé le morceau à l'intérieur de la tête de winch, et ça semble coller... Le gennaker a été hissé avec — pas de pb... même fait une sieste !
Je suis désolée, les derniers jours ont été si durs, je sais que c'est aussi pénible de votre côté. Je vous appellerai peut-être plus tard... je n'attends plus rien après ces milles perdus... cela dit, à regarder les derniers relevés, les miracles, ça arrive !
À plus tard, ex

J'étais calée en quatrième position, et j'étais extrêmement frustrée de ne pas filer plus vite que Thomas qui, à ce moment-là, était devant moi, en troisième position. Toutefois, je me trouvais plus au sud que lui, ce qui pour le moment était une bonne nouvelle, car je suivais une route relativement plus courte. Il subsistait pourtant une question. La dépression, au sud de notre position, était en train de ralentir et s'était pratiquement immobilisée, et les deux caps que je pouvais prendre étaient soit juste au sud de la route directe (de loin la plus rapide), soit plus au nord, loin des glaces et de la zone de convergence antarctique. J'étais fatiguée, mais il me restait encore à prendre ces décisions cruciales. Pour l'instant, nous étions en dehors de la zone des glaces, mais nous nous en approchions et, si je voulais rester à bonne distance des icebergs, il fallait aussi absolument que je me tienne loin du centre de cette dépression qui s'attardait en chemin. À l'endroit où nous étions, nous avions des vents de vingt-cinq à trente nœuds, mais plus au nord ils se renforçaient à quarante ou quarante-cinq nœuds. Plus au sud, il y avait moins de vent, et ensuite plus rien.

En ouvrant le capot avant, j'ai serré les dents, car ses poignées glacées me donnaient la sensation de « mordre » mes mains froides et durcies. Je me sentais stupide, et me suis servie de mes pieds, agacée contre moi-même d'avoir encore fait saigner cette phalange toujours pas guérie. Ici ce n'est plus l'Atlantique, ici c'est le froid et le lointain — les nuits s'installent —, avec la sensation que les vents glacés de l'Antarctique vous serrent peu à peu dans leurs bras... le froid s'insinue dans les os.

Pour le moment, dans la journée, ça va mieux — le soleil se lève et se couche —, ce qui paraît extraordinaire pour le Sud. Je me suis toujours imaginé une étendue grise à l'infinie — mais cette partie du monde m'a démontré qu'elle possédait quantité de visages, d'humeurs et de saisons. Elle est imprévisible et, alors que je suis assise ici, j'ai à mon vent un épais banc de nuages noirs. Comme toujours ils se rapprochent de nous lentement mais sûrement — avec la pluie clairement visible, qui tombe en rideau sur la mer en contrebas.

Ex

Le plus difficile, en mer, c'est d'évaluer le temps, surtout quand on a froid et qu'on est fatigué. La tension ne se relâche jamais, et chaque fois que je prenais une décision, je ressentais une appréhension, suivie de plusieurs jours d'une pénible inquiétude, en attendant de savoir si ce choix allait payer ou non. L'épuisement pur et simple s'infiltre jusque dans les os, et les milles perdus ou gagnés contre les rivaux deviennent la corvée de chaque jour. Gagnez des milles, et le moral remonte en flèche. Perdez-en, et il faut tâcher d'exploiter son exaspération pour alimenter les décisions ultérieures.

Au quarante-quatrième jour de course, les nouvelles étaient formidables : j'avais bondi en troisième position — la route au sud avait payé, j'étais bien au-dessous de cinquante-cinq degrés sud —, mais avec les vents portants absolument fantastiques qui se levaient, j'avais mis dans le mille. Ce jour-là, les choses ont vraiment semblé tourner à notre avantage.

La nuit était tombée, et les vents ne dépassaient pas vingt à vingt-cinq nœuds. Nous avancions vite et les vagues se creusaient. Cette nuit-là, j'ai barré, j'ai profité du plaisir de sentir *Kingfisher* glisser sur les vagues. J'étais confortée par la sensation de maîtriser les choses, de savoir, quand il allait engager, dessiner une courbe lorsque je poussais ou tirais doucement sur la barre — une sensation qui me manquait quand le pilote automatique le dirigeait à sa manière impersonnelle.

Pendant cette portion de navigation, j'ai pensé à Thomas. Si nous naviguions simplement, vite et en sûreté, nous pouvions contenir le bateau. Ensuite, dans un silence atroce et une absence cruelle de suspense, le code 5 s'est décroché du mât pour aller flotter dans l'eau. *Kingfisher* a ralenti, et je me suis précipitée pour larguer la drisse de grand-voile et le stopper complètement, histoire d'avoir une chance de récupérer cette voile. Merde ! Mes doigts ont fait des heures supplémentaires, ils ont ouvert des bloqueurs, libéré des écoutes de voiles. J'ai levé les yeux et, là-haut, il y avait un mètre de drisse en train de se balancer dans les hauts du mât. Le reste était parti avec la voile. Je n'arrivais pas à y croire — nous venions de perdre notre troisième voile.

Une heure plus tard, je me sentais anéantie. Mon genou me brûlait d'avoir râpé le pont quand j'avais tenté de retenir le code 5, et mes vêtements étaient trempés et glacés car, en m'accrochant à l'extrémité du bout dehors, je m'étais retrouvée à plusieurs reprises plongée dans l'eau glaciale, tandis que nous étions ballottés, quasiment inertes.

Je ne parvenais pas à croire que nous avions perdu une autre voile… pas ici, pas maintenant. Les choses prenaient un tour franchement sinistre. J'avais dû couper la toile pour empêcher la voile de peser dans l'eau et de faire office d'ancre, puis je n'avais plus eu d'autre choix que de la ressortir de la mer à la main. Il me fallait toutes mes forces pour la hisser de trois ou quatre centimètres par-dessus les filières, et souvent je perdais cinq minutes de travail quand une vague plus grosse que les autres balayait le bateau et, impitoyablement, remportait la voile avec elle. Tout en la hissant, je priais pour qu'elle n'ait pas subi de dégâts, mais j'ai eu un serrement de cœur en constatant une énorme déchirure, et puis une autre. Notre voile était bel et bien détruite.

J'étais soulagée de voir que le vent forcissait. Au moins, nous serions en mesure de naviguer sous génois. Cette nuit-là, je suis restée sur mon siège de la table à cartes, avec la tête calée en arrière contre mon oreiller en laine et j'ai appelé papa et maman pour leur apprendre ce qui s'était passé — c'était une habitude que j'avais fini par prendre, après chaque désastre que nous subissions, pour qu'au moins ils sachent que j'allais bien. Je ne voulais surtout pas qu'ils apprennent par les journaux une histoire qui les aurait inquiétés. Au moins, de cette manière, quelle que soit l'étendue des dégâts, ils commenceraient par entendre ma voix, et sauraient que moi, je me portais bien.

Maintenant que je m'étais séchée, je me sentais mieux, mais je savais ce qui m'attendait. Le vent soufflait à trente nœuds, et j'allais devoir grimper en haut de ce mât pour remplacer la drisse. J'ai appelé Mark pour lui raconter tout ce qui s'était passé, et je me suis sentie un peu soulagée d'avoir pu parler. Au téléphone, je lui ai dit : « Je vais protéger ce gennaker au péril de ma vie ! »

J'ai escaladé ce mât à la veille de Noël, et même si j'avais eu le temps de m'y préparer, ce fut l'ascension la plus dure que j'aie jamais connue. J'avais travaillé toute la nuit pour m'assurer que j'avais bien tous les outils, les moindres bouts de ficelle dont je pourrais avoir besoin, et je m'étais tourmentée pendant des heures pour savoir comment je devais préparer la drisse afin qu'elle flotte librement au-dessous de moi et ne se prenne dans rien durant mon ascension.

Dès les premières lueurs du jour, j'ai décidé que l'heure était venue. J'ai enfilé des vêtements plus légers, car je voulais pouvoir me déplacer librement une fois là-haut. Le plus dangereux, mis à part la chute, c'était d'être projetée contre le mât, et même avec un casque, je risquais de me casser quelque chose.

J'ai appelé Mark. En France, dans ses montagnes. C'était le soir, et il était sur le point de s'endormir. Je lui ai dit de ne pas s'inquiéter si je ne répondais pas, au cas où il aurait essayé de me contacter, car ces deux prochaines heures je serais dans le mât. Même s'il a eu des paroles rassurantes, j'ai bien senti qu'il se faisait du souci.

J'ai déployé la nouvelle drisse sur le pont, en la déroulant bien pour éviter les torsades. En m'agrippant au mât et en entamant mon escalade, je me suis quasiment sentie comme si je posais le pied sur la Lune — je m'engageais dans un monde que je ne maîtrisais absolument pas. Vous ne pouvez pas soulager la toile ou prendre un ris, vous ne pouvez pas non plus modifier les réglages du pilote automatique. Si quelque chose tourne mal, vous n'êtes pas là pour y veiller. Vous êtes un observateur passif qui regarde son bateau évoluer, trente mètres plus bas. Après avoir grimpé deux ou trois mètres, je me suis aperçue de la difficulté que ce serait. Je ne sentais plus mes doigts — j'allais avoir besoin de gants, et tant pis pour la perte de dextérité. Je suis redescendue et me suis fait tremper car nous avons plongé dans une vague — autour de mes pieds, le pont était submergé. J'ai dégrafé mon jumar de la drisse et j'ai enfilé une paire de gants de régate. Cette fois devait être la bonne — je savais que je n'aurais pas l'énergie d'une autre tentative.

Je grimpais, mes mains allaient mieux, et dans un premier temps j'ai bien progressé. Mais c'est devenu de plus en plus dur, car je ne hissais pas seulement le poids de mon corps, mais aussi celui de la drisse qui pesait de plus en plus lourd — près de soixante mètres de cordage lorsque je suis parvenue au sommet. L'épuisement physique venait moins de l'escalade en elle-même que de l'obligation de s'agripper. Le plus dur, c'était de se tenir au mât qui fendait l'air dans des mouvements erratiques. De temps à autre, je sentais que nous dévalions une vague énorme, en sachant que nous allions ensuite piler sur la vague suivante. J'entourais le mât de mes bras et je collais le visage contre le carbone froid et glissant, en attendant que le tremblement de la structure se résorbe. Les yeux fermés, les dents serrées, je m'agrippais, et j'espérais. De temps en temps, sur les vagues plus petites, j'étais projetée avant d'avoir pu correctement me retenir, et je me retrouvais, avec tous les outils que je portais sur moi, éjectée loin du mât. Je ne me retenais plus que par un bras, et j'essayais de ne pas revenir m'écraser contre le gréement.

À la troisième barre de flèche, j'étais exténuée. La drisse pesait encore plus lourd et le mouvement était encore plus violent. Je me suis retenue à la base de la barre de flèche et je suis restée là, en serrant fort pour respirer et rassembler un peu d'énergie. Mais je me suis aperçue que la drisse était tendue et qu'elle s'était prise dans quelque chose. Nom de Dieu ! Je savais que si je descendais pour la dégager, je n'aurais plus l'énergie de remonter. J'ai tiré, tiré sur la filière — mon exaspération était au-delà de tout. Il fallait qu'elle cède, il fallait tout simplement que cette drisse se dégage. À force de tirer, j'ai réussi à lui redonner suffisamment de mou pour atteindre le sommet, mais j'étais encore plus vidée. J'ai cligné des yeux en scrutant le ciel gris au-dessus de ma tête, et j'ai regardé la tête de mât fouetter les nuages. Le vent sifflait autour de nous, la neige qui s'était mise à tomber le rendait visible. En bas, la mer s'étendait à l'infini, et de là la forme et la longueur des vagues étaient amplifiées. C'était à cela qu'elle devait ressembler, vue par les yeux de l'albatros.

Dans un ultime effort, j'ai quitté la sécurité de la barre de flèche pour un dernier coup de collier jusqu'au sommet. Ça remuait plus que jamais, et tout en montant je me disais, ce n'est plus loin, maintenant, gamine, allez, continue, avance… Lorsque la tête de mât est arrivée à portée de main, j'ai eu un bref instant de soulagement. Au moins, il n'était plus question de renoncer, j'y étais arrivée — à partir de maintenant, quoi qu'il arrive, j'avais tout le mât à redescendre. J'ai enfilé la drisse dans sa poulie et fait passer une bonne longueur de cordage. Ce boulot ne m'a pris qu'une demi-heure — ensuite, j'ai entamé ma descente. C'était de loin la partie la plus dangereuse, et j'avais le cœur au bord des lèvres — pas le moment de céder à la complaisance, ai-je songé, pas tant que tu n'as pas rejoint le pont, car c'est loin d'être fini…

Il s'était écoulé presque quatre heures quand j'ai rappelé Mark et, tout en parlant avec lui, je tremblais d'épuisement. Pendant que j'étais là-haut, nous filions bien au-dessus des vingt nœuds. J'étais couverte de contusions et j'avais la tête qui tournait, mais je me sentais comme la gagnante du gros lot. Papa Noël m'avait rendu visite sur *Kingfisher*, et nous avions reçu le plus beau des cadeaux de Noël — une drisse toute neuve.

JOYEUX NOËL !

Ça semble incroyable de penser qu'il y a tout juste 12 mois nous n'étions déjà pas si loin de l'océan Austral… Il est tout aussi incroyable de penser que depuis cette période, Kingfisher *a été achevé — lancé, livré —, qu'il a couru deux transats et maintenant un Globe ! Une fois de plus, un Noël*

413

toute seule — mais la dernière fois j'étais là-haut dans la chaîne de montagnes des Whatekeri, en Nouvelle-Zélande. Je ne sais pas réellement pourquoi j'avais choisi de le passer seule, l'an dernier aussi. J'imagine que cela devait participer d'une sorte de préparation subconsciente à ce que je suis en train d'accomplir maintenant. L'autre jour, j'étais installée dans l'habitacle, je réfléchissais… je réfléchissais au temps que nous avons passé ensemble, Kingfisher et moi. Eh bien, nous avons navigué sur plus de 35 000 milles — et, pourvu que tout se termine bien et que j'aille au bout du Vendée, nous aurons passé plus de 180 jours en mer au cours des douze derniers mois. Rien que d'y penser, ça m'a causé un choc. Ces dernières semaines, les six dernières années semblent apparaître avec toute leur netteté. D'ici une semaine, nous serons à mi-chemin : incroyable de penser que ce voyage se déroule si vite. C'est parce que le Vendée accélère l'allure que nous avons l'impression que le temps file à toute vitesse — et pourtant il y a encore des jours où le bercail semble encore très, très loin (et il l'est !). Environ 8 200 milles à vol d'oiseau. Enfin, il faudrait que ce soit un oiseau très courageux — parce que s'engager dans un tel périple à partir des 50 degrés sud pourrait se révéler une histoire assez glaciale —, il aurait certainement besoin de réservoirs supplémentaires et d'une écharpe très chaude ! En revanche, la navigation serait facile, car il aurait plein d'oiseaux de mer à qui demander sa direction !

Je m'accorde une pause pour trouver quelque chose de plus chaud à enfiler pendant que je tape sur mon clavier, et je ne peux pas m'empêcher de penser que si je mets encore une fois ce blouson à sécher, je vais avoir une jardinière de cristaux de sel accrochée aux deux manches !

Tout ce projet représente l'une des plus belles

expériences de mon existence. J'ai appris davantage que je ne l'aurais cru possible — j'ai travaillé avec la meilleure équipe imaginable, et j'ai traversé le monde, essentiellement à la voile.

Présenté comme ça, cela peut paraître très facile... mais en fait c'était la chose la plus dure que j'aie jamais entreprise... Et notamment en raison de ce qui vient de se passer ici, car c'est la première fois de ma vie que j'ai senti une limite, avec les décisions à prendre, et le nombre de tâches qu'il a fallu accomplir pour nous retrouver où nous sommes. Je dois remercier les membres de l'équipe d'avoir véritablement consacré leur vie à ce projet. Un effort impressionnant.

Donc nous y voici — merci à tous, et c'est à moi de terminer ce tour du monde, en quatrième vitesse, et entière. Je trouve que cette course est une expérience unique. La cadence est plus rapide que partout ailleurs. Nous avons beau avoir une longue route à parcourir, nous fonçons comme dans une transat. Cadence invraisemblable, vitesses folles — avec, chez nous tous, une volonté d'aller jusqu'au bout et une charge de travail difficile à équilibrer correctement. Le plus difficile de tout, c'est la prise de décision permanente, le mouvement inlassable. Le moins que l'on puisse dire, c'est que l'on n'a pas beaucoup d'occasions de se détendre. Il ne faut tout simplement pas commettre d'erreurs. Si ce n'était pas une course, la situation serait très différente !

Pour terminer, j'ai envie de vous souhaiter à tous, là-bas, un joyeux Noël. Ça va me faire un drôle d'effet d'ouvrir mes cadeaux toute seule, et comme mon chauffage est cassé il y a peu de chances que le père Noël saute dans la cheminée — de toute façon, maintenant, il y a un bouchon dans le conduit ! Merci à tous pour vos milliers de messages. Je ne saurais vous remercier assez — j'espère seulement que vous sentez à quel point ils changent ma vie ici. Quand ça devient costaud, je sens vraiment que je ne suis pas seule — et l'énergie que vous mettez à me soutenir m'éclaire à tout moment... merci. J'espère simplement pouvoir tenir bon, et rattraper les autres avant le retour à la maison ! Tiens, ce serait le parfait cadeau de Noël. Prenez soin de vous, joyeux Noël.

Avec mon affection, Ellen

C'était bizarre d'être si loin du reste du monde le jour de Noël, mais j'ai fait de mon mieux pour suivre la tradition. J'ai eu de la chance avec le temps, le vent s'est relativement stabilisé, et nous avons pu naviguer toute la journée sans changements de voiles majeurs. J'ai tout eu, depuis un arbre de Noël miniature jusqu'aux guirlandes et aux animaux de la crèche en plastique, et même une minuscule lanterne avec quelques bougies que j'ai accrochée le soir au toit de la cabine. J'en ai eu les larmes aux yeux, devant tant de gentillesse et toutes les attentions que chacun avait mises dans les cadeaux que j'avais embarqués avant le départ. Mais la meilleure chose qui me soit arrivée le jour de Noël, ce fut une sorte de téléconférence que Mark avait organisée avec tous mes amis et la famille, et tout le monde a pu bavarder ! C'est seulement au bout de vingt minutes que j'ai découvert que papa et maman étaient là depuis le début, mais sans rien dire ! Ian était là lui aussi, et il a apporté sa contribution, avec ses amusants commentaires habituels et son humour pince-sans-rire, et puis l'équipe du bureau nous a rejoints elle aussi. Même si, physiquement, j'aurais difficilement pu être plus loin, je me suis sentie très proche d'eux tous, ce jour-là. Un vrai Noël.

J'ai accroché les guirlandes un peu partout dans la cabine et j'ai installé l'arbre sur la table à cartes.

J'ai réchauffé le pudding de Noël, ma seule conces-
sion en matière de poids excédentaire, puis je l'ai
arrosé avec la petite bouteille de rhum que l'on
m'avait donnée. Dans le colis, papa avait même
ajouté une branche de houx du Derbyshire, que j'ai
fait flamber, tout comme il le faisait chaque Noël…
J'ai gonflé un ballon et j'ai inscrit dessus au feutre
indélébile : *Joyeux Noël à tous, Je vous aime tous
xx*, et ensuite je l'ai lâché dans l'Atlantique Sud.

Je suis retournée m'asseoir pour répondre à
quelques e-mails de fête que j'avais reçus, notamment celui du célèbre jardinier Alan Titchmarsh. Il
avait suivi tout le projet et nous étions devenus amis.
J'avais besoin de son avis !

Cher Alan…
*Salut chez vous — et merci pour votre e-mail de
Noël. Noël ici, ça s'est passé de manière un peu
étrange — mais j'ai eu de la chance avec le temps,
et je me suis accordé une petite pause. J'en avais
besoin après mon cauchemar du réveillon : l'ascension du mât. C'est surtout le flan au rhum et le pudding de Noël de Gran qui m'ont réjoui le cœur —
un cœur qui, depuis notre petite séance d'acrobatie
de 3 heures, se sentait encore frigorifié ! Aujour-
d'hui est un grand jour… nous sommes troisièmes
(mais vous êtes sûrement au courant) — et juste
36 milles derrière Bilou. Je suis tellement contente,
et j'espère simplement qu'on pourra tenir le coup
sans rencontrer de problème…*
*Maintenant, revenons à Noël… J'ai reçu tout un
tas de cadeaux, des petits, des légers, qui allaient du
petit porte-bonheur en poil de chien au crochet au
pantalon de rechange de maman (comme toujours),
et puis aussi le bon vieux penny en chocolat,
quelques autocollants phosphorescents Dark Dol-
phin, et une minuscule lanterne à bougies que j'ai*

suspendue dans la cabine, pour me remémorer quand j'étais gamine et que je naviguais à la lampe à pétrole. Il y avait un autre cadeau aussi — celui qui va vous intéresser le plus.

C'est un bonsaï à planter que m'a offert Helen (vous l'avez rencontrée à Cowes, au terminal portuaire, juste avant qu'elle n'embarque sur le ferry). Helen est une passionnée de la nature, et elle a un diplôme en sciences de l'environnement. C'est une idée qui tombe à pic, et c'est super, ça me donne l'occasion de raviver mes souvenirs de récolte, du temps où on plantait des haricots d'Espagne dans les pots de yaourt vides avec papa, quand on était gamins.

Alors, comme vous êtes la première personne qui me vient à l'esprit, je vous écris pour vous demander un conseil sur une question plus épineuse que la plantation des haricots ! Je me suis dit que si je le plantais en plein été — l'été de l'hémisphère Sud — ce bébé plante allait être un peu perdu et un peu perplexe s'il se met à givrer quand nous allons retraverser l'équateur... Aura-t-il un sentiment d'appartenance à un lieu précis, ou bien restera-t-il une espèce de voyageur — comme moi qui vis une vie de folle de saison en saison ? Se pourrait-il que je sois obligée de sillonner la planète avec cet arbre ?...

Les instructions recommandent d'humidifier le terreau avec de l'eau. Ici, je n'ai que l'eau de l'adoucisseur, plutôt déminéralisée, et je me suis demandé si cela jouerait sur sa croissance — dois-je dissoudre un comprimé de vitamine dans le terreau ?...

Hmm...

J'imagine que ça doit paraître un peu étrange de s'entendre demander un conseil de jardinage depuis un bateau situé aussi loin de la terre qu'il est possible. Enfin, à vrai dire, on a déjà vu plus bizarre !

J'espère que ce message vous trouvera en pleine

forme, et que vous avez passé un super Noël, et je vous souhaite le meilleur pour 2001.

Meilleurs vœux!

ellen

(et, bien sûr, meilleurs vœux de la part de Samuel la graine de caroube, avec ses petits objectifs de bonsaï dans l'existence)

28/12/00 05 : 13z (ellenmacarthur.com/day50)
Position 53° 36.9 S 167° 48.5 E
Cap/vitesse 66 15.52 0
Vent au 290 à 25.6 nœuds
Pression atmosphérique 976
Température de la mer 7.3
Configuration de voilure Premier ris Gennaker
Pourcentage performance 93.3

De nouveau ralentie. Le vent est tombé, derrière un gros nuage. J'ai déjà pris et renvoyé le premier ris 6 fois. C'est agaçant, car au bout de 20 minutes le vent donne toujours l'impression de se lever... mais on ne sait jamais trop. Entre chaque grain le soleil brille et, sur notre passage, les oiseaux de mer jouent, plongent en piqué et virent sur l'aile. Ce matin nous avons bien progressé — même si c'est toujours frustrant, avec ces grains. Je n'en ai jamais vu d'aussi violents que par ici. Ça grimpe de 15-30 nœuds d'un coup. J'ai peur pour le gennaker, c'est le dernier! Et pourtant, si je veux gagner du terrain, je n'ai pas d'autre choix que de l'envoyer...

C'est super d'être un peu devant, pour le moment, et je sens un peu plus encore qu'avant que je suis loin des autres, que je mène ma propre course. Je ne suis plus tout à fait dans le même type de temps que les autres, devant, ou que ceux qui sont derrière, et du coup j'ai l'impression — je ne trouve pas de meilleure formule — d'être un peu plus libre!

Pendant que je tape ceci, nous naviguons juste au-dessous de la partie la plus occidentale de la Nouvelle-Zélande et, dans tout juste 24 heures, nous serons à la longitude d'Auckland. Je pense qu'à l'heure qu'il est, Kingfisher *se sent tout près de sa maison natale, mais nous avons eu une petite conversation, et je lui ai promis que nous pourrions nous arrêter, pas cette fois-ci, mais la prochaine.*

Le vent continue de tomber... plus que 14 nœuds, maintenant. Est-il possible que la brise reste aussi faible, je vais peut-être attendre encore 10 minutes... oui, 10 minutes. Ensuite je vais enlever le ris. Ce premier ris est dur à envoyer et à reprendre, car il faut que je hisse toute la grand-voile. Éprouvant pour les nerfs, long — mais ça en valait la peine, parce qu'après on a foncé.

Nous y sommes... 24 nœuds de vent. Je savais que ça valait le coup d'attendre! Aujourd'hui j'ai vérifié le niveau d'huile dans le générateur — j'ai pompé toute l'eau qui clapotait dans le compartiment avant. J'ai changé le sac poubelle (toujours très rempli!) et j'ai effectué une vérification d'ensemble. Ah oui! j'ai câblé le Standard C sur le transformateur en 24 volts pour voir si je ne pourrais pas le ramener à la vie. On dirait qu'il fonctionne mieux — jusqu'à maintenant.

Je suis un peu inquiète à cause d'une dépression qui doit se former devant nous. Je ne me sens pas trop de me faire piéger dessous, parce qu'elle dégringole au SE — mais apparemment ça va être coton de rester dans son nord. On dirait qu'elle s'est développée plus tôt que prévu, ce qui est tout de même une bonne nouvelle — alors peut-être qu'elle va plonger au sud avant de nous atteindre.

420

Mieux vaut faire surface et aller larguer un peu ces voiles.

ellen
xx

Nous approchions de la ligne internationale de changement de date, où nous allions profiter de deux 29 décembre ! Nous naviguions entre les îles Bishop et Clerk, qui se situent à plusieurs centaines de milles au sud de la Nouvelle-Zélande, et c'est ici que j'ai vu mon premier bateau depuis Thomas, un gros navire de pêche australien, l'*Austral Leader*. Il m'a appelée par radio et c'était fantastique de bavarder avec ces gars à bord. Ils avaient l'air complètement captivés par ce que j'entreprenais — tellement qu'ils sont venus jeter un œil. Il y avait trente-trois types à bord, partis pour une campagne de trois mois. Mais, si c'était enthousiasmant de voir la terre et un navire le même jour, j'ai encore eu une sensation familière d'agoraphobie — et donc je me suis sentie mieux en laissant ces îles derrière nous, et en faisant route vers le Chili.

Les bateaux de tête naviguaient dans les eaux les plus reculées du monde — l'océan Pacifique Sud. La prochaine terre, que nous espérions tous voir, ce serait le cap Horn lui-même — il était encore à deux bonnes semaines. Nous restions troisièmes et j'avais l'impression de décrocher la lune, de plus nous rattrapions rapidement Bilou — et Mich se faisait remonter petit à petit…

Plus loin derrière nous, Mike Golding, qui s'approchait lentement du gros de la flotte, s'est fait prendre dans des vents de cinquante-huit nœuds. Il a perdu l'une de ses lattes de grand-voile, et a décidé de descendre dans la cabine pendant que le pilote automatique barrait le bateau, et d'attendre que ça passe. Dans une tempête de l'océan Austral, le pont est un endroit dangereux.

Nous avons reçu des nouvelles du Français Thierry Dubois, qui avait dû abandonner à cause d'une panne électrique totale. Thierry avait aussi fait partie des victimes du précédent Vendée, et il avait eu la force de caractère incroyable de revenir courir dans ces mêmes eaux. Il avait construit son bateau pratiquement tout seul, et nous étions amis depuis ces premières années à La Trinité.

29/12/00 07 : 20z (ellenmacarthur.com/day51)
Position 54° 25.2 S 178° 30.2 E
Cap/vitesse 64 14.58
Vent au 312 à 19.5 nœuds
Pression atmosphérique 981
Température de la mer 7.9
Configuration de voilure Grand-voile Génois
Pourcentage performance 103.5

Bon, maintenant, nous volons… angle du vent parfait, et navigation facile. Un peu frustrant par moments, quand arrivent de petites rafales, et qu'on retombe un peu, mais dans l'ensemble on marche bien. Aujourd'hui, c'était une journée de sommeil, d'étude du temps et d'épissures. L'examen des bulletins météo révèle qu'une sacrée dépression nous arrivera dessus vers le 31 décembre — Bonne et Heureuse Année ! Pour Kingfisher, *ce sera la pire qu'il aie connue jusque-là — donc j'essaie de me placer dans la meilleure position pour l'aborder. Difficile — car ici les informations météo ne sont pas très précises. J'ai eu une bonne séance d'épissures, et j'ai réparé la vieille drisse de gennaker pour la réutiliser si jamais la nouvelle casse. C'était un long travail, et très compliqué de tresser cette fibre de vectran. Beaucoup de temps passé à tirer et à serrer, à passer et à rentrer les tresses ! Au bout d'une heure, le travail était terminé — tellement contente de m'y être mise que je me suis directement attelée à confectionner une écoute de foc toute neuve... une fois encore — au cas où. J'étais vachement contente d'avoir terminé tout ce boulot dans le poste de veille sans avoir mis de ciré — je me contentais d'esquiver les torrents d'eau qui balayaient le pont de* Kingfisher.

Pendant la nuit, nous avons franchi la ligne de changement de date — et nous voilà repartis pour un deuxième 29 décembre. Très étrange — mais enfin, ça aide de conserver les horloges du bateau sur l'heure GMT. Au moins, nous ne perdons pas complètement le fil. Nous sommes passés au-dessous d'Auckland, maintenant — donc on est davantage en terrain connu, c'est un peu réconfortant de savoir que Kingfisher *a déjà navigué sur ce tronçon, même si je suis convaincue que le Pacifique ne nous présentera pas le même visage cette fois-ci. Prudence, tel est le maître mot.*

Hier, j'ai entendu que Marc Thiercelin déclarait en avoir « marre de naviguer derrière la petite Ellen »... eh bien, je pourrais lui répliquer que naviguer avec Bilou me manque. Du coup, je me dépêche pour avoir un peu de compagnie !

Prenez tous bien soin de vous. Ellen

Je me sens toujours beaucoup mieux après avoir effectué des réparations. Je trouve que c'est presque un moyen thérapeutique contre le stress énorme de la prise de décision. Des tas de choses me consumaient littéralement : veiller sur *Kingfisher*, accomplir toutes les réparations dès que c'était possible et être prête à affronter ce qui viendrait ensuite. D'ailleurs, cela ne concernait pas seulement des réparations, mais des contrôles par dizaines, depuis l'huile du moteur jusqu'à la quantité de nourriture que je consommais, et à la moindre garniture sur le pont, y compris les fixations du gréement. Ce n'était pas difficile de finir crevée, mais il fallait bien se charger de faire ce qu'il y avait à faire. On approchait du Nouvel An, et il y avait de difficiles décisions à prendre. De nouveau, le moral était au beau fixe, j'avais encore repris cent milles à Mich et je n'étais plus qu'à cinquante derrière Bilou… nous étions sur un tapis roulant. Mais tout ne marchait pas comme sur des roulettes : il y avait une énorme dépression qui grondait juste derrière nous, et Bilou et moi, apparemment, n'allions pas réussir à nous décaler vers le nord de cette masse…

31/12/00 07 : 41z (ellenmacarthur.com/day53)
Position 55° 15.7 S 165° 30.5 O
Cap/vitesse 106 10.3
Vent au 46 à 23.6 nœuds
Pression atmosphérique de 972
Température de la mer 19.5
Configuration de voilure Deuxième ris Solent
Pourcentage performance 86.7

Pour le moment, je n'ai pas du tout le moral — il ressemble à la masse du système dépressionnaire qui s'avance au-dessus de nos têtes. Je suis très fatiguée, et je n'arrive pas à dormir. Kingfisher *remue, c'est horrible — je n'arrive pas du tout à trouver le moyen de lui donner plus d'appui. Nous sommes entre deux forces de vent et* Kingfisher *s'en tirerait mieux avec le solent, mais je n'ose pas courir le risque de déchirer ma voile, et du coup nous avançons par bonds, en tapant, avec deux ris et la trinquette.*

Il y a manifestement deux choix météo… ce matin, j'espérais m'en tenir à l'option nord — attraper les vents d'ouest et foncer vers l'est —, mais le vent a tourné plus tôt, et maintenant nous nous dirigeons vers le sud et le SE, par un vent orienté fondamentalement à l'est. Je ne suis pas certaine d'avoir effectué le bon choix. Le vent reste instable, et mes émotions vont du rire aux larmes au gré des bascules de vent, et puis la pluie tombe à verse...

Si je me suis trompée, nous sommes partis pour perdre beaucoup de terrain. Nous pourrions nous faire piéger au sud, rater le point de passage, et devoir faire route sur un cap idiot, à 90 degrés par rapport à notre route, rien que pour passer du bon côté. Je suis très inquiète, je ne peux rien faire pour arranger mon humeur, rien ne me détend — je ne suis même pas arrivée à me nourrir correctement de toute la journée.

C'est la partie la plus difficile — c'est plus dur que la casse et que les autres problèmes. Cela nous remet à notre place. J'ai travaillé dur pour revenir aux premières places de la flotte, et maintenant je suis sur le point de perdre ce que j'ai gagné, et ça me ronge presque au point de m'engloutir tout entière. Il m'est impossible de formuler par des mots l'angoisse qui me mine. L'inquiétude, la sensation constante de vulnérabilité — des heures et des heures passées à scruter l'écran de l'ordinateur, pour analyser encore et encore, se tuer à comprendre et, en fin de compte, tout ce travail vous met dans l'incapacité de trancher entre les deux options, qui vous paraissent aussi valides l'une que l'autre. J'imagine que c'est à cause de ce qui me manque le plus — l'expérience. L'expérience de se trouver confrontée à une décision, et de parvenir à la comprendre d'une tout autre manière que je ne la comprends en ce moment.

Pour moi, c'est la partie la plus difficile.

À ce stade de la course, j'étais au summum de la fatigue. Jamais je ne m'étais poussée aussi à fond, et jamais je ne m'étais sentie aussi désespérée. Je ne m'étais encore jamais forcée à aller au-delà de ce que j'estimais être ma limite, et maintenant que j'y étais, à cette limite, il était extrêmement difficile de revenir en arrière. Il m'était pratiquement impossible de raisonner ; le danger permanent et le stress de la course prélevaient un tribut énorme, et l'épuisement de vivre au bord de la rupture depuis plus de cinquante jours était manifeste. Nous étions refoulés vers le sud, sans aucune autre option de course que de mettre le cap ailleurs que sur la banquise. Tout se déroulait presque comme si j'avais perdu le contrôle de moi-même. Quand on atteint ce seuil, on se sent complètement désespérée, comme si les choses n'allaient jamais s'améliorer. Il est difficile de voir autre chose que le côté sombre de la situation et, comme vous êtes physiquement secouée et qu'il fait un froid terrible, c'est encore plus déconcertant de se sentir s'enfoncer dans le désespoir. *Kingfisher* n'était pas heureux, il était mal à l'aise dans ces vagues et cela arrivait à mon cerveau comme une succession de signaux d'alarme. Je ne pouvais rien y faire : nous naviguions lentement, dans une direction où je ne voulais pas aller, et la mer était horrible. Je me suis effondrée à genoux dans le cockpit, tapant des poings sur mes jambes, j'ai rejeté la tête en arrière et hurlé ; je beuglais si fort que j'en avais la gorge douloureuse.

« Pourquoi ? Pourquoi nous ? S'il vous plaît, s'il vous plaît, accordez-nous une chance, une seule ! »

Mais le ciel noir ne m'écoutait pas et la pluie torrentielle me dégoulinait dans le cou, attaquant encore un peu plus mes précieuses réserves de chaleur. Des images de Mich prenant le large au portant me traversaient le crâne. J'étais en colère, exaspérée, et j'avais l'impression de trahir tout le monde. Nous perdions des milles et des milles sur Mich, et nous les perdions vite. C'était davantage que de l'épuisement physique, c'était une souffrance intérieure que je n'avais jamais ressentie auparavant. Je serrais les dents, je me tapais la tête contre le plancher du bateau et je gémissais. J'ai pleuré comme un bébé, jusqu'à me sentir tellement engourdie de froid que la douleur s'est émoussée. Tremblante et faible, j'ai rampé dans la cabine et j'ai dormi dans mes vêtements étanches, recroquevillée en boule près de la prise d'air du moteur.

À mon réveil, j'ai appelé Ian, en pleine détresse, lessivée. Dans le passé, il avait eu le don étonnant de me remettre d'aplomb et de me faire sourire alors que je m'en croyais incapable, et là, tout de suite, j'avais besoin qu'on me serre très fort. Mark m'avait déjà dit que j'avais de la chance de ne pas être dans la même situation que certains autres skippers du Vendée Globe, qui avaient dû s'arrêter pour réparer leur bateau, mais j'avais le sentiment d'avoir fini par lui faire complètement perdre patience. Je ne pouvais effacer l'impression d'avoir fait les mauvais choix ces derniers jours et, de ce fait, d'avoir trahi tout le monde. Dans cet état de faiblesse, je doutais de mes capacités de prise de décision. Ian m'a laissée parler. Je me suis déchargée de mes angoisses, de mon manque d'assurance et, au téléphone, tout s'est déversé dans un torrent de plaintes. Je le savais, j'avais besoin qu'on me sorte de cet effondrement destructeur et, à la fin de la conversation, il m'a dit quelque chose qui m'a vraiment secouée. Il m'a prévenu qu'on lui avait conseillé de ne pas m'en parler, mais il estimait que cela devenait nécessaire. On racontait que Mich, à la fin d'une interview, avant le départ du Vendée Globe, avait prétendu que plusieurs skippers pensaient que, lors de ma victoire dans la transat anglaise, j'avais reçu de l'assistance extérieure (ce qui était rigoureusement interdit).

Selon Ian, ce genre de commentaires ne cesserait que si je réussissais un grand coup. Je n'aurais pas pu recevoir de coup de pied aux fesses mieux placé. J'étais furieuse. Personne ne triche, et certainement pas moi, jamais. Mich devait connaître l'impact qu'aurait une pareille insinuation. La colère est montée en moi et m'a dopée. J'ai refusé de me résigner à la position que j'occupais alors dans la course. Nous avions encore dix mille milles de navigation devant nous, et j'allais me donner à fond.

Moins d'une journée plus tard, nous foncions droit sur un champ d'icebergs. La température de l'eau baissait, et je savais que la rencontre avec la glace n'était plus qu'une question de temps. Au petit jour, j'ai repéré le premier iceberg qui se dressait dans la grisaille de la mer et du ciel. J'étais nerveuse, dans une sorte d'attente mêlée d'excitation devant le danger potentiel. Vous savez que vous êtes sur le fil du rasoir, qu'il n'est pas question de dormir, avec cette terreur profonde, présente en permanence, de la déchirure, du craquement qui va vous tordre les boyaux et mettre un terme au voyage. Vous essayez de ne pas penser aux conséquences d'une collision avec un iceberg pesant des milliers de tonnes — il vaut mieux ne pas s'imaginer le résultat d'un impact à quinze nœuds contre une falaise de glace, pas plus qu'on ne songe à l'accident de voiture chaque fois que l'on prend le volant. Mais au fond de soi-même, on sait très bien que ce ne serait pas seulement la fin de la course, mais la fin de tout. Le seul autre bateau dans la zone, c'était celui de Bilou, dont le seul commentaire était glaçant : « Ce n'est pas un endroit pour un père de famille. »

02/01/01 18 : 28z (ellenmacarthur.com/day55)
P..., il est tout près, et je n'ai rien au radar. Pas

exactement petit, et pas du tout fondu. Je serai contente quand j'aurai empanné au nord ! Je l'ai revu sur le faisceau radar… Foutaises. Respirer à fond, faut être relax. X

J'ai envoyé un e-mail à la direction de course, avec les positions et la taille des premiers icebergs que j'ai repérés, en précisant que le deuxième mesurait huit cents mètres de long ! Je terminais en leur signalant — en français — que j'espérais que ça suffirait pour la journée… et qu'on gelait !

6 icebergs séparés mais pas de petits (500 à 600 m approx.) sur une ligne 58 24.8 S 143.03 O et 58.07 S 145 07 O. Un à 58 35.85 S 143 19.3 O (énorme — un demi-mille en longueur). Un à 58 32 28 S 143 15 O (avec beaucoup de growlers sous le vent). Un petit à 58 09.5 S 142. 41.5 S. Un grand à 57 44.5 S 142 00.1 O…
Voilà, j'espère c'est suffisamment pour une journée ! Ça caille ici ! ellen

Je me sens complètement encerclée par la glace. Chaque fois qu'un iceberg s'effaçait derrière nous dans la grisaille et l'obscurité, j'en repérais un autre devant. Il n'y avait apparemment aucune issue facile. Malgré les espaces entre chaque montagne de glace, ils étaient escortés de growlers, souvent de la taille d'une voiture ou d'une maison. Les plus gros icebergs avaient en général l'aspect d'un morceau de la falaise de Douvres qui se serait détaché, ils mesuraient des centaines de mètres de hauteur et ils étaient déchiquetés de crevasses. Même à l'abri du vent glacial, la cabine était un vrai congélateur. Ce n'est qu'après le septième iceberg que j'ai jugé pouvoir empanner en toute sécurité afin de quitter la zone et de mettre cap au nord. Sur un 60 pieds, empanner est un travail de longue haleine — il faut changer de côté tous les conteneurs de la soute, préparer les bastaques, rouler le gennaker —, ensuite il y a ce moment horrible où la grand-voile passe de l'autre côté, et le pauvre *Kingfisher* gîte en grand quand le vent remplit à nouveau ses voiles sur l'autre bord. C'est une sensation fantastique de lâcher l'écoute de grand-voile et de sentir le bateau accélérer, avant même d'envoyer le gennaker, de rebasculer la quille pivotante et de ranger tous les cordages disséminés un peu partout dans le cockpit.

Après l'empannage, j'ai vu trois autres icebergs, un premier tout petit, mais un deuxième gigantesque. De loin, on aurait dit une île, tout en longueur, et inclinée en pente douce vers l'océan. Sa masse imposante est devenue plus évidente quand il nous a fallu des heures pour nous en éloigner. Je l'ai pris en photo et filmé en vidéo, totalement admirative et impressionnée par la beauté de ce bloc massif. Quand nous nous sommes approchés, j'ai pu apercevoir des familles entières d'oiseaux posées dessus, et j'ai distinctement vu et entendu les vagues se briser contre sa base, comme sur une côte rocheuse par une tempête. Le vent est monté jusqu'à trente nœuds, une augmentation de cinq nœuds, qui nous poussait de plus en plus près du flanc de l'iceberg, et même si nous l'avons doublé en toute sécurité, nous sommes passés à moins d'un mille. En contournant son extrémité la plus septentrionale, j'ai été sidérée de découvrir deux énormes cavernes de glace, deux arches parfaitement formées qui plongeaient vers les entrailles obscures de l'iceberg. Chacune de ces grottes était assez vaste pour accueillir *Kingfisher* — une expédition qui serait très probablement sans retour. Ses flancs étaient bleu d'eau, et sa blancheur ressortait sur le fond de mer gris, presque d'un noir d'encre, et de ciel qui s'assombrissait. Cet iceberg dégageait une aura, une sensation d'isolement total. J'étais selon toute vraisemblance la première à le contempler.

L'iceberg suivant, le dernier, fut pourtant celui qui m'a posé le plus de problèmes. Il n'est devenu visible qu'à deux milles devant nous, et le crépuscule approchait : je n'avais pas d'autre choix que de longer son côté sous le vent, et c'était sa face dangereuse. Ce flanc-là, c'était la présence garantie de growlers — ceux que j'avais repérés disséminés autour de nous mesuraient la taille d'une voiture et ils étaient bien visibles. Mais d'autres arrivaient, et même en m'écartant le plus possible de l'iceberg — à guère plus d'un mille de lui — il me semblait bien que je ne pourrais pas les éviter. La mer sombre était semée de blocs de glace, presque semblables à des glaçons dans un verre. Merde.

J'ai arrêté le pilote automatique et j'ai empoigné la barre de *Kingfisher*, en position haute, afin de pouvoir barrer debout pour voir au-delà de sa proue. Je me suis retrouvée à slalomer entre les blocs, en espérant simplement qu'il n'y en aurait pas en grappe serrée.

Ce soir-là, j'ai somnolé dans le poste de veille et je me suis préparé du café chaud pour me maintenir éveillée. En temps normal, je ne bois jamais de café deux jours de suite, comme ça il me fait davantage d'effet quand je suis en mer, et cette fois encore le truc a fonctionné, et en plus ça m'a réchauffée. La nuit, il faisait encore plus froid, et l'inconfort qui en résultait m'a aidée à rester éveillée. Dans un geste énergique, j'ai enfilé une paire de moufles sur mes mains engourdies, pour essayer de les protéger, qu'elles soient opérationnelles en cas d'urgence. Le vent soufflait fort à présent, entre vingt-huit et trente nœuds, et avec la pluie battante, je savais qu'il serait quasiment impossible de discerner un iceberg s'il sur-

431

gissait à seulement quelques centaines de mètres devant nous. Les nuages noirs m'ont quelquefois fichu la frousse, en me faisant croire à un iceberg qui se dressait devant nous, mais, le cœur battant, mes yeux parvenaient finalement à cerner la réalité : les dix prochaines minutes s'écouleraient sans problème. Durant ce passage au milieu des icebergs, je me sentais forte. C'était comme une sonnerie de réveil, de quoi me concentrer au maximum et me dégager l'esprit de toute autre forme de tension. Je plaisantais devant la caméra et je m'adressais à l'objectif en faisant part de mon inquiétude, mais en prenant un air ahuri. C'était l'une de mes forces — tourner les choses en dérision quand elles se corsaient — mais souvent j'en payais les conséquences à retardement.

J'avais contacté Mark plusieurs fois ce jour-là, pour le tenir au courant de la tournure des événements. Il avait dîné avec des amis à Chamonix, et nous nous parlions alors qu'il était dans son lit. Peut-être était-ce l'inquiétude, mais Mark avait été malade toute la nuit, debout en attendant mon prochain coup de fil, juste pour avoir l'assurance que tout allait bien.

Même si je ne le savais pas à ce moment-là, je n'étais pas la seule à avoir mal démarré la nouvelle année. Les trois bateaux de tête avaient tous traversé une mauvaise passe. Mich avait cassé le démarreur de son moteur et, dans l'incapacité de recharger ses batteries, il se trouvait en difficulté. C'est toujours un dilemme de décider combien de pièces de rechange il faut embarquer sur un bateau, combien de redondances de sauvegarde, et cela fait partie du processus d'apprentissage de savoir exactement quoi prendre. J'avais eu de la chance jusque-là, mis à part les drisses cassées et la perte de mes voiles, mais Mich était confronté à un revers majeur qui, s'il ne trouvait pas de solution, pourrait être déterminant pour la suite. Bilou était lui aussi dans une situation critique : il avait arraché un morceau de rail de son mât, ce qui signifiait qu'il ne pouvait hisser sa grand-voile qu'avec deux ris. L'impossibilité de porter plus de toile avait des conséquences dramatiques — surtout par petit temps. Quand Mark m'a rapporté les nouvelles, je n'ai pas pu m'empêcher de penser à Bilou toute la journée — c'est le garçon le plus gentil que j'aie jamais rencontré. Il avait connu ce problème dès son entrée dans l'océan Austral, mais jusque-là il avait choisi de le garder pour lui. C'est une sensation d'un tout autre ordre quand vous êtes épuisé, à mille milles de toute terre… La contrariété ne vous donne pas envie de pleurer, mais fait reprendre le dessus à l'instinct. Vous n'avez plus rien à combattre en vous, ni aucune réserve dans laquelle puiser.

Je me suis aperçue que le contact avec les autres m'encourageait énormément. Chaque jour, on choisissait une dizaine parmi les milliers de mails qui affluaient sur notre site web pour me les transmettre. Nous recevions de tout, des messages de familles en Allemagne, de classes de gamins dans des écoles un peu partout en France, jusqu'aux groupes des Hirondelles et des Amazones de l'Alverstoke Junior School. Il y avait toujours des messages qui sortaient du lot, qui vous remontaient le moral, ou qui vous faisaient toucher du doigt toute la chance que vous aviez. L'un des plus mémorables concernait une petite fille qui s'appelait Chiara.

Chère Ellen,
Notre fille Chiara a cinq ans. Elle est rentrée de l'hôpital cet après-midi. Son traitement contre la leucémie a de nouveau provoqué des effets secon-

daires et, une fois encore, ça nous a vraiment effrayés.

Pourtant, Chiara nous stupéfie un peu plus chaque jour par son sens de l'humour, sa faculté à rire de son état, de sa mère et de moi quand elle perçoit notre inquiétude. Son courage remarquable et sa persévérance la rendent très belle et très rayonnante.

Si je vous écris aujourd'hui, c'est que je sais que vous soutenez les enfants malades, et cela m'a énormément ému, surtout parce que le long voyage que vous avez entrepris dans le Vendée Globe comporte quelques similitudes avec le voyage de Chiara. Vous traversez des régions que vous seule pouvez explorer, mais dont vous nous permettez d'avoir un aperçu. Vous seule pouvez remporter votre course. Chère Ellen, je vous souhaite de gagner le Vendée Globe. Votre victoire serait un fantastique message d'espoir pour notre fille Chiara qui espère, elle aussi, transformer sa solitude en victoire, avec toute la force et toute la persévérance qu'elle est capable de puiser en elle.

Si les caprices de l'Océan devaient contrarier vos efforts avant que vous n'atteigniez Les Sables-d'Olonne, nous vous serions extrêmement reconnaissants et nous resterions très attachés à vous, à cause du voyage exceptionnel que vous avez partagé avec nous durant ces deux derniers mois, et à cause de la beauté qui émane de vous.

Affectueusement

05/01/01 22 : 35z (ellenmacarthur.com/day58)
Oh Bilou
J'ai vu les nouvelles ce matin. Je suis très triste pour toi. J'ai beaucoup pensé à toi pendant cette journée… J'espère que tu vas trouver toute l'énergie qu'il faut pour réparer. Ce doit être dur, mais

nous sommes avec toi… sois prudent là-haut, j'y suis montée plusieurs fois, et ce n'est pas facile — le meilleur, c'est quand on se retrouve sur le pont, À LA FIN ! Tu dois revenir, tu me manques ! Il faut qu'on reste ensemble jusqu'à la fin… J'aimerais pouvoir t'aider…

Baisers,
À bientôt Ellen

Envoyé : Dimanche, 7 janvier 2001 04 : 08z
Sujet : Merci
Merci beaucoup pour ton message Ellen

Pour le moment ce n'est pas facile. En plus de tout le reste, hier, j'ai cassé la pièce qui tient la drisse de gennaker en tête de mât, je navigue avec deux ris et le génois à moitié déroulé ! Depuis le 16 décembre c'est dur d'avoir cette voile avec 2 ris, sans être capable de rien faire, mais bon, c'est la course.

Tu es en train de réaliser une course superbe, et moi aussi je trouve formidable d'être de nouveau en contact avec toi. Je te souhaite tout le meilleur pour la prochaine étape, continue comme tu sais le faire, comme tu dois le faire.

Baisers Bilou

Peu de temps après mon échange de messages avec Bilou, je suis passée devant lui, en deuxième place. Maintenant, j'avais Mich en ligne de mire, mais il nous restait encore un retard de quatre cents milles à rattraper. Quand Bilou et moi avions poussé vers le sud du système dépressionnaire, Mich avait sauté dans le système suivant, ses surfs lui avaient permis d'augmenter son avance de jour en jour. Quand un bateau qui se situe devant se trouve dans un système différent, cela peut avoir un effet exponentiel — il bénéficie de conditions météo qui ne cessent de s'améliorer et dévore les milles, pendant que vous restez coincé dans le petit temps, entre les deux systèmes.

06/01/01 08 : 09z (ellenmacarthur.com/day59)
Position 53° 42.7 S 118° 34.8 O
Cap/vitesse 59 10.28
Vent au 279 à 12.9 nœuds
Pression atmosphérique de 995
Température de la mer 4.4
Configuration de voilure Grand-voile Spinnaker
Pourcentage performance 95.7

Bon, tout ce que j'arrive à dire pour l'instant c'est hou là...
Pendant que je tape ceci, Kingfisher est plus calme qu'il ne l'a été depuis longtemps. Il glisse avec grâce, sous spinnaker, dans une petite brise portante. La lune s'est levée, elle est presque pleine, et le ciel est rempli d'étoiles — un spectacle que j'ai rarement vu par ici. Un ciel sans nuages, et une très légère brume qui flotte dans l'air et qui, cette nuit, dans l'étroit capot de descente, donne au monde une apparence presque magique... Le moral à bord est au plus haut après une journée constructive, et de nouveau un sommeil récupérateur et d'une durée raisonnable...

Pendant notre traversée du Pacifique Sud, la tension était forte, et à mesure que les journées s'écoulaient, je prenais clairement l'ascendant sur Bilou. Il naviguait diminué, avec sa grand-voile reduite, et surtout maintenant avec son problème de gennaker. Le pauvre Bilou avait besoin d'au moins trente nœuds de vent avant de pouvoir mener son bateau comme il le souhaitait. Après avoir tenté une première fois d'escalader son mât pour remplacer sa drisse, il avait été forcé de renoncer — c'était trop dangereux. Je me suis souvenu de la transat Jacques Vabre avec Yves, quand j'avais passé trois journées presque complètes là-haut, dans un gréement similaire — son bateau, comme celui de Bilou, était équipé d'un mât aile, et c'était un cauchemar de s'y accrocher. C'était l'un des principaux motifs de notre choix d'équiper *Kingfisher* d'un mât classique, de section plus petite. Mais j'étais en deuxième place, et même si cinq cents milles représentaient un écart important entre Mich et moi, il nous restait encore un bon bout de chemin à couvrir. Il allait falloir avancer à la vitesse de l'éclair pour rattraper ces milles, mais je sentais que rien n'était impossible.

Toutefois, Mark et moi, nous étions rongés par le stress et l'anxiété des dernières semaines, et les choses commençaient à sérieusement devenir limite. J'éprouvais un respect énorme pour Mich, tout comme Mark, et je sentais bien qu'à ses yeux il était imbattable. Moi, j'avais besoin de croire qu'il ne l'était pas tant que ça, mais je n'avais pas l'impression qu'il partageait cette opinion avec autant de conviction. J'y croyais tellement fort que ce ne serait pas terminé tant qu'on n'aurait pas vu la fin. Mark était crevé lui aussi, mais au moment où j'étais au plus bas, j'avais besoin de pouvoir me tourner vers lui sans me soucier de savoir comment j'allais être reçue. Il fallait que ce soit une relation sans complications, et je me suis déchargée de ma frustration dans un e-mail.

Je ne vais pas tourner autour du pot — mais en ce moment tu me perturbes.

J'ai horreur de t'entendre si démoralisé. Je sais que tu étais (et que tu es) crevé, mais je t'en prie tâche de prendre du repos, p…!

Quand je suis stressée et fatiguée et que je me fais du souci, je sais qu'il en est de même pour toi — alors s'il te plaît comprends que ça fonctionne dans les deux sens !

À l'instant présent, je me sens très mal. Je me sens comme une merde, et tout ce que je pense, c'est que je t'ai contrarié — ou que je te contrarie encore. Ne me dis pas que c'est idiot, et de me concentrer sur la course, parce que je ne peux pas — parce que je suis Ellen — et j'ai besoin de savoir que tu vas bien — et sur un ton de voix qui me montre que c'est sûr et certain. Et si tu n'es pas bien alors DIS-LE-MOI — *parce que je le vois bien, je suis pas née d'hier !*

Alors s'il te plaît VA TE FOUTRE AU PIEU, *et tâche d'aller mieux demain parce que j'ai plus besoin de toi que tu n'as l'air de t'en rendre compte, j'ai besoin de raconter des conneries au téléphone, et de te raconter des trucs que tu n'as vraiment aucune envie d'entendre, parce qu'on fait cette course ensemble — et j'ai besoin que tu sois avec moi jusqu'au bout.*

Après avoir écrit à Mark, je me suis assise au-dessus de l'étrave et j'ai regardé l'eau filer le long de la coque pendant une heure et demie. Je me tracassais à cause de ce que je lui avais écrit et je savais qu'il allait me répondre ce soir. Nous avions éclairci l'atmosphère, mais j'éprouvais encore le besoin de souligner un aspect.

Michel Desjoyeaux n'est pas le meilleur du monde. Tout simplement, il n'est pas parfait, et je refuse de croire qu'il l'est. Oui il a plus d'expérience, mais je refuse de me laisser éliminer par lui. La meilleure du monde, c'est cette petite gamine dans un hôpital, Chiara. Et si elle veut que je gagne — alors je ferai tout ce qui est en mon pouvoir pour

y arriver, pour elle, même si je dois quasiment y res-
ter, parce que nom de Dieu, comparé à elle, ce que
j'accomplis, c'est très peu de chose… Quand j'ai lu
son e-mail, j'ai pleuré, parce que je sais que je peux
battre Michel — et qu'il le faut. S'il te plaît, com-
prends ça. Je ne vais pas le laisser franchir cette
ligne d'arrivée en premier — JE REFUSE!

Eh oui il y aura des larmes, je le sais, ce n'est pas
facile. Mais je veux battre Mich, à cet instant, oui,
c'est ce que je veux, plus que n'importe quoi d'autre
au monde. Et ce n'est pas pour moi que je veux
gagner cette course. Loin de là. Honnêtement, sin-
cèrement, je veux gagner cette course pour tous ceux
qui suivent cette aventure — pour tous ces gamins,
et beaucoup pour toi. Mark, c'est de là que je tire
mon énergie…

Je sais que je t'ai déjà dit ça, mais l'idée de te
téléphoner une fois que je serais redescendue de ce
mât, c'est ça qui m'a vraiment poussée. Je ne plai-
sante pas. J'étais si contente d'entendre ta voix,
parce que je sais que tu me comprends, et quand tu
m'as dit : « Ne t'en fais pas, tout va bien se passer »,
je savais que tu chiais pas mal dans ton froc, tout
autant que moi — parce que nous savions tous les
deux que ce serait loin de marcher tout seul…

… Mon dernier mot, c'est pour te dire que j'ai
changé de clavier et je suis drôlement impression-
née par le confort de frappe de celui-ci… J'arrive
presque à taper comme une dactylo maintenant…

Je savais que Mark allait remarquer et apprécier
ma manière d'en revenir directement au boulot. Pas
de malentendu. J'espérais que cela ferait naître un
sourire.

08/01/01 05 : 48z (ellenmacarthur.com/day61)
Position 53° 23.0 S 103° 43.0 O

Cap/vitesse 63 12.95
Vent au 170 à 15.4 nœuds
Pression atmosphérique de 994
Température de la mer 6.3
Configuration de voilure Grand-voile Génois
Pourcentage performance 97.1

Vraiment une journée très chargée et très calme à la fois. Ce matin, nous avons empanné sous gennaker dans un vent qui venait principalement du NO, et ensuite pour naviguer dans un vent essentiellement établi au sud — pendant que le front de la petite dépression qui s'est formée dans notre sud nous dépasse. Le vent a été de force très inconstante, et des zones de ciel dégagé ont alterné avec une petite bruine, mais aux bourrasques fréquentes, pendant plusieurs heures.

Alors que j'écris ceci, le vent a fraîchi à 20 nœuds... le soleil s'est couché, et il subsiste un délicat frémissement de lumière dans le ciel, avant que le monde autour de nous ne soit réduit à cette quasi-obscurité, par la brise de l'océan Austral qui n'arrête pas de forcir. Un albatros solitaire paresse dans l'air, comme s'il essayait d'aller se cacher dans les nuages, et après sa visite à notre petit univers il s'éloigne dans une glissade silencieuse.

Le cap Horn se profile à l'horizon et, à mesure que les heures passent, nous nous rapprochons de plus en plus de ce très ancien monument maritime. Comme cette approche est différente cette fois ! en plein milieu d'une aventure, contrairement à notre dernier passage, et c'est vraiment comme un commencement. Je me souviens très clairement des sensations qui m'habitaient quand nous avons doublé le Horn en avril dernier. L'émotion liée au fait de « franchir la porte de la maison », avec le plus beau des 60 pieds que je pouvais imaginer. J'ai versé des

larmes de gratitude pour tous ceux qui ont contri-
bué — et par tous les moyens — à ce que ce rêve
devienne réalité.

Et maintenant, une fois encore, je suis à proximité
de cet endroit... Qui sait quelles émotions vont sur-
gir ? Mais une chose est sûre, c'est que nous mettrons
le cap sur la maison. Chaque mille parcouru nous
rapproche de cette ligne d'arrivée. Je vous promets
à tous de négocier ce dernier chapitre de la course
avec tout le talent et toute l'énergie que je possède,
et que je saurai puiser en moi. Ce ne sera plus long
maintenant, et nous allons faire de notre mieux pour
franchir cette dernière ligne droite.

Je termine ce message, et quelque chose retient
mon attention, au-dessus de moi, par le hublot. La
lune brille de toute sa présence à travers de minus-
cules trouées dans les nuages... Ronde et belle — je
ne l'ai pas vue souvent, par ici... Jolie manière de
me rappeler que c'est cette même lune que vous pou-
vez tous apercevoir aux heures où il fait nuit, chez
vous...

exx

Sur le front de la course, les choses allaient très
bien, et même si Mich conservait cinq cent quarante milles d'avance avec un moteur réparé, je
maintenais à présent un écart de cent milles sur Bilou
et l'*Active Wear* de Marc Thiercelin. C'était tout de
même un avantage pour lequel il fallait que je me
batte, car la chute du gennaker s'était salement
déchirée, et comme c'était notre dernière voile à
enrouleur, je craignais que les dégâts ne s'aggravent.
À contrecœur, je me suis résignée à l'amener pour
le réparer. Le vent ne soufflait pas trop fort, mais le
bateau remuait terriblement, ballotté dans la houle
puissante de la tempête qui approchait. J'ai essayé
de dérouler le gennaker à la main, ce qui était diffi-

cile car il mesurait près de vingt-cinq mètres de long, et était posé sur un pont long de dix-huit mètres. Plus je le déroulais, plus c'était dur, car je devais faire chaque tour sur toute sa longueur, jusqu'à l'avant. « Allez, fillette, me répétais-je, pour me bousculer, allez. » Mais au bout d'une heure de lutte, ma patience était à bout, et quand j'ai glissé à cause d'une vague qui nous a emportés, je me suis cognée, mon nez s'est mis à saigner à jet continu, et j'ai craqué. En essuyant ce sang, j'ai poussé un juron face à la caméra. Une fois de plus, je savais que j'oscillais à la limite de mes forces, mais achever ce travail sur cette voile m'a requinquée. Ensuite, une fois la voile remontée, pour fêter ça, je me suis préparé de la dinde et des marrons, un de mes plats lyophilisés préférés. La frontière entre la joie et le désespoir était très ténue : c'est seulement après ce repas que je me suis sentie de nouveau bien à bord. Les conditions météo étaient légèrement plus stables et, pour la première fois depuis plusieurs jours, le temps devenant plus prévisible, j'ai au moins pu dormir un peu. Mais le lendemain soir, le vent avait forci et la nouvelle dépression était bel et bien au contact… nous étions retournés dans les vents imprévisibles du sud.

09/01/01 09 : 30z (ellenmacarthur.com/day62)
Je suis assise, je tape sur mon clavier, j'ai froid et je suis trempée — trempée à cause de ma sueur glaciale. Encore une journée très chargée… étude de la météo, et beaucoup, beaucoup de changements de voiles car le vent a lentement tourné, et il variait à sa manière habituelle dans l'océan Austral. Au coucher du soleil, j'avais sorti le gennaker, et je naviguais par environ 15-29 nœuds de brise. Il y avait des nuages de grain tout autour de nous et, avec le gennaker en l'air, j'avais peur, si je dormais à l'intérieur un petit moment, d'arriver trop lente-

ment au pilote automatique, et donc j'ai empilé des couches de vêtements, et je me suis installée de mon mieux pour rester au chaud et somnoler dans le poste de veille. J'ai enfilé un ciré de rechange pour tâcher de préserver mon corps de l'hypothermie. La température de l'eau est plus chaude par ici, et donc il ne fait plus aussi froid qu'avant. Je flottais dans une pléthore (est-ce bien le mot ?) de rêves, quand le ralentissement du bateau, ce ralentissement qui vous laisse le souffle coupé, s'est produit, suivi par la découverte sinistre qu'une fois encore nous avions cassé la drisse... pas de coup de vent, rien — juste une drisse usée. Le gennaker — notre seul et unique gennaker — flottait à la surface de l'eau. J'ai immédiatement laissé filer la drisse de grand-voile qui est venue s'affaler en tas, dans le désordre, sur la bôme. Il fallait que j'élabore le meilleur plan possible pour récupérer cette voile dans l'eau — au moins, grâce à cet arrêt, nous avions gagné un peu de temps. Kingfisher était ballotté sur les vagues et, traversant le pont en titubant à cause du roulis, devant ses deux voiles amenées, je n'ai pas pu m'empêcher de le comparer à un oiseau blessé, j'en avais de la peine pour lui. Une heure plus tard, la voile était sur le pont — un sacré combat, car la toile est recouverte d'un film, ce qui revient à essayer de tirer une toile en plastique qui vous échappe et vous glisse entre les doigts. Alors que je la tirais avec précaution, mais vigueur, par-dessus les filières, mes pires craintes se sont réalisées quand j'ai vu que la chute de la voile était endommagée et, après l'avoir hissée davantage, j'ai constaté d'immenses déchirures. J'en ai eu un serrement de cœur et j'ai espéré de toute mon âme pouvoir la réparer... Devoir remonter en haut du mât, et avec une réparation dont je n'étais même pas certaine qu'elle soit possible... Je crois que le plus dur de tout, ce fut de pas-

ser la voile par le panneau avant — ce n'est pas tout à fait la même chose quand elle est roulée. Cela m'a demandé toute l'énergie qui me restait, car j'ai été obligée de sauter dessus jusqu'à ce qu'elle soit passée — cela m'a pris au moins 20 minutes et, à la fin, tout mon corps me faisait mal. Maintenant, je n'ai plus qu'à rehisser la grand-voile là-haut, me suis-je dit...

C'était encore une de ces situations à vous broyer les entrailles. J'avais de nouveau l'impression que le monde venait de s'écrouler sur ma tête. Pourquoi, oh mais pourquoi fallait-il que ça recommence ? La voile était sérieusement déchirée, mais tout ce que je savais, c'est que j'allais devoir avancer, la réparer. Ça promettait d'être un travail infernal — et qu'en plus il fallait exécuter le plus tôt possible. Et j'allais devoir de nouveau grimper en haut de ce mât. J'ai quand même tiré une mince consolation du fait qu'au moins j'avais réparé la drisse cassée et qu'elle était bonne pour reprendre du service. Avec des trente-cinq à quarante nœuds de vent et à près de cinq cents milles du cap Horn, je n'étais pas du tout prête à grimper là-haut. Je ferais le point, d'ici au cap : cela ne valait pas la peine de risquer un changement dès maintenant. Nous ne devrions pas en avoir besoin avant le passage du Horn.

Mais l'exaspération et la déception furent alimentées par une autre nouvelle : Mich venait justement de doubler le Horn avec une avance de cinq cent trente-six milles.

11/01/01 04 : 32z (ellenmacarthur.com/day64)
J'essaie de penser à tout, en restant plantée là, à bâiller... Merde, je suis fatiguée. Le vent s'insinue partout, et même si je me glisse dans mon sac de couchage, je n'arrive pas à dormir. Je remets mon

ciré. Le vent arrive maintenant du 070 à 27-
30 nœuds. Ça secoue terriblement — je suis à
45 degrés du vent apparent et j'essaie de laisser le
ballast avant vide pour ne pas trop charger la
grand-voile. La vitesse tombe à 11 nœuds, car j'es-
saie de garder une route plutôt au nord. C'est dur.
L'attente va être longue jusqu'au front, car il est
orienté NE-SO. Gros risque de ne même pas le
prendre au-dessus de son centre, et qu'il me plante
là en se déplaçant vers le SE. J'espère que non, p...!
Les stats montrent que le vent en arrière de ce front
est peut-être inférieur à 29 nœuds. Si c'est le cas,
nous sommes dans la merde jusqu'au cou, car je ne
peux pas naviguer suffisamment au portant pour
toucher le Horn. On va se traîner, ça va être exas-
pérant, un vrai désastre. J'aimerais bien m'arrêter
de bâiller. Je ne suis pas trop impatiente d'affron-
ter le cirque des médias. Cette fois ça ne me dit vrai-
ment rien. C'est difficile, avec tous ces soucis! Je
leur parlerai plus tard, j'essaierai ce soir — c'est
l'heure du troisième ris.

    salut e

Le franchissement du cap Horn ne devait pas se
dérouler comme je l'avais imaginé lors de ma préparation de course. En commençant à rédiger mes
réflexions sur l'ordinateur avant de l'atteindre, je
savais que cela n'aurait rien du passage en douceur
que nous avions souhaité. Je ne pouvais pas m'empêcher de penser aux autres concurrents, et j'espérais
qu'ils doubleraient le cap sains et saufs eux aussi.
Des vingt-quatre bateaux alignés au départ, sept
étaient déjà clairement hors course, et cinq autres
avaient soit dû jeter l'ancre pour réparer, soit rencontré de graves problèmes. Il y avait Pasquale de
Gregorio, l'Italien quinquagénaire, sur son 50 pieds,
Wind. Avec ses longs cheveux gris et bouclés, son

cigare et ses lunettes cerclées, c'était un vrai personnage. Depuis la descente de l'Atlantique, il naviguait avec trois ris, car il avait cassé une pièce vitale de son gréement. Pour un autre concurrent, Fedor Konioukhov, la situation semblait fort sombre. Il se plaçait huit mille milles derrière *Kingfisher*, et non seulement il avait subi d'énormes avaries de voile, mais il souffrait aussi d'une grave infection rénale. Je me sentais triste pour ce Russe timide, qui avait déjà escaladé à peu près tous les plus hauts sommets du monde. Quand je lui avais parlé, le matin du départ, il avait manifesté envers cette course un enthousiasme presque enfantin. Ses yeux pétillaient, et il parlait de doubler le Horn en plein jour, mais son rêve ne devait pas se réaliser. Fedor n'atteindrait pas le Horn lors de ce voyage, car il serait contraint de faire voile vers l'Australie, à plusieurs centaines de milles de sa position actuelle, pour recevoir une assistance médicale d'urgence.

12/01/01 17 : 46z (ellenmacarthur.com/day65)
Eh bien je me sens complètement retournée, vraiment. Le stress et les difficultés des derniers jours se fondent avec l'émotion de l'approche du Horn. C'est la deuxième fois pour Kingfisher *et moi,* ENSEMBLE... *c'est un grand symbole pour nous deux, car la toute première fois que je me suis trouvée toute seule à son bord, c'était à quelques milles de ce célèbre rocher. Je ne peux pas m'empêcher d'être émue, tout au fond de moi. La pensée des tempêtes et des luttes vécues à partir de ce moment-là.... Cette course a été dure, mais quand je pense à ceux qui venaient s'aventurer par ici voici quelques centaines d'années, je me sens très humble. Pour eux, doubler cette pointe, c'était littéralement une question de vie ou de mort, et mon cœur va à tous ceux qui ont lutté, qui ont survécu ou qui sont morts dans cette partie*

de l'océan... Ici, leurs mémoires ne seront jamais oubliées...

Le temps est brumeux, j'écarquille les yeux pour y voir, mais je dois attendre d'être un peu plus près. Chaque fois que je pense à l'endroit où nous sommes, et aux endroits d'où nous venons, je sens que j'en ai les larmes aux yeux. Le chemin a été long depuis le lancement en Nouvelle-Zélande, et c'est l'aventure la plus incroyable de ma vie. Ce n'est pas seulement l'aventure d'une fille seule sur la mer, mais beaucoup plus que ça. Pour moi, c'est une histoire de travail d'équipe, d'amitié et d'amour, l'histoire de tous ces gens qui ont travaillé avec un seul objectif, et de tant d'autres, qui nous encouragent... Je sens la présence de tellement de gens avec moi sur ce bateau, je n'ai jamais été seule — loin de là —, même dans les moments de stress. J'ai été heureuse ici, avec mon ami Kingfisher, et j'attends maintenant avec impatience cette traversée de l'Atlantique. Premièrement, pour prendre le chemin de la maison, et deuxièmement, pour mener à bien nos réparations dans de meilleures conditions, plus au chaud. Je ne peux pas m'empêcher de sentir que, pour le moment, nous sommes « blessés », et nous avons besoin d'un climat plus chaud pour nous remettre et récupérer notre force...

Je ne m'étais pas trompée sur notre franchissement du cap, qui s'est finalement presque assimilé au respect d'un itinéraire tout tracé. J'étais contente d'avoir eu déjà le temps, pendant un moment, de contempler cet endroit exceptionnel, et j'étais encore plus heureuse de m'être arrêtée là un an auparavant. Filmer le cap, réaliser des interviews en direct à la radio sur le sujet, être filmée par un autre bateau, parler avec ces types postés sur le rocher lui-même, tout cela était loin de ressembler à la minute paisible que Fedor avait imaginée et, en fait, ce fut un passage assez stressant. À un certain moment, je me suis retrouvée une caméra à la main, un appel sur le mini M téléphone, un autre sur le Standard B et une voix qui hurlait en français en essayant de me poser quelques questions supplémentaires. C'était bizarre d'apercevoir les visages de ces gens sur le yacht, qui nous filmaient — je n'étais pas préparée à ça. Il était 18 h 45 GMT, le 12 janvier 2001, et nous entrions désormais dans un fuseau horaire proche du fuseau européen. Et j'étais encore deux jours derrière Michel Desjoyeaux.

En l'espace d'une heure, j'avais doublé le cap Horn, le vent était tombé et je me suis retrouvée sur une mer presque d'huile, à devoir naviguer au près serré. Profitant de ce calme plat, je me suis précipitée en haut du mât pour réparer la drisse. Dans ces conditions, j'ai pu terminer en moins d'une demi-heure — et quand je pense que, quelques semaines plus tôt, le même travail m'avait réclamé trois heures et demie, d'une bataille de brute…

15/01/01 13 : 18z (ellenmacarthur.com/day68)
Position 47° 52.0 S 056° 16.7 O
Cap/vitesse 55 14.48
Vent au 318 à 25.8 nœuds
Pression atmosphérique de 999
Température de la mer 5.1
Configuration de voilure 2ᵉ ris Solent
Pourcentage performance 99.6

DERNIÈRE MINUTE
Une des graines a germé ! ! ! exx

Après le Horn, dès que nous avons mis cap au nord, la vie a radicalement changé. Depuis la vitesse du vent jusqu'à la température, tout bascule en un instant. Subitement, le ciel devient bleu, et l'eau prend une couleur verte qu'on ne voit jamais dans le Sud. On retrouve ce que c'est de pouvoir dormir à la table à cartes sans frissonner et de surveiller la météo sans guetter constamment la prochaine dépression qui va vous rattraper par-derrière et vous mordre à l'arrière-train. Dans de telles conditions, cinq semaines, c'est terriblement long et, dès qu'on entame le trajet vers le nord et le retour à la maison, le soulagement est en proportion.

Notre premier obstacle semblait assez considérable, puisque nous devions négocier le passage des îles Malouines. De notre voyage inaugural, je me souvenais que l'eau était pleine d'algues, et donc je n'étais pas trop chaude à l'idée de passer entre ces îles. Chaque fois que j'avais regardé la météo, j'avais estimé que l'option de l'ouest était la meilleure, alors que généralement tous les bons ouvrages répétaient qu'il valait mieux s'en écarter, vers l'est. Quoi qu'il en soit, le temps était parti pour me jouer l'un de ses tours habituels, le vent changeant de vitesse et de direction et me forçant à travailler dur pour progresser vers le nord. J'étais toujours fatiguée, et je sentais une nouvelle fois peser le poids énorme de cette décision vitale : vers l'est, ou vers l'ouest.

Finalement, j'ai bordé mes voiles et, plutôt que d'aller chercher une allure de largue plus rapide pour filer vers l'est, j'ai ralenti et je suis restée à l'ouest. Mon plan consistait à attraper la nouvelle brise plus vite, afin d'obtenir ensuite un meilleur angle au vent pour l'approche de l'équateur. Comme nous l'avions constaté dans le sens de la descente, dans cet océan, être à l'ouest constituait un choix payant, et c'était mon plan. Il fallait que je tente une stratégie très différente de celle de Michel. En remontant contre le vent, tout est resté plus stable un petit moment, mais il fallait que je fasse bien attention aux bateaux de pêche qui sortaient de l'île Stanley. Après l'île, toutefois, le vent s'est lâché et il a forci un peu, ce qui m'a enfin donné l'occasion de me reposer.

16/01/01 01 : 43z (ellenmacarthur.com/day69)
Position 45° 51.4 S 053° 04.9 O
Cap/vitesse 44 14.86
Vent au 310 à 23.4 nœuds
Pression atmosphérique de 1001
Température de la mer 5.6
Configuration de voilure 2ᵉ ris Solent
Pourcentage performance 105.4

Tout va bien à bord, c'est super de grignoter des milles, mais la situation devant moi n'a rien de commode. Kingfisher *vole, il a l'air d'aimer... Mais les secousses sont particulièrement violentes — les vagues sont plus formées à présent, une houle de NO nous rentre dedans, et l'équilibre est fragile entre la vitesse et la sécurité. Ce soir, le vent a fraîchi, une fois de plus, mais moins nettement. Ce sont des rafales de 19 à 25 nœuds, et du coup il est difficile de trouver la bonne combinaison de voilure. Contente de voir que tous les bateaux de la flotte doublent le Horn l'un après l'autre, je ne sais pas pour mes camarades mais pour moi, quand tout le monde sera passé sain et sauf, ce sera un soulagement. C'est un endroit magnifique, mais où il faut se montrer très prudent. Avec ces chocs, tout est très compliqué à bord... c'est encore moins prévisible que les vagues propices au surf de l'océan Austral. La bonne nouvelle, c'est qu'aujourd'hui j'ai pu consacrer un bon moment à étudier la météo, et j'ai pu m'offrir de bonnes tranches d'un sommeil dont j'avais grand besoin, aussi bien tôt ce matin que durant la journée. Du coup, je me sens beau-*

coup mieux, et réellement prête à travailler dur jus-
qu'à l'arrivée. Après le Horn, c'est facile de se
détendre, car le temps se réchauffe, mais ce n'est
que le début du voyage de retour à la maison...
Avec un peu moins de 6 000 milles à parcourir, nous
sommes loin d'être rendus au coin de la rue... Au
centre de presse, tout le monde se déchaîne sur ces
milles qu'il me reste à gagner sur Michel. J'ai dit
que j'allais piloter Kingfisher *jusqu'à la fin comme*
il le souhaite, sans le pousser à 120 pour cent rien
que pour rattraper Mich. Si nous gagnons des
milles, ce sera super, et sinon, c'est la vie, car nous
ne sommes pas dans les mêmes conditions météo...
On se parle plus tard ex

De manière générale, la mer était assez épouvantable et, dans ces conditions-là, on se fait vraiment
secouer. Nous étions tout juste à la limite d'utilisation du solent, ce qui imposait d'aller constamment
à l'avant tout vérifier. Si ce solent lâchait, on man-
querait de toile, avec juste la trinquette, et on serait
vraiment à l'arrêt. Je suis incapable de compter le
nombre de fois où je me suis précipitée sur la plage
avant pour contrôler que tout allait bien. Chaque fois
que j'allais jusque là-bas, je me lançais un petit défi :
réussir à faire l'aller-retour sans me faire faucher par
une vague. Dans des conditions pareilles, il était déjà
difficile de marcher sur le plat-bord, alors à plus
forte raison d'atteindre l'avant et d'en revenir. J'arrivais jusqu'à la dérive, celle des deux qui était en
position relevée, je m'y accrochais de toutes mes
forces en l'entourant de mes deux bras. On marchait
à fond, mais c'était rassurant de voir que tout allait
bien.

À peine quelques jours après cette entrée dans ce
nouveau régime climatique, avec la hausse rapide de

la température de l'eau, je sentais la tension énorme de ces milles que nous reprenions à Michel.

17/01/01 07 : 25z (ellenmacarthur.com/day70)
La nuit a été assez frustrante... Je n'ai rien pu faire pour obtenir de Kingfisher qu'il avance ! Une vraie lutte. J'espère que notre manque de vitesse n'est qu'une pure illusion, et le relevé de position le montre, à ceci près qu'avec tous les autres qui se situent désormais dans un système météo différent, je doute que ce soit une bonne indication.

Je suis passée de grand-voile à 2 ris et solent à grand-voile pleine et génois. J'ai essayé le ballast vide et plein, j'ai même relevé et rabaissé la dérive pour m'assurer que rien ne s'était pris dedans... Les choses ont l'air de s'améliorer un peu, mais on a traversé un long moment fatigant, dans le noir. Pas aidée par le fait que je navigue avec un épais brouillard — et même s'il ne pleut pas, à la seconde où je me risque au-dehors, je me retrouve trempée par une brume qui me transperce de froid ! Le point culminant de la nuit, jusqu'à présent, c'est un dauphin qui est venu se joindre à nous un petit moment, son petit corps sombre bondissant hors des vagues dans l'obscurité brumeuse... Chaque fois qu'une de ces créatures vient nous rendre visite, cela me sidère toujours...

Quel contraste par rapport à hier, quand nous avons eu presque toute une journée de bleu !... Cela étant, hier déjà nous avions commencé à subir des conditions météo inconstantes, car pendant un moment nous avons pris 30 nœuds de vent dans le nez. Les bulletins météo changent imperceptiblement de jour en jour, et cela fait partie de notre boulot de savoir repérer chacune de ces subtilités... avec la même subtilité ! Salut pour l'instant ellen x

Mais malgré les problèmes que nous rencontrions avec la vitesse du vent et le système de vagues, nous progressions bien. Mich était désormais à moins de deux cents milles, et il n'avançait plus qu'à sept nœuds, encalminé dans la zone de hautes pressions de Sainte-Hélène. Du côté de nos poursuivants, nous étions aussi relativement tranquilles, car Marc Thiercelin se situait à plus de deux cents milles derrière nous. J'étais encore aiguillonnée par la colère liée aux allusions de Michel, et c'était ce qui me fournissait ma plus grande motivation pour gagner des milles sur lui, surtout en sachant qu'il n'allait pas réussir à s'échapper dans l'ouest avant un petit moment. Il naviguait plein nord, vers le centre du système de hautes pressions de Sainte-Hélène, et, au fur et à mesure que je me rapprochais, ce système dérivait vers l'est. Pour en sortir par le nord, il avait besoin d'attraper la bascule de vent ; mais seulement voilà, cette bascule ne venait pas. Il était hors de question d'être satisfait de ma position tant que la ligne ne serait pas franchie. Un feu intérieur me poussait à avancer et, alors que chaque jour qui passait nous rapprochait de notre destination finale, ce feu brûlait de plus en plus fort.

J'ai reçu aussi des nouvelles intéressantes de Bilou — il avait mis son bateau à l'ancre dans le petit mouillage où nous nous étions arrêtés avec *Kingfisher* en rentrant de Nouvelle-Zélande, avait escaladé son mât pour réparer et il fêtait l'événement : il pouvait de nouveau envoyer toute sa grand-voile. Cela faisait quatre semaines que cela lui était interdit, et il s'était lancé aux trousses de Marc. Pour tous les skippers engagés dans cette course, rien ne semblait joué, loin de là. Même Yves était reparti, après l'incroyable reconstruction de son gréement en Nouvelle-Zélande.

21/01 (ellenmacarthur.com/day74)
Position 28° 47.9 S 030° 31.1 O
Cap/vitesse 67 11.75
Vent au 357 à 16.1 nœuds
Pression de 1013
Température de la mer 21.1
Configuration de la voilure 1er ris Solent
Pourcentage performance 101.1

Quelle nuit !...
Ce matin, le ciel ressemble à une carte postale —
des nuages de teinte pastel foncé sur un fond de ciel
qui éclaircit dans les bleus. Pourtant, la nuit n'a pas
été si clémente ! Deux heures après le début du cou-
cher du soleil, les nuages se sont amoncelés, et subi-
tement nous avons été entourés par un groupe de ces
nuages à l'air particulièrement hideux... 6 heures
plus tard, c'était le lever du soleil, et nous étions
passés de l'autre côté — mais après une vraie
bataille. Plus ces nuages se rapprochaient, plus le
vent forcissait — d'un nuage à l'autre, il tournait de
90 degrés. Le vent est passé de 17 à 35 nœuds, et à
deux reprises, dans l'intervalle, j'ai dû dérouler le
génois pour nous faire avancer. J'ai somnolé dans
le cockpit — mais plusieurs fois j'ai sursauté comme
si j'avais pris feu, car le vent soufflait comme un fou,
comme surgi de nulle part. Chaque nuage avait son
caractère propre, chaque nuage avait son vent
propre. Hier, c'était pareil — mais le jour, cela
paraît différent. Mais souvent, quand on se fait hap-
per par ces nuages-là, on a l'impression d'être déjà
au crépuscule. Le ciel s'assombrit, dans la pluie
l'horizon s'efface, et le vent souffle, souffle... La
pluie tombe si fort que les vagues en sont aplaties,
et il faut plisser les yeux pour y voir. Souvent, la
meilleure chose est de laisser porter, et Kingfisher
décolle comme s'il y avait une couche d'air entre sa

coque et l'eau... Les vagues défilent sous la proue,
presque comme si elles étaient en suspension...
Incroyable.

J'arrive à rester sur l'avant de ce front... en espé-
rant que le vent tourne de nouveau un tout petit peu
vers l'ouest...

ellen xx

Attendre que ce front passe n'a pas été une tâche facile, le travail a été rude. Nous avions navigué dans la grisaille et la brume, mais à mesure que le front se rapprochait, on apercevait de nouveau le ciel, et pas seulement les nuages qui le peuplaient, mais aussi la masse grise au loin, derrière nous, du front qui s'avançait en rampant. Malgré une apparence assez menaçante, c'était un bienfait — plus longtemps nous resterions devant, plus nous profiterions d'une bonne brise. Néanmoins, j'attendais impatiemment qu'il passe, car alors nous nous retrouverions dans des vents moins forts et, surtout, un temps sec. Je m'inquiétais toujours pour le gennaker que j'avais été incapable de réparer, alors qu'il allait être essentiel pour la traversée de l'équateur. J'avais bien essayé, juste après le cap Horn, en vain, parce qu'il ne faisait pas assez chaud et que la toile restait trop humide pour que l'on travaille dessus. Le passage de ce front a été épouvantable, comme toujours, avec des changements de vent, des éclairs et à peu près toutes les variantes climatiques que l'on pouvait imaginer, mais fondamentalement le temps s'améliorait. Je ne portais plus qu'une seule couche de vêtements thermiques et je me permettais même le plaisir de me promener pieds nus — ce qui contrastait très nettement avec l'océan Austral.

Ce matin, je me sens comme pour un nouveau départ, c'est incroyable... la nuit dernière j'ai très bien dormi, et vers 01 h 00 je me suis mise à véri-fier Kingfisher *de la tête au pied... nous avions eu peu de vent — et maintenant, grâce au ciel il a tourné. Apparemment, d'ici 24 heures à peine on sera en mesure de virer de bord... Ce vent est instable, mais plutôt tendance nord... Pendant la nuit, je me suis affairée à écoper de l'eau dans tous les compartiments (rien que quelques seaux), juste devant les cloisons étanches 1 et 2 !* Kingfisher *se déplaçait plus silencieusement que jamais... le ciel était dégagé comme jamais, tendu d'un dais délicat d'étoiles scintillantes. En dépit du peu de vent, nous ne sommes pas restés encalminés une seule fois, et* Kingfisher *sillonnait doucement la surface de l'océan. Ce matin, au lever du soleil, le ciel a viré au rose, à l'ouest, et, vers l'est, une lueur orange saisissante donnait l'impression d'un million de tré-sors surgissant des nuages épars. Ces nuages étaient eux-mêmes en suspens, comme disposés dans le ciel tout exprès... Ils s'étageaient en plusieurs couches, et je n'ai pas pu m'empêcher de m'imaginer des villes et des villages dissimulés dedans... C'est vrai-ment tellement beau... Debout dans le cockpit, j'ai contemplé ça, émerveillée... J'en avais les larmes aux yeux, devant le spectacle de cette beauté si intense, si intense, qui me laissait interdite — un spectacle qui, à cette seconde, n'avait pour seul spectateur que le soleil qui se levait, et moi.*

ex

J'ai surtout profité au maximum de ces conditions météo stables pour enfin entreprendre la réparation du gennaker. Je l'ai sorti en le tirant par le petit capot avant — il pesait presque cinquante kilos —, et je me suis alors rendu compte de l'étendue des dégâts.

Il y avait des déchirures de près de huit mètres, et des fils qui s'étaient rompus s'étaient effilochés sur les bords, comme une blessure monstrueuse. Il m'a fallu bien plus d'une heure pour égaliser tout ça, en veillant à laisser suffisamment d'étoffe pour arriver à rapprocher les deux bords, et j'ai pris soin de supprimer toutes les fibres qui auraient empêché les deux parties de se recoller l'une à l'autre. J'ai minutieusement séché le bord de chaque déchirure, et j'ai entamé le lent processus de raccommodage des deux moitiés, d'abord avec des « agrafes » de tissu adhésif, puis avec des morceaux de toile plus grands. Ce jour-là, le soleil tapait, rendant le travail malaisé, mais j'étais déterminée à en finir avant que le vent n'augmente et ne souffle trop fort, m'empêchant de maintenir la voile sur le pont. J'ai donc consacré à cette tâche jusqu'à la dernière parcelle de mon énergie. Treize heures plus tard, alors que l'humidité du soir commençait de s'installer sur le pont, j'avais terminé. J'ai laissé porter dans le vent, j'ai hissé la voile et je l'ai roulée (pour la ranger).

La dernière partie de cette réparation consistait à poser une grande pièce de tissu sur la chute, au point d'écoute, et les mots que j'avais griffonnés sur l'étoffe étaient encore nettement visibles dans le crépuscule — « North Sails — Nées pour survivre ». J'ai souri — on y était arrivé.

25/01/01 09 : 28z (ellenmacarthur.com/day78)
Encore une nuit difficile... les alizés, avec le manque de consistance des hautes pressions, sont inconstants et agaçants, mais je ne me plains pas car c'est formidable d'avoir du vent ! Pendant que je tape cet e-mail, j'ai un vent de 13 à 17 nœuds — et même si ça n'a pas l'air d'être énorme, c'est toute la différence entre naviguer tranquille ou pas avec ce génois — et du coup je ne suis pas si sereine que

ça! Au cours des douze dernières heures, le vent a basculé irrégulièrement de 50 degrés... c'est vraiment un boulot à plein temps d'arriver à faire avancer Kingfisher *correctement... D'un autre côté, c'est une belle matinée — les énormes bancs de nuages d'orage se sont dissipés dans la chaleur matinale... Peut-être qu'aujourd'hui ça ira mieux, histoire de pouvoir dormir un peu...*

X

26/01/01 04 : 14z (ellenmacarthur.com/day79)
Bon, ce soir le vent est complètement tombé... nous naviguons aux alentours de 9-10 nœuds... c'est frustrant, mais j'espère que ça ne va pas durer trop longtemps... c'est peut-être le changement de température qui a provoqué ça... je ne suis pas sûre. Aujourd'hui, c'était une journée de vents variables et, encore une fois, de nombreux changements de voiles... une température qui a de nouveau augmenté, et un peu de sommeil — mais c'est difficile, surtout dans la journée. Prendre les ris et les larguer, c'est un travail dur... Le 1er ris en particulier, car c'est celui qui subit le plus de frottement, et cela suppose de hisser le poids de toute la grand-voile... c'est un grand ris — le plus grand des trois —, donc à chaque fois ça vous laisse complètement essoufflé... La chaleur ne facilite pas la manœuvre. C'est vraiment du boulot, et si le bateau ne bondit pas, permettant de reprendre le mou sur les bosses, on finit plus ou moins par y arriver à force de demi-tours de manivelle... Malgré l'épuisement dans cette chaleur, larguer ce ris finit par valoir vraiment le coup, car Kingfisher *s'acquitte de nouveau de sa mission en fendant les vagues à plein potentiel... une sensation formidable, avec la brise qui souffle et*

balaye le bateau de part en part, emportant avec elle un peu de cette chaleur permanente...

Progresser dans ces vents capricieux n'était pas tâche facile, et dormir par cette chaleur était quasiment impossible. Je me suis enduite de crème pour me protéger du soleil mais, une fois en bas, je transpirais tellement que j'ai fini à genoux dans une mare de sueur laiteuse. J'ai aussi perdu complètement l'appétit, et alors que je me débrouille généralement assez bien pour me nourrir, je me suis aperçue que, par cette chaleur, tout ce que j'arrivais à avaler, c'était un bol de couscous tiède. Avec une mer à vingt-cinq degrés, même l'eau qui sort du dessalinisateur était déjà chaude. J'étais fatiguée, et avec la zone des calmes équatoriaux qui s'approchait, j'allais avoir besoin de la moindre parcelle d'énergie.

Par ici, pourtant, la tactique n'était pas trop compliquée, car plus on se situe à l'ouest, plus vite on traverse la zone. Sur les images satellites, la voie paraissait clairement tracée, j'étais à quarante milles à l'ouest de Mich, et donc les choses se présentaient assez bien. Si jamais j'avais une chance de le passer, c'était maintenant. J'ai pris sciemment la décision de tenir ma position à l'ouest et de conserver ces quarante milles d'écart entre nous. Malheureusement, quelqu'un d'autre avait une idée différente sur la question. Deux nuits avant de pénétrer dans la zone des calmes équatoriaux, je naviguais avec le gennaker réparé et la grand-voile. J'avançais à grande allure et filais tranquillement vers le nord. Le problème, c'est que la nuit a été ponctuée de grains — et il ne faisait aucun doute qu'un de ces grains pouvait détruire la réparation du gennaker. Je me sentais nerveuse, et j'avais le plus grand mal à trouver le sommeil. Mais pour nous, cette nuit-là, les choses ont sacrément mal tourné. Les instruments de mesure du vent situés au sommet du mât se sont mis à dysfonctionner. Cela signifiait que je ne pouvais pas me servir du pilote automatique pour naviguer sur un «angle de vent apparent», mais uniquement sur un cap fixé au compas. C'était un cauchemar, car du coup ne pouvions pas du tout réagir aux changements de direction du vent. Si jamais le gennaker devait casser, ce serait justement en prenant un de ces grains de plein fouet et avant même que je ne puisse atteindre la barre. J'ai essayé d'utiliser les instruments de secours dont je disposais à l'arrière du bateau, montés sur une perche, mais ils n'étaient pas suffisamment sensibles aux vents légers et changeants dans lesquels nous nous trouvions. J'allais devoir barrer à la main.

J'ai passé la plus grande partie de la nuit à barrer et à surveiller ces nuages diaboliques qui apportaient avec eux de la brise plus forte, tout en me préparant à monter une fois de plus dans le mât. Tout en haut, pour remplacer la tige de support de l'anémomètre.

26/01/01 16 : 15z

Quel meilleur moyen de se sortir une course de la tête que de se lancer dans une petite séance de bricolage matinale ?... Oui, ça me paraît super, mais qu'est-ce que j'ai de prévu ? Hmm. Un peu de ponçage, et pas mal de trous à percer — ah oui, et puis un peu de câblage. Fantastique ! quand vais-je pouvoir commencer ?... Tout de suite, mais malheureusement notre atelier de travail se trouve à 27 mètres d'altitude !

Oui, ce matin, Ellen s'est une fois encore retrouvée tout en haut du mât — va-t-elle un jour se débarrasser de cette manie ? Pendant la nuit, j'ai rencontré des problèmes avec la girouette électronique, le bateau a tiré des bords tout seul justement à cause du manque d'informations sur la direction et la force du vent, et j'en ai vite déduit que l'anémomètre avait un coup de fatigue... C'est sidérant de constater à quel point ces données nous sont essentielles... Les temps ont bien changé depuis la simple observation des pennons de laine et des nuages. La vitesse et l'angle du vent sont des données impératives pour les performances, et pour connaître la limite d'utilisation des voiles —, donc le moment était venu de changer cette girouette... Comme d'habitude, à peine étais-je arrivée à mi-hauteur de ma grimpette qu'un magnifique lever de soleil dans le calme s'est transformé en une mer truffée de bourrasques violentes... Je devais avoir l'air assez stupide, car j'avais une longue tige sanglée dans le dos, et une grosse sacoche d'outils... (si vous avez oublié quelque chose, c'est un peu loin !). À part les secousses violentes et tout le ponçage que j'ai dû effectuer pour ajuster la tige, ça s'est bien passé. La partie la plus agaçante, c'est quand je l'ai fixée pour la première fois — juste pour voir jusqu'où elle s'enfonçait —, et qu'après je ne pouvais plus la ressortir ! Une fois fixée, j'ai dû forer pour enfiler la goupille de sûreté — un sacré boulot de jongler avec cette perceuse et ces accessoires à 27 mètres de hauteur ! Le côté pénible, c'était le martèlement des vagues, qui me rentrait la pochette de forets dans la jambe... Le côté superbe, c'est quand je me suis accordé une seconde pour jeter un coup d'œil à ce magnifique paysage marin orange, au lever du soleil... Avec la texture des vagues, la surface de l'eau était si délicatement ciselée... Complètement époustouflant...

Bon, c'est sympa d'être redescendue, et à part quelques trous et autres bleus, je suis en bonne forme. Alors comme ça, Mark a vraiment raconté que le moment était venu pour moi de remonter dans le mât...

Merci Mark !
Affectueusement Ellen

J'étais ravie d'avoir de nouveaux instruments, et j'ai passé une super journée sous gennaker. Mais le pire était loin d'être derrière nous. Juste au moment où j'attendais impatiemment ma dernière occasion véritable de dormir dans la fraîcheur de la nuit avant la zone des calmes tropicaux, les instruments sont retombés en panne. J'étais anéantie, écœurée. Cette fois, ça n'allait pas être aussi facile de le prendre à la légère. J'ai passé une nouvelle nuit épuisante à barrer à la main, avec le gennaker sorti, en m'obligeant à garder les yeux ouverts dans la brise chaude, et avec par intermittence la lumière des étoiles qui venait éclairer le pont, tandis que des nuages d'orage défilaient au-dessus de nous. À plusieurs reprises, nous avons été complètement entourés de ces nuages ; le vent tombait avant de revenir à la charge à toute vitesse, et puis il y avait le tonnerre, les éclairs et une pluie fraîche qui m'a énormément aidée à rester en alerte. Dans ces batailles au milieu des pluies d'orage, on éprouve une sensation étrange. On se croirait transporté dans un autre monde, avec la pluie qui tambourine sur la mer, les éclairs, l'obscurité, les rafales de vent chaud ou froid qui vous déversent de la pluie sur la tête. Ensuite, subitement, plus rien, juste le bruit de l'eau qui envahit le pont et qui s'écoule le long de la coque. Pas de pluie, rien qu'un silence agité… jusqu'au prochain craquement de tonnerre.

Au petit jour, le lendemain matin, je me suis lancée dans une nouvelle escalade du mât. Cette fois, cela aurait dû être plus facile : avant de grimper, j'ai changé la carte du circuit imprimé de la girouette, j'ai préparé mes outils, j'ai roulé le gennaker, puis je me suis lancée dans ce petit périple, qui m'a conduite au point le plus éloigné du pont de *Kingfisher*, une fois de plus en quatre-vingts jours.

L'ascension s'est bien déroulée, et le changement de girouette s'est effectué relativement sans encombre. Mais tout en travaillant, j'ai remarqué un grain qui se dirigeait droit sur nous. Du coup, le vent a forci, *Kingfisher* s'est mis à gîter, et les passavants ont retenti de l'écho de la mer qui venait les marteler. Je n'avais pas le choix : il fallait que je termine ce boulot et que je redescende. La pluie s'est mise à tomber, et j'ai fait de mon mieux pour éviter que les câbles que j'étais en train de raccorder ne prennent l'eau, mais c'était pratiquement impossible. Toutefois, ce vent plus fort ne m'a pas causé de problèmes insurmontables, mais là où mon cœur s'est vraiment mis à battre la chamade, c'était dans le petit temps qui a immédiatement suivi ce grain. Les instruments moins sensibles dont nous étions équipés à l'arrière et qui barraient le bateau pour le moment étaient incapables de capter cette brise légère et, dans le doute, ils ont commandé un empannage. Même si nous n'avions que quelques nœuds de brise, je savais que, d'un instant à l'autre, le vent ferait un retour en force après ce nuage, et la grand-voile a basculé sur toute la largeur du bateau, me coinçant les jambes entre les bastaques et la toile. J'ai repoussé la voile avec les pieds, mais chaque fois elle revenait, prenant mes jambes au piège. Mon cerveau fonctionnait à toute allure, mais je savais que je n'avais aucune maîtrise de la situation. À près de trente mètres au-dessus du pont, je ne pouvais rien faire d'autre que d'essayer d'achever mon travail. Sous la décharge d'adrénaline, pendant que je m'affairais pour connecter ces câbles, j'avais les bras qui tremblaient. J'ai essayé d'ignorer la douleur dans les jambes. Si le vent se levait tout de suite, je serais réellement en danger — vingt nœuds de vent dans la mauvaise direction, cela signifiait que le mât allait se coucher sur l'eau et, même s'il valait mieux ne pas y penser, j'allais me retrouver dessous.

Je crois que, de toute la course, c'est le moment où j'ai eu le plus peur, parce que mon destin m'échappait entièrement. Même dans le grand Sud, quand j'étais suspendue au gréement d'une seule main, je conservais la maîtrise de la situation — soit je lâchais tout, soit je tenais bon, mais je possédais encore ce choix. Ici, je n'en avais aucun.

Par la suite, quand je suis redescendue sur le pont, je tremblais de la tête aux pieds, et j'étais couverte de bleus à cause de ces deux matinées passées à me démener là-haut. J'ai appelé Mark pour le tenir au courant de ce qui s'était passé, et puis j'ai dormi environ une heure, dans un état quasi comateux, avant de renvoyer le gennaker.

À l'approche de l'équateur, je rattrapais Michel d'heure en heure, littéralement, et je surveillais les relevés de position dans l'impatience et l'excitation. Mais le temps passé là-haut dans le mât la veille et le sommeil que je me suis accordé pour récupérer m'ont fait perdre les quarante milles de longitude que j'avais empochés, et cela m'a mise franchement en colère contre moi. Pourquoi, mais pourquoi fallait-il que nous rencontrions ces problèmes à ce moment-là ? Si c'était arrivé ne serait-ce que deux jours plus tard, l'issue du Vendée Globe aurait pu être différente.

Le 28 janvier, je n'étais qu'à vingt-six milles derrière Michel, et je le rattrapais. J'ai franchi l'équateur à 9 h 07, et c'est par petit temps, sous un ciel couvert, que je me suis livrée à mon offrande. J'ai lancé mon avant-dernier paquet de biscuits au gingembre par-dessus bord et j'ai remercié Neptune de nous ouvrir la voie, en achevant mes remerciements par cette phrase : «Merci d'avoir fourré Michel dans un trou sans vent; je sais que ce n'est pas gentil, mais merci quand même ! »

Cet après-midi-là, le vent est retombé et nous avons entamé quarante-huit heures de combat pour nous extraire du Pot au Noir. Il faisait chaud, c'était de la navigation frustrante, et je savais que j'étais absolument épuisée. J'ai parlé avec Mark.

Tout ça relève tellement du hasard. C'est effrayant. Je voudrais juste que le vent se stabilise, et il ne veut pas se tenir tranquille plus de 3 minutes... oh @£!$%$... le vent a basculé, le génois bat tout le temps. Il faut que je vire encore de bord, je crois...

[quelques minutes plus tard] C'est tellement dur. J'avance à 3 nœuds. Quand le vent change, le bateau a du mal à tourner, même si je le barre à la main, c'est impossible. Ce n'est pas commode... Ce n'est vraiment pas commode. Je ne dispose d'aucune véritable information météo, on se bat pour chaque mille, vraiment, et j'espère que les calmes tropicaux vont se déplacer et nous laisser passer. Si je vois le génois faseyer encore une fois, j'ai l'impression que je vais m'arracher les cheveux. Le problème, c'est que nous ne disposons pas du moindre souffle de vent pour aller où que ce soit, j'ai fait mon choix... le vent a encore changé... incroyable... c'était comme ça toute la nuit...

Le lendemain matin, et après une nuit qui a été probablement la pire de toutes, j'ai pris la tête de la course. J'ai appelé Mark pour la vacation radio du matin, et j'ignorais la nouvelle. J'étais recroquevillée sur le siège de la table à cartes et, quand il m'a annoncé ça, j'ai réussi à sourire, mais j'étais si fatiguée que je pouvais à peine parler. Je savais que je

465

me trouvais légèrement plus à l'est que Mich, et que ce serait un miracle si je débouchais de là en première position, ce qui a jeté comme un froid. J'ai fait ce commentaire à Mark : «Désolée, tu vas avoir une journée très chargée, tu ne crois pas ?», et puis le vent a basculé, et le moment est venu de virer à nouveau. Quand je suis sortie du Pot au Noir, Mich avait déjà repris quarante milles d'avance, et donc *Kingfisher* et moi avons passé un pacte, celui d'avancer juste un tout petit peu plus vite et de lui reprendre deux milles tous les jours. Tant que la course n'était pas finie, ce n'était pas non plus la fin de nos espoirs.

Comme on fait son lit on se couche, d'accord, malheureusement le lit n'était guère confortable. Tant pis, il faudrait faire avec et c'était le moment ou jamais d'avancer, voilà ce que je n'arrêtais pas de me répéter. Nous allions donner tout ce que nous avions dans le ventre pour rattraper ce bateau blanc, là-bas, devant nous. Le moral était au beau fixe, mentalement je m'étais lancé un défi et j'étais contente de reprendre la course — c'était comme si nous venions de redonner le départ.

J'étais à fond, avec l'envie très forte de refaire ces milles de retard sur Mich, mais maintenant, depuis que nous avions pointé en tête, ne serait-ce que brièvement, le téléphone n'arrêtait pas de sonner, avec des demandes d'interviews et de conversations vidéo par satellite — la presse et le public anglais se réveillaient et découvraient cette course ; mais enfin, nous n'avions pas encore franchi la ligne d'arrivée, alors serait-il possible de poursuivre notre route, s'il vous plaît ?

Nous donnions la chasse à Mich, et nous nous défendions convenablement ; *Kingfisher* était en forme et se régalait dans la brise qui nous éloignait du Pot au Noir. J'ai pris un petit moment pour me reposer dans le poste de veille pendant que le soleil descendait dans le ciel… et puis ma tête a violemment heurté la cloison avant et l'atmosphère paisible du soir a été déchirée par un bruit de craquement horrible. Nous venions de percuter un objet très dur, ce qui nous avait stoppés net.

Je me suis retournée vers l'arrière du cockpit, et j'ai vu l'extrémité du safran[1] et un morceau de dérive s'éloigner en flottant. Après ma toute première réaction (une décharge d'adrénaline pure), je me suis précipitée pour vérifier tous les compartiments du bateau et m'assurer qu'il n'y avait pas de voie d'eau. J'entendais mon cœur cogner tellement fort que ce n'était même pas la peine de pousser des jurons pour laisser libre cours à toutes mes peurs. Une vérification rapide m'a rassurée, il n'y avait pas de voie d'eau. J'ai attrapé l'endoscope, avec des gestes désordonnés et maladroits pour le sortir de son étui, et, en observant par la vanne située sur le fond de la coque, je n'ai pas constaté de dégâts. Dieu merci, la quille avait l'air intacte. J'ai pu cesser de penser à la survie pure et simple, et j'ai de nouveau réfléchi à la course. Je voyais un côté de la dérive se balancer misérablement au-dessous de nous, d'un côté et puis de l'autre, et je savais que j'allais devoir la sortir de là, car en traînant de la sorte dans l'eau elle nous ralentissait salement. Je suis retournée dans le cockpit et j'ai tiré un bord, laissant le ballast sur le flanc opposé, afin de pouvoir contrôler le gouvernail de *Kingfisher*. Il gîtait de façon désordonnée, la quille sous le vent, mais j'ai bien examiné le safran : l'extrémité était cassée, mais à part ça il avait l'air en bon état. En tirant de nouveau un bord, j'ai glissé sur un album rempli de photos du Derby-

1. Safran : pelle immergée du gouvernail. *Kingfisher* est équipé de 2 safrans et de 2 dérives.

shire qu'on m'avait offert pour Noël. À peine quelques minutes plus tôt, j'étais en train de lire — transportée dans un tout autre monde. Je n'ai pas pu récupérer la dérive jusqu'au bout, elle semblait coincée, et donc j'ai tiré de nouveau un bord et j'ai appelé Mark pour lui relater les événements, afin qu'il organise une conférence téléphonique avec les architectes pour discuter de la stratégie à suivre. C'était surtout pour le safran que je m'inquiétais. Nous en avions un de rechange, mais son remplacement ne serait pas commode, et je voulais entendre les gars me confirmer que l'opération serait faisable. C'était un problème grave, car nous avions plusieurs jours de navigation contre le vent jusqu'à l'anticyclone des Açores, et même si la coque et la structure de *Kingfisher* avaient conservé toute leur solidité, nous allions de toute façon devoir naviguer sans l'une de nos deux dérives. Privés de cette lame qui pointe verticalement sous la coque pour nous stabiliser, nous allions constamment dériver en travers, perdre des milles sur Mich, et peut-être, si la situation se retournait vraiment contre nous, laisser les autres concurrents nous remonter sur notre droite. J'étais au-delà même de l'exaspération, mais il fallait que j'assume.

Ma première tâche, après m'être assurée que tout allait bien, c'était d'extraire cette dérive endommagée de son logement. Nous avancions 30 % moins vite que nous aurions dû, et il fallait sortir de cette impasse dès que possible. Le problème, chaque fois que je virais de bord, c'est que je me retrouvais à quatre-vingt-dix degrés par rapport à la route que je souhaitais prendre, et que je perdais des milles sur Mich, aussi sûrement que si j'étais restée immobile. Quand je retirais un bord pour achever le travail, c'était vraiment laborieux. Il m'a fallu plus d'une heure pour dégager cette dérive, car l'impact l'avait enfoncée dans son logement, et, le temps que j'en vienne à bout, j'avais poussé davantage de jurons que pendant tout le reste de la course ! J'avais gréé une poulie sur l'avant du bateau, passé un bout autour de la dérive, en m'aidant d'une gaffe calée dessous. Cela m'a permis de la treuiller vers l'avant mais, détail contrariant, le bout avait entamé la structure en carbone déjà endommagée et il était devenu presque impossible de l'en dégager. Petit à petit, j'ai tiré le bout pour le détacher de la dérive et j'ai tout recommencé… Il fallait en passer par là, je n'avais vraiment pas le choix. Finalement, après avoir cassé le bout de halage et frappé une drisse directement sur la partie supérieure de la dérive, je suis parvenue à lui donner suffisamment de jeu pour la retirer de son logement. Je l'ai laissée là en attendant — au moins, elle était hors de l'eau.

Je venais d'achever un nouveau virement de bord, il faisait déjà nuit et, après une deuxième conversation avec Merv, j'ai préparé mes outils et je me suis installée pour dormir un peu. J'étais encore épuisée par l'épisode du Pot au Noir et, pour me tirer de ce mauvais pas, j'allais devoir rassembler toute ma présence d'esprit.

Dès l'aube, je me suis attelée à renfiler les bouts cassés dans le conduit qui permet de relever et de baisser la dérive — il n'était pas facile d'enfoncer du fil de pêche et des poids au fond d'un tube du bon côté d'une poulie, alors que le vent soufflait à vingt-cinq nœuds et que les vagues balayaient le pont, mais j'y suis arrivée. Cela étant, la partie de loin la plus coriace fut de retirer la dérive côté tribord et de trouver l'emplacement des poulies de secours cachées dans sa structure. Les dérives avaient été conçues afin de pouvoir entrer dans le puits de l'autre dérive, mais comme elles étaient asymétriques, j'étais obligée de les enfiler à l'envers, la tête en bas. Cela promettait d'être un sale boulot, mais j'étais loin de m'imaginer tout ce que cette tâche allait exiger de moi.

J'ai bataillé trois heures à essayer d'extraire la dérive de son logement, car chaque fois que je tentais de la treuiller avec la drisse, elle se coinçait juste quelques millimètres avant de se dégager. Je l'ai secouée, je l'ai tirée, et j'ai essayé d'attacher des palans au mât — mais tout ce que j'ai réussi à faire, c'est de casser le support du radar et de me mettre en rage ! Chaque fois, il fallait que je grimpe de six ou sept mètres sur le mât pour décaler le palan ou déplacer ce support de radar. Les conditions météo étaient horribles et j'étais fatiguée.

J'étais plus qu'à bout de nerfs, hors de moi, cette dérive ne bougeait pas, et j'avais l'impression de repartir constamment en arrière. J'ai tapé dessus, à coups de poing, à coups de pied, j'ai hurlé dessus, et en fin de compte, après au moins cinq heures de travail, j'ai pu la faire sauter de son logement, mais dans le mouvement elle a pivoté et m'a expédié un bon coup de massue à la tempe.

Il fallait d'abord que je la couche sur le pont pour dénicher ces poulies, et même ça, c'était plus facile à dire qu'à faire, car elle était recouverte d'un composite de graphite et du coup elle dérapait dans tous les sens. Et si jamais elle tombait par-dessus bord, je serais vraiment dans le pétrin. Je l'ai rapidement sanglée au pont, d'une manière qui ne m'aurait certainement pas valu les félicitations du jury, puis j'ai protégé la perceuse des vagues, pour arriver à dénicher ces poulies. Les deux extrémités des dérives n'étaient pas exactement de forme identique et, en les réparant, j'avais perdu les petites marques qui indiquaient l'emplacement de ces tubes logés à l'intérieur. Le percement de ces trous dans ces dérives allait sans aucun doute en affaiblir la structure, et donc le premier essai devait être le bon. Chaque fois que *Kingfisher* prenait une grosse vague, je retirais le foret, de peur de le casser en tapant dans la lame, et ce fut un long travail, très éprouvant pour les nerfs, qui m'a paru prendre une éternité. Après avoir trouvé la poulie, il fallait que je lime le carbone qui dépassait, et je me sentais sacrilège de tailler ainsi dans cette dérive si parfaite et si fonctionnelle. Entre-temps, la dérive endommagée gisait sur la plage avant, là où je l'avais déposée, et je l'entendais se cogner à tout ce qui se trouvait autour d'elle.

À ce stade des opérations, je devais avoir l'air d'un mineur, car j'étais couverte de poussière et de copeaux de carbone, mes yeux me piquaient, me brûlaient à cause des fibres. Tout en travaillant, j'avais mal, je souffrais au plus haut point de voir *Kingfisher* en si mauvais état et de constater son air impuissant. Cette vulnérabilité se reflétait aussi chez moi — je versais des larmes d'exaspération et, au plan physique, il me restait peu de réserves. Je luttais avec une dérive de trois mètres soixante qui pesait plus lourd qu'un homme de taille moyenne et qui refusait de rester en place, alors que nous passions notre temps à percuter des vagues à vingt ou vingt-cinq nœuds. J'étais en plein combat.

Finalement, au coucher du soleil, j'ai réussi à remettre la dérive dans son logement bâbord et nous avons repris notre marche, une fois de plus. Les sièges du cockpit étaient occupés par la perceuse, désormais emballée dans un sac plastique fermé par un adhésif, et couverts de limes, de marteaux et de rouleaux d'adhésif. Pauvre *Kingfisher* ! Une fois de plus, il avait réussi à s'en tirer. Après tout ce que nous avions traversé, il ne méritait pas cela. Il avait si bien veillé sur moi, et voilà que cette tuile nous était tombée dessus. Pour la première fois de la course, nous étions confrontés à un problème que nous n'avions aucun moyen de résoudre en mer. C'est étonnant tout ce qu'on peut arriver à réparer soi-même, mais là, c'était une pièce essentielle du bateau qui s'était retrouvée en morceaux, et nous allions devoir terminer la course comme ça. J'avais le sentiment de l'avoir trahi, j'étais incapable de le réparer. Nous avions travaillé si dur ensemble pour veiller l'un sur l'autre, et nous étions parvenus à un stade où je ne pouvais rien tenter qui soit réellement utile.

Quant à notre écart avec Mich, ça m'a rendu blême. Nous étions désormais à soixante-seize milles derrière lui…

Je suis très triste de constater l'avarie. Cela me brise le cœur, je me suis tant démenée pour veiller sur *Kingfisher*, et pour gagner la course. Pour le safran, je ne peux rien tenter, mais comme je ne le vois pas, je n'y pense pas. En revanche, il y a cette dérive cassée qui est couchée sur le pont avant, et puis ces marques noires un peu partout sur le pont, à l'endroit où la dérive est allée se fracasser dans tous les sens, quand j'essayais de la déplacer. Je sais que l'autre dérive que j'ai placée dans son logement ne fonctionne pas à cent pour cent parce qu'elle est dans le mauvais sens, et c'est vraiment dur… bon, il faut tâcher de se sortir cette histoire de la tête et de penser à la course, comme avant ; mais en fait… cette histoire ne me sort jamais vraiment de la tête. Un truc pareil, ça va me rester dans le crâne jusqu'à la fin de mes jours. Heurter une épave, c'est franchement dur. Après toute l'énergie que nous avons investie, c'est assez frustrant, voilà, c'est tout…

Je vais tout simplement essayer de faire de mon

mieux. Je le promets… Si je peux encore rattraper *PRB* ? Grande question. Je ne croyais pas vraiment courir grand risque de heurter quelque chose. Tout peut arriver, absolument tout peut arriver. Bien sûr, avec les problèmes que nous avons rencontrés, il y a une déperdition de performance, mais, dans mon esprit, la course continue toujours. Je regarde dans la direction de Mich, et des types qui me suivent, et je me suis promis de ne pas renoncer tant que je n'aurai pas coupé la ligne d'arrivée… est-ce que j'ai le droit de jurer ? ! !

J'étais contente que nous soyons entrés à présent dans la zone des alizés, pour m'accorder la chance de rattraper un peu de sommeil et tâcher de me préparer pour la brise que nous allions trouver après l'anticyclone. Tactiquement, les choses étaient relativement simples : il fallait que nous pénétrions dans le système des hautes pressions des Açores, avant d'en sortir pour finir par une descente en luge qui nous mènerait tout droit jusqu'en France. Pendant nos travaux de réparation, nous avions perdu vingt-cinq milles sur Mich, et il était agaçant de voir à quelles spéculations tout le monde se livrait pour savoir pourquoi nous avions perdu du terrain sur *PRB* au moment même où nous filions à toute vitesse. Nous avions tout simplement décidé de ne pas rendre notre collision publique, pas tant que je n'avais pas acquis la certitude que cette réparation était faisable et terminée.

01/02/01 03 : 34z (ellenmacarthur.com/day85)
Ces 24 heures ont représenté un sacré morceau, et je suis heureuse que ce soit fini. La journée d'aujourd'hui a été pour moi l'une des plus dures de toute la course, une journée de lutte — quand on se

bat pour savoir ce qu'on possède encore tout au fond de soi-même et pour trouver la force de lutter. La bonne nouvelle, c'est que la dérive tribord est à présent côté bâbord, après un cauchemar de 9 heures passées à batailler avec des poulies, des lignes, des forets et des limes ! Cette dérive pèse plus lourd que moi, et la déplacer par 20 nœuds de vent contraire n'a pas été facile — je ne suis pas franchement restée au sec !

Oh, Mark, en arrivant à la fin de ton mail, j'en avais les larmes aux yeux. Ces 4 dernières années ont été une aventure incroyable, jamais je n'aurais osé souhaiter en connaître de pareille. Quand je réfléchis à tout ce que j'ai appris, je me sens tellement reconnaissante envers toi... Je repense à la première fois que nous nous sommes réellement parlés dans ton bureau, et ça me semble remonter à une éternité... C'est incroyable...

Merci beaucoup de m'avoir apporté ton soutien ces deux derniers jours. Résoudre ce problème a été, je crois, jusqu'à présent, le défi le plus dur de cette course. Et surtout que ça nous a frappés dans un moment de baisse de forme, et que nous nous efforcions de récupérer. Merci d'avoir été là, merci d'avoir tout organisé si clairement et si calmement — alors que tu étais probablement dans tous tes états, toi aussi, tout comme moi.

Je sais que la fin n'est pas loin, et je comprends qu'il va falloir puiser encore plus profond et pousser plus fort, mais aussi que cela en vaudrait plus que la peine — et ça nous le savions dès la première fois que nous avons travaillé ensemble — nous avons versé notre sang, notre sueur et nos larmes (et ceux de l'équipe), et on en a rarement versé qui soit de cette qualité — j'espère simplement que tout le monde le sentira aussi fort que nous le sentons, ne serait-ce que partiellement.

Pour ce qui concerne Mich, je sais que c'est loin d'être terminé. Nous verrons — je serai peut-être loin de la cible. Je ne vais rien tenter d'autre que de mener ma course comme je l'entends. Advienne que pourra, et je ne renonce pas... Je ne suis pas disposée à renoncer tant que je n'aurai pas coupé cette ligne. Nous avons tous travaillé trop dur pour que je renonce.

Quoi qu'il arrive, je sais que l'entreprise a été un succès, que nous avons touché des millions de gens. Pour la première fois de ma vie, tout ce qui est média m'effraie. Conserver une certaine vie privée, pour moi, c'est important, mais je sais que ça ira et, en un sens, ce problème de dérive a été un don du ciel car il m'a permis de me sortir de la tête les angoisses de la dernière ligne droite.

Mais, Mark, je songe au moment où tu me serreras dans tes bras, où tu veilleras sur moi — et c'est l'une des plus grandes sources de réconfort que je possède en moi à l'heure qu'il est. Merci pour tout, d'être le meilleur des amis et le meilleur des compagnons...

Ne doute jamais de toi, Mark, tu es vraiment redoutable, toi aussi, p... Et je suis drôlement bien placée pour le savoir, n'aie aucun doute là-dessus. J'attends vraiment de te retrouver, de rire avec toi et par-dessus tout, ou presque, de travailler de nouveau avec toi. Toi et moi, nous formons le meilleur des tandems, Mark.

Toujours exx

Il était manifestement évident, à en juger par les échos que j'en recevais par Mark et les interviews que je donnais déjà, qu'à terre les choses étaient en train de changer du tout au tout. En France, toutes les arrivées du Vendée Globe font les gros titres, et je m'y étais plus ou moins préparée, mais j'avais de plus en plus conscience de l'ampleur que revêtait cette histoire en Grande-Bretagne, et aussi au plan international, et maintenant, à environ dix jours de l'arrivée, il n'était pas commode de préparer ça mentalement. Les e-mails que je recevais n'auraient pas pu être plus variés, et les encouragements que les gens m'envoyaient étaient incomparables. J'étais complètement, absolument stupéfaite. C'était une étrange position où je me trouvais là, parce que même si je savais pertinemment que la vie allait totalement changer d'ici quelques jours, il me fallait encore fournir cent pour cent d'efforts pour atteindre cette ligne aussi vite que possible. Cette course était encore gagnable.

L'un des rares e-mails que j'aie reçus de la maison m'est parvenu vers la fin du parcours.

Expédié : Vendredi 2 février 2001 17 : 35
Sujet : À la maison
J'espère que tout va bien là-bas et que tu as réussi à rattraper un peu de sommeil pour reconstituer tes forces. Aujourd'hui, il m'est arrivé quelque chose de particulier. On a frappé à la porte et j'ai cru que c'était encore un journaliste qui voulait des photos, et donc j'avais déjà ma réponse prête. Sur le seuil de la porte, j'ai trouvé un « marin de toujours » qui voulait me faire part de son admiration pour ce que tu es en train d'accomplir et qui m'a offert des fleurs. Il a fallu que j'obtienne de lui qu'il me dise son nom, que j'ai ensuite retrouvé dans l'annuaire. Ce soir, je vais l'appeler pour le remercier encore et lui envoyer une de tes affiches. Ici, on vit dans une atmosphère de tension, d'excitation et d'attente. Prends soin de toi — je suis incapable d'exprimer mes sentiments pour le moment — je suis un peu débordée. Je t'aime, comme toujours — veux-tu remercier l'équipe de m'avoir protégée de la vérité ?
Maman

476

04/02/02 07 : 29z (ellenmacarthur.com/day88)

Hier soir, j'ai vécu une expérience des plus étranges — une tempête de sable! Subitement, il s'est mis à pleuvoir du sable, tout le pont était marron. Il y en avait sur les voiles, les cordages, partout. L'Afrique m'a l'air bien loin, mais je pense que cela devait venir du Maroc.

J'ai travaillé vraiment dur sur une longue liste de tâches diverses, en m'assurant que tout soit terminé avant d'attaquer la zone de petit temps qui s'annonce devant nous. J'ai refait les épissures sur les écoutes de spinnaker, surlié quelques estropes et j'ai même nettoyé le pont. J'aurais quand même aimé pouvoir faire disparaître ces marques noires, j'ai horreur que le bateau n'ait pas l'air impeccable.

La nuit dernière, j'ai connu ma meilleure nuit de sommeil depuis un bon bout de temps. Plusieurs siestes de 70 minutes, et quelques-unes de 20 minutes en prime. Fantastique! Le vent était bien stable, la nuit était claire, avec des étoiles partout.

Les prochaines 48 heures vont être décisives — pour tout le monde, ce sera la dernière chance de passer devant, je pense. Apparemment, nous avons gardé notre avance sur Bilou, même s'il nous a remontés un peu, mais c'est probablement dû au meilleur angle du vent là-bas vers l'ouest. J'essaie de me décaler un peu par rapport à Mich en naviguant un peu plus près du vent — au moins, je ne suis pas bêtement en train de suivre ses traces. Nous verrons si cela fait une différence quelconque — cela ne devrait pas se passer aussi mal que dans le Pot au Noir, mais dans toutes les masses d'air très instables, il y a toujours des risques.

Alors que j'approchais de l'anticyclone des Açores, j'ai reçu d'autres nouvelles susceptibles de me doper le moral. Une fois encore, le nombre de milles entre Mich et moi diminuait. Au moment où il avait tiré un bord pour se dégager du système des Açores, nous n'étions plus qu'à quinze milles derrière — et même si une fois encore il allait prendre le large le premier, l'écart était plus réduit, cette fois. Il fallait simplement tenir bon et livrer la meilleure course possible. Dans le petit temps, j'ai changé la dérive de côté, une procédure menée rondement, de manière presque militaire, qui, sur une mer plate et avec le savoir que j'avais acquis, m'a pris cinq fois moins de temps. Ensuite, j'ai rentré la dérive cassée dans son ancien logement, pour que le pont soit de nouveau dégagé et ainsi, d'une certaine manière (loin des yeux, loin de l'esprit, si j'ose dire), je me suis sentie mieux du seul fait de l'allure plus normale de *Kingfisher*. Dans les conditions météo qui nous arrivaient dessus à la sortie de l'anticyclone, j'allais avoir besoin de cette dérive, mais entre-temps j'allais profiter du petit temps pour essayer de dormir et de ranger *Kingfisher*, qu'il ait l'air aussi net que possible en vue de l'arrivée.

L'après-midi suivant, il avançait magnifiquement dans une très légère brise de nord-est. J'ai passé à peu près une heure à essayer de retirer les marques noires du pont et à nettoyer celles qui s'étaient accumulées autour du pot d'échapement. J'ai scotché de l'adhésif autour de la dérive cassée pour me protéger de ses bords acérés, et j'ai dégagé tous les bouts de cordage qui traînaient. Chaque fois que je jetais un œil à cette dérive, je sentais mon estomac se retourner. Au moins, nous ne devrions plus en avoir besoin jusqu'à l'arrivée.

Cet après-midi-là, je me suis assise à l'avant, sous le plus beau ciel bleu qui soit, et j'ai parlé devant la caméra vidéo, pour remercier tout le monde et chacun de ce qu'ils avaient fait pour nous dans cette course. J'ai évoqué la situation à l'arrivée, en précisant que je ne savais pas à quoi m'attendre. J'ai dit que j'aurais préféré que cette course n'ait pas de fin, et que c'était l'expérience la plus incroyable de mon existence. J'ai vécu cet instant dans un silence et une tranquillité uniques — pas de brise, pas même de souffle sur le micro de la caméra — et j'ai tenu ces propos en parlant doucement mais distinctement devant l'objectif.

À peine vingt-quatre heures plus tard, nous avions quitté l'anticyclone des Açores, et le vent forcissait déjà tandis que la tempête qui allait nous propulser jusqu'à l'arrivée se rapprochait. Maintenant, à moins d'une semaine de la fin, les communications s'effectuaient davantage au téléphone que par e-mail.

07/02/01 09 : 22z (ellenmacarthur.com/day91)
La nuit dernière, j'ai eu mon premier vrai bon sommeil depuis pas mal de temps. Hier, j'ai vécu l'une de mes pires journées, j'étais extrêmement fatiguée, et je n'arrivais pas à surmonter cet état. La moindre petite chose devenait un gros problème, dans ma tête. Mais, la nuit dernière, j'ai réduit un peu la toile, de toute façon c'est l'état de la mer qui nous y contraignait, et j'ai navigué toute la nuit avec deux ris et la petite trinquette. Enfin, j'ai réussi à dormir pas mal d'heures au total, même si je me réveillais toutes les trente minutes ou à peu près, pour vérifier que tout allait bien.

La vraie bonne nouvelle, c'est que je suis passée sur une nouvelle carte — et qui montre l'arrivée, et même les îles Shetland ! Encore mieux, j'ai déjà parcouru un tiers de la route sur cette carte jusqu'aux Sables-d'Olonne. Dans ma tête, nous sommes dans la dernière ligne droite, mais cela fait encore 1 000 milles. Et je ne pense pas que ces derniers milles vont être très faciles non plus.

Durant la nuit, j'ai eu des vents de 17 à 33 nœuds, ce qui m'a valu des moments très excitants et d'autres très éprouvants pour les nerfs, car le vent se lève et le bateau part en mode turbo-surf, il échappe presque à mon contrôle, avec des pointes jusqu'à 25 nœuds. Il y a de l'eau qui s'abat partout, et le bruit est assourdissant.

Faut que j'y aille — on dirait que le support de radar, celui qui s'est cassé au moment de l'exercice d'extraction de la dérive, a lâché... le radar pendouille... il faut que j'essaie de le sauver.

ex

Physiquement, avec les vents instables, c'était dur, sans compter la tension croissante à cause de Mich qui restait cramponné devant nous. À chaque journée qui s'écoulait et nous rapprochait de la ligne d'arrivée, la vie à bord me paraissait devenir de plus en plus dure. Mais ces vents puissants constituaient à bien des égards une bonne nouvelle, car je me suis attachée à veiller sur *Kingfisher*, en passant beaucoup de temps sur le pont, histoire de vérifier qu'il ne se créait pas de nouveaux problèmes. Par gros temps, c'est très facile de rester calfeutré dans la chaleur de son habitacle et de laisser le bateau avancer en martelant les vagues, mais je n'aurais jamais pu m'y résoudre. S'il arrivait à *Kingfisher* de se sentir mal à l'aise, je ressentais tout de suite la même chose, et je sortais de là à la vitesse de l'éclair pour prendre un ris ou rouler le foc, ou encore modifier un peu son angle d'attaque des vagues pour voir si ça faisait une différence. Souvent, quand il décollait sur les vagues, je me surprenais à donner une tape sur le roof ou à lui crier : « Vas-y, mon garçon ! Tu peux y arriver ! » Nous étions en mission, nous naviguions au maximum de nos possibilités — Mich était à cent vingt-deux milles devant — mais il nous en restait encore mille à parcourir. La course était loin d'être terminée et nous étions loin d'avoir laissé tomber.

Le monde extérieur n'a pas eu conscience de ce qui s'est produit quand, à 17 h 22, le mercredi 7 février, *Kingfisher* a cassé l'étai de génois, l'un des deux câbles indispensables à la tenue du mât, et qui l'empêchent de basculer en arrière. Même si c'était moins dramatique que la collision avec le conteneur, c'était en fait la plus importante menace qui ait jamais plané sur notre capacité ou non à finir cette course. La possibilité de ne pas arriver au bout du tout avait quelque chose d'effrayant, et j'étais aussi atteinte par cette avarie que *Kingfisher* l'était au plan matériel. C'était à peu près le pire incident qui nous soit arrivé, car il privait le mât de son intégrité structurelle. Il n'était pas tombé, mais il subsistait un risque avec lequel nous allions devoir vivre jusqu'à ce que nous soyons parvenus au terme de la course. La résistance du génois maintenait l'étai en place, mais le mât en carbone de vingt-sept mètres de hauteur avait perdu un tiers de ses soutiens longitudinaux avant, nous ne serions donc plus en mesure d'utiliser nos voiles les plus importantes, et nous ne naviguerions plus à cent pour cent.

J'étais complètement anéantie. Avec ce claquement sinistre et menaçant, à l'instant où l'étai avait cassé, nos dernières chances de battre Mich dans le Vendée Globe venaient de s'envoler et, à moins qu'il ne rencontre à son tour un obstacle imparable, il ne nous restait plus d'autre choix que de nous acheminer tant bien que mal jusqu'à la ligne d'arrivée, en préservant le gréement estropié de *Kingfisher*, et en espérant pouvoir rester devant Bilou. Mais si le mât s'écroulait, nous perdrions pratiquement toute chance de nous accrocher à notre deuxième place dans le Vendée Globe, ou même de finir la course. Je me sentais comme si quelqu'un venait de me faucher les deux jambes.

Ces quatre derniers jours de course ont été parmi les plus exténuants moralement. Pendant plus de vingt-quatre heures, j'ai navigué avec deux ris dans la grand-voile et le solent, soit la moitié de la surface de toile que nous aurions sortie en temps normal. Nous n'avancions pas plus vite qu'un bateau moitié moins grand que *Kingfisher*, qui se laissait ballotter par les vagues sur lesquelles il aurait dû surfer. Ça me tuait de voir ça.

Je savais que sortir plus de voiles comporterait de gros risques et, si nous déployions toute la puissance du gennaker, la moindre rafale suffirait à faire peser sur le mât une menace fatale, mais je ne pouvais pas supporter ce spectacle plus longtemps.

Ma décision de naviguer sous gennaker était assez peu logique. Une nouvelle dépression était en chemin, celle qui allait nous emmener jusqu'à la ligne d'arrivée, mais j'étais déterminée à remonter aussi près de Michel que possible. Après un dernier coup de téléphone aux fabricants du mât, je suis montée sur le pont et j'ai envoyé le gennaker, et tandis que je le bordais pour exploiter la force du vent, *Kingfisher* a décollé de l'eau. J'ai poussé un soupir et un hurlement de soulagement et de plaisir quand je l'ai vu de nouveau bondir en avant.

Grosso modo, ces derniers jours ont été un long bord de portant qui nous a permis de doubler le cap Finisterre avant d'entrer dans le golfe de Gascogne. Il y avait aussi des bateaux dans les parages, un spectacle bienvenu, qui m'a brièvement rappelé l'époque de Hull et de la rivière Humber. Et j'ai aussi croisé un avion, qui volait au-dessus de nous pour prendre des photos. C'était une expérience étrange, tandis que nous dévalions les vagues en direction de l'arrivée — lors de son dernier passage, il a battu des ailes, et je me suis rendu compte que cela faisait bien longtemps que je n'avais plus vu un geste humain.

Au cours de ces dernières journées, j'ai reçu un long mail très touchant de Catherine Chabaud. Elle était en septième position, et me confiait qu'elle trouvait le rythme de la course extrêmement rapide, mais elle était contente d'y avoir une nouvelle fois pris part. Plus tard, un de ses étais a cassé à son tour. Incident pénible, car elle a instantanément démâté et, alors qu'elle ne se trouvait plus qu'à quelques centaines de milles, elle n'était plus en mesure d'achever la course.

Je me sentais surexcitée, mais en même temps de plus en plus agoraphobe au fur et à mesure que nous approchions des côtes françaises. J'éprouvais au fond de moi une douleur qui me faisait de plus en plus souffrir. Mentalement, j'étais lessivée, physiquement, j'étais éteinte, et d'ici quelques heures Michel Desjoyeaux allait couper la ligne d'arrivée, emportant la première place du Vendée Globe 2000/2001. Bientôt, il n'y aurait qu'un seul et unique vainqueur de cette course autour de laquelle toute mon existence avait tourné depuis ces quatre dernières années, et nous aurions beau essayer de toutes nos forces, ce vainqueur, ce ne serait pas nous. J'ai parlé avec Mark des dispositions à prendre, mais nous nous sommes tous deux efforcés de ne pas évoquer l'arrivée imminente de Mich — en apparence tout se passait comme si cela ne comptait même plus. Pourtant, plus tard, quand j'ai appelé Ian, je n'ai pas pu réprimer mes émotions plus longtemps. J'ai d'abord commencé par me rendre responsable de tout ce qui était allé de travers, en regrettant de ne pas pouvoir remonter dans le temps et tout reprendre à partir de la position que nous occupions à quelques centaines de milles au sud de l'équateur. Si seulement j'avais pu revivre ces moments, avec le recul ! Pour la première fois de la course, Ian n'avait pas l'air de me comprendre, nous étions incapables de nous entendre, et alors que je tempêtais et divaguais au téléphone, j'ai entendu éclater les feux d'artifice saluant l'arrivée de Mich, et je me suis rendu compte que ce n'était pas seulement moi qui perdais cette course — nous l'avions tous perdue. Toutefois, le désespoir de Ian m'a remise d'aplomb, car je me suis aperçue que cette fois, c'était lui qui avait besoin de mon soutien.

En un certain sens, une fois que Mich a eu franchi la ligne d'arrivée, la douleur s'est comme désintégrée. J'étais située deux cent quarante-trois milles derrière lui, et maintenant j'étais contente de me situer à cette distance. Subitement, je me suis sentie comme enrichie de me trouver encore sur cet océan magnifique et sauvage. Notre combat était terminé, nous n'avions plus qu'à rentrer à la maison. Il n'y avait plus de décisions tactiques à prendre, et nous n'avions plus de concurrents sur nos talons. Bilou était à quatre cents milles derrière nous, après une traversée difficile de la zone des hautes pressions des Açores. À présent, nous avions une petite brise qui nous venait du nord et, chose surprenante, une mer d'huile. J'ai parcouru le pont de *Kingfisher* pour tout contrôler et j'ai remarqué que le feu de route tribord était en panne. Je suis descendue sortir une ampoule, j'ai emporté le tournevis avec moi pour retirer le capot étanche. Je voulais que le bateau ait la plus belle allure possible, pour l'arrivée. J'étais assise sur le balcon avant quand j'ai entendu un caquètement familier, et j'ai regardé dans l'eau pour y découvrir les formes luisantes d'un couple de dauphins. J'en ai poussé un petit cri d'excitation et j'ai éclaté de rire à les voir jouer si magnifiquement sous le bout-dehors de *Kingfisher*.

J'étais assise là, à m'imprégner de tout ce qui m'entourait, et j'ai levé les yeux vers le ciel splendide, illuminé d'étoiles, ce dôme gigantesque tapissé de points scintillants qui, d'une certaine manière, nous protégeait comme il l'avait fait au cours des quatre-vingt-treize journées qui avaient précédé. J'étais certaine de voir là plus d'étoiles que je n'en avais jamais vu de ma vie et, tout en regardant le grand mât de *Kingfisher* glisser sous cette voûte, je me suis penchée en avant et j'ai posé la joue contre l'étoffe fraîche et humide de son génois enroulé qui se balançait sur son étai dans un mouvement peu naturel. S'il y eut jamais un moment tout proche de résumer ce que nous avions traversé, c'était bien celui-là.

Pour essayer d'arrêter mes larmes, j'ai penché la tête par-dessus le balcon avant, histoire d'observer les dauphins, mais avant que leurs silhouettes profilées ne réapparaissent, je n'ai vu que le reflet du plus beau bateau du monde. Je m'y sentais mieux que dans tous les endroits où j'avais vécu au cours des sept dernières années, et durant les douze mois que je venais de vivre, dont plus de la moitié en mer avec lui. J'ai renoncé, j'ai cessé de résister et j'ai pleuré de plaisir pur, et j'ai regardé mes larmes tomber à la surface de l'eau.

S'il a jamais existé un paradis, alors ce doit être ici.

17

Nous nous dirigions vers la foule, et c'est à peine si mes pieds touchaient le ponton. Je me suis retrouvée immergée au milieu de centaines de journalistes, que je connaissais pour la plupart, mais leurs visages se perdaient dans la masse. J'ai quand même pu repérer autour de moi de grands gaillards qui portaient des vestes Kingfisher. Je supposais qu'il s'agissait des gardes du corps que l'on m'avait annoncés, mais il me paraissait curieux de ne même pas connaître leurs noms. L'un d'eux se tenait à côté de moi et il avait un bras autour de mon épaule. Il s'est mis à me parler et, bien que je ne me souvienne pas de ses propos, noyés dans la folie du moment, je sais que c'étaient des paroles gentilles qui dans ces circonstances m'ont semblé extrêmement amicales. Toutefois, je sentais la tension dans sa voix, et je me suis rendu compte qu'il tremblait. Je me suis tournée pour voir son visage, et j'ai lu le stress dans le bref regard que nous avons échangé. Il m'a serrée si fort, sur ces quelques centaines de mètres de ponton où nous avons été quasiment étouffés par la foule, que je pouvais à peine respirer. C'était la première fois de ma vie que je me trouvais sous protection rapprochée.

Alors que nous pressions le pas, je sentais très fortement la présence de *Kingfisher* derrière moi. Lorsque mes mains se sont éloignées de son plat-bord arrondi, humide et frais, j'ai su que tout était fini. Nous avions réussi, mais c'était fini.

J'étais subitement plongée dans un monde qui avait continué de tourner pendant mon absence, et moi j'avais pour ainsi dire grandi à l'écart. J'ai vu *Iduna* amarré le long du quai et j'ai essayé de m'arrêter, mais ce mouvement de foule était incontrôlable. En l'espace de quelques secondes, j'ai été entraînée. Pour être honnête, en cet instant où je posais le pied sur la terre ferme pour la première fois, je n'ai rien remarqué. En fait, c'est à peine si mes pieds touchaient le sol. Nous nous sommes engagés sur les passerelles conduisant au village du Vendée Globe et j'ai entendu, puis j'ai vu, la foule des gens massés le long des barrières. J'avais conscience d'avoir les yeux rouges, mais j'étais réconfortée par le fait de pouvoir encore apercevoir *Kingfisher*. Seules quelques personnes tournaient encore autour. Je me sentais tellement triste qu'il reste là-bas — comment pouvais-je l'abandonner comme ça ? Il était seul.

Pendant que nous nous acheminions vers le podium, des gens hurlaient, criaient, et puis la foule s'est déchaînée quand je me suis approchée des marches. Je n'ai rien pu faire d'autre que de saluer de la main et de sourire — je ne me sentais absolument pas à ma place, et encore plus perdue quand on m'a tendu le micro. *Kingfisher* n'était pas avec moi. Je ne pouvais pas m'accrocher à lui, ni me réfugier à l'intérieur. Là, sur ce podium, en attendant d'être interviewée, je me sentais franchement seule moi aussi.

Les projecteurs étaient si puissants que je ne distinguais pas vraiment les centaines de milliers de personnes rassemblées devant moi. Dans mon dos, il y avait un mur d'écrans vidéo qui affichaient mon visage, sûrement dix fois grand comme moi, sur lequel on pouvait lire toutes mes émotions. Lorsque les questions ont commencé, j'ai songé à l'accueil que l'on m'avait réservé. Je me sentais redevable envers tout le monde ici, envers chaque personne qui était venue me voir ce soir-là. Nous avons commencé en français, et puis on m'a demandé si j'aimerais dire un mot à tous les Anglais présents. Tout en parlant, j'ai jeté un coup d'œil vers *Kingfisher*. J'apercevais la petite lampe-flash qui clignotait au sommet du mât, comme s'il souhaitait me signaler qu'il allait bien. Mes yeux se sont remplis de larmes et ma voix s'est brisée. J'ai souri à la foule, j'ai fait un signe de la main pour la remercier, et puis je me suis retournée pour redescendre l'escalier.

Le moment était venu de revoir enfin ma famille, mais nous étions en retard sur le programme, et la conférence de presse attendait. Cela m'a semblé bizarre, après un si long éloignement, de passer si peu de temps avec ceux que j'aimais — c'était à la fois précieux et complètement irréel. Je me suis rendu compte à quel point nos vies s'étaient éloignées pendant ces trois mois. J'étais là, en polaire, en bottes et en pantalon de ciré, sans portefeuille, sans argent ou téléphone portable. J'avais les mains encore endolories, couvertes de plaies et, pendant ces trois mois, je ne m'étais pas vraiment lavée. Maman m'a remis une lettre de Gran, et cette lecture m'a ramenée directement dans le Derbyshire.

> *En écrivant cette lettre, je ne sais pas qui est le vainqueur de la course du Vendée Globe. Dans mon cœur, il n'y a qu'un vainqueur — toi, ma très chère Ellen. Ta détermination et ton courage ont touché le cœur du public du monde*

entier. Navrée de ne pouvoir être à tes côtés en
cet instant mémorable. Je serai avec toi en pen-
sée et j'attends impatiemment de te serrer dans
mes bras et de t'embrasser.

Juste avant de partir, j'ai reçu un coup de fil du Premier ministre, Tony Blair. Au point où j'en étais, rien ne m'étonnait plus, j'avais l'impression de vivre dans une bulle et de regarder au-dehors tout ce qui défilait devant moi. J'attendais que Mark me dise où aller, et quand. N'ayant aucune idée de ce qui se passait (ce qui contrastait nettement avec ma situation des heures précédentes…), je me sentais totalement dépendante des autres. En chemin pour la conférence de presse, j'ai demandé si je pouvais me rendre aux toilettes et je me souviens de m'être assise, d'avoir posé la tête sur mes genoux et d'avoir respiré plusieurs fois à fond. J'ai soupiré de soulagement devant ce silence momentané, et j'ai souri à l'idée de ce siège confortable, un confort quelque peu déroutant : c'était la première fois que je m'asseyais sur une lunette de toilettes depuis trois mois.

Deux jours plus tard, j'ai assisté à ma première arrivée d'un concurrent du Vendée Globe, depuis notre zodiac. Bilou fonçait vers la ligne d'arrivée, il venait tout juste de battre le record de vitesse en solitaire sur vingt-quatre heures. Je n'oublierai jamais l'apparition de sa voile minuscule à l'horizon et ensuite, à mesure qu'il approchait, l'expression de joie pure de son visage. Il y avait des bateaux partout, venus l'escorter, et le son des binious a retenti sur l'eau. Comme il est entré dans le chenal en plein jour, on voyait parfaitement la foule des gens alignés le long du port pour l'acclamer. Il était debout à l'avant de son bateau rouge vif, avec son fils, et ils tenaient tous les deux une torche à la main. À bord de notre zodiac se trouvait un journaliste TV français, Yves Pélissier, qui avait publié l'interview de moi, à Plymouth, où était née l'expression « À donf». Il s'est tourné vers moi et m'a dit : « Maintenant, il faut aussi que tu veilles sur Mark. » Sur le moment, je ne suis pas certaine d'avoir saisi toute la portée de sa remarque, mais rétrospectivement j'ai compris qu'il savait ce qu'il en était — il avait couvert tous les Vendée Globe.

Juste avant que Bilou n'atteigne le ponton, nous sommes allés chercher toute la famille sur le rivage et nous nous sommes arrêtés le long de son bateau. Papa l'a appelé et Bilou s'est approché. Il s'est penché pour serrer la main de papa, et papa lui a tendu les siennes, et il l'a étreint comme s'il le connaissait depuis toujours. Je ne suis même pas certaine qu'ils s'étaient jamais adressé la parole avant cette minute. Roland Jourdain est un type unique. Mich, vieil ami de Bilou, était là lui aussi, et tandis que *Sill* se faufilait dans le chenal, nous sommes montés à bord ensemble et nous avons soulevé Bilou sur nos épaules.

Depuis l'arrivée, Mich et moi nous étions plusieurs fois parlés et, quand on lui avait demandé, lors de la conférence de presse, ce qu'il pensait de la «petite Ellen», il avait tenu des propos très touchants, réfléchissant à haute voix pour déclarer : «Je ne suis plus très sûr de ce que j'ai fait depuis dix ans.» La colère que j'avais focalisée sur lui pendant la course avait disparu. Et plus tard cette même année, il m'a approchée et s'est excusé d'avoir alimenté la rumeur selon laquelle j'avais reçu de l'aide extérieure dans la transat anglaise. Pour moi, ça a été très important de l'entendre me dire ça, même si le choc que j'avais ressenti quand Ian m'en avait parlé m'avait probablement sauvé la mise. C'était un épisode qui m'avait rongée, et j'étais contente de pouvoir l'enterrer.

Avec la fin du Vendée Globe, ce n'est pas seulement ma vie qui s'est trouvée profondément transformée. Le lendemain de l'arrivée, deux articles virulents sont parus sur Mark dans la presse française. Les gros titres laissaient entendre que j'étais l'innocente Ellen qui, au fond, s'était laissée « piloter » par les « monstres ». La lecture de ces propos nous a tous blessés. Et le spectacle du chagrin de Mark dans ses yeux fatigués, à un moment qui pour lui aurait dû être euphorique, avait quelque chose de tragique. Tout au long de la course, et même des années qui l'avaient précédée, nous avions attendu impatiemment ces moments d'après-Vendée Globe, où nous pourrions fêter ça, rire et nous amuser ensemble, débarrassés du stress. Mais maintenant que ce moment était arrivé, Mark et moi n'étions pas en mesure de partager notre succès. Même si, de mon côté, cette sensation était noyée dans le flot constant des obligations et des voyages, je n'avais pas le temps de m'arrêter pour réfléchir aux répercussions éventuelles. J'étais en première ligne, et pour l'heure loin d'être dans une dynamique, tant sur le plan de la pensée que sur celui de l'action. Mark, en revanche, se trouvait évidemment dans une position plus difficile : son Vendée Globe lui avait été confisqué, et il avait été confronté à une mission impossible — tâcher de satisfaire tout le monde, s'efforcer d'agir au mieux quand on nous adressait deux fois plus de demandes que nous ne pouvions physiquement en assumer. Il devait constamment s'exprimer en deux langues, et tout cela alors qu'il était totalement épuisé — comme moi.

Je reste sidérée par les événements qui se sont déroulés durant ces quelques journées de frénésie médiatique — nous désirions du fond du cœur que le monde soit tenu au courant de ce qui se passait, mais manifestement il fallait en payer le prix. Je me rappelle l'une des rares occasions où je me suis promenée avec lui, alors qu'il répétait pour la troisième fois à une équipe de télévision qu'elle ne pouvait franchement pas me suivre toute la journée. C'était deux jours après mon arrivée et je n'avais pas passé plus d'une heure avec ma famille. Les gens n'avaient pas l'air de comprendre que j'avais besoin de leur consacrer un peu de temps dans l'intimité. Est-ce que cela n'allait pas de soi ? Soudain, j'ai eu l'impression que ma vie, et de plus en plus celle de mes proche, finissaient par être entièrement à la disposition des autres. À dater de ce jour, mon existence avait bel et bien changé.

Notre retour en Grande-Bretagne a été comme un choc que j'ai ressenti physiquement. Je m'étais imaginé que quelques bateaux seraient là pour nous accueillir, mais j'ai été stupéfaite de découvrir des ferries affrétés pour l'occasion, des hélicoptères et des remorqueurs qui étaient sortis assister à notre arrivée. Alors que nous nous dirigions vers le chenal de Southampton Water, les types du terminal pétrolier ont déclenché les sirènes sur notre passage, et nous ont fait des signes de la main depuis les jetées. J'étais réellement touchée et je leur ai répondu du plus grand geste des bras que j'ai pu. « Bienvenue à la maison, mon garçon », ai-je dit, et j'ai administré à *Kingfisher* une petite tape sur le bout-dehors.

Les abords de la marina étaient noirs de monde, et presque toute cette foule agitait de petits drapeaux Kingfisher. J'étais debout sur la plage avant et, comme je l'avais fait aux Sables-d'Olonne, j'ai allumé un feu à main pour envoyer mille mercis à tous ceux qui étaient venus. Il y avait beaucoup de visages familiers, tous souriant et qui m'acclamaient, et notamment l'un d'eux que je ne pouvais manquer — c'était Brian Pilcher, dont l'enthousiasme, la première fois que j'avais présenté mes projets de tour d'Angleterre, avait tant pesé dans la balance. J'ai sauté du bateau et j'ai couru tout droit dans ses bras. Il était là avec sa fille et sa petite-fille de trois ans qui, malgré toutes ces manifestations de surexcitation, ne s'est nullement laissé impressionner, si ce n'est par ma salopette jaune tout usée. Son seul commentaire a été : « Jolie salopette ! »

Au cours des quelques jours qui ont suivi, je sentais bien que j'étais épuisée, prête à craquer — et cet état limite resterait le mien quasiment toute l'année. Je puisais dans mes réserves d'adrénaline la force de sourire et l'énergie de répondre aux interviews et de continuer d'avancer, tant bien que mal, en fonctionnant avec un minimum de sommeil, et en livrant mes réflexions devant les caméras, de l'Allemagne aux États-Unis. Ian a été génial, il a effectué tous ces voyages avec moi, permettant ainsi à Mark de faire face aux pressions immenses auxquelles nous étions soumis pour satisfaire à toutes ces exigences.

J'aurais dû profiter de cette période pour prendre des vacances, mais il m'était impossible de m'arracher à tout ça. Un jour sur deux, il y avait des bateaux qui franchissaient la ligne d'arrivée, et je m'étais promis d'être présente pour en accueillir le plus grand nombre possible. Ian et moi avons pris plus d'avions entre Nantes et Londres que les gens normaux n'en prennent certainement dans toute une vie — c'était de la folie. Nous avons vu un Mike Golding triomphant s'adjuger une incroyable septième place après tout ce qu'il avait traversé, remontant toute la flotte et terminant de peu devant deux autres 60 pieds. Yves, qui finissait treizième avec son mât de fortune, a fait forte impression. Quand je suis montée à bord, avec sa famille et ses amis, pour remonter dans le chenal, il m'a fait goûter quelques-unes de ces algues qu'il avait mises à sécher pour son voyage du retour. Ce n'était pas si mauvais, mais la consistance était épouvantable. C'était vraiment une histoire incroyable !

Chaque fois que je passais au bureau, je trouvais encore une pile énorme de coupures de presse. Je n'arrivais pas à croire que les gens puissent écrire autant. Les demandes affluaient de toutes parts, ainsi que des messages en tous genres concernant des bières ou des montagnes qu'on avait baptisées de mon nom — et même un petit pois, ce qui m'a rappelé mon grand-père, si fier des siens. Toutes sortes d'articles paraissaient dans les journaux, depuis ce gros titre : « Ellen sera millionnaire », jusqu'à un papier surréaliste prétendant que j'avais été suivie à la trace par un homme qui avait nagé avec moi tout autour du globe ! On me posait régulièrement des questions sur Ian et ma famille, et maman et papa ont dû s'habituer au fait que des journalistes appellent à la maison et se présentent à leur porte. Je dois dire qu'ils ont affronté tout cela avec beaucoup de courage, et pourtant je n'avais jamais eu l'intention de les impliquer dans toute cette histoire, pas plus que de devenir célèbre moi-même. C'est juste que j'adore mon sport, et que je veux viser la perfection.

Un après-midi, j'ai trouvé le temps de faire un saut dans un studio de montage pour une projection d'un premier bout à bout du documentaire réalisé par la BBC. Quand ça a commencé, je me suis installée en tailleur sur le fauteuil, j'ai regardé fixement l'écran, et le silence s'est instauré. Pour la première fois, j'ai entendu ce que les autres avaient dit à mon départ, et j'ai vu leurs expressions. J'ai assisté au moment où j'ai embrassé papa et maman pour leur dire au revoir, et je me suis rendu compte, alors même que nous étions entourés de caméras, que je ne gardais aucun souvenir de leur présence à cet instant. Lorsque je me suis éloignée, ils ont échangé ces regards qui en disaient long, et ensuite papa a brièvement regardé par terre, puis il s'est tourné vers maman pour puiser en elle de la force. Elle lui a répondu par un sourire d'encouragement, un sourire qui était loin d'être joyeux, comme on peut l'imaginer. J'ai été quasiment traumatisée par l'impact sur mon entourage de mon départ pour une course aussi colossale. À cet instant, une phrase de papa illustrait l'image : « Vous ne pouvez pas vous préparer à tout ce que votre fille va entreprendre… Vous pouvez être en désaccord ou la soutenir, l'accompagner, mais au bout du compte vous ne pouvez pas vous y préparer. »

J'étais extrêmement reconnaissante à papa et maman de m'avoir encouragée à me lancer à la poursuite de mes rêves. Il aurait été beaucoup plus facile pour eux de me dire non d'emblée.

Ensuite, alors que *Kingfisher* s'éloignait du quai, on a posé à Mark cette question :

— Alors, pour elle, dans cette course, quel est votre objectif ?

— Qu'elle revienne. Saine et sauve. Qu'elle termine…

Et j'ai vu ses yeux se remplir de larmes lorsqu'il a détourné la tête.

— La place d'Ellen est en mer, et la place du bateau, c'est aussi en mer. Plus tôt ils seront là-bas, mieux ça vaudra, et j'ai une énorme confiance dans ce tandem, une fois qu'ils seront au large.

En mai, quelques semaines seulement après l'arrivée de Pasquale au terme de cent cinquante-huit jours de mer, nous sommes retournés aux Sables-d'Olonne pour la cérémonie officielle de remise des prix. Je ne m'étais pas réellement attendue à un événement de cette envergure, attirant des foules pareilles. Lorsque je me suis présentée pour ma première interview télévisée, j'ai tourné les yeux vers la plage, et j'ai vu des projecteurs, des haut-parleurs suspendus à deux énormes grues, et une grande scène montée sur pilotis. On aurait pu croire à un concert en plein air.

Ce soir-là, après le dîner, nous étions conviés sur la plage pour la présentation. Il faisait presque nuit, et le décor était terriblement impressionnant. Il y avait des milliers et des milliers de personnes massées le long de la plage, impossible de savoir combien au juste. Il y avait aussi deux écrans immenses dressés de chaque côté de la scène, sur lesquels étaient projetées des images vidéo de plus de dix mètres de hauteur. L'atmosphère était électrique. J'étais là, debout, en train de regarder ces vidéos, et mes genoux tremblaient. Pipo, Mathilde et Pilou étaient là eux aussi, ils étaient venus me saluer. Pilou serrait contre lui son ballon de football, qui devait être au moins moitié aussi grand que lui, et Mathilde avait l'air fier et heureux. Quand on m'a appelée vers la scène, j'ai embrassé Ian et je me suis dirigée vers la plage. La foule était derrière les barrières, les mains tendues vers nous. Un homme m'a brandi une photo prise juste après l'arrivée. Je l'ai glissée dans la poche intérieure de ma veste. J'ai lu plus tard ces quelques mots inscrits dessus : « Ellen, merci de nous avoir aidés à rêver. »

Tous les skippers ont été invités à monter sur scène ensemble. La vidéo continuait de projeter des images de nous prises pendant la course. Je n'en avais vu que quelques-unes, et j'ai été frappée d'entendre les voix des autres concurrents, si joyeuses ou si tristes, des voix si fortes et si sûres d'elles-mêmes. Soixante mille spectateurs étaient là, médusés. À la fin de la projection vidéo, la musique a débuté et les éclairages ont diminué d'intensité. Dans le public, une personne sur deux a allumé une lampe de poche et l'a lentement balancée devant nous. L'animateur nous a annoncé : « C'est pour vous, ils font ça pour vous. » C'était une manière magnifique de nous témoigner leur gratitude.

La sensation la plus merveilleuse, partagée, je le sais, par les vingt-quatre skippers présents, c'était que nous étions tous là pour raconter notre course. Peu importait que le voyage ait été long ou bref, nous avions atteint notre but, tout le monde était rentré sain et sauf. Nous avons allumé des fusées que nous tenions à bout de bras, et la musique est allée crescendo. Chaque skipper, qu'il soit allé au bout ou qu'il ait abandonné, du premier au dernier, conservait des souvenirs si forts de cette course hors du commun ! J'étais triste de n'avoir pu assister à l'arrivée de tout le monde. J'avais manqué Joe, Patrice, à bord d'*Aqua Quorum* rebaptisé, Didier, Marc et Bernard à bord de *Voilà*. J'avais aussi raté Raphaël Dinelli et Thierry Dubois, qui avaient tous deux terminé la course, mais ne s'étaient pas classés. Mais en passant une dernière fois tous ces visages en revue sur la scène, je me suis rendu compte que j'avais loupé une autre arrivée, et pourtant j'aurais difficilement pu déployer davantage d'efforts pour la voir. Avec l'éclatement du dernier feu d'artifice, qui retombait en pluie au-dessus de nous, avec la puissante bande-son qui jaillissait des haut-parleurs, je me suis détournée des caméras, submergée par l'émotion, pour la première fois de cette soirée. J'avais raté l'arrivée dont je me souviendrai toujours et que je regretterai toute ma vie, celle de l'homme assis juste à ma droite : Michel Desjoyeaux.

J'ai eu du mal à faire face à la reconnaissance publique qui a suivi le Vendée Globe. J'étais particulièrement déroutée par les gens qui me deman-

497

daient : «Qu'est-ce que tu comptes faire pour rester sous les feux de la rampe ?» Si bien intentionnés soient-ils, ils ne comprenaient pas : je n'avais jamais entrepris tout ça pour devenir célèbre, cela n'a jamais été mon objectif, je voulais simplement courir autour du monde. Des amis ont cessé de me téléphoner car ils avaient le sentiment que leur appel ne serait plus le bienvenu, et ensuite ils ont eu l'air sincèrement stupéfaits que je les appelle de mon côté pour leur dire bonjour. Je sentais vraiment que ce n'était pas moi qui avais changé, mais tous les autres.

Pourtant, à aucun moment je ne me suis sentie l'envie de revenir en arrière. Simplement, je savais que j'allais devoir m'adapter, et faire en sorte d'avoir autour de moi des gens capables de comprendre à quel point c'est dur, quelquefois. Peu de gens réalisent la difficulté d'être tout le temps obligée de sourire et d'avoir un air heureux quand on est fatiguée, épuisée, ni à quel point il est intimidant d'entrer dans une pièce que l'on sait remplie de gens qui ont envie de vous parler. J'ai pu constater en mer quel état mental, quelle limite on peut atteindre — et là j'ai eu l'impression de me battre pour être tout simplement moi.

Le côté le plus difficile, c'était de ne pas pouvoir faire ce que je voulais. Après une aussi grande course, je n'avais envie de rien d'autre que de m'éclipser et de m'effondrer, mais j'avais des obligations. En franchissant la ligne d'arrivée, je me disais que ça n'avait aucune importance de ne pas dormir pendant un mois, car le boulot était fait. En fait, le boulot était loin d'être terminé et, à bien des égards, il venait à peine de commencer. Durant l'été 2001, j'ai été tiraillée en tous sens, mais j'étais bien forcée de continuer. Je devais être infernale à vivre, car je passais mon temps à piquer des colères, j'étais incapable de me détendre, à cause de tout ce que j'avais à faire et du manque de temps pour le faire. Nous avions réservé trente-quatre jours pour écrire ce livre, qui devenait l'une de mes principales causes d'exaspération. Depuis l'enfance, j'avais envie d'écrire, mais à présent je me sentais écrasée par la tâche. Il devenait de plus en plus évident que je ne disposais pas d'assez de temps. Une solution possible aurait été de faire écrire le livre par un nègre, mais j'en étais incapable — en fait, dans ma tête, je n'ai jamais envisagé cette éventualité. Rien qu'à cette pensée, Nan se serait retournée dans sa tombe !

Tout prenait des proportions démesurées. J'avais terriblement besoin d'une journée de congé, mais la seule pensée de ne pas consacrer mon moindre moment de répit à écrire était encore plus stressante. J'avais besoin de reprendre la maîtrise de moi-même et de pouvoir cesser d'écrire une journée sans me torturer. Un soir, chez Ian, j'ai craqué. J'étais si démoralisée que j'ai tapé du poing sur les marches de l'escalier en fondant en larmes, à force de frustration. J'avais le sentiment que ma vie m'échappait sans que j'y puisse rien. Je savais que Ian, après avoir passé tant de temps avec moi, comprenait la gravité de la situation, et s'attendait à ce que je craque. Il se sentait impuissant, lui aussi, car ses avertissements aux autres étaient vains, sous cette tension permanente. Il m'a laissée piquer ma crise, après quoi j'ai eu besoin de disparaître et suis partie marcher dans les rues de Londres.

À chaque présentation publique, ou chaque interview, en relatant mes aventures, je puisais dans mes réserves émotionnelles. Et alors que je me sentais de plus en plus sur la défensive, quel que soit l'angle sous lequel je considérais les choses, un aspect demeurait bien clair — c'était moi qui avais choisi d'être là où j'étais. J'avais eu de la chance, mais à présent j'étais confrontée à un dilemme : j'avais une envie insondable de partager ce que j'avais traversé, mais je finissais par penser qu'il ne me resterait bientôt plus rien à donner. La demande était telle que pour m'en sortir je savais que j'avais besoin de me régénérer.

Petit à petit, la situation s'est dégradée avec Mark aussi. La tension constante sous laquelle nous vivions tous deux depuis presque cinq ans avait pour la première fois l'occasion de se révéler, car dans la situation actuelle, nous devions plus réagir qu'agir. En dépit de la fatigue, avant le Vendée Globe les choses étaient plus faciles. Nous poursuivions un objectif commun, qui nous avait permis de mettre de côté les tensions qui avaient pu se développer : pour l'essentiel notre relation demeurait telle qu'elle était à ses débuts. Les choses étaient destinées à changer entre nous, et l'occasion de découvrir que la transformation serait douloureuse fut le départ de Mark avec Dana pour des vacances d'une importance vitale, et maintes fois reportées.

Même si Ian et moi espérions partir ensemble quelque temps, c'était absolument impossible. Je ne pouvais pas me permettre de travailler par intermittence sur mon livre, je m'étais engagée à l'écrire, et malgré mes envies de pause j'ai décidé de rester chez Ian, à Londres. Autant que je me souvienne, c'était la première fois que je restais en place au même endroit aussi longtemps.

Tout le monde disait me comprendre, mais le rythme ne s'améliorait pas, pas plus que mon état mental. J'essayais de récupérer, non seulement après cinq années de dur labeur, mais aussi au terme de trois mois d'une fatigue insondable. Mais je ne pouvais pas décrocher. Tous les jours, les demandes affluaient, depuis les interviews jusqu'aux remises de prix ou de récompenses et aux émissions de télévision, et je voulais chaque fois faire de mon mieux. Tout le monde insistait en affirmant qu'on n'avait besoin de moi qu'une heure ou deux, et qu'on ferait tout pour rendre les choses le moins pénible possible, mais si on vous demande de faire dix choses le même jour qui prennent toutes seulement quelques heures, la mécanique se grippe, tout simplement. Refuser allait contre nos principes, et c'était le plus difficile.

Un soir, j'ai même emmené toute la famille à une manifestation informelle dans l'espoir de passer un peu de temps avec les miens. Dès la fin du dîner, on m'a entraînée dans un coin et pendant deux heures j'ai dû signer des autographes. Finalement, ma seule planche de salut a été de partir m'asseoir dix minutes dans les toilettes — là, au moins, j'étais seule. Je me sentais dépendante des autres, et cela ne me ressemblait absolument pas, moi qui avais toujours été si indépendante.

Je savais que je ne pourrais pas continuer d'aborder chaque interview, chaque événement où j'étais attendue avec la même attitude positive. Ne pas pouvoir être en dix endroits à la fois me frustrait énormément, tout autant que de ne pas pouvoir dire oui à toutes les occasions qui s'offraient à moi. J'aurais voulu avoir tout le temps du monde — j'aurais amplement trouvé de quoi le remplir !

Plus que tout, j'avais besoin de retourner sur l'eau.

La semaine précédant le départ du Vendée Globe, Alain Gautier était venu aux Sables-d'Olonne et, le temps d'un repas, nous étions convenus de courir la transat Jacques Vabre ensemble, à bord de *Foncia*, son trimaran de soixante pieds — c'était cette même course que j'avais disputée avec Yves Parlier, moins de deux ans plus tôt. J'avais pour Alain un respect immense : il avait déjà joué un rôle clé dans le projet Kingfisher, et c'était formidable d'avoir un objectif pour cette année. La situation n'allait pas se calmer non plus sur le front Kingfisher proprement dit, avec un programme qui devait avoir pour point culminant l'EDS Atlantic Challenge, une course en cinq manches qui comprenait deux traversées transatlantiques.

Mais avant tout, il y avait le Challenge Mondial Assistance avec Alain, sur *Foncia*. C'était une manifestation exceptionnelle, qui m'a donné l'occasion de participer à ma première course vraiment très disputée sur un trimaran de soixante pieds. Alain disposait d'une équipe excellente et d'un bateau qu'il connaissait comme sa poche, ce qui laissait bien augurer de l'état d'esprit à bord. Les trimarans sont très différents des monocoques, misant sur leur largeur pour la stabilité et la puissance, et sur leur légèreté pour la vitesse. Ils pèsent presque deux fois moins lourd qu'un bateau comme *Kingfisher*, mais sont équipés d'un mât profilé qui mesure quelques mètres de plus. Pas besoin d'être un expert pour en déduire qu'ils atteignent des vitesses foudroyantes. La vie à bord est très différente, avec les vagues qui balayent les ponts en hurlant quand on les pulvérise, et l'espèce de capsule de survie de la coque centrale dans laquelle on vit. Ils sont nés de la recherche d'un concept de multicoques de course adaptés à la navigation en solitaire et, malgré le gain de performance incroyable qu'ils permettent, ils sont utilisés pour ces courses en solitaire. Cela fait partie des expériences dont je me souviendrai toute mon existence. Nous naviguions à des allures incroyables, et chacun de nous cinq avec un sourire éclatant de bonheur.

Nous avons vécu le final le plus serré qu'il était possible d'imaginer, au large des côtes espagnoles, alors que nous faisions voile vers la ligne d'arrivée. *Belgacom*, le trimaran de tête, était à un mille devant nous, mais nous allions plus vite et mieux qu'eux, nous avons réussi une manœuvre un peu différente, et avons franchi la ligne en tirant un dernier bord, juste quelques minutes avant eux. À bord, c'était l'euphorie — la puissance et la qualité du travail d'équipe avaient vraiment porté leurs fruits. Je me sentirai pour toujours redevable envers ces garçons. Si, tout de suite après le Vendée Globe, on m'avait demandé ce que je préférais, naviguer seule ou en équipage, j'aurais sans aucun doute répondu seule, mais à peine quelques mois plus tard, j'avais changé d'avis — naviguer avec mes camarades avait constitué l'une des meilleures expériences de ma vie, et j'étais très impatiente de recommencer.

À un moment précis de la course, j'étais assise seule sur la coque, du côté du vent, j'observais les côtes arides de la Méditerranée, et je me suis rendu compte que j'avais envie de continuer à naviguer en multicoque. Mentalement, cette décision était un tournant. Pour la première fois depuis que j'avais terminé le Vendée Globe, je sentais que j'exerçais une certaine maîtrise sur ma vie. Je sentais de nouveau cette passion en moi, et je souriais à l'espace infini devant moi. Je me remémorais ce que mon père avait déclaré lors d'une interview : « Ellen a envie de compétition, elle en a toujours eu envie — elle se battra pour finir cette course… »

Il avait raison. La course était loin d'être terminée.

En rentrant d'Espagne, j'ai décidé qu'il serait impossible d'achever le livre en 2001. J'étais en colère contre moi-même de ne pas avoir pris cette décision plus tôt, mais ça a été un soulagement énorme de ne plus avoir cette épée de Damoclès au-dessus de la tête. Cela ne voulait pas dire pour autant qu'il s'agissait là d'une décision confortable.

C'est avec le voyage vers la France, pour aller m'aligner au départ de l'EDS Atlantic Challenge, qu'est survenu un autre tournant majeur — à la fois la fin et le commencement de ma relation avec Mark. Durant la traversée, nous avions décidé de consacrer à peu près une heure à discuter de diverses questions qui le méritaient. Au cours des mois écoulés, nous avions eu peu de temps à passer ensemble, et cette traversée en ferry-boat semblait tout indiquée. Nous étions assis dans une cabine à quatre couchettes faiblement éclairée, à compulser les notes que nous avions pris tous deux, chacun de notre côté. Déjà fatiguée, je savais en plus que j'étais assez paumée. J'avais l'impression de ne plus rien pouvoir gérer. Le programme prévu était encore démentiel et, après ma décision de repousser l'achèvement du livre, je me sentais en panne. En plus, les commentaires que j'ai entendus après avoir reporté cette échéance m'ont mise en colère — je n'avais encore jamais essayé d'écrire un livre, et il était de plus en plus clair que tout le monde estimait que j'avais entrepris là une mission impossible. C'était assez dur à avaler, alors que je m'étais crevée à la tâche pour essayer de le terminer. Quand les gens me posaient la question, je répondais toujours que j'allais bien, mais rétrospectivement j'aurais préféré qu'on sache à quel point ça allait mal. Une fois parvenue au stade où j'ai admis que les choses tournaient au vinaigre, il était trop tard. J'avais atteint un point de non-retour et je ne savais pas comment le formuler. Quoi qu'il en soit, cette nuit-là sur ce ferry, ma colère s'est déchaînée avec toute sa force. Jamais auparavant, dans mon existence, je n'avais frappé personne, mais j'étais à bout, j'ai craqué et j'ai bourré Mark de coups, comme si j'essayais de le tuer. Je crois que c'était le seul moyen de communiquer qui me restait. Il n'a pas réagi, il a juste essayé de se protéger, jusqu'à ce que, finalement, je sorte de la cabine, le cœur et les tripes à l'envers. Je ne suis pas revenue et j'ai passé le reste de la nuit moitié dehors, blottie dans un coin du pont froid, à regarder les côtes anglaises disparaître, moitié recroquevillée sous les sièges du salon. Quel que soit l'endroit, de toute façon, je n'ai strictement pas fermé l'œil de la nuit. Je me sentais plus tourneboulée que jamais. Je cherchais une issue, je tâchais de trouver quelque chose à quoi me raccrocher.

Le lendemain matin, j'ai retrouvé Mark à la voiture, en silence. Durant le bref trajet, nous n'avons quasiment pas échangé un mot, mais lorsqu'il s'est garé sur le parking à côté de *Kingfisher*, il m'a dit : « Je ne sais pas ce que tu vas décider, mais je serai là, pour toi, même si c'est uniquement pour te servir de punching-ball. » Je me suis forcée à sourire, et il m'a souri en retour. Ensuite, il a ouvert la portière et il est parti. Même si, à la suite du Vendée Globe, je m'étais sentie étouffer, je saisissais à présent combien Mark avait souffert lui aussi.

J'ai tout de suite démarré et je suis allée directement stationner sur les falaises qui surplombaient la mer. Exactement cinq ans plus tôt, j'avais vingt ans, je fonçais dans la baie de Saint-Malo au terme de ma première course transatlantique, et j'avais justement dépassé cette pointe où je me trouvais à présent. Je l'avais de nouveau dépassée dans la Route du rhum, quand elle était couverte de centaines de milliers de personnes qui nous hurlaient leurs encouragements. Assise là, je me suis mise à concocter des projets pour l'avenir, et j'avais beau savoir que je n'avais jamais été aussi bas, j'avais encore cette passion chevillée au corps, et j'allais faire l'impossible pour la laisser s'exprimer à fond.

J'aimais la mer, j'étais attirée par elle, et mon travail, ma motivation, c'était la course en mer. Ma carrière ne faisait que débuter et pourtant, ici, j'avais le sentiment d'être arrivée au terminus. Je me suis efforcée d'être pragmatique, et j'ai passé et repassé en revue tous les choix qui s'ouvraient à moi. Après plusieurs heures de réflexion, j'ai fini par tomber de sommeil, alors j'ai verrouillé les portières et j'ai dormi.

Je crois que c'est pendant la course suivante que je me suis engagée sur la voie du rétablissement. Au début, c'était dur. La première étape, de France en Allemagne, a été la plus éprouvante. À bord, je me sentais prise au piège, comme si je ne m'entendais pas avec les garçons du bateau. Mais dans la deuxième étape, nous avons eu quarante-cinq nœuds de vent, ce qui a été parfait pour remettre les choses d'aplomb, et à partir de ce moment-là, la situation s'est améliorée. Nick Moloney, un Australien, était à bord. C'est lui qui avait veillé sur *Kingfisher* pendant tout le printemps, tandis que j'écrivais et, même s'il y avait peu de changements, il m'a fallu du temps pour refaire connaissance avec le bateau. Il avait déjà été difficile de l'abandonner, mais Nick était un type formidable et un bon ami — il avait même couru sur *Le Poisson* dans la Mini-Transat de 1999. C'était quand même rude de se retrouver à bord d'un bateau où j'avais pris l'habitude de m'occuper de tout moi-même, et de laisser les autres assumer leur part du travail. Avoir un équipage de quatre personnes qui rangent les choses à des endroits auxquels on ne s'attend pas et qui doivent stocker leurs affaires quelque part m'a demandé un gros effort d'adaptation, mais nous avons quand même arraché une deuxième place dans les deux manches, et c'est notre bon copain Bilou qui a enlevé la victoire !

Il y avait à bord un membre d'équipage particulièrement remarquable, en la personne de Mark, qui opérait son retour sur l'eau avec une revanche à prendre. Je crois que Mark a fini par apprécier le changement intervenu chez moi pendant cette course quand il m'a vue endosser les responsabilités du skipper. Ce retour sur l'eau lui faisait autant de bien qu'à moi, et cette course a sans aucun doute marqué le début de la reconstruction de notre relation.

Deux mois avant la transat Jacques Vabre, je me suis finalement échappée pour prendre des vacances avec papa et maman. Ils avaient loué un petit cottage dans l'île de Skye. Cette maison était située près d'un loch, avec une île, à environ un kilomètre et demi de la mer. Observer la campagne que j'avais sous les yeux me paraissait quasiment tenir du miracle, et voir la vitesse à laquelle Mac agitait la queue quand je suis descendue du ferry m'a immédiatement donné le sourire. Nous allions vivre quelques journées merveilleuses, tous ensemble, à découvrir le passé de la famille en allant fouiller du côté de la bibliothèque locale et en visitant les vestiges de la fermette de l'arrière-grand-père de papa. Ainsi, nous avons appris que le métier de la famille MacArthur du côté paternel, c'était la pêche en mer — j'avais enfin trouvé un lien familial avec la mer !

Je regarde par la fenêtre, je suis ici, j'écris, et je suis sidérée par la pure beauté de la campagne écossaise. Je vois ces prés dorés, ces branches qui s'agitent, la profondeur du paysage. Quand je marche dans l'herbe, je sens comme des ressorts sous mes pas.

C'est tout récemment que je me suis sentie redevenir moi-même, et l'Écosse a accéléré le processus. Là-bas, j'allais courir, je me poussais à la limite, aussi loin, aussi fort que possible. La vie avait changé, c'était certain, et cependant je me tournais de nouveau vers l'avenir, et cela m'insufflait de l'énergie. L'été avait été atroce à bien des titres. Mark et moi nous étions détestés et avions perdu notre complicité, mais ce moment sur l'île de Skye m'a fourni l'occasion d'esquisser les cinq prochaines années. Tout cela prenait forme dans mon esprit depuis un certain temps mais, jusque-là, je n'en avais encore pas du tout discuté avec Mark. La première étape, à mes yeux, était de s'asseoir autour d'une table et de décider si nous allions continuer ensemble. J'avais besoin de cette certitude, et j'avais besoin de savoir que Mark était avec moi.

Les multicoques ont représenté pour moi un énorme défi. Naviguer avec Alain s'est révélé le plus incroyable des apprentissages et je me suis régalée. J'avais envie d'en apprendre davantage et de me mettre à l'épreuve. D'une certaine manière, je savais que la transat Jacques Vabre allait m'ouvrir la route. Courir en solitaire sur un trimaran repousse l'endurance dans ses derniers retranchements. Je mourais d'envie de m'attaquer à la Route du rhum à bord d'un de ces engins. Mais le prochain Rhum devait se dérouler dans moins d'un an, et je savais que même si j'étais capable de m'aligner au départ, je ne serais pas réellement prête. Pour me donner le temps d'acquérir l'expérience dont j'avais besoin et de construire le bateau qu'il fallait, je m'engagerais dans l'édition 2006, et je disputerais l'édition 2002 avec *Kingfisher*. Cela me semblait parfait et j'étais contente, car cela nous offrait l'occasion idéale pour courir ensemble une fois encore. L'arrivée du Vendée Globe me paraissait loin, désormais.

Mais le Vendée Globe demeurait naturellement l'autre grande question. J'avais l'impression que le monde entier m'encourageait à m'aligner de nouveau au départ. Je savais que j'avais envie de retourner dans le grand Sud et de naviguer dans l'océan Austral, mais je n'étais pas certaine que le prochain Vendée soit la meilleure occasion de le faire. Même si cette compétition me laissait un goût d'inachèvement, instinctivement je savais que le prochain Vendée, en 2004, était prématuré. J'étais sortie de la dernière édition avec l'envie de me lancer dans une deuxième tentative, mais si je bouclais la Route du rhum 2006 en trimaran, j'aurais encore deux ans pour préparer le Vendée Globe, et je n'aurais alors que trente ans. Le Vendée Globe 2008 paraissait être le bon choix. Entre-temps, j'allais devoir trouver un autre moyen de partir naviguer dans le grand Sud.

Depuis que j'avais remporté le trophée du Jeune Marin de l'année en 1995, j'étais restée fascinée par le record de Sir Peter Blake et Sir Robin Knox-Johnston dans le trophée Jules-Verne. À bord d'un catamaran baptisé *Enza*, ils ont effectué le tour du monde sans escale en à peine plus de 74 jours. En 1996, ce record a été battu par Olivier de Kersauson, qui l'a ramené à 71 jours exactement. J'avais vu les images tournées sur ces bateaux incroyables, si puissants, si monstrueux et si rapides, avec un équipage d'environ dix marins. C'était là une tout autre histoire. Je commençais à comprendre comment marchaient les multicoques, et pour la première fois je me sentais prête à emmener un équipage autour du monde. J'ai pris ma décision. C'est le trophée Jules-Verne qui allait me ramener dans l'océan Austral !

J'ai tapé ces réflexions sur mon ordinateur, dans un état proche de l'exaltation. Je frappais les touches et les mots semblaient jaillir du bout de mes doigts. C'était un sentiment merveilleux de planifier à nouveau quelque chose de concret, et même si je n'étais pas certaine de la réaction de Mark, j'étais très excitée à la perspective de partager cette idée avec lui. J'ai entendu un bruit derrière moi : c'était Mac, couchée sur son pouf, à côté de mes pieds. Derrière ma chaise, il y avait à peine quarante centimètres d'espace disponible, mais elle s'était faufilée, sage comme une image, sans provoquer le moindre remue-ménage. J'ai tendu la main pour la caresser et elle a levé la tête, le museau posé contre mon bras. Elle était toujours là, pour le meilleur et pour le pire.

Quand j'ai quitté l'Écosse, je savais que j'étais prête à faire part de mes projets à Mark. Il y avait eu des périodes, depuis cette arrivée du Vendée Globe, où j'avais eu envie de m'enfuir discrètement, d'aller me cacher, mais maintenant je me sentais revitalisée. Et, très franchement, j'étais incapable d'attendre.

Nous étions assis dans un petit bistrot français, au terminal du ferry, à Southampton. Quand je lui ai tendu le feuillet présentant les grandes lignes de mon projet pour le trophée Jules-Verne et le trimaran, Mark est quasiment resté sans voix. Rapidement, son sourire narquois s'est transformé en excitation et ses yeux se sont mis à briller à la perspective de s'y recoller. Tout bien considéré, je crois qu'il a pris la nouvelle plutôt bien !

Quelques mois plus tard, j'ai reçu une carte de lui qui comportait deux photographies, l'une prise avant la Mini-Transat et l'autre après le Vendée Globe. Le mot disait :

> *Deux photos très différentes... Un monde entre les deux et un autre encore depuis... Je n'échangerais ces 4 dernières années passées avec toi contre rien au monde — et j'espère que je pourrai dire la même chose d'ici 4 ans.*
>
> *Mxx*

À mon retour d'Écosse, je me sentais complètement transformée, et je mourais littéralement d'envie de monter à bord du trimaran de la transat Jacques Vabre. Cela promettait d'être un immense défi, et je piaffais d'impatience de sortir en mer et de m'y remettre. Nous allions courir contre les meilleurs du monde, et ce serait redoutable. Même si *Foncia*, avec ses quatre ans d'existence, n'avait rien d'un nouveau bateau comparé à certains, il était fiable, et Alain le connaissait comme sa poche — l'optimisme tranquille était donc de mise. Le plus préoccupant, avec les trimarans, contrairement aux monocoques, c'est qu'il n'y a pas droit à la moindre erreur. À peine deux ans auparavant, Alain courait sur ce même bateau avec un coéquipier de choix, Michel Desjoyeaux, et au bout de six heures de course ils avaient chaviré. À l'inverse des monocoques, les trimarans de soixante pieds ne se redressent jamais : ils sont plus stables à l'envers qu'à l'endroit. Ainsi que nous l'avions constaté deux ans plus tôt, le danger était réel.

Chaque fois que j'arrivais sur les docks du Havre et que je voyais cet alignement magnifique de quatorze multicoques de soixante pieds parmi les plus puissants qui soient au monde, je me sentais très privilégiée, et pleine de reconnaissance envers Alain. Comme il avait remporté le Vendée Globe, j'étais certaine qu'il comprenait ce que j'avais enduré : il savait à quel point il était vital pour moi de repartir sur l'eau.

La transat Jacques Vabre était le point culminant de ma première saison après le Vendée Globe. Elle m'offrait une chance fantastique d'apprendre. La route allait nous emmener à Salvador de Bahia, au Brésil, et, pour les multis, dans l'Atlantique Sud *via* l'île de l'Ascension. Mais avant de nous diriger vers le sud et l'équateur, nous allions devoir nous attaquer à la sortie de la Manche, avec son trafic maritime chargé, puis doubler les pointes menaçantes d'Ouessant et le cap Finisterre. J'allais à nouveau me mettre à l'écoute de l'Océan, et développer une fois de plus cette conscience de tout ce qui m'entourait. Sur un multicoque, les perceptions instinctives changent, car elles sont encore plus centrées sur la survie.

DERNIERES NOUVELLES D'ELLEN PAR E-MAIL A BORD DE KINGFISHER-FONCIA 06/11/01

Quelle nuit!... impression incroyable de se balancer sur une corde raide, transpercé par le vent. Bon, nous avons doublé Finisterre, et même à 200 milles au large, on l'a senti passer. Je n'oublierai jamais mes sensations quand je l'ai contourné dans le Vendée Globe — 45-50 nœuds dans le nez, même si cette fois ça soufflait derrière nous... Au début de la nuit, il faisait incroyablement sombre... Les nuages donnaient l'impression de descendre sur l'eau au point de la toucher, et cette couche nuageuse noyait tout — sauf le vent. Foncia est devenu de plus en plus dur à barrer, car nous avons continué sous gennaker et grand-voile... Nous avons quand même réduit petit à petit la toile — jusqu'à ce matin nous volions à 22-28 nœuds sous un ris et la trinquette. La crête des vagues devient votre guide, car à cette vitesse c'est le seul point de repère que l'on distingue dans le noir... Dieu merci, au bout de quelques heures de cette longue nuit, la lune s'est levée — même voilée derrière les nuages, c'était un don du ciel... Quand vous agrippez le côté du siège de votre main libre, et l'extré-mité de la barre de l'autre, vous ne pensez pas à grand-chose, sauf à protéger l'équipier qui dort en bas. C'est votre tour de quart, et vous êtes aux commandes de cet engin puissant qui avale les milles en direction du sud... à chaque vague encaissée et franchie, c'est un soupir de soulagement, et chaque grain vous conduit à retenir votre souffle, dans l'espoir que l'avant orienté sous le vent et qui plonge dans la mer va lentement se relever et se dégager de cette sombre descente dans la vague.

Cet après-midi, il s'est produit quelque chose de très étrange, un ciel rouge vif à trois heures, vers le nord, avec une lumière frémis-sante qui montait derrière les nuages. Je n'ai jamais vu ça auparavant, ce ne pouvait être ni un lever ni un coucher de soleil — on était à plusieurs heures de l'un comme de l'autre... On ne peut s'empêcher d'avoir une pensée pour ceux qui dorment, et de sentir à quel point ils vous manquent. La nuit est un moment par-ticulier.

Au bout de 3 heures à la barre, vos bras vous donnent l'impression qu'ils ne se plieront plus jamais, et vous êtes à bout de concentration... Et malgré tout, on ne se sent jamais l'envie de dormir — la décharge d'adrénaline provoquée par cette nécessité de veiller à ce que tout aille bien coupe net toute velléité d'assoupisse-ment... Nous avons essayé des quarts de diffé-rentes durées mais, avec ces secousses, il est quasiment impossible de dormir, et puis ça prend au moins une demi-heure de se sécher et de trouver le sommeil. Quand nous caracolons sur la crête des vagues qui déferlent, des masses d'eau se brisent sur le trampoline (le *filet central) et l'écume qui rebondit sur la voile traverse l'air comme un ouragan liquide...*

Pour ma dernière plage de repos, je me suis recroquevillée sous mon sac de couchage. Il fait toujours très froid, surtout la nuit, et quand les bouteilles s'envolent de l'étagère au-dessus de vous pour vous atterrir sur la figure, vous comprenez que vous venez de planter sévèrement dans une vague...

L'heure d'y aller, ça va bientôt être mon tour de barrer — assez bizarre, mais j'attends ça impatiemment !

e&ax

Nous faisions route vers l'équateur et nous occupions encore la première place. Par la suite, Mich, qui naviguait en tandem avec Jean-Luc Nelias, nous a dépassés sur *Belgacom*. Mais en choisissant de franchir l'équateur plus à l'est, nous sommes parvenus à nous faufiler devant eux. Tactiquement, c'était incroyablement stressant — particulièrement quand on navigue dans une vaste zone d'inconnu. Mais dès que nous sommes parvenus à passer et à mettre le cap au sud, l'humeur à bord a été fantastique. Nous étions de nouveau en première position, tout allait bien et, qui plus est, nous possédions une avance de plus de trente milles. Mais pendant que Mich s'éloignait à l'ouest, *Groupama* avait piqué encore plus à l'est et il avait réussi, en trouvant du vent par là-bas, à nous reprendre plus de cent milles.

Malgré cette proximité, nous avons gardé notre avance sur *Groupama* jusque dans les dernières vingt-quatre heures avant l'arrivée. C'est alors que nous avons traversé la pire mauvaise passe imaginable, non seulement en cassant le bout-dehors, mais en plus en découvrant quelques heures plus tard un vérin hydraulique défectueux. Toute la nuit nous avons passé d'un bord à l'autre du bateau ces vérins de deux mètres cinquante permettant de basculer le mât d'un bord sur l'autre. Nous étions couverts d'huile, tristes et épuisés.

Mais dans l'ensemble nous avons réalisé une grande course, et pendant cette dernière nuit, alors que *Groupama* avait franchi la ligne, nous nous sommes installés dans le cockpit devant un plat de pâtes, en essayant de nous faire à l'idée que nous n'avions pas gagné. Nous estimions l'un et l'autre avoir fait le maximum, et mené une course formidable, en dépit de notre deuxième position. Nous avions tous deux un sentiment de travail inachevé, et avons formulé le vœu de faire la prochaine transat Jacques Vabre ensemble, d'ici deux ans. Je me sentais plus motivée que jamais.

Même si nous n'avions pas gagné, notre résultat dans la transat Jacques Vabre marquait la fin de deux années de voile plutôt couronnées de succès. De retour à Paris, j'ai été conviée à la remise des prix du Championnat du monde de course au large FICO Lacoste. Pendant les deux années écoulées, j'avais accumulé des points au cours de plusieurs compétitions au large, et cela m'avait valu de remporter le titre. Je me souvenais d'avoir déjà assisté à cette remise de prix deux ans auparavant, à peine quelques mois avant la mise à l'eau de *Kingfisher*. J'avais du mal à réaliser tout ce qui m'était arrivé en si peu de temps — ces deux années avaient été incroyables. Je savais que la victoire dans ce championnat représentait un énorme boulot de la part d'un sacré nombre de gens, tant sur terre que sur l'eau. Quand j'ai pris la parole sur la scène, avec le trophée dans les mains, j'aurais aimé que toute une série de noms soient gravés dessus.

Mais la remise de cette récompense ne s'est pas déroulée comme les années précédentes. Elle a été empreinte de recueillement, car quelques jours auparavant nous avions perdu un ami et le marin probablement le plus respecté que ce monde verra jamais. Sir Peter Blake avait été assassiné au Brésil, le 6 décembre 2001, sur son bateau, le *Seamaster*. C'était cet homme que j'avais vu sur un grand écran, à dix-huit ans, alors qu'on lui remettait le titre de Yachtman de l'année, conjointement avec Robin Knox-Johnston. C'était un passionné, un meneur d'hommes et une source d'inspiration, au caractère le plus gentil que l'on puisse imaginer. Il avait remporté tous les titres, depuis la Whitbread jusqu'au trophée Jules-Verne, et deux Coupes de l'America — mais cette deuxième victoire pour la Nouvelle-Zélande dans la Cup ne lui suffisait pas. Il avait entrepris une expédition qui devait le conduire à sillonner toutes les régions de la planète, une mission destinée à sensibiliser sur l'état des océans. En bref, il voulait que le plus grand nombre de gens possible tombent amoureux de l'environnement. Au cours de cette expédition qui lui a coûté la vie, il est passé au fin fond de l'Antarctique, d'où il m'a écrit ce mot, que l'on m'a transmis par e-mail pendant le Vendée Globe.

Aujourd'hui c'est une journée parfaite.
Le texte du livre de bord sera bref — parce que je veux m'asseoir sur le pont et m'imprégner de ce spectacle. J'ai envie d'aller en kayak jusqu'à la banquise pour observer les phoques. J'ai envie de voir les pingouins rentrer tranquillement chez eux, retrouver leur petite famille sur le rivage. J'ai envie de m'approcher d'un grand iceberg qui se dirige vers nous, dans le courant — cet iceberg a une

forme qui n'aurait pas déplu à Walt Disney. C'est formidable d'avoir du temps — le temps de regarder, le temps de s'imprégner de tout cela, le temps de graver chaque scène dans sa mémoire, parce qu'aucune caméra ne rendra justice à toutes ces visions.

20 h 00 : Le soleil illumine encore le ciel bleu pâle, mais il est sur le point de disparaître derrière les pics en dents de scie qui se profilent juste derrière nous. Il y a dans l'air une fraîcheur qui laisse prévoir une nuit très froide.

C'est l'Antarctique !

Comme disait Nan : « La vie renferme beaucoup de trésors. » Je me suis promis de ne jamais l'oublier.

Épilogue

Par une froide matinée de janvier 2002, Ian et moi roulions vers le nord. Nous avions fait un saut à la maison et à l'université de Derby. Depuis la fin du Vendée Globe, j'avais reçu plusieurs propositions de diplômes honorifiques, mais en mémoire de Nan, j'ai choisi la proposition de Derby, l'université où elle avait elle-même décroché un diplôme quatre ans plus tôt. Dans son testament, elle avait souhaité la création d'une petite fondation destinée à remettre tous les ans un prix de quelques centaines de livres à un étudiant ayant eu lui aussi à se battre pour étudier. Une importante partie de la journée était consacrée à la remise du premier de ces prix. Je me sentais très tendue à l'idée du discours, et j'en avais longuement discuté avec Ian dans la voiture. L'idée de prendre la parole générait toujours une grande tension, et ce matin-là n'y faisait pas exception. Je savais que le jour où je ne serais plus sur les nerfs, c'est que les choses auraient cessé de compter, et ce jour-là il vaudrait mieux laisser tomber.

Lorsque nous sommes entrés sur le parking à côté du théâtre où la cérémonie devait avoir lieu, nous nous sommes fait arrêter par un homme qui voulait vérifier notre laissez-passer. Il s'est penché à notre fenêtre et a souri en me reconnaissant, puis, avec un fort accent du Derbyshire, il a eu une formule très touchante pour me dire qu'il était « sacrément fier » de ce que j'avais fait. C'était merveilleux d'être de retour ici. La dernière fois que j'étais venue dans ce théâtre, c'était à quatre ans, quand maman m'avait emmenée voir *Button Moon*, pour essayer de me faire oublier ma déception de ne pas être allée naviguer avec tante Thea !

La cérémonie était sur le point de débuter et, après une tasse de thé vite bue, on m'a remis ma toque et ma toge et poussée vers les membres du conseil universitaire avec qui je devais prendre place sur la scène. Tout le monde était très amical, et pendant ces quelques minutes où nous avons attendu dans le couloir, j'ai souvent entendu évoquer le nom de Mme Lewis — ma Nan.

Lors de mes déplacements, j'ai souvent conscience des regards des gens posés sur moi, mais lorsque je me suis dirigée vers cette scène, devant cet auditoire, j'ai eu l'impression de ne pas distinguer une seule paire d'yeux. Ces capes et ces toges formaient comme une forêt et je me contentais de regarder devant moi, vers la scène et la place où j'allais m'asseoir. Dès que j'étais entrée dans ce hall, j'avais compris que Nan serait là, avec moi.

J'ai assisté à la première partie de la cérémonie dans un tel état d'émotion que j'aurais été incapable de dire si je retenais mes larmes ou si je n'arrêtais pas de faire de grands sourires. Quand je repensais à Nan dans sa longue toge, avec sa toque qui ne voulait pas rester en place, j'avais envie de sourire, mais cela ramenait sans cesse mes pensées vers elle, et c'était douloureux. Maman, papa et Ian étaient assis au premier rang, et j'avais du mal à regarder dans leur direction. J'essayais de considérer cette mer de visages comme de l'eau, et de me concentrer sur ce que j'allais dire. J'avais envie que ce soit un bon discours — pour Nan.

On n'a pas tardé à prononcer mon nom, et à m'inviter à me lever pour écouter un discours introductif. Au début, ça allait, mais au fur et à mesure de ce discours, je sentais ma gorge se serrer de plus en plus. C'était un discours émouvant, qui éveillait en moi toutes sortes de sentiments. L'oratrice a terminé en évoquant Nan et le temps qu'elle avait consacré à l'université. Mes pensées se sont attachées à elle, et du coup je me suis sentie débordée par mes émotions. Je ne pensais à rien d'autre qu'à la somme de courage qu'elle avait dû avoir, après tout ce qu'elle avait enduré, pour combattre la souffrance et atteindre son objectif.

Juste au moment où j'aurais aimé me retrouver seule dans une pièce, c'était à mon tour de prendre la parole. J'étais debout devant des milliers de diplômés et leurs familles, assis là dans un complet silence. À cet instant, j'ai compris que je serais incapable d'achever ce discours. J'avais déjà la gorge serrée, et je sentais les larmes monter. Jamais auparavant je n'avais été dans l'incapacité de terminer une intervention, mais cette fois, après avoir déclaré que j'étais surtout venue pour ma Nan, j'ai senti ma voix s'étrangler et j'ai compris que je n'arriverais pas à ajouter grand-chose. C'est à peine si je suis parvenue à prononcer ces mots : « C'était son souhait », et là-dessus j'ai remis l'enveloppe au lauréat.

Je suis retournée m'asseoir et, une fois à ma place, je me suis sentie prise de vertige. À la seconde où je me suis assise, je n'avais rien d'autre en tête que son visage, sur cette photographie prise le jour de sa remise de diplôme, et, à partir de là, je n'ai pu que sourire avec elle. Elle avait le visage rayonnant, les yeux scintillants, la peau lumineuse. Nan avait prouvé qu'elle avait littéralement vécu pour cet instant. Elle avait atteint l'objectif que, tout au long de son existence, elle avait refusé de perdre de vue.

C'est alors que je me suis rendu compte de l'incroyable source d'inspiration qu'elle avait toujours été et qu'elle serait toujours pour moi.

Merci, Nan.

Avec tout mon amour, pour toujours,

Ellenxx

Annexes

VENDÉE GLOBE 2000-2001 - CLASSEMENT FINAL

Position	Skipper/Pays	Bateau	Jour	Heure	Mn/Sec	Vitesse	Heures	Déficit
1	Michel Desjoyeaux / France	PRB	93	3	57 32	11.95	2235	0
2	Ellen MacArthur / G.-B.	Kingfisher	94	4	25	11.95	2260	25
3	Roland Jourdain / France	Sill	96	1	2 33	11.58	2305	70
4	Marc Thiercelin / France	Active Wear	102	20	37 49	10.82	2468	233
5	Dominique Wavre / France	UBP	105	2	47 12	10.82	2522	287
6	Thomas Coville / France	Sobedo	105	7	24	10.59	2527	292
7	Mike Golding / G.-B.	Team Group 4	110	16	22	10.05	2656	421
8	Bernard Gallay / France	Voilà	111	16	7 11	9.96	2680	445
9	Josh Hall / G.-B.	Gartmore	111	19	48 2	9.95	2683	448
10	Joe Seeten / France	Nord-Pas-de-Calais	115	16	46 50	9.62	2776	541
11	Patrice Carpentier / France	VM Matériaux	116	0	32 48	9.59	2784	549
12	Simone Bianchetti / Italie	Aquarelle	121	1	28	9.19	2905	670
13	Yves Parlier / France*	Aquitaine Innovations	126	23	36	8.76	3047	812*
14	Didier Munduteguy / France	DDP 60' Sud	135	15	17	8.20	3255	1020
15	Pasquale de Gregorio / Italie	Wind	158	2	37 25	7.04	3794	1559
16	Catherine Chabaud / France	Whirlpool	Abandon sur démâtage					
17	Thierry Dubois / France	Solidaires	Abandon sur problèmes électriques					
18	Raphaël Dinelli / France	Sogal-Extenso	Abandon pour collision					
19	Fedor Konioukhov / Russie	Modern University for the Humanities	Abandon pour maladie					
20	Javier Sanso / Espagne	Old Spice	Abandon sur avarie de gouvernail					
21	Richard Tolkien / G.-B.	This Time	Abandon sur avarie de gréement					
22	Éric Dumont / France	Euroka Un univers de Services	Abandon sur avarie de gouvernail					
23	Bernard Stamm / Suisse	Armor Lux Foie Gras Bizac	Abandon sur avarie de barre					
24	Patrick de Radigues / Belgique	Libre Belgique	Abandon sur échouage					

* Terminé sous gréement de fortune.

GLOSSAIRE

Angle au vent : Différence entre la route du bateau et la direction du vent. Sur les bateaux modernes très rapides, on recherche toujours le meilleur rapport direction/vitesse.

Au vent : Le côté vers le vent, qui reçoit le vent en premier.

Bâbord : Le côté gauche du bateau, vu depuis l'arrière.

Balcon arrière : Garde-corps métallique entourant l'arrière du bateau.

Balcon avant : Garde-corps métallique entourant l'avant du bateau.

Barre : Tube de bois ou de métal rattaché au gouvernail et permettant de le manœuvrer.

Barre de flèche : Barre horizontale qui écarte les haubans du mât, pour accroître sa tenue.

Barre de flèche de pont : Tube de carbone, placé en oblique sur les côtés du bateau, qui maintient le gréement éloigné du mât afin que celui-ci, en forme d'aile d'avion, puisse subir un mouvement de rotation.

Bôme : Tube horizontal dirigé vers l'arrière du bateau. La base de la grand-voile y est fixée.

Border : Tendre la voilure en fonction du vent.

Bordés : Parties verticales de la coque.

Bouée tonne : Bouée cylindrique permettant l'amarrage des bateaux.

Bout-dehors : Tube de carbone pointant depuis l'avant du bateau.

Cabine : Espace « à vivre » situé sous le pont.

Cale : Partie de la coque qui se trouve sous la ligne de flottaison.

Catamaran : Bateau à deux coques.

Chandeliers : Barres métalliques verticales supportant les filières qui font le tour du pont.

Chute : Bord de fuite d'une voile.

Cockpit : Espace creux aménagé à l'arrière du pont, où se tiennent le barreur et l'équipage. Presque toutes les manœuvres sont exécutées à partir de là.

Code 5 : Croisement de spinnaker et de gennaker, cette voile se roule sur elle-même pour une manœuvre simplifiée.

Départ au lof : Situation périlleuse, quand le bateau, devenu incontrôlable, se couche sur le flanc et que celui-ci se retrouve face aux vagues et au vent.

Dérive : Aileron escamotable qui plonge verticalement, sous la coque, afin d'empêcher le bateau de dériver sous la poussée du vent.

Drisse : Cordage utilisé pour hisser ou affaler les voiles.

Écoute : Câble ou cordage servant à régler les voiles.

Écoute de grand-voile : Cordage qui permet de régler la grand-voile.

Empanner : Changer de direction vent arrière, de manière à faire passer la voilure de l'autre côté du vent.

Étai : Câble métallique reliant l'avant du bateau au mât, afin de soutenir celui-ci. *Kingfisher* en avait trois.

Étrave : La pointe, ou le « nez », du bateau.

Ferler : Rouler une voile autour de son étai, à la manière d'un store.

Foc : Voile triangulaire, située à l'avant du mât.

526

Fonds (d'un bateau) : Partie intérieure de la cabine située sous les planchers.

Gennaker : Un grand foc, croisement de spinnaker et de génois.

Génois : Le plus grand foc.

Gîter : Quand le bateau s'incline sur le flanc sous la poussée du vent.

Gouvernail : Aileron vertical, à l'arrière du bateau, permettant de le diriger. Le safran est la partie immergée du gouvernail.

Grand-voile : Grande voile triangulaire, fixée en arrière du mât et sur la bôme.

Gréement de fortune : Réparation improvisée et provisoire effectuée sur un gréement, qui permet de faire route sous voile réduite.

Gréement : En gros, tout ce qui se trouve au-dessus de la coque : mâts, haubans, voiles, câbles, cordages, etc.

Guindant : Bord d'attaque d'une voile.

Haubans : Ensemble des câbles ou cordages soutenant le mât.

Jumar : Sorte de poignée coulissante fixée sur un cordage et qui permet de l'escalader.

Louvoyer : Zigzaguer pour remonter contre le vent en « tirant des bords ».

Manille : Étrier métallique fermé par un axe amovible, permettant de relier divers éléments d'accastillage entre eux.

Nœud : Un mille nautique à l'heure (soit 1,852 km/h).

Passavants : Parties latérales du pont qui permettent de circuler autour du cockpit, de la bôme et du mât.

Portant : Allure favorable pour un voilier qui reçoit le vent sur l'arrière du travers jusqu'au vent arrière.

Près (être au...) : Allure d'un voilier qui remonte contre le vent, avec un angle aussi fermé que possible. Allure lente et pénible.

Quille : Aileron vertical plongeant sous la coque pour maintenir le bateau droit.

Ris (prendre un) : Bandes horizontales dans la grand-voile qui permettent de réduire celle-ci par vent fort.

RNLI : Royal National Lifeboat Institution. L'équivalent britannique de notre Société nationale de sauvetage en mer.

RWYC : Royal Western Yacht Club. L'association officielle des plaisanciers amateurs et des skippers professionnels de l'ouest de l'Angleterre.

Semelle : Le talon de la quille.

Solent : Foc intermédiaire entre la trinquette (voile de gros temps) et le génois.

Sous le vent : Tout objet, sur un bateau, ou partie d'une terre se trouvant du côté opposé d'où vient le vent.

Spinnaker : Très grande voile légère en forme de ballon, utilisée quand on navigue au portant.

Tableau arrière : La partie verticale plate, à l'arrière d'un bateau.

Tourmentin (ou foc de tempête) : Petite voile très résistante employée par gros temps.

Trampoline : Filet reliant les coques des catamarans ou des trimarans.

Tribord : Le côté droit du bateau, vu depuis l'arrière.

Trimaran : Bateau à trois coques.

Trinquette : Petit foc situé le plus en arrière, sur un voilier.

Vent de travers : Lorsque le vent est perpendiculaire au flanc du bateau.

Virer (de bord) : Au près ou au louvoyage, action de faire passer l'étrave (et les voiles) de l'autre côté du vent. (Contraire = empanner.)

Zodiac : Bateau à moteur dont la coque est composée de boudins gonflables.

REMERCIEMENTS

Tout d'abord, à tous ceux que je n'ai pas fait figurer dans cette liste, un énorme merci à vous. La tâche n'était pas facile ! À maman et papa, pour n'avoir jamais essayé d'éteindre ce feu qui brûlait dans mon cœur. À Lewis, pour ses inventions sympathiques, et à Fergus pour ta patience avec moi, dans ton jeune temps ! À Mac, pour sa gaieté et sa queue qu'elle n'arrête jamais de remuer — j'aimerais te voir plus souvent ! À tante Thea, pour m'avoir fait découvrir l'eau, et pour avoir si souvent partagé mes pensées et mes idées. Au reste de la famille, pour m'avoir apporté son soutien si merveilleux, et pour avoir su me supporter... À Sarah et à Ben, parce qu'ils sont des amis fantastiques, et compréhensifs. À tout le monde, à l'école, à tous ceux qui sont devenus mes amis au cours de ces années. À Karl Stanley, qui m'a poussée à serrer les dents et à ne pas lâcher le morceau. À John Manning, pour tout le temps que tu as consacré à enseigner aux jeunes à naviguer. À cette fille qui s'est montrée si amicale dans cette course de dériveurs à Rutland, merci ! À Malcolm Stanton, pour avoir commenté mes écrits à maman et papa, quand j'avais seize ans. À Simon Ashton, pour avoir toléré une adolescente enthousiaste de dix-sept ans, et pris soin d'elle. À M. Law, pour n'avoir pas été avare de son temps quand il nous emmenait naviguer le vendredi soir. À Simon Reeve, parce qu'il a toujours été un si grand ami, qui a su fournir un exutoire à mon énergie, le week-end — et parce qu'il ne m'a jamais privée de son pâté en croûte ! À David, pour m'avoir tant donné, et à Maureen, pour m'avoir apporté Tunnock et son soutien moral, et bien sûr pour avoir pensé à m'inscrire dans cette compétition qui m'a ouvert les yeux. À Robert Nickerson — que puis-je ajouter, Robert ? Merci de m'avoir passé la barre ! À Joe Sempik, pour m'avoir emmenée naviguer à bord de *Knippa*, m'avoir payé des bières et parlé bateau. À John Duckett, pour m'avoir nourrie d'amitié, et nourrie tout court, à l'école de voile ! À Darren, Mick, Pete, Mike et tous les autres à la marina de Hull, pour s'être tant intéressés à mon sort. À Dave Anderson, merci pour ton champ, à la copine de Dave, celle qui a remorqué *Iduna* au-delà du pont. À Steve l'Infâme et à Shamus, pour vos histoires rigolotes et votre générosité. À Alan Brooks, parce qu'il est tout sauf l'ogre d'examinateur qu'on s'imagine ! Aux journalistes de *Yachting,* qui ont voté en ma faveur dès 1995, pour le trophée du Jeune Yachtman de l'année. À Karl Karti, pour ton travail en acier trempé. À Don Hayes, pour avoir cru en moi, et m'avoir ensuite laissée voler de mes propres ailes. À Graham Percy, pour avoir été la force motrice derrière mon premier dossier de presse. À Brian Pilcher — que puis-je dire d'autre que merci d'avoir été Brian, tout simplement. À Keith, Nigel et tout le monde, à Musto, pour m'avoir apporté un soutien sans faille, et m'avoir tenue au sec ! À James Flynn et Navico pour avoir tenu la barre pendant une bonne partie du voyage ! À John Hurry et Yamaha — sans vous, je crois que je serais encore en train de tourner autour des îles Britanniques ! À Howard Anguish et à la marina de Hull, pour m'avoir permis de préparer *Iduna* correctement. À Cosalt, pour m'avoir fourni ces instruments dont j'espérais ne pas avoir à me servir ! À Paul Mills et à tout le monde au Marinecall, pour m'avoir apporté un service d'infos météo 24 heures sur 24 où j'ai pu puiser. À John Goode et James Stevens, pour m'avoir donné l'occasion de me mettre à l'épreuve. À Tony, son chien, et à tout le monde à Scarborough — la tourte et les petits pois étaient super ! À l'équipage du *Royalist*, Paul, JB, Howy, Dave, JP et Joe, pour m'avoir

acceptée avec fous rires non-stop ! À M. S. Skene —
St Abbs — pour son *Almanach nautique Olsen du
pêcheur* et ses conseils. À Harry, le capitaine de port de
Montrose, pour toute votre aide et pour la clef de la remise
à thé ! À Hamish McDonald et à la famille, pour vos
paroles et votre accueil absolument uniques. À Ross
Buchan et ses amis, pour m'avoir si bien reçue dans les
Whitehills. (Merci pour les chaînes, et j'espère que tu as
trouvé ton stage et que ton travail d'ingénieur marche
bien !) Merci au capitaine du port de Whitehills pour
ses cinq haddocks frais absolument fantastiques ! À Keith,
Ben et à l'équipage de la RAF de Lossiemouth, pour une
superbe sortie de nuit et mon premier défilé aérien officiel — impressionnant ! À Sebastian Naaslund pour avoir
su être si différent, avec des idées aussi folles, et m'avoir
appris que les langues ne sont pas impossibles à
apprendre. À Barry Mercer et l'équipage du *Sakhr-El-
Bahr* — qui aurait pu y penser, Kentallen Bay ! À John
Fitzgerald, pour m'avoir permis d'utiliser ton mouillage
et m'avoir fait traverser si tôt jusqu'à Oban — j'espère
que tu as réussi à finir ton vieux gréement ! À Bernard, à
bord de *Dulas Dragon*, pour avoir racheté la cuisinière
d'*Iduna* et m'avoir ensuite préparé un repas avec ! À la
fantastique compagnie que j'ai eue au Loch Feochan, et
à notre soirée au pub. À *Fulmoral* et à son équipage,
pour avoir échangé des histoires dans le plus beau des
mouillages. À la famille, à Ardrishaig, pour leurs guides
de croisière, leur thé et leurs galettes d'avoine. À Frank
McAllum et son associé, pour une petite pause dans notre
voyage, quand nous avons été retenus par la tempête. À
Gordon Azzur et ses amis, pour avoir ri et m'avoir fait
faire un tour à bord d'*Excalibur*. À Roddie Leech,
pour son accueil plein d'entrain à Girvan — avec escorte
à bicyclette ! À l'équipage de *Dream Twister*, Timmy,
Jeremy, maman, papa et petite sœur — merci pour votre
aide et ce curry de Portished tardif mais tout à fait bienvenu ! À *Dream Twister*, *Kittiwake*, *Camelina* (merci
pour le drapeau), *Scatha* et *Balandra*, à tous merci pour
avoir réuni 22 £ dans cette enveloppe brune avec cette
inscription : BONNE CHANCE AVEC CE SOUVENIR DE VOTRE

VOYAGE ! À l'équipage de *Morning Roll,* pour m'avoir invitée à bord et m'avoir fait découvrir le flan à l'eau ! À Gemma et à l'équipage de *Lady of Penpole* pour m'avoir conviée à cette sortie. À Iain Rennie, pour une formidable conversation nocturne — j'espère que tu dessines toujours des pièces de motos ! À Jeremy pour son île en face de Croabh Haven — ton style de vie m'inspire encore aujourd'hui. Au capitaine du port de Peel, pour les pneus, et pour l'accueil du yacht-club ! Et aussi au capitaine du port de Girvan, Marc Lawler, pour une super interview avec une belle photo — j'ai encore la coupure de presse ! À Dave Morton et à l'équipage, pour les œufs au bacon ce matin-là ! À Derek et Carol Jones, pour leur compagnie et la très belle photo que je conserve d'*Iduna*. À Bill McGill, de la capitainerie du port de Pwllheli, pour ses conseils sur la direction à suivre vers la côte. À Sion Edwards d'Aberystwyth, merci de toute votre aide et aussi d'être resté en contact. Aux équipages de *Hi-Jinks*, *Mac-y-Sol*, *Fly*, *Fidget*, *Sea Horse* et au canot de sauvetage côtier de la Société de sauvetage en mer, et à *The Squibb*, qui ont tous pris la mer à partir de Fishguard pour venir à notre rencontre ! À John et Margaret Richards pour m'avoir apporté ma meilleure nuit de sommeil de ma vie, pour m'avoir permis de me sentir comme chez moi et pour m'avoir présenté tant de gens fantastiques, comme Emlyn ! À Paul Camen et sa famille pour le cidre et le maquereau, et à l'équipage du canot de sauvetage de Fishguard pour m'avoir offert un aperçu des traceurs de cartes, une visite à la salle des machines et un rapide petit tour ! Aux élèves officiers de marine pour m'avoir fait visiter leur base et m'avoir accueillie à bord du *TS Appelby*. À Richard Davies pour mon premier voyage en Irlande et une expérience inédite, un périple sur la passerelle d'un « chat de mer » (je me demande si ce crocodile gonflable est encore là-bas !). À Tony Rees et sa femme pour leur sauvetage très matinal, et le lit qu'ils m'ont offert ensuite ! À Marcus, de Shebeen, pour toutes ses histoires qu'il m'a racontées, et pour cette merveilleuse miche de pain qu'il nous a cuite ! À l'équipage du bateau à côté duquel j'étais amarrée à Milford Lock

— je n'ai pas pu retrouver vos lettres ! Merci de m'avoir déposée à la pompe de Newlyn — ça faisait un bout de chemin, mais sans cela j'aurais été dans le pétrin ! À John Lewis, du RWYC, grâce à vous, je me suis sentie tellement à l'aise dans ce club pendant le tour des îles Britanniques, et merci pour toutes ces courses fantastiques que vous avez organisées ! À Sam Brewster, pour m'avoir fait visiter *Heath Insured II* et pour avoir révisé *Iduna* ! À l'équipage du *Corribee Rubicon* pour cette course devant le port de Plymouth ! À Col Brooks et à tout le monde chez ICC, pour m'avoir permis de mouiller à côté d'*Egremont* dans une atmosphère si formidable ! À Carol Newman et son père, de *Skycatcher*, pour être venus me dire bonjour. À Jonathan et Jennifer Blain, pour leur cuisine et leur compagnie. À Chris et Shirley du SCOD *Aderyn* — dommage que nous ne nous soyons plus retrouvés à Poole. À Steve Belasco, pour m'avoir laissée travailler sur ton système d'enrouleur de voile, et pour les photos ! À Norman Meech, pour m'avoir permis de partager sa passion et pour le si beau bateau qu'il a construit à Arish Mell. À John Bolter, pour l'anneau gratuit, la conversation et le fantastique sandwich au bacon ! À la BMIF (British Marine Industries Federation) et à tous les membres du bureau des organisateurs des salons nautiques — vous m'avez mise tellement à l'aise — aussi bien à l'époque que maintenant, je n'oublierai jamais ma première manifestation officielle ! À MDL — anneau gratuit à Ocean Village. Vous nous avez permis de rester pour le Salon. À tout le monde, au Salon nautique de Southampton, tous ceux qui nous ont aidés par tous les moyens possibles et imaginables ! À Mervyn Owen, pour avoir tout partagé, et m'avoir encouragée jusqu'au bout du monde. À Jock Smith et à l'équipage, pour un merveilleux dîner dehors et pour être tout le temps restés en contact depuis. (Qui sait, les pigeons voyageurs vont peut-être redevenir un moyen de communication à la mode !) À Adam Allan et aux élèves officiers de marine, pour un fantastique week-end de voile au départ de Gosport. Au navire de guidage en mer *Humber* — c'était tellement formidable d'entendre vos voix au bout de quatre mois et demi !

À Charles Boot, pour avoir emmené maman, papa et la famille, quand ils sont venus me retrouver au bout du voyage. À tous les ports qui nous ont permis de venir au mouillage gratuitement — financièrement, sans vous tous, les choses auraient été impossibles. J'espère simplement que nous aurons l'occasion, à l'avenir, de revenir vous rendre visite ! Et enfin, à tous ceux qui m'ont aidée à boucler le tour des îles Britanniques, je suis certaine d'avoir oublié de nommer beaucoup d'entre vous, mais cela ne signifie pas que votre aide, votre gentillesse et votre amitié n'ont pas fait toute la différence dans cette aventure.

À James Gazebrook et Halyard Marine, pour votre soutien dans la LBS 1996. Aux gars de ISIS moulage, qui m'ont prise sous leur aile à Londres cette année-là ! À cet homme du garage Citroën, qui m'a autorisée à recharger le circuit de freinage. À Dick Saint, Kay et les gars du HYS — et en particulier à Jim, qui s'est démené pour m'aider ! À Led Pritchard — tu as fait partie des rares personnes à Hamble qui m'ont donné confiance en moi. À ce type de Hamble, qui m'a parlé, au pub. À Trog, pour cette fantastique traversée à la voile de Brighton au Solent, et d'avoir été si drôle ! À Nick Butt, pour avoir été mon équipier lors de cet acheminement à Guernesey et pour avoir bavardé avec moi à Hamble. À Darren Wills, pour ton aide sur *Elan Sifo*. À Alex et Darren pour un périple irlandais de folie ! À Wolfgang Quix. À Alan Wynne-Thomas, pour avoir eu le cran de m'embarquer, et pour avoir partagé avec moi toute ton expérience du Vendée Globe. Tu m'as tellement donné confiance en moi, au cours de ces mois-là. À Bob et Carole, pour être sortis en mer et avoir réussi, et pour nous avoir abrités après l'Ostar. À Will, de Portway, pour avoir emmené maman et papa. À Mike Golding, pour m'avoir commandé ce travail de peinture. À Vittorio et aux garçons, pour m'avoir invitée, pour être devenus de si grands amis et m'avoir montré l'Atlantique Nord et ses icebergs pour la première fois. À Giovanni Soldini, Andrea Romanelli et Enrico, pour un fantastique périple en Italie sur l'Open

50. À l'équipage du *Matthew*, en particulier à James, Luke, Richard, David et John l'Archer — pour ses histoires et son pain de viande !

À Ashley, pour les heures passées à discuter de nos projets, pour tes repas et tes ateliers dans plusieurs pays, et bien sûr, plus que tout, pour ton amitié. À Martin et Steve de Bowman Yachts, pour s'être montrés de si grands amis dans une année si difficile. À Len, le chien, et à ses propriétaires ! À Ed Gorman, pour avoir publié ma toute première interview dans un titre de la presse nationale. À Nigel Irens, pour ton amour profond de la mer, tes bateaux qui m'ont inspirée, et pour l'être que tu as su être, si solide et si merveilleux. À Nigel de Hampshire Trailers, pour avoir apporté une graine de bon sens dans une situation de folie ! À Mark Orr, pour m'avoir prêté une partie de cette somme indispensable qui m'a permis d'acheter *Le Poisson*. Aux Silk Cut Boys, pour votre amitié et votre gentillesse. À Dick et Steve, d'Airwaves, surtout pour avoir travaillé jusqu'à l'aube sur notre vidéo de parrainage, et pour nous avoir emmenés, Reima et moi, jusqu'en Martinique rien que pour voir un peu l'île. À Thierry Fagnent de chez AMCO, le gourou des Minis, le maestro des cigarettes roulées, mon professeur de français, et à tous nos fournisseurs et amis de La Trinité-sur-Mer (sans oublier Louise le chien). À Thierry Martinez, pour avoir partagé ta maison avec nous si longtemps, c'était l'endroit idéal ! À Nic Le Marchand, notre premier préparateur, si dévoué. À Richard Vass de Burland Solutions, tu as vraiment fait la différence. À Charles Dunstone et Carphone Warehouse, nos premiers grands parrains pour la Mini-Transat de 1997. Mais sans oublier les nombreux autres acteurs de ce projet. Au Royal Solent Yacht Club, à IOW Council. À G. Askew, Musto, SP Systems, UKSA, Simpson Lawrence, Mel Sharp, Nautix, Autohelm, Regis Electronics, Suunto, Westaway Sails, Relling Sails, Tony Bertram et Bainbridge, Riggarna, Tim Dean et Formula Spars, Ocean Safety, Ratsey et Lapthorn, Navico, Simon et Reb Rogers, Johnny Caulcutt, Vix, ma maman, mon papa, la maman et le papa de Mark.

À Hugh et Financial Dynamics, pour avoir augmenté les chances de Mark. À la Fondation pour les sports et les arts, pour m'avoir envoyé une lettre de soutien qui a transformé l'année 1997 ! Elle n'aurait pas pu arriver à un meilleur moment. Au concessionnaire Honda qui m'a emmenée jusqu'à Portsmouth. À Woolfie, pour être venu réparer ce pilote quelques jours avant le départ, et gratuitement. À David Gown, Jim Doxey et Peter Halliwell pour leur aide dans la dernière ligne droite avant la Mini. À Peter Bentley pour s'être fait coincer quand il m'a aidée à partir avec « quelques » vêtements ! Et aux organisateurs et aux skippers de la Mini-Transat, pour la course la plus passionnée avec la communauté de skippers la plus unie que j'aie jamais vue.

Notre campagne de la Route du rhum 1998 a reçu le soutien de nombreux fournisseurs et personnes privées. Sans eux, ce projet n'aurait jamais abouti. Il y a eu beaucoup de soutiens personnels, d'amis et de gens qui ont travaillé pour constituer cette équipe et amener une navigatrice en solitaire dans cette course, du départ à l'arrivée.

À Skandia Life, Peter Nicholson, John Caulcutt pour avoir inspiré à tout le monde l'envie d'apporter aussi sa contribution, au Royal Southampton Yacht Club (pour un lit dans leur vedette !), au Royal Southern Yacht Club, à Hardwick Press and Publicity, Acorn Maintenance Systems, PC Maritime, A. McIrvine, A. Chilvers, N. Hodkin, D. Moore, S. Hobday, R. Parker, Jock Wishart, S. Gordon — vous avez tous rendu l'impossible possible.

À Christian Stimson, notre premier espace de bureau, et l'un des préparateurs bénévoles du Rhum. À Nick, notre premier stagiaire, et à Marine, notre première vraie employée tout court ! À Hugh Morrison, pour ton énergie sans limites et ton enthousiasme sans faille à l'égard de notre projet, sans toi, Hugh, nous ne serions pas là. À Liam et Chris, votre énergie, vos blagues et votre patience nous ont menés au Rhum 98. À Bitzy et Cannon Ball, pour vos deux visages pleins de gentillesse et tellement amicaux dans un port étranger. À Herb, pour tes informations météo qui m'ont sauvé la vie quand nous traversions l'Atlantique. À Stuart et Angela, de Plymouth, pour avoir veillé sur nous, nous avoir nourris et amusés ! (Sans oublier cet incroyable ketchup maison et les visites de Paddy.)

À Mike Hingston, le maestro de la nuit de travail, et le véritable pilote du parrainage de *Kingfisher* dans les premiers temps, avec le soutien de Jo Bootle, et dans un dévouement qui va au-delà de l'appel du devoir ! À Geoff, pour avoir placé sa foi en nous, en défiant tous les pronostics (aux yeux de certains). À Jean, George, Lydia, Andrew, Gwen, Jerry, Graham, Patrick, Arvind et tout le monde chez Kingfisher SA depuis 1998, et dans toutes les filiales de par le monde, qui m'ont soutenue mille après mille. Travailler avec vous tous aura été un plaisir !

En plus de notre principal parrain, Kingfisher, et de notre parrain en second, Big Blue (Colin Campbell de National Boat Shows), nous avons été activement soutenus par : TMI Atlantic Foundation, Marlow Ropes, AIR par Bainbridge International, Osen Sails de Plymouth, Botalo Shoes, McMurdo Ocean Sentry (amplificateur de cible radar), Pains Wessex Safety Systems, Nautix Anti-pollution, Anne Whitlock, PR Works, David Zorab, Spinlock, TT Designs, North Sails (G.-B.), Northern Star Insurance, Aura Fabric Engineering. Et bien d'autres qui ont donné leur temps et leur énergie pour nous soutenir, notamment l'équipe à terre, avec sa ferveur, Liam, Jude, Sam, Emma, Jim, Nic, Christian, Marine, Tanguy, Capey et Andy de Goss Challenges qui ont préparé l'Open 50 dans les temps, et souvent bénévolement ! À James Boyd, pour la manière dont il se consacre à son sport. Et encore une fois à Ed Gorman — cette page de une est intervenue avec un sens parfait du timing ! Et à tous les autres journalistes de France, de G.-B. et un peu partout dans le monde — sans vous, personne n'aurait jamais entendu parler de ces courses inouïes. À Tony Banks, pour avoir

été un supporteur si passionné, et pour t'être momenta-
nément sorti le football de la tête !

À l'équipe de préparation et de suivi à terre du Ven-
dée Globe, Martin, Amanda, Pipo, Marie (Pilou &
Mathilde), Mikey, Tanya, (Matthew), Marc et Tanguy.
Une équipe dévouée, et des moments d'émotion uniques.
Formidable travail, les amis. Vous avez été les meilleurs !
L'équipe de conception de *Kingfisher*, menée par Merv
et Allen chez Owen Clarke Design, Rob et Nick chez
Humphrey's Design, Giovanni Belgrano et Alain Gautier.
Pour avoir dessiné le meilleur Open 60 qu'on ait jamais
construit. Depuis le premier croquis, c'est vous qui lui
avez donné vie. Merci. À BMF pour votre soutien et à
vos homologues en France et en Nouvelle-Zélande. À
Yves Parlier, qui a été pour moi un important professeur,
et à son équipe hors pair d'Aquitaine Innovations, Sté-
phane, Michel, Romaric, Agathe et compagnie. Mick et
Keep Safe Self Storage pour leurs nuits blanches à mes
côtés lors de mes missions éclairs ! À Paul Brotherton,
pour m'avoir enseigné avec autant de patience tout ce
dont j'avais besoin pour rester au sec ! À Gaël Le Cleac'h,
pour m'avoir patiemment initiée à un autre genre de navigation à voile. Aux frères Bourgnon, pour une expérience
inoubliable dans le Fastnet, à Pierre Lasnier et Jean-Yves
Bernot, pour m'avoir tant appris sur les climats du
monde entier. À Audrey, James, Mary, Dana et l'équipe
de Cowes, merci à vous tous pour tout. À Bruce Guthrie
de chez 3M Nouvelle-Zélande — tu t'es donné un mal de
chien pour nous aider ! À Steve Marten, Allan et à toute
l'équipe formidable de Marten Yachts, Auckland, NZ. À
Moët & Chandon, Bruno Troublé, Marcus, Maria Ryan
et à l'équipe du centre de presse de la coupe Louis Vuit-
ton, Auckland — le lancement de *Kingfisher*, c'était un
rêve devenu réalité à soi tout seul. À Lady Pippa Blake,
vous avez béni ce bateau, et vous m'avez bénie aussi, ce
qui nous a porté chance. À Sir Peter Blake, tragiquement
disparu en 2001, le meilleur marin professionnel que la
voile et le monde aient jamais connu, et un grand meneur
d'hommes qui nous a inspirés, tant à terre que sur l'eau,

moi, personnellement, et toute l'équipe d'Offshore Challenges. À Pat Ashworth, pour «True grit», à Darren, de York, pour les grandes nouvelles que tu nous as annoncées. À Dennis Skillicorne, pour ces minidiscs fantastiques de tes émissions radio préférées ! Aux enfants d'À chacun son cap, à Sargent et aux hôpitaux de France que j'ai visités, vos sourires, vos cadeaux et votre énergie incroyable — si quelqu'un a été un héros à mes yeux, c'est vous tous, les amis !

À toute l'équipe de nos fournisseurs, à nos partenaires dans le projet Vendée Globe : Kim et l'équipe de BT (services de communication) — depuis notre première rencontre en 1995, on dirait qu'il s'en est passé, du temps ! À WS Atkins (recherche et développement basés sur le calcul de la dynamique des fluides par ordinateur), à Raymarine (technologie du pilote automatique et du radar), à Bainbridge (poignées de winch Titan, mousquetons Tylaska, kits Sailmaking et tout le matériel de réparation de toile), B & G (systèmes d'instruments de pointe), Volvo Cars UK, Red Funnel, EP Barrus (moteur Yanmar), Marlow Ropes, Musto (vêtements techniques), Future Fibres, Stratos, Wolfson Unit, Oceanair Marine (stores), Pains Wessex McMurdo (équipement de sécurité maritime), Nautix Antipollution, winch Harken, à Bruno et son équipe de North Sails France et à Bill chez 3DL — «né pour la survie», Ocean Yacht Systems (gréements dormants), Bananas et Southern Spars, ordinateurs de poignets Suunto, TBS, Will et T & G, Facnor, Titan Australia Polyester, TMI, UKSA, Team McLube, Richard Butcher, Travelwell, Debbie@Global Travel, Peters & May, Diverse, et TOC Scotland.

Aux milliers de personnes qui sont venues aux Sablesd'Olonne, qui ont créé cette atmosphère et se sont montrées si chaleureuses envers l'équipe et moi-même. À Philippe Hutcheon, pour le travail de Castorama dans le cadre de Castokids. À Steve, Llion, Hugh, Tim, Gwynfor et l'équipe de BBC Wales Extreme Lives. À Howard et Pete, deux pilotes de zodiac très sûrs, et avec un sacré sens de l'humour ! À l'équipe à terre, durant le Vendée Globe, qui nous a aidés à partager cette aventure avec des millions de gens, et notamment Andrew, Richard, Erik, Lou et toute l'équipe d'APP, Rick, Jacques, Thierry M., Green Design, Gwenola, Marie, Ian, Windreport, Jean, Rachel et l'équipe à Londres. À Mark, Helen, Josie, Dana, Rosie, et à l'équipe du bureau de Cowes, les amis, vous avez vécu cette course avec moi jusqu'au dernier souffle — littéralement. Il n'y a pas eu un moment, chaque jour, où je ne vous ai pas sentis avec moi. C'était « votre » course et votre réussite — impressionnant ! À Bjork, pour avoir endossé la mission de tout nettoyer derrière nous ! À Sue, Wendy et Debs, à Matt, Rhidian, Bob, Nobby, Max et les autres, pour vos contributions dans toutes sortes de domaines — boulot remarquable, merci. À Philippe Jeantot et son équipe aux Sables-d'Olonne et à Paris — merci pour cette course formidable. Aux parents de Dana, pour avoir construit ces rayonnages et abrité tout notre équipement ! À tous les skippers qui ont pris part au Vendée Globe, pour votre état d'esprit, votre amitié et votre passion. Merci également aux précédents skippers du Vendée Globe, à ceux qui sont revenus et à ceux qui, tragiquement, ne sont pas revenus, mais qui ne tomberont jamais dans l'oubli. Aux 52 000 personnes qui m'ont envoyé des e-mails pendant le Vendée Globe et les autres courses, j'aurais seulement aimé pouvoir répondre à chacun personnellement ! Vous m'avez tout le temps insufflé la force de continuer — ne vous arrêtez pas ! À Ian, pour ton soutien sans faille. À Paul Peggs, Brian Merloo, Rice et Cole's Yard — d'avoir pris le temps de ramener *Iduna* à la vie, à temps pour mon retour au bercail. À Mme Gration, d'avoir été une si bonne amie pour Nan, et puis aussi pour vos torchons et vos bonnes nouvelles !

À Alain Gautier, tout particulièrement, pour sa compréhension et son aide tout au long de l'année 2001. À Loick, Ewan, Nico, Florent, P-Peche, Kiki, Xavier, Kinou, Mammouth, Frank et Mick, pour quelques-uns des meilleurs moments de vie et de voile que j'aie jamais connus ! *Ça part de là, les gars !!* À Nick Moloney, pour l'ami qu'il a été, à tout partager avec nous, un type si motivé. À Hendo, Adrienne, Brian, Anthony et Mark, pour avoir été les meilleurs équipiers de voile avec qui j'aie jamais navigué — cette EDS était vraiment une course unique. Avy ! À Daphné, Steve, Johnny, Wylester, Adrian, Breeny, Nobbers et Little Richard pour vos bons soins et le temps que vous avez passé à surveiller, préparer, améliorer « *The Fish* », et à naviguer à bord. À toutes les personnes qui ont voté pour moi lors de l'attribution du Prix de la personnalité sportive de l'année ! À Mark, Helen, Josie, Jonny, Kate, Lou, Mike, Charles, Kristie, Nick, Little Richard, Ant et Hendo. Houla, j'attends impatiemment la prochaine avec vous tous ! À Natasha Fairweath chez AP Watt et à Helen Campbell à Mallaig pour votre patience. Aux traducteurs français, Jean-Philippe Chatrier et Johan-Frédérik Hel Guedj. À Rowland — bon, que puis-je ajouter ! Ce livre est aussi le tien, je ne saurais assez vanter ta patience et ton dévouement. Merci d'avoir rendu cette expérience non seulement supportable, mais plaisante. Une fois encore, merci à l'équipe de Kingfisher Plc. et à Offshore Challenges Ltd. Pour les aventures qui sont déjà derrière nous — et pour celles qui nous attendent. Merci du fond du cœur. À *Kingfisher*, pour avoir veillé sur moi à chaque instant durant ces quatre-vingt-dix jours. Je n'aurais jamais imaginé vivre une relation pareille avec un bateau. Nous avons grandi ensemble. Et enfin, merci à Mark Turner. Il est peu de noms dans cette liste que tu ne connaisses pas, Mark, nous avons vraiment partagé tant de choses. Le futur nous fait toujours signe… ne laissons pas passer ça…

ACCOMPAGNEZ L'AVENTURE
OFFSHORE CHALLENGES

Rien n'est fini. Tout continue… quand Ellen et son équipe sont en course, sa société, Offshore Challenges, en collaboration avec ses parrains attitrés, la chaîne de grandes surfaces d'outillage Kingfisher SA, transmet ses messages quotidiens à des milliers de personnes par e-mail.

Si vous souhaitez recevoir ces e-mails d'Ellen, inscrivez-vous à l'adresse suivante :

http ://www.kingfisherchallenges.com

ou envoyez un e-mail à

updates@kingfisherchallenges.com

avec votre demande, votre nom, votre adresse e-mail complète et la fréquence des messages souhaitée.

Ces informations peuvent vous être envoyées tous les jours, une fois par semaine ou seulement en cas d'événement important.

Pendant une course, vous pouvez aussi recevoir un texto sur votre téléphone portable, tous les jours, une fois par semaine ou seulement en cas de dépêche importante. E-mail à l'adresse suivante :

smsupdates@kingfisherchallenges.com, avec votre nom, votre numéro de mobile (sans oublier le code du pays) et la fréquence souhaitée.

Vous avez lu ce livre, et vous pouvez aussi suivre la course sur votre écran de télévision, en achetant en ligne *Taking on the World*, la superbe cassette vidéo de la course, à l'adresse :

http ://www.ellenmacarthur.com

Crédits photographiques :
Archives de la famille MacArthur : pages 1, 2, 3 (haut) ; Ellen
MacArthur : pages 4 (bas, 5 (haut), 6 (haut), 7 (haut), 12 (bas) ; Tante
Thea (Lewis) : page 3 (bas) ; Maureen King : page 4 (haut) ; Graham
Percy : page 5 (milieu) ; Steve Belasco : page 5 (bas) ; Allan Wynne-
Thomas : page 6 (bas) ; Liam Dryden : page 8 ; Marie-Pierre Tricart :
page 9 (bas) ; Jon Nash : page 9 (haut) ; Jacques Vapillion : pages 10
(haut), 12 (milieu) ; Kingfisher Challenges : page 10 (milieu) ; Pat
Ashworth : page 11 (haut) ; Thierry Martinez : pages 11 (bas), 14 (bas),
15, 16 ; Offshore Challenges : page 12 (haut).

Impression réalisée sur Presse Offset par

BRODARD & TAUPIN

GROUPE CPI

37979 – La Flèche (Sarthe), le 05-12-2006
Dépôt légal : juin 2003
Suite du premier tirage : décembre 2006

POCKET – 12, avenue d'Italie - 75627 Paris cedex 13

Imprimé en France